Die Wirtschaftspsychologie

Die Buchreihe *Die Wirtschaftspsychologie* informiert – praxisorientiert und wissenschaftlich fundiert – über aktuelle Themen aus dem beruflichen und wirtschaftlichen Alltag. Experten aus den Teilgebieten der Wirtschaftspsychologie (Arbeits- und Organisationspsychologie, Personalpsychologie, Markt- und Konsumentenpsychologie, Ökonomischen Psychologie) verbinden in themenspezifischen Einzelbänden praktische Relevanz mit wissenschaftlichem Rigor. Jeder Einzelband gibt Einblick in aktuelles psychologisches Wissen zur Beantwortung praxisorientierter Fragen.

Von Interesse sind die Einzelbände der Reihe für Arbeitnehmer, Manager und Betriebsräte sowie Marketingfachleute gleichermaßen, in privaten und öffentlichen Unternehmen und der staatlichen Verwaltung, insbesondere auch für HR- und Personalverantwortliche, Unternehmens- und Personalberater sowie Young Professionals und Studierende verschiedener berufsqualifizierender Fachgebiete, zum Beispiel BWL, VWL, Wirtschaftspsychologie, Erwachsenenbildung, Ingenieurswesen … In leicht verständlicher Sprache wird auch Lesern ohne psychologische Grundkenntnisse ein kurzweiliger und kompetenter Einblick in verschiedene Themengebiete geboten, mit Verweisen auf weiterführende Quellen.

Bereits erschienen:
Werther, Jacobs, Organisationsentwicklung – Freude am Change

Weitere Bände der Reihe sind in Vorbereitung:
Mühlbacher, Steuerverhalten (Arbeitstitel)
Stark, Kirchler, Entscheidungen (Arbeitstitel)
Diefenbach, Hassenzahl, Psychologie des userorientierten Produktdesigns (Arbeitstitel)
Florack, Psychologischen Strategien in Marketing und Werbung (Arbeitstitel)
Wastian, Coaching-Management in Organisationen (Arbeitstitel)
Spieß, Reif, Stadler, Gesundheitsmanagement (Arbeitstitel)
Gasteiger, Talent-Management (Arbeitstitel)

Weitere Bände dieser Reihe finden sie unter
http://www.springer.com/series/11744

Felix C. Brodbeck

Internationale Führung

Das GLOBE-Brevier in der Praxis

 Springer

Felix C. Brodbeck
Ludwig-Maximilians-Universität München
Lehrstuhl Wirtschafts- und Organisations-
psychologie
München, Deutschland

Herausgeber
Felix C. Brodbeck
Ludwig-Maximilians-Universität München
Lehrstuhl Wirtschafts- und Organisations-
psychologie
München, Deutschland

Ralph Woschée
Ludwig-Maximilians-Universität München
Lehrstuhl Wirtschafts- und Organisations-
psychologie
München, Deutschland

Erich Kirchler
Universität Wien
Fakultät für Psychologie
Wien, Österreich

ISBN 978-3-662-43360-7   ISBN 978-3-662-43361-4 (eBook)
DOI 10.1007/978-3-662-43361-4

Die Deutsche Nationalbibliothek verzeichnet diese Publikation in der Deutschen National-
bibliografie; detaillierte bibliografische Daten sind im Internet über http://dnb.d-nb.de abrufbar.

Planung: Marion Krämer

Gedruckt auf säurefreiem und chlorfrei gebleichtem Papier

Springer-Verlag GmbH Berlin Heidelberg ist Teil der Fachverlagsgruppe Springer
Science+Business Media
(www.springer.com)

Vorwort

Nach dem Zweiten Weltkrieg setzte eine bisher nie dagewesene Globalisierung wirtschaftlicher, gesellschaftlicher und sozialer Prozesse ein, die durch die Computerisierung in den 1970er-Jahren und die Entwicklung des Internets in den 1990er-Jahren zusätzlich befeuert wurde. Ihre Beschleunigung hält bis heute an, und sie sorgt für eine große Nachfrage nach effektiven Führungspraktiken in internationalen und globalen Organisationen.

In den 1980er-Jahren begann die wissenschaftliche Führungsforschung, die vor einem Jahrhundert eingesetzt hatte, ihren angloamerikanisch geprägten Ethnozentrismus zu überwinden. Dessen Zwillingsschwester, die kulturelle Engstirnigkeit (Parochialismus), betrifft uns alle noch heute. Insbesondere aber betrifft sie die in internationalen und globalen Unternehmen gelebte Führungspraxis. Die kulturelle Engstirnigkeit zu überwinden ist ein zentrales Anliegen der interkulturellen Führungsforschung, und es sollte auch ein zentrales Anliegen der internationalen und globalen Führungspraxis sein.

Ein sowohl bahnbrechendes als auch wegweisendes Forschungsprojekt der interkulturellen Führungsforschung, das sich seit Anfang der 1990er-Jahre bis heute mit Fragestellungen der internationalen und globalen Führung befasst, ist das GLOBE-Projekt (Global Leadership and Organizational Behavior Effectiveness). Der Zufall wollte es, dass mir, dem Autor dieses Buches, das Privileg zuteil wurde, von Anbeginn an bei diesem, im wahrsten Sinne des Wortes „massiven" und „unfassbaren", Projekt mitzuwirken.

Das GLOBE-Projekt ist inzwischen ein mehrfach ausgezeichneter Leuchtturm der interkulturellen Führungsforschung und kann nicht nur auf drei markante Buchpublikationen aus den Jahren 2004, 2007 und 2014, sondern auch auf mehr als 400 wissenschaftliche und praxisorientierte Originalartikel, teils in den jeweils besten internationalen Fachzeitschriften publiziert, zurückblicken. Es verfügt zudem über weltweit validierte Messinstrumente der Gesellschaftskultur, der Organisationskultur und der Wahrnehmung von Führung, eine enorme Datensammlung, die sich über viele Länder und mehrere Jahrzehnte erstreckt, und ein Netzwerk von inzwischen weit mehr als 200 Wissenschaftlern aus mehr als 70 Ländern. Über GLOBE wird heute an vielen Universitäten und Business Schools weltweit gelehrt, und viele private wie öffentliche internationale Organisationen und Beratungsunternehmen wenden GLOBE-Ergebnisse an.

Die „Massivität" und die „Unfassbarkeit" des GLOBE-Projekts bringen allerdings auch einen großen Nachteil mit sich, der mir seit 20 Jahren immer wieder begegnet. Denn wenn ich gefragt wurde, sei es von Führungsforschern oder von Führungspraktikern, was denn nun der Kern der GLOBE-Erkenntnisse sei, sozusagen die „Take-away-Message" für den „5-Minuten-Manager", fiel die Antwort etwas länger aus. Und auf die Fragen, wo man sich in der gebotenen Kürze über GLOBE informieren könne, worum es bei GLOBE gehe, welche Ergebnisse herausgekommen seien und was man, vor allem als Führungspraktiker, über GLOBE wissen müsse, um damit konkret etwas anfangen zu können, wusste ich darauf keine einfache Antwort. Die Antworten auf diese Fragen finden Sie nun im vorliegenden Buch. Und für den ganz eiligen Leser sei an dieser Stelle bereits auf ▶ Kap. 4 (Was ist GLOBE?) und ▶ Kap. 5 (Was kam bei GLOBE heraus?) verwiesen.

Meine GLOBE-Kollegen und ich wurden in den vergangenen zwanzig Jahren sehr häufig zu Vorträgen über dieses Projekt eingeladen. Es sind gewiss hunderte von Präsentationen dazu gehalten worden, wenn nicht mehr. An Universitäten und auf Fachkonferenzen standen inhaltliche und methodische Fragen der interkulturellen Führungsforschung im Vordergrund. In privaten und öffentlichen Organisationen und bei Beratungsunternehmen wollte man vor allem wissen, wie mithilfe der GLOBE-Erkenntnisse die konkrete Führungspraxis in internationalen und globalen Kontexten verbessert werden kann. Zu dieser Frage haben wir in den letzten fünfzehn Jahren eine Menge guter Ansätze für die Praxis entwickelt. Über solche Ansätze wird im vorliegenden Buch ebenfalls berichtet.

Ich trage die Idee für dieses Buch, das ich als „GLOBE-Brevier", im Sinne eines kurzen, praktischen Leitfadens, bezeichnen möchte, schon sehr lange mit mir herum. Mit etwas mehr als 250 Seiten ist es in der Tat „kurz" geworden, zumindest, wenn man bedenkt, dass die GLOBE-Publikationen insgesamt bis heute ca. 10.000 Seiten umfassen. Praktisch sollte das Buch auch sein, deshalb enthält es nicht nur vier eigenständige Kapitel (▶ Kap. 6–9), in denen anhand konkreter Problemstellungen aus der internationalen und globalen Führungspraxis beschrieben wird, welchen Mehrwert die GLOBE-Ergebnisse leisten können (z. B. für die internationale Leitbild- und Führungskräfteentwicklung), sondern auch zwei Kapitel (▶ Kap. 4 und 5), in denen die zentralen Methoden, Messinstrumente und Ergebnisse des GLOBE-Projekts zusammengefasst sind. Auch gibt es einen ausführlicheren Anhang mit Tabellen über die wesentlichen Zahlen, Daten und Fakten von GLOBE. Damit lassen sich auch eigene weiterführende Untersuchungen, die dem Leser sinnvoll erscheinen, anstellen.

„Nichts ist so praktisch, wie eine gute Theorie", dieses geflügelte Wort gab Kurt Lewin, einer der Begründer der modernen Sozial- und Organisationspsychologie, allen Wissenschaftlern und Praktikern in den 1940er-Jahren mit auf den Weg. Und um solide theoretische Grundlagen, die gleichzeitig auch praktisch sind, geht es in den ersten drei Kapiteln des vorliegenden Buches:

In ▶ Kap. 1 werden Führungstheorien beschrieben, die weltweit empirisch bestmöglich gesichert sind und sich für die Analyse, Bewertung und Gestaltung internationaler und globaler Führung als besonders geeignet erwiesen haben.

In ▶ Kap. 2 wird auf jene Kulturbegriffe und Kulturtheorien eingegangen, mit denen sich das Führungsgeschehen in verschiedenen Gesellschaften, Organisationen und Gruppen gleichermaßen gut beschreiben und begreifen lässt, sodass ein unmittelbarer Nutzen sowohl für die individuelle Führungspraxis als auch für das international und global zu organisierende Führungsgeschehen erkennbar wird.

In ▶ Kap. 3 geht es um die wichtigsten und neuesten Erkenntnisse aus der interkulturellen Führungsforschung. Dabei wird das GLOBE-Projekt in den Zusammenhang vorausgegangener und kontemporärer Großprojekte der interkulturellen Gesellschafts- und Organisationsforschung eingeordnet. Dazu ist zu sagen, dass GLOBE das erste (und bisher auch das einzige) interkulturelle Großprojekt ist, das Führung und Führungseffektivität in engem Zusammenhang mit Gesellschaftskulturen und Organisationskulturen weltweit empirisch untersucht hat.

Gestatten Sie mir noch einen Hinweis zum Umgang mit dem GLOBE-Brevier. Es finden sich darin zahlreiche Verknüpfungen zwischen den drei theoretischen Kapiteln, den beiden Kapiteln zum GLOBE-Projekt und dessen Ergebnissen sowie den vier praktischen Kapiteln über verschiedene Problemlagen bei internationaler und globaler Führung. Viele weitere nützliche Verknüpfungen werden Sie selbst herstellen können, wenn Sie sich erlauben, nach eigenem Gutdünken zwischen den Kapiteln hin- und herzuspringen. Die besondere Struktur des gesamten Buches und die Gestaltung jedes einzelnen Kapitels sollen Sie als Leser dabei unterstützen, Ihren eigenen Weg zu finden, sodass Sie über reines Rezeptwissen hinausgehend Ihre eigenen Problemstellungen auf Basis solider theoretischer Erkenntnisse und weltweiter empirischer Ergebnisse analysieren, bewerten und passenden Lösungen zuführen können.

Ein solcherart an fundierten Theorien und empirischen Erkenntnissen orientiertes Vorgehen wird seit Kurzem auch als evidenzbasierte Praxis bezeichnet ([1][2]). Ganz in diesem Sinne habe ich für Anregungen von Ihnen als Leser jederzeit ein offenes Ohr, gleich welcher Art – seien es Rückmeldungen (positive wie negative), konkrete Verbesserungsvorschläge, Praxisbeispiele, Problemlagen oder Erfahrungen, die Sie bei der Anwendung von Erkenntnissen aus diesem Buch oder aus anderen GLOBE-Quellen in der internationalen und globalen Führungspraxis gemacht haben. Ihre Anregungen werden meinen Horizont in jedem Falle erweitern und eine gegebenenfalls anstehende neue Auflage verbessern helfen.

Abschließend bleibt mir noch die angenehme Aufgabe, mich bei jenen Personen zu bedanken, die das Entstehen dieses Buches möglich gemacht haben. Frau Krämer vom Springer-Verlag danke ich für ihre Ermutigung und ihr Vertrauen, das große Ganze in die Tat umzusetzen, nämlich die Herausgabe der Reihe „Wirtschaftspsychologie", gemeinsam mit meinen Kollegen Erich Kirchler und Ralph Woschée, und das kleine Konkrete, mein lange Zeit gedanklich gehegtes „GLOBE-Brevier", dabei nicht aus den Augen zu verlieren. Dass es dann zu dessen Publikation kam, habe ich zu großen Teilen auch Frau Babette Geiger, Doktorandin und Mitarbeiterin an meinem Lehrstuhl, zu verdanken. Sie hat mich unermüdlich, höchst professionell und mit vielen Arbeitsstunden dabei unterstützt, die „massiven" und „unfassbaren" Weiten der publizierten und (noch) nicht publizierten GLOBE-Dokumente zu sichten, zu ordnen, zu beschreiben und auf bestehende Fehler zu überprüfen.

Meinen GLOBE-Kollegen und meinen zahlreichen Gesprächspartnern in Unternehmen danke ich für die vielen Diskussionen und hilfreichen Anregungen zur praktischen Verwertbarkeit von GLOBE-Ergebnissen. Meinem Geschäftspartner Matthias Zimmermann von Logit Management Consulting, München, danke ich für seine unermüdliche Ermutigung, noch stärker an die Praxis zu denken als bisher, und für seine genialen Einfälle, wie man Theorien und empirische Erkenntnisse, und nicht nur jene von GLOBE, in praktisch nützliche und einfach handhabbare Tools verwandeln kann. Für die ebenso professionelle wie geduldige redaktionelle Betreuung meines Werkes durch Frau Mechler und Frau Krämer vom Springer-Verlag bedanke ich mich ganz besonders. Denn es ist nicht leicht, Professoren zu managen, wie die Briten sagen: „Managing professors is like herding cats." Das wissen auch meine Lebensgefährtin, die selbst Professorin ist, und unsere beiden Söhne. Und deshalb möchte ich mich bei ihnen ganz besonders bedanken, denn sie haben meine Abwesenheiten und Stimmungen, die mit diesem Werk verbunden waren, liebevoll aufgefangen oder geduldig ertragen.

Felix Brodbeck
München, September 2015

Literatur und Anmerkungen

[1]   Brodbeck, F.C. & Woschée, R. (2013). Grundlagen und Möglichkeiten eines evidenzbasierten Personalmanagements. In K. Schwuchow & J. Gutmann (Eds.). Personalentwicklung 2013, Themen – Trends – Best Practices (S. 19–29). Köln: Luchterhand.

[2]   Brodbeck, F.C. (2008). Evidenzbasiertes (Veränderungs-)Management (EbM). Eine Einführung zum gleichnamigen Themenheft. Zeitschrift OrganisationsEntwicklung, 1, (2008), S. 4–9.

Inhaltsverzeichnis

Führung: Soziale Einflussnahme auf andere

Felix C. Brodbeck

F. C. Brodbeck, E. Kirchler, R. Woschée (Hrsg.), *Internationale Führung*, Die Wirtschaftspsychologie,
DOI 10.1007/978-3-662-43361-4_1, © Springer-Verlag Berlin Heidelberg 2016

1

Als ich in an einer Business School im englischsprachigen Ausland einen Lehrstuhl inne hatte und des Öfteren Projekte in umliegenden Firmen betreute, suchte ich regelmäßig die Raucherecken der Betriebe auf, um mich mit den Mitarbeitern zu unterhalten und im „Originalton" zu hören, was die Leute bewegt, was sie gut finden bei ihrer Arbeit und was sie in Wallung bringt oder resignieren lässt. Bei einem dieser Ausflüge wurden mir von mehreren Mitarbeitern folgende Begebenheiten geschildert:

Ein weltbekannter ausländischer Investor hatte vor Kurzem den Betrieb übernommen. Viele Belegschaftsmitglieder, vor allem die älteren, hatten schon mehrere „Übernahmen" hinter sich und waren es inzwischen gewohnt, sich dem frischen Wind in den ersten Wochen und Monaten nicht entgegenzustemmen, sondern sich leicht zu beugen, den Kopf etwas einzuziehen und zu sehen, was da auf sie zukommt. Man war eigentlich froh, von so einem prominenten und zuverlässigen Investor übernommen worden zu sein, und auch neugierig, welche Neuerungen er im Gepäck hat. Zwar war man auch stolz auf die eigene Produktion und die eigenen Produkte, wusste aber, dass die vom Investor einzubringenden Produktionsverfahren das Endprodukt in jedem Falle verbessern würden, denn dessen Produkte waren sehr beliebt. Die Haltung der Belegschaft zum damaligen Zeitpunkt würde ich als abwartend positiv und aufgeschlossen beschreiben.

Worüber sich die Mitarbeiter unisono beschwerten und was sie richtig in Wallung brachte, war das Gebaren der ausländischen Führungskräfte im ersten Jahr der Betriebsübernahme. Diese trafen sich stets in Gruppen ihrer Landsleute, unterhielten sich lauthals in ihrer Landessprache und nur selten, falls überhaupt, nahmen sie Einheimische in ihren Kreis auf. Eine sehr bildhaft beschriebene Begebenheit blieb mir besonders in Erinnerung: Führungskräfte des Investors betreten das Kasino als geschlossene Gruppe, nehmen ihr Territorium ein, bestehend aus Tischen in einem bestimmten Bereich des Kasinos, unterhalten sich in ihrer Landessprache, obwohl sie die englische Sprache sehr gut beherrschen, sie bitten keine einheimischen Mitarbeiter an ihre Tische, und keiner von ihnen wird an anderen Tischen unter Einheimischen gesehen. Sie verlassen das Kasino, wiederum als geschlossene Gruppe – unnahbar, arrogant, rücksichtslos!

Zwei Jahre später hatte sich der Investor, unter schweren Verlusten, zurückgezogen und den Betrieb verlassen. Als ich kurze Zeit danach in demselben Betrieb zu tun hatte und in der Raucherecke auf den Rückzug des Investors zu sprechen kam, erhielt ich folgende Auskünfte: Dem Investor wurde von einheimischen Mitarbeitern und Führungskräften böse mitgespielt, auch gab es Sabotage in der Produktion, z. B. diskriminierende Schmierereien an verdeckten Stellen in den hergestellten Produkten, und eine hochrangige einheimische Führungskraft gab die Entwicklung eines technischen Aggregats bei einer heimischen Firma in Auftrag (quasi auf Kosten des Investors), das an einer anderen Produktionsstätte im Heimatland des Investors bereits vollentwickelt und exportbereit in den Regalen lag.

Bei so viel Widerstand muss man sich fragen, was die Führungskräfte falsch gemacht haben und was sie hätten anders machen können. Eine Antwort darauf gibt unter anderem die LMX-Theorie der Führung, die neben anderen klassischen und neueren Theorien, die für interkulturelle Führung von besonderer Bedeutung sind, im vorliegenden Kapitel vorgestellt wird und aus der sich bereits praktische Tipps für den sensiblen Umgang mit sozialen Beziehungen in interkulturellen Kontexten ableiten lassen.

Sie haben sich bestimmt des Öfteren gefragt, was gute Führung eigentlich ausmacht und was nicht. Woran erkennen Sie zum Beispiel, ob Sie selbst gut geführt werden oder ob Sie selbst gut führen? Durch welche Eigenschaften, Verhaltensweisen und Einstellungen zeichnet sich eine herausragende Führungskraft gegenüber einer mittelmäßigen oder gar schlechten Führungskraft aus? Wenn Sie sich diese Fragen schon gestellt und vielleicht auch die eine oder andere Antwort darauf gefunden haben, dann sind Sie in bester Gesellschaft: Denn seit den Anfängen der schriftlich überlieferten Menschheitsgeschichte beschäftigten sich Könige und Fürsten, Feldherren, Priester und Gelehrte aus den unterschiedlichsten Kulturepochen mit möglichen Antworten auf diese grundlegenden Fragen rund um das Thema Führung. Einige der bedeutendsten Beschreibungen hervorragender Führung von der Frühgeschichte bis ins 19. Jahrhundert beleuchten wir am Ende dieses Kapitels, und zwar im Lichte der wissenschaftlichen Erkenntnisse aus der Führungsforschung, die mit dem 20. Jahrhundert ihren Anfang nahm und auf die wir in diesem Kapitel eingehen.

Wer herausfinden will, wie effektive oder gar herausragende Führung funktioniert, muss sich zunächst einmal damit beschäftigen, was Führung eigentlich bedeutet. Dies gilt ganz besonders in interkulturellen und globalen Kontexten, in denen vor unterschiedlichen kulturellen Hintergründen verschiedene Vorstellungen von Führung aufeinandertreffen. Die Führungsforschung bietet hierfür sowohl durchdachte Definitionen von Führung an als auch empirisch überprüfte Theorien und Modelle darüber, wie Führung funktioniert und was eine effektive und herausragende Führungskraft ausmacht.

Im vorliegenden Kapitel werden praktisch brauchbare Führungsdefinitionen sowie klassische und moderne Führungstheorien beschrieben, die eine solide wissenschaftliche Grundlage für ein tiefergehendes Verständnis von Führung in internationalen und globalen Kontexten bieten.

1.1 Führung in Organisationen: Begriffe und Definitionen

Der Wortherkunft nach gehen die deutschen Begriffe „führen", „Führer" und „Führung" auf das althochdeutsche Verb *fuoren* zurück, was „in Bewegung setzen, fahren machen, in eine Richtung geleiten" bedeutet [1]. Die englischen Entsprechungen (*to lead, leader, leadership*) basieren auf dem angelsächsischen Verb *laedan* (westgermanisch **laidjan*, altsächsisch *lithan*), das „vorwärtsbringen, leiten, lenken, auf eine Reise mitnehmen" bedeutet [2]. Demnach bezeichnen die mit dem deutschen „führen" und dem englischen *to lead* verbundenen Begriffe das, was andere in Bewegung setzt und ihnen den Weg weist.

Für Führung in Organisationen gibt es unzählige wissenschaftliche Definitionen. Den meisten, in der Literatur bekannten ist das „zielbezogene, soziale Einflussnehmen auf andere" gemeinsam. Diese Art von Einflussnahme findet in Organisationen sowohl mittelbar als auch unmittelbar statt. Mittelbar geführt wird durch vorgegebene soziale Strukturen (z. B. Normen-, Rollen-, Anreiz- oder Rechtssysteme), unmittelbar geführt wird durch Personen, die mit anderen Personen interagieren und soziale Beziehungen eingehen (z. B. zwischen Führenden und Geführten). In Organisationen wird Letzteres auch als personale Führung bezeichnet, in Abgrenzung zu Begriffen wie Unternehmensführung oder strategische Führung, die sich auf das Geschäft der Unternehmensleitung beziehen. Das vorliegende Werk beschäftigt sich hauptsächlich mit personaler Führung in Organisationen, also dem unmittelbaren sozialen Einflussnehmen auf die Mitglieder von Organisationen.

Als ein gemeinsamer Nenner der zahlreichen Definitionen personaler Führung in Organisationen (vgl. [3, 4]) kann folgende Definition gelten, die auch international hohen Konsens findet (z. B. unter den ca. 200 Wissenschaftlern der in über 60 Ländern durchgeführten GLOBE-Studien, s. ▶ Kap. 4):

> **Personale Führung in Organisationen findet statt, wenn eine Person andere Personen dazu motiviert, beeinflusst und befähigt, zur Effektivität und zum Erfolg jener Organisation beizutragen, deren Mitglieder sie sind.**

Neben den beiden zuvor erläuterten Bedeutungen von „führen" und *to lead* („andere in Bewegung setzen", „den Weg weisen") verweist diese Definition auch auf das insgesamt zielgerichtet in Bewegung zu setzende soziale Aggregat (die Organisation) und auf die besondere Funktion, die der personalen Führung dabei zukommt, nämlich die Organisationsmitglieder im Sinne des Erfolgs der gesamten Organisation zu motivieren, zu beeinflussen und zu befähigen. Aufbauend auf dieser Definition werden im vorliegenden Kapitel klassische und kontemporäre Ansätze und Theorien der Führungsforschung erläutert. Der Fokus liegt dabei auf deren Tauglichkeit für die wissenschaftliche und praktische Bearbeitung von Fragen der interkulturellen und globalen Führung in Organisationen.

Bevor der inhaltliche Überblick über die grundlegenden Ansätzen und Theorien der Führung gegeben werden kann, müssen noch die Anforderungen betrachtet werden, die an Begrifflichkeiten und Definitionen der Führung in interkulturellen und globalen Kontexten zu stellen sind. Denn die durch kulturelle Werte geprägte Bedeutung von Führung gilt es von Beginn an im Auge zu behalten. Bei der interkulturellen Führungsforschung wie auch generell beim wissenschaftlichen Arbeiten in anwendungspraktischen Kontexten ist es besonders wichtig, zunächst von möglichst wertfreien Definitionen des Untersuchungsgegenstandes auszugehen. So lässt sich verhindern, dass dem Forschungsgegenstand normative und moralische Wertvorstellungen einzelner Protagonisten, forschender Gemeinschaften oder ganzer Kulturen (unbemerkt) aufgeprägt werden.

Beispiel einer durch Werte geprägten Definition personaler Führung

In Bezug auf die Qualität des Führungsgeschehens argumentieren viele Theoretiker und auch einige Praktiker, dass Führungskräfte, die auf Zwangsmittel und Manipulation zurückgreifen, um Geführte zielorientiert zu beeinflussen, diese nicht wirklich „führen", da unter Führung eine soziale Einflussnahme zu verstehen sei, die in jedem Falle in freiwilligem und leidenschaftlichem Engagement seitens der Geführten zu resultieren habe. Eine solche Definition von Führung ist allerdings zu restriktiv, wenn man Situationen betrachtet, in denen Zwang und Manipulation (oder „Anreize schaffen" und „überzeugen") als legitime Mittel einer zielführenden Einflussnahme auf Geführte gelten, etwa aufgrund entsprechender kultureller Normen und Werte oder weil selbst die Geführten im Nachhinein den Einsatz von Zwang und Manipulation als beste Option in einer bestimmten Situation bewerten. Man denke hier zum Beispiel an militärische oder behördliche Kontexte, in denen Befehle oder Dienstanweisungen zu erfüllen sind, unter Androhung von Sanktionen, aus durchaus nachvollziehbaren und guten Gründen.

Findet in einem frühen Stadium der Begriffsbildung eine starke Prägung durch Werte statt, wird die erkenntnisbildende, wissenschaftliche Auseinandersetzung behindert, und die nachgeordnete Integration der verschiedenen Forschungsbefunde wird erschwert oder gar verunmöglicht. Ohne klare Definitionen bezieht man sich auf unterschiedliche Facetten desselben Gegenstandsbereichs oder gleich auf unterschiedliche Gegenstandsbereiche. Das bleibt gerne unbemerkt, oft sogar über Jahrzehnte hinweg, und resultiert in einer unübersehbaren Fülle

Exkurs: Führung wertfrei definieren: der sozialpsychologische Ansatz

Unmittelbare, personale Führung kann aus sozialpsychologischer Sicht wertfrei definiert werden. Ein Beispiel hierfür ist die Definition von Führung als eine Qualität, die bestimmten Personen durch andere Personen (als Attribut) aufgrund der Qualität ihrer Beziehungen zu anderen zugeschrieben wird [6]. Diese Definition verwendet einfache Worte der Umgangssprache („Qualität", „Personen", „andere") in Kombination mit wissenschaftlich definierten Konstrukten aus der Sozialpsychologie („zugeschrieben", „aufgrund", „Beziehungen"). Wissenschaftlich definierte Konstrukte müssen weltweit gleichbedeutend formuliert und operationalisiert werden können. Die Sozialpsychologie ist dem Universalitätspostulat psychologischer Theorienbildung verpflichtet, was bedeutet, dass ihre Theorien über das Erleben, Denken und Verhalten des Menschen in sozialen Kontexten überall auf der Welt gleichermaßen gültig sein müssen – vergleichbar mit biologischen Theorien über die Funktionsweise von weltweit vorkommenden Organismen.

Die sozialpsychologische Definition zeigt an, dass personale Führung nicht a priori einer (führenden) Person inhärent ist. Demnach genügt es nicht, wenn eine Person Führungsanspruch erhebt und Führungsverhalten zeigt, um davon ausgehen zu können, dass Führung tatsächlich auch stattfindet. Erst wenn andere Personen die Bedeutung „führt" einer Person als Attribut zuschreiben, ist von Führung im sozialpsychologischen Sinne zu sprechen. Personale Führung ist demnach in der Sozialpsychologie ein relationales Konstrukt. Führen und Geführtwerden sind untrennbar miteinander verbunden.

Ob also jemand führt (oder nicht), bemisst sich der sozialpsychologischen Theorienbildung zufolge an der Qualität der sozialen Beziehungen einer Person zu (einer) anderen und der daraus resultierenden Attribution „führt" bzw. „ist eine führende Person" vs. „führt nicht" bzw. „ist keine führende Person".

So kann es zum Beispiel sein, dass einer Person das Attribut „führt" zugesprochen wird, und sie allein dadurch bereits sozialen Einfluss auf andere ausübt, obwohl sie anderen gegenüber weder Führungsanspruch erhebt noch Führungsverhalten zeigt (z. B. Mahatma Gandhi). Sozialpsychologisch betrachtet findet auch in diesem Falle Führung statt.

Möglichst wertfreie Definitionen vom Gegenstandsbereich der Führung ermöglichen es dem Führungsforscher, sowohl persönliche Merkmale (z. B. Intelligenz, Stresstoleranz) und Verhaltensweisen (z. B. aufgabenorientiertes oder mitarbeiterorientiertes Verhalten) als auch Besonderheiten des Kontexts (z. B. formale Führungsposition) als von „Führung" abgrenzbare Größen zu definieren und damit als Faktoren von Führung und Führungseffektivität empirisch zu untersuchen. Erst dadurch wird an empirischen Tatsachen erkenntnisbildend überprüfbar, ob und welchen Einfluss bestimmte Faktoren auf Führung haben und auf welche Art und Weise sich ihr jeweils spezifischer Einfluss auf das Führungsgeschehen auswirkt. Wären Faktoren nicht abgrenzbar, sondern in den Untersuchungsgegenstand der Führung bereits „hineindefiniert" (z. B. in die Begriffe: führende Person, Führungseigenschaft, Führungsposition, Führungsverhalten, Führungseffektivität), dann ließen sich persönlich favorisierte oder kulturell unliebsame Qualitäten von Führung nach Belieben, quasi per definitionem, einbeziehen oder ausschließen.

Am Ende eines solchen Prozesses existierten hunderte von Führungsdefinitionen und Führungstheorien nebeneinander, denen mehr oder weniger stark (oftmals unbemerkt) einander widersprechende (kulturelle) Werte inhärent sind und die durch die weltweite Führungsforschung nicht mehr integriert werden können. Leider ist dies genau der Zustand, in dem sich die weltweite Führungsforschung seit einiger Zeit befindet, wie die Wissenschaftstheoretiker Glynn und Rafaelli anhand umfangreicher Analysen der kontemporären Führungsforschung nachgewiesen haben [5].

von unverbundenen Forschungssträngen und empirischen Ergebnissen. In der 100-jährigen Geschichte der Führungsforschung ist dies leider allzu oft passiert [5]. Eine weiterführende Diskussion definitorischer Grundlagen ist im Kasten „Führung wertfrei definieren: der sozialpsychologische Ansatz" zu finden. Darauf, wie man die begriffliche, definitorische und messtechnische Wertefreiheit in der interkulturellen Führungsforschung gewährleisten kann, wird in ▶ Kap. 3 und 4 näher eingegangen.

Die eingangs präsentierte Definition der personalen Führung in Organisationen versucht eine unnötige Prägung durch Werte zu verhindern, indem sie

- eine international konsensfähige Definition von Führung in Organisationen aufgreift und auf personale Führung in Organisationen anpasst,

- definitorische und wissenschaftliche Zurückhaltung gegenüber kulturellen Wertvorstellungen und vermuteten Faktoren der Führungseffektivität (z. B. bestimmte Fähigkeiten führender Personen) übt (deren Kausalwirkung ist empirisch zu überprüfen und nicht „per definitionem" festzulegen),
- sprachlich eindeutige Begriffe und messbare psychologische Konstrukte menschlichen Erlebens, Denkens und Verhaltens verwendet.

Für die praktische Bedeutung einer sorgfältigen Theorieentwicklung in den Sozial- und Organisationswissenschaften trat wohl kaum jemand vehementer ein als Kurt Tsadek Lewin (1890–1947), ein Pionier der Sozialpsychologie und der Organisationspsychologie. Den nachfolgenden Abschnitten über klassische und neuere Führungstheorien sind deshalb seine Worte, die er als Präsident der Society for the Psychological Study of Social Issues im September 1942 in Washington sprach, als Motto vorangestellt: „Wir sollten uns des Wertes der Theorie bewusst sein. Ein Geschäftsmann hat einmal festgestellt ,es sei nichts so praktisch wie eine gute Theorie'" [7].

Zwischenfazit

Für die interkulturelle Führungsforschung wie auch für die Anwendung ihrer Erkenntnisse in der Praxis ist es besonders wichtig, von eindeutigen und möglichst wertfreien Definitionen auszugehen. Die mangelhafte Integration der bisherigen Führungsforschung, die als Folge der zahlreichen – oft kulturgeprägten – Führungsdefinitionen zu sehen ist, hemmte den wissenschaftlichen Fortschritt der letzten hundert Jahre spürbar. Eine Chance zur Wiederbelebung bieten die seit Anfang dieses Jahrtausends bekannt gewordenen theoriebildenden Ansätzen der interkulturellen Führungsforschung. Die international konsensfähige Definition von personaler Führung in Organisationen, die von GLOBE entwickelt wurde, sowie auch die im Exkurs erläuterte sozialpsychologische Definition sind Beispiele dafür, wie der Einfluss kultureller Werte auf Führungsdefinitionen verhindert bzw. eingeschränkt werden kann.

1.2   Klassische und kontemporäre Führungstheorien

Die wissenschaftliche Führungsforschung entwickelt seit ihren Anfängen zu Beginn des 20. Jahrhunderts Theorien zur Erklärung und Vorhersage jener Wirkungen, die von Führungskräften auf Geführte und Organisationen ausgehen. Führungsforscher bearbeiten dabei viele Fragen, die man sich auch in der Praxis zum Thema Führung stellt, wie zum Beispiel: Woran erkennt man effektive Führungskräfte? Welche Wirkungen auf die Geführten gehen von effektiven (und weniger effektiven) Führungskräften aus? Wie werden Führungskräfte von anderen wahrgenommen – und ist diese Frage überhaupt wichtig? Wann wird der Führungsanspruch einzelner Personen von den Geführten akzeptiert und wann nicht? Wie reagieren Geführte bei Akzeptanz, wie bei Ablehnung der führenden Person? Welche (positiven und negativen) Einflüsse üben Führungskräfte auf andere aus? Wie gewinnt, selektiert und entwickelt man effektive Führungskräfte in Organisationen? Diese und ähnliche Fragen sind in nationalen, internationalen und globalen Kontexten gleichermaßen von großer praktischer Bedeutung.

In der Führungsforschung wie auch in der Führungspraxis dominiert die Vorstellung, dass führende Personen mit ihren jeweiligen Führungseigenschaften und Verhaltensweisen auf die Einstellungen und das Verhalten der Geführten einwirken. Daraus ergeben sich Einflüsse auf jene Kriterien, die zur Einschätzung der Effektivität von Führung herangezogen werden. Hinzu

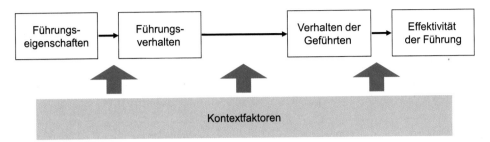

Abb. 1.1 Grundlegende Vorstellungen in der Führungsforschung und Führungspraxis

treten Kontextfaktoren, die das Beziehungsgefüge zwischen Führenden, Geführten und Leistungskriterien auf unterschiedliche Art und Weise und an unterschiedlichen Stellen beeinflussen können. In ◘ Abb. 1.1 sind diese grundlegenden Vorstellungen über Führung grafisch dargestellt.

Um die Gültigkeit (Validität) von zunächst als theoretisch zu betrachtenden Vorstellungen über das Zustandekommen effektiver Führung und die aus ihnen ableitbaren Empfehlungen für die Praxis richtig einschätzen zu können, ist es unverzichtbar, diese im Zusammenhang mit messbaren Kriterien der Leistungen, die durch personale Führung in Organisationen erbracht werden (sollen), empirisch zu überprüfen.

❯ Für die Gültigkeit von Theorien gilt ebenso wie in der Wirtschaft das Motto: „Entscheidend ist, was am Ende herauskommt."

Die wesentlichen Messgrößen zur Einschätzung der Führungseffektivität fallen gemäß der einschlägigen wissenschaftlichen und anwendungspraktischen Führungsliteratur in folgende vier Bereiche (s. rechts oben in ◘ Abb. 1.2):
1. Einflussstärke: *das Ausmaß des ausgeübten Einflusses auf Geführte* (z. B. auf deren Werte, Einstellungen, Motivation und Verhalten in Organisationen),
2. Produktivität: *die Resultate der Leistungen von Geführten* (z. B. Qualität/Quantität ihrer Erzeugnisse/Dienstleistungen, ihr Wissens- und Fertigkeitserwerb, Produkt- und Prozessinnovationen),
3. Gesundheit/Zufriedenheit/Einstellungen: *Indikatoren der Gesundheit/Unversehrtheit und der Arbeitseinstellungen von Geführten* (z. B. Stress, Krankenstand, Unfallrate, Engagement, Arbeitszufriedenheit, Commitment),
4. individueller Aufstieg: *das Ausmaß an Anerkennung, die Führungskräften seitens der Geführten in Teams und in ganzen Organisationen zugesprochen wird* (z. B. inwieweit eine Person als Führungskraft akzeptiert und als effektiv erachtet wird, erreichte Führungspositionen, erzieltes Einkommen).

Drei theoretische Hauptansätze fanden in der Führungsforschung bis in die 80er-Jahre des letzten Jahrhunderts hinein weltweit größte Beachtung und finden sie in ihren Kernaussagen auch heute noch (s. links oben und unten in ◘ Abb. 1.2):
1. persönlichkeitsorientierte Führungstheorien, die auf Führungseigenschaften fokussieren,
2. verhaltensorientierte Führungstheorien, die Führungsverhalten beschreiben, und
3. situative Ansätze der Führung (sogenannte Kontingenztheorien), die Kontextfaktoren berücksichtigen.

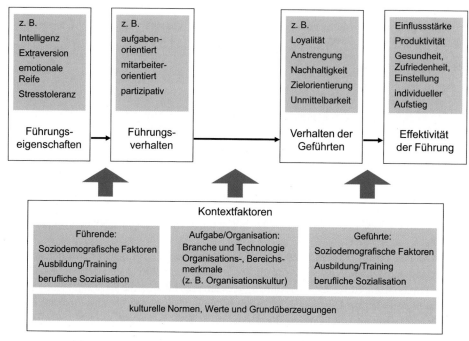

◘ Abb. 1.2 Ansätze der Führungsforschung mit gängigen Messvariablen

Diese Ansätze werden im Folgenden näher betrachtet, um jene grundlegenden Konzepte, die bis heute sowohl in der Führungsforschung als auch in der Führungspraxis Verwendung finden, auf ihre wissenschaftliche Tragfähigkeit für interkulturelle und globale Felder der personalen Führung in Organisationen hin zu untersuchen. In ▶ Abschn. 1.3 wird auf jene, meist neueren und in der Praxis weniger bekannten Führungstheorien eingegangen, die sich für interkulturelle und globale Führungskontexte besonders gut eignen.

1.2.1   Persönlichkeitsorientierte Führungstheorien

Seit Beginn wissenschaftlicher Studien über Führung konzentriert sich ein Großteil der Führungsforschung auf Persönlichkeitseigenschaften von (effektiven) Führungskräften (z. B. Extraversion, emotionale Stabilität, Intelligenz) oder auf deren motivationale Dispositionen (z. B. Macht- und Leistungsmotive) sowie hunderte weiterer Führungseigenschaften. Die entsprechenden empirischen Untersuchungen vergleichen in der Regel als „effektiv" erachtete Führungskräfte mit „normalen" Führungskräften hinsichtlich ihrer Führungseigenschaften, die nachweislich als stabil gelten, sowohl über die Zeit hinweg als auch über verschiedene Situationen hinweg (sogenannte Persönlichkeitsmerkmale, engl. *personality traits*). Folglich gilt es durch eignungsdiagnostische Verfahren jene Führungskräfte auszuwählen und für die Organisation zu gewinnen, die bei den erwünschten Führungseigenschaften höhere Werte aufweisen.

❯ Der zugrunde liegende Gedanke persönlichkeitsorientierter Führungstheorien lautet: „Zum Führen wird man geboren".

Heute weiß man aufgrund von Metaanalysen (Zusammenfassungen vieler Primärstudien zu Metadaten mit quantitativen, statistischen Mitteln), dass signifikante und konsistente Korrelationen (Zusammenhangsstärken zwischen zwei oder mehr Variablen) zwischen Persönlichkeitsmerkmalen von Führungskräften und deren Führungseffektivität bestehen. Zum Beispiel korrelieren vier der fünf sogenannten Big-Five-Persönlichkeitsdimensionen [8] im Durchschnitt bis zu moderat positiv mit verschiedenen Kriterien der Führungseffektivität: *Extraversion* (Ø $r = 0.31$), *Offenheit gegenüber Neuem* (Ø $r = 0.24$), *Gewissenhaftigkeit* (Ø $r = 0.28$), und *emotionale Reife* (Ø $r = 0.24$, als Gegenpol zu *Neurotizismus*). Für Intelligenz wurde metaanalytisch ein ähnlich starker durchschnittlicher Zusammenhang mit verschiedenen Kriterien der Führungseffektivität ermittelt (Ø $r = 0.27$; [9]).

> **Praxistipp: Big-Five-Test**
>
> Die Ausprägungen Ihrer eigenen Werte auf den Big-Five-Persönlichkeitsdimensionen können Sie mithilfe eines 45 Items umfassenden Fragebogens (Kurzversion des Originalfragebogens von McCrae und Costa 1987) kostenlos feststellen lassen (s. Website „Big Five Personality" [10]). Ihre Testwerte werden pro Dimension automatisch ermittelt, und Sie erfahren mehr über die genaue Bedeutung der Big-Five-Persönlichkeitsdimensionen.

In Kombination (multipler Korrelationskoeffizient R) korrelieren alle Big-Five-Dimensionen der Persönlichkeit mit „objektiven" bzw. „harten" Kriterien der Führungseffektivität (z. B. durch Vorgesetzte berichtete Produktivitätskennwerte der von Führungskräften geleiteten Arbeitsgruppen; $R = 0.39$; [8]) und mit der Karriereentwicklung der Führungskräfte (z. B. erreichte Position, erzieltes Einkommen; $R = 0.54$; [8]) in höherem Maße als jedes der fünf Persönlichkeitsmerkmale für sich genommen. Intelligenz korreliert mit diesen beiden Kriterien der Führungseffektivität ebenfalls signifikant, aber jeweils deutlich schwächer ($r = 0.15$; $r = 0.28$ [9]) als die Big-Five-Persönlichkeitsdimensionen in Kombination. Anhand der festgestellten Korrelationen lässt sich berechnen, welcher Anteil der Varianz des Kriteriums „Führungseffektivität" durch die gleichzeitig gemessenen Unterschiede in Persönlichkeit und Intelligenz aufgeklärt wird. So können beispielsweise für objektive Produktivitätsmerkmale der Führungseffektivität insgesamt ca. 15 % der Varianz durch Kombination der Big-Five-Persönlichkeitsdimensionen aufgeklärt werden und ca. 5 % durch Intelligenz (◻ Abb. 1.3).

Nur wenige Untersuchungen überprüften die aus persönlichkeitsorientierten Führungstheorien ableitbare Kausalitätsannahme, dass Führungseigenschaften tatsächlich eine Wirkung auf Effektivitätskriterien der Führung haben – und nicht umgekehrt. Dazu bräuchte man Längsschnittstudien mit mindestens zwei Messzeitpunkten, zu denen sowohl Persönlichkeitsmerkmale als auch Effektivitätskriterien gemessen werden. Bei den meisten Untersuchungen werden jedoch nur sogenannte Querschnittstudien mit einem Messzeitpunkt für beide Variablengruppen verwendet. Gerichtete Kausalhypothesen lassen sich damit zwar postulieren, aber nicht zweifelsfrei überprüfen, denn bei solch „korrelativen" Studien kann die tatsächliche Kausalbeziehung auch in umgekehrter Richtung bestehen, d. h., das effektive Bewältigen von Führungsaufgaben wirkt auf Persönlichkeitsmerkmale zurück. Bei Führungseigenschaften wie *emotionale Reife*, *Offenheit für Neues* oder *Extraversion* kann durchaus von situativen Lerneffekten während des Bewältigens von Führungsherausforderungen über längere Zeit hinweg ausgegangen werden. Solche Lerneffekte können in stabilen Verhaltensdispositionen resultieren. Verhaltensdispositionen haben einen hohen Traitcharakter, d. h., sie sind von Persönlichkeits-

1

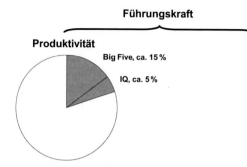

Führungskraft

❏ **Abb. 1.3** Durch Persönlichkeit und Intelligenz vorhergesagte Varianzanteile der Produktivität

Produktivität

Big Five, ca. 15 %

IQ, ca. 5 %

merkmalen, falls überhaupt, nur sehr schwer zu unterscheiden. Anders als Persönlichkeitseigenschaften, die im Wesentlichen als (genetisch bedingt) unveränderlich betrachtet werden, formen sich Verhaltensdispositionen durch berufliche Sozialisation, beispielsweise durch Erfahrungen, die beim Durchlaufen vieler verschiedener Führungssituationen gemacht werden. Mit dieser Lern- und Erfahrungsperspektive vor Augen hat sich die Führungsforschung bereits in den 50er-Jahren des letzten Jahrhunderts verstärkt mit der Entwicklung von verhaltensorientierten Führungstheorien beschäftigt, denn Verhalten ist prinzipiell erlernbar.

1.2.2 Verhaltensorientierte Führungstheorien

Häufig wurde an Traitansätzen der Führung kritisiert, dass sie nicht wirklich erklären können, wie die Verbindung zwischen angeborenen Führungeigenschaften und Kriterien der Führungseffektivität genau hergestellt wird. In verhaltensorientierten Führungstheorien werden deshalb verschiedene Merkmale des Führungsverhaltens vorgeschlagen, die diesen Zusammenhang vermitteln könnten. Zunehmend wurden diese Theorien auch in Organisationen empirisch überprüft, und das Hauptinteresse der Führungsforschung richtete sich seitdem verstärkt darauf, wie sich Führungskräfte verhalten und welches Führungsverhalten sich positiv auf Effektivitätskriterien der Führungsleistung auswirkt.

Genau genommen wurde das *tatsächliche* Führungsverhalten von effektiven (vs. weniger effektiven) Führungskräften nur sehr selten direkt und objektiv untersucht (z. B. durch Verhaltensbeobachtung). Viel populärer und praktischer war – und ist es auch heute noch –, Geführte und Führungskräfte danach zu befragen und jeweils anhand von aussagenbezogenen Ratingskalen (d. h. kategoriale Bewertungen darüber, wie stark eine Aussage zutrifft oder nicht) bewerten zu lassen, inwieweit man bestimmte Führungsverhaltensweisen bei seinen Führungskräften bzw. bei sich selbst beobachtet hat.

Die beiden weltweit populärsten Forschergruppen, die sich in der zweiten Hälfte des letzten Jahrhunderts mit Führungsverhalten beschäftigten, verfolgten diesen Ansatz der Bewertung von Verhaltensbeschreibungen des Führens durch Führende und durch Geführte. Interessanterweise wussten sie anfangs nichts von den Forschungsaktivitäten der jeweils anderen Gruppe, kamen aber dennoch, unabhängig voneinander, zu sehr ähnlichen Ergebnissen. Bis zum heutigen Tag haben sie unser Verständnis über effektives Führungsverhalten entscheidend geprägt. Das eine Forschungsprogramm wurde an der Ohio State University von John K. Hemphill, Ralph M. Stogdill und Mitarbeitern etabliert (Ohio-Gruppe), das andere an der University of Michigan von Rensis Likert, Daniel Katz und Mitarbeitern (Michigan-Gruppe). Beide Gruppen ermittelten in systematischer Art und Weise zahlreiche Beschreibungen des

Exkurs: Die Forschungsprogramme der Ohio- und der Michigan-Gruppe

Die Ohio-Gruppe fokussierte die formale Führungskraft als Hauptquelle der personalen Führung in Organisationen. Etwa 1800 Beschreibungen von relevantem Führungsverhalten wurden aus unterschiedlichsten semantischen Quellen (z. B. Wörterbüchern, historischen Texten, Biografien) zusammengestellt und später auf ungefähr 150 prägnante Aussagen über Führungsverhalten reduziert. Ein vorläufiger Fragebogen wurde tausenden von Angestellten, zunächst in Behörden und militärischen Organisationen, vorgelegt, die jeweils angaben, in welchem Maße ihre Vorgesetzten diese Verhaltensweisen zeigten. Der endgültige Fragebogen (engl. *Leader Behavior Description Questionnaire*, LBDQ) stellt einen Meilenstein in der Geschichte der Führungsforschung dar. Mithilfe faktorenanalytischer Methoden zur Analyse von Zusammenhangsmustern zwischen den Items des LBDQ ergaben sich die zwei grundlegenden (inzwischen als voneinander unabhängig nachgewiesenen) Dimensionen der Aufgabenorientierung (engl. *initiating structure*) und Mitarbeiterorientierung (engl. *consideration*) im Führungsverhalten.

Die Michigan-Gruppe ging bei der Sammlung und Auswahl von relevanten Beschreibungen des Führungsverhaltens in ähnlicher Art und Weise wie die Ohio-Gruppe vor. Sie entdeckte jedoch insgesamt vier Dimensionen des Führungsverhaltens. Diese umfassen jene Verhaltensweisen, die

1. die Interaktion zwischen den Akteuren erleichtern (engl. *interaction facilitation*),
2. die Erledigung der Arbeitsaufgaben sicherstellen (*work facilitation*),
3. die Zielorientierung der Akteure gewährleisten (*goal emphasis*) und
4. die Mitarbeiterorientierung fördern (*individual support*) [11].

Diese wurden in den beiden Dimensionen *job centered* (*work facilitation, goal emphasis*) und *employee centered* (*interaction facilitation, individual support*) zusammengefasst, und sie weisen eine deutliche Ähnlichkeit mit den Dimensionen Aufgaben- und Mitarbeiterorientierung der Ohio-Gruppe auf.

Das Verständnis der Michigan-Gruppe von Führung selbst unterscheidet sich grundlegend von jenem der Ohio-Gruppe. Während deren Forschungsansatz auf den (formal) Führenden fokussiert und im Wesentlichen an hierarchischen Strukturen der Organisation ansetzt (erkennbar auch an dem zunächst befragten Personenkreis in Behörden und beim Militär), postuliert die Michigan-Gruppe, dass effektives Führen in Organisationen zwar das Vorhandensein der vier identifizierten Dimensionen von Führungsverhalten voraussetzt, deren effektive Ausführung jedoch prinzipiell *jeder* involvierte und befähigte Mitarbeiter gewährleisten kann. Demnach müssen die von der Michigan-Gruppe postulierten Führungsverhaltensweisen nicht unbedingt von ein und derselben Person (z. B. der formalen Führungskraft) ausgeführt werden.

Führungsverhaltens und gruppierten diese in überraschend übereinstimmenden Oberkategorien (s. Exkurs: Die Forschungsprogramme der Ohio- und der Michigan-Gruppe). Im Ergebnis betonen beide Forschungsprogramme gleichermaßen den Unterschied zwischen zwei grundlegenden Dimensionen des Führungsverhaltens: zum einen bezogen auf die Bewältigung der Arbeitsaufgaben und zum anderen bezogen auf die Wertschätzung des Mitarbeiters als Mensch.

Die verhaltensorientierte Führungstheorie der Michigan-Gruppe ist für moderne und international tätige Organisationen besonders geeignet. Sie ist kompatibel mit typischen Herausforderungen an lokale und globale Organisationen, die komplexe Arbeitsprozesse, teils in weltweit vernetzten Team- und Projektstrukturen, realisieren müssen. Dabei wird häufig das sogenannte „geteilte Führen" (engl. *shared leadership*) praktiziert [12], das der Michigan-Ansatz bereits in den 1950er-Jahren in ersten Grundzügen vorwegnahm.

Der etwas einfachere, weil nur zweidimensionale, Ohio-Ansatz hat sich in der verhaltensorientierten Führungsforschung durchgesetzt, was sich in den zahlreichen empirischen Studien seit seiner Einführung äußert. Inzwischen liegt eine umfassende Metaanalyse vor [13], der zufolge aufgabenorientiertes und mitarbeiterorientiertes Führungsverhalten jeweils deutliche Zusammenhänge mit verschiedenen Kriterien der Führungseffektivität aufweist. Die durch-

❑ Tab. 1.1 Zusammenhänge zwischen Aufgaben- und Mitarbeiterorientierung und Kriterien von Führungseffektivität

	Aufgabenorientierung	Mitarbeiterorientierung
Fremdeingeschätzte Führungsleistung	0.28	0.39
Mitarbeitermotivation	0.26	0.36
Arbeitszufriedenheit der Mitarbeiter	0.19	0.40
Zufriedenheit mit Führungskraft	0.27	0.68
„Harte" Kriterien der Produktivität	0.23	0.23

Anmerkung: Angegeben sind Korrelationen (möglicher Wertebereich: –1 bis +1) mit einem Signifikanzniveau von 1 % (p < 0.01). Anzahl untersuchter Stichproben: N = 159 bis 161 Einzelstudien mit insgesamt ca. 20.000 bis 21.000 Personen. (Quelle, siehe [13])

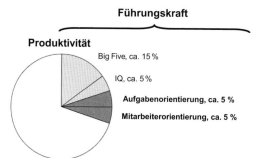

Führungskraft

Produktivität

Big Five, ca. 15 %

IQ, ca. 5 %

Aufgabenorientierung, ca. 5 %

Mitarbeiterorientierung, ca. 5 %

❑ Abb. 1.4 Durch Führungsverhalten (Aufgaben- und Mitarbeiterorientierung) vorhergesagte Varianzanteile der Produktivität

schnittlichen Korrelationen von Kriterien der Führungseffektivität mit Aufgabenorientierung fallen dabei meist etwas schwächer aus als jene mit Mitarbeiterorientierung, mit Ausnahme der „harten" Produktivitätskriterien: Hier sind die Zusammenhänge jeweils gleich stark ausgeprägt (❑ Tab. 1.1).

Anhand der festgestellten Korrelationen lässt sich wiederum berechnen, welcher Anteil der Varianz des Kriteriums durch die gleichzeitig beobachteten Unterschiede in der Aufgaben- bzw. Mitarbeiterorientierung aufgeklärt wird. So können beispielsweise für „harte" Kriterien der Produktivität jeweils ca. 5 % der Varianz durch das entsprechende Führungsverhalten vorhergesagt werden (❑ Abb. 1.4).

Für Führungspraktiker ist interessant, dass durch qualitative Studien und Beobachtungsstudien belegt werden konnte, dass die Dimensionen des mitarbeiterorientierten und aufgabenorientierten Führungsverhaltens im sogenannten „High-high"-Führungsverhalten effektiv vereint werden können. In der Praxis wird diese Erkenntnis öfters unter dem Motto „Hart in der Sache, wertschätzend mit der Person" (engl. „Tough on the issue, soft on the person") angesprochen.

> ❯ Verhaltensorientierte Führungstheorien tragen folgenden für Praktiker vielversprechenden Grundgedanken in sich: „Effektives Führungsverhalten ist erlernbar."

Die verhaltensorientierten Führungstheorien haben in der Praxis einen hohen Bekanntheitsgrad erlangt, und zahlreiche Trainingsprogramme und Führungsmodelle nehmen mehr oder weniger direkt Bezug auf deren Aussagen und Erkenntnisse. Zu nennen wäre hier zum Beispiel das Verhaltensgitter (Managerial Grid) von Blake und Mouton, das nach wie vor in manchen Führungskräfteseminaren zur Veranschaulichung verschiedener Führungsverhaltensweisen herangezogen wird.

1.2.3 Kontingenztheorien der Führung

Unterschiedliche Situationen und Kontextfaktoren erfordern häufig verschiedene Typen von Führungskräften oder unterschiedliches Führungsverhalten – in der Praxis wird diese Beobachtung häufig zur Begründung von Kritik an persönlichkeits- und verhaltensorientierten Führungstheorien genannt. Diese Kritik wird in den Kontingenztheorien der Führung berücksichtigt: Sie beschreiben, wie verschiedene Faktoren die in der Forschung zu persönlichkeits- und verhaltensorientierten Führungstheorien festgestellten Zusammenhänge zwischen Führungseigenschaften bzw. Führungsverhalten und Führungseffektivität verstärken oder abschwächen. Am häufigsten werden *Merkmale der Aufgabe* (z. B. Aufgabenstruktur, Aufgabenkomplexität) und *Merkmale der Mitarbeiter* (z. B. Motivation, Kompetenz, Reife) betrachtet, wesentlich seltener berücksichtigt man *Merkmale des sozialen Kontexts* (z. B. Qualität sozialer Beziehungen, Normen, Werte und Grundüberzeugungen der jeweiligen Organisations- oder Gesellschaftskultur).

> ❯ Die zentrale Botschaft der Kontingenzansätze lautet: Führung muss zur Situation passen, um effektiv zu sein. In anderen Worten, es gibt keinen *one best way* der Führung, der in verschiedenen Situationen jeweils zu hoher optimaler Führungseffektivität führt.

Führung an Situation und Kontext anzupassen kann auf verschiedene Art und Weise gelingen. Man kann geeignete Führungspersönlichkeiten zur Bewältigung bestimmter Situationen einsetzen und ungeeignete abberufen. Man kann Führungskräfte in besonderer Art und Weise sozialisieren, sodass sie lernen, in bestimmten Situationen das jeweils angemessene Führungsverhalten zu zeigen. Umgekehrt kann man Führungskräfte auch darin ausbilden, Situationen so zu verändern, dass sie ihrer Führungspersönlichkeit, ihren Verhaltensdispositionen und/oder ihren präferierten Verhaltensweisen entgegenkommen. Die Grundaussage bleibt stets dieselbe: Eine hohe Führungseffektivität resultiert aus der Passung zwischen der Art und Weise des Führens und relevanten Merkmalen der Führungssituation.

Seit den 1960er-Jahren bis heute wurden zahlreiche Kontingenztheorien vorgelegt. Je nach persönlichem Geschmack der Autoren werden bestimmte situative Faktoren und Eigenschaften bzw. Verhaltensweisen der Führungskräfte herausgestellt und miteinander in Beziehung gesetzt (einen Überblick geben z. B. [3, 4]). Bis heute gibt es keine einheitliche Kontingenztheorie. Als ein vergleichsweise robustes und theoretisch fundiertes Einzelbeispiel einer Kontingenztheorie sei hier auf die Weg-Ziel-Theorie verwiesen, die in der Praxis auch heute noch häufig Verwendung findet. Sie gilt als eine empirisch gut belegte Kontingenztheorie der personalen Führung (s. Exkurs: Die Weg-Ziel-Theorie von Robert J. House).

Bislang besteht in der Führungsforschung kein Konsens darüber, welche der in verschiedenen Kontingenztheorien genannten Faktoren zentral und somit zu berücksichtigen sind. Auch empirische Evidenz in Form von Metaanalysen über verschiedene Kontingenztheorien liegt bisher nicht vor. ◻ Abbildung 1.5 trägt dem Rechnung, indem die bekanntesten und häufigsten

1

Exkurs: Die Weg-Ziel-Theorie von Robert J. House

Die Weg-Ziel-Theorie von Robert J. House [14] geht davon aus, dass bestimmte Führungskräfte bestimmte Verhaltensweisen abhängig von situativen Faktoren einsetzen müssen, um effektiv zu sein. Das Besondere an dieser Theorie ist, dass die Mitarbeiter selbst als Klasse situativer Faktoren berücksichtigt werden, und zwar im Hinblick auf ihre *Personenmerkmale*: Abhängig von ihrem Wissen, ihren Fertigkeiten und Fähigkeiten sowie psychologischen Faktoren wie Selbstwirksamkeits- und Kontrollüberzeugungen nehmen Mitarbeiter das Verhalten der Führungskraft als aktuellen oder zukünftigen Ursprung der eigenen Arbeitszufriedenheit wahr – und diese Wahrnehmung wiederum ist entscheidend dafür, wie erfolgreich die eingesetzten Führungsverhaltensweisen sein können. Als zweite Klasse situativer Faktoren berücksichtigt die Weg-Ziel-Theorie *charakteristische Merkmale der Umwelt*, wie die Aufgabenstruktur, das formale Machtsystem oder die primäre Arbeitsgruppe. Neuere Varianten der Weg-Ziel-Theorie unterscheiden fünf Klassen von Führungsverhaltensweisen: *klärendes Verhalten, Verhalten zur Erleichterung der Arbeit, partizipatives Verhalten, unterstützendes Verhalten* sowie *leistungsorientiertes Verhalten*. Sie müssen passend zu den beiden Klassen situativer Faktoren eingesetzt werden, damit eine Führungskraft einen maximalen Einfluss auf die Wahrnehmungen, die Einstellungen und das Verhalten der Mitarbeiter nehmen kann. Im Hinblick auf die Personenmerkmale benötigen demnach beispielsweise Geführte mit geringer Selbstwirksamkeitsüberzeugung eher unterstützendes Verhalten und Geführte mit geringer Kompetenz mehr klärendes Verhalten seitens ihrer Führungskraft. Geführte mit hoher Selbstwirksamkeitsüberzeugung und hoher Kompetenz reagieren dagegen positiver auf partizipatives und leistungsorientiertes Verhalten der Führungskraft.

Faktoren (bis hin zum Faktor „Zufall") ohne Angabe eines Prozentwerts für die von ihnen zusätzlich aufgeklärten Varianzanteile dargestellt werden.

Zwischenfazit

In der klassischen Führungsforschung wie auch in der kontemporären Führungspraxis dominiert die Vorstellung, dass führende Personen mit bestimmen Eigenschaften und Verhaltensweisen auf die Einstellungen und Verhaltensweisen von Geführten einwirken (Führende → Geführte). Daraus ergeben sich Einflüsse auf jene Leistungskriterien, die zur Einschätzung der Führungseffektivität herangezogen werden. Hinzu treten verschiedene Kontextfaktoren, die das Beziehungsgefüge zwischen Führenden, Geführten und Effektivitätskriterien der Führung auf unterschiedliche Art und Weise und an unterschiedlichen Stellen im Führungsgeschehen beeinflussen können.

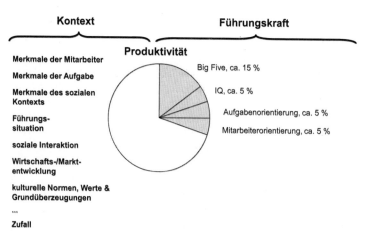

■ **Abb. 1.5** Durch Persönlichkeit, IQ und Führungsverhalten vorhergesagte Varianzanteile der Produktivität ergänzt um Umweltfaktoren (ohne Varianzanteile)

Persönlichkeitsorientierte Ansätze postulieren bestimmte Führungseigenschaften, die das Verhalten und die Einstellungen der Geführten sowie bestimmte Leistungskriterien der Führungseffektivität beeinflussen. Diesen Ansätzen liegt das Motto zugrunde: „Zum Führen wird man geboren." Eine Möglichkeit, persönlichkeitsorientierte Ansätze auf interkulturelle und globale Führung anzuwenden, besteht darin, sich jenen Führungseigenschaften zuzuwenden, die bei führenden Personen in internationalen und globalen Kontexten mit bekanntermaßen hoher Führungseffektivität überzufällig häufig anzutreffen sind (z. B. [15]).

Verhaltensorientierte Ansätze postulieren, dass von Führungskräften erlernbare Einstellungen und Fertigkeiten das Verhalten und die Einstellungen der Geführten sowie verschiedene Kriterien der Führungseffektivität beeinflussen. Bei diesen Ansätzen gilt das Motto: „Effektives Führungsverhalten ist erlernbar." Auf Basis dieser Perspektive lässt sich empirisch ermitteln, welche Verhaltensdispositionen und welches Führungsverhalten im Hier und Jetzt jeweils mit Führungseffektivität in interkulturellen und globalen Führungskontexten in Zusammenhang stehen (s. ► Kap. 5 bis 9).

Situative Ansätze (Kontingenztheorien) postulieren spezifische Kontextmerkmale (z. B. Merkmale der Geführten, der Aufgabe, des organisationalen Umfelds) und beschreiben, in welchem Ausmaß das Zusammenspiel situativer Faktoren mit Eigenschaften und Verhaltensweisen von Führungskräften die Geführten und verschiedene Kriterien der Führungseffektivität beeinflusst. Hier gilt das Motto: „Um effektiv zu sein, muss die Art und Weise des Führens zur Situation passen." Deshalb ist bei Führung im internationalen und globalen Kontext die Frage entscheidend, welche Bedeutung dem situativen Faktor „Kultur" (z. B. unterschiedliche kulturelle Normen, Werten und Grundüberzeugungen aufseiten der Führenden und Geführten) im Führungsgeschehen zukommt und welchen Einfluss Kultur auf die Zusammenhänge zwischen Führungseigenschaften, Führungsverhalten, verschiedenen Kontextmerkmalen der Führung (z. B. aufseiten der Geführten) und Führungseffektivität hat. Theoretische Ansätze aus der Führungsforschung, die Grundlegendes zur Aufklärung dieser Fragen beigetragen haben, werden im nächsten Abschnitt vorgestellt. Darauf aufbauend widmen sich ► Kap. 2 und folgende ausführlich den Fragen der interkulturellen und globalen Führung.

1.3 Neuere Führungstheorien für interkulturelle und globale Kontexte

Einige der neueren Theorien der Führungsforschung sind von besonderer Bedeutung für die Beantwortung von Fragen aus dem Bereich der interkulturellen und globalen Führung. Sie basieren auf sozialpsychologischen, kognitiven und interkulturellen Konzepten der Führung.

Als Erstes sind hier zwei Führungstheorien zu nennen, die auf die (sozialpsychologische) Qualität der prinzipiell beidseitigen, sozialen Beziehung zwischen Führenden und Geführten fokussieren: Die Theorie der Führende-Geführten-Beziehungsqualität (engl. *Leader-Member Exchange Theory*, LMX) und die Theorien der transformativen und transaktiven Führung (engl. *Transformational and Transactional Leadership Theories*).

Des Weiteren ist die Kategorisierungstheorie der Führung (engl. *Leadership Categorization Theory*) anzuführen. Dabei handelt es sich um eine wahrnehmungs- und kognitionspsychologische Theorie der menschlichen Informationsverarbeitung in sozialen Situationen. Diese Theorie operiert mit dem Begriff „implizite Führungstheorie" (engl. *Implicit Leadership Theory*, ILT). Dieser Begriff bezeichnet tief verankerte und teils unbewusste (implizite) Vorstellungen („Theorien") über Führung, die das Wahrnehmen, Denken und Verhalten des Menschen in Führungskontexten beeinflussen.

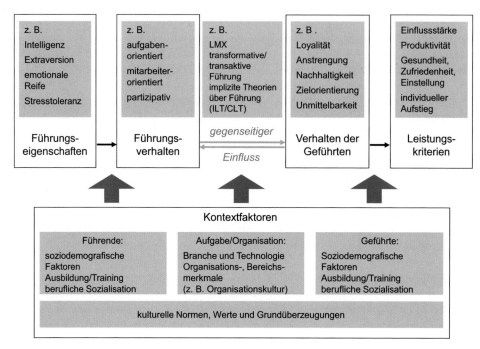

z. B.	z. B.	z. B.	z. B.	Einflussstärke
Intelligenz Extraversion emotionale Reife Stresstoleranz	aufgaben- orientiert mitarbeiter- orientiert partizipativ	LMX transformative/ transaktive Führung implizite Theorien über Führung (ILT/CLT)	Loyalität Anstrengung Nachhaltigkeit Zielorientierung Unmittelbarkeit	Produktivität Gesundheit, Zufriedenheit, Einstellung individueller Aufstieg
Führungs- eigenschaften →	Führungs- verhalten →	*gegenseitiger* ⇄ *Einfluss*	Verhalten der Geführten →	Leistungs- kriterien

Kontextfaktoren

Führende:	Aufgabe/Organisation:	Geführte:
soziodemografische Faktoren Ausbildung/Training berufliche Sozialisation	Branche und Technologie Organisations-, Bereichs- merkmale (z. B. Organisationskultur)	Soziodemografische Faktoren Ausbildung/Training berufliche Sozialisation

kulturelle Normen, Werte und Grundüberzeugungen

☐ **Abb. 1.6** Neuere Ansätze der Führungsforschung mit besonderer Bedeutung für interkulturelle bzw. globale Kontexte personaler Führung

Aufbauend auf dieser kognitiven Theorie erklärt die Theorie kulturgeprägter impliziter Führungsvorstellungen von GLOBE (engl. *Culturally Endorsed Implicit Leadership Theory*, CLT, s. ▶ Abschn. 1.3.4), wie kulturelle Normen, Werte und Grundüberzeugungen über angemessenes Führen in Organisationen und Gesellschaften auf das Individuum einwirken und dessen Wahrnehmungen, Beurteilungen und Verhaltensreaktionen auf das Führungsgeschehen bestimmen.

Alle drei theoretischen Perspektiven tragen zur genaueren Vorhersage der Wirkungen von Führungseigenschaften und Führungsverhalten auf die Wahrnehmung und Akzeptanz von Führung und auf das Verhalten der Geführten bei. Sie verbessern damit unser Verständnis über das Führungsgeschehen in interkulturellen bzw. globalen Kontexten personaler Führung in Organisationen. ☐ Abbildung 1.6 verdeutlicht die spezifischen Ergänzungen, die die neueren Führungstheorien gegenüber den klassischen und kontemporären Vorstellungen über Führung nahelegen. Der zielorientierte soziale Einfluss, der in klassischen Vorstellungen über Führung noch als unidirektional (Führende → Geführte) verstanden wird, ist nun als gegenseitiger Einflussprozess (Führende ↔ Geführte) dargestellt. In der mittleren Box von ☐ Abb. 1.6 sind die nachfolgend zu besprechenden, neueren Führungstheorien aufgelistet. Die im vorliegenden Zusammenhang besonders relevanten Merkmale der Gesellschaftskultur sind dabei unter Kontextfaktoren subsummiert, denn sie können, global betrachtet, unabhängig von den übrigen Faktoren des Führungsgeschehens variieren.

1.3.1   Theorie der Führenden-Geführten-Beziehung

Die LMX-Theorie hat die *wechselseitige* Beeinflussung von Führenden und Geführten zum Gegenstand. Die Qualität dieser Beziehung bestimmt sich daraus, welche Vorstellungen die

Führenden und Geführten mit ihrem jeweiligen Gegenüber – und damit auch mit der Qualität der Beziehung zu diesem – verbinden und welche Erwartungen sie dementsprechend an ihr Gegenüber haben.

So unterscheiden Führungskräfte ihre Mitarbeiter im Wesentlichen hinsichtlich
- deren Kompetenzen und Fähigkeiten,
- dem Ausmaß an Vertrauen, das ihnen entgegengebracht werden kann, und
- deren Motivation, Verantwortung zu übernehmen [16].

Werden Geführte in diesen Aspekten nach einiger Zeit der Zusammenarbeit hoch eingeschätzt, gehören sie in den Augen der führenden Person zu einer Art „Ingroup" von Mitarbeitern. Im Austausch für höhere Kompetenz, Vertrauen und die Motivation, Verantwortung zu übernehmen, erhalten Mitarbeiter der „Ingroup" vom Führenden mehr Aufmerksamkeit, Unterstützung und Zuwendung. Somit etabliert sich Schritt für Schritt eine besondere Beziehungsqualität (*leader-member exchange*), in Abhängigkeit von den Kompetenzen, der Zuverlässigkeit und der Motivation der Geführten und einer entsprechenden Wahrnehmung der Führenden von den Geführten.

Zu jenen Mitarbeitern, die beispielsweise aufgrund mangelnder Kompetenz oder fehlender Motivation, Verantwortung zu übernehmen, vom Führenden nicht in der „Ingroup" gesehen werden, ist die Beziehungsqualität von anderer Art. Sie werden (und fühlen sich) eher durch formale Autorität geführt und sind oft auch eher zuständig für Routinetätigkeiten und Aufgaben, deren Erledigung mit weniger Verantwortung verbunden ist.

Empirisch konnte ermittelt werden, dass sich die Entwicklung der LMX-Beziehung in drei Stufen vollzieht. In der anfänglichen Testphase lernen Führungskraft und Mitarbeiter wechselseitig ihre Motive, Einstellungen und Ressourcen für den Austausch kennen. In einer weiteren Phase werden die Randbedingungen der gegenseitigen Austauschprozesse und ein tragfähiges Ausmaß an wechselseitigem Vertrauen, Loyalität und Respekt etabliert. In einer weiteren Stufe wandelt sich die in den ersten Stufen primär auf Austausch von Eigeninteressen basierende Beziehung noch einmal entscheidend, und zwar zu einer wechselseitigen Bindung an die zu erfüllende Zielsetzung der Organisation. Die beiden ersten Stufen der LMX-Entwicklung können, müssen aber nicht, in der höchsten Stufe münden. In dieser dritten Stufe entspricht Führung einem Veränderungsprozess, durch den Einstellungen und Motive der Geführten mit den organisationalen Zielen und der Vision des gemeinsamen Unternehmens als Ganzem in Einklang gebracht werden. Bei der höchsten Stufe von LMX finden demnach Transformationsprozesse statt. In den vorauslaufenden Stufen der LMX-Beziehungsentwicklung wird das Führungsgeschehen an den jeweiligen Eigeninteressen der Führenden und Geführten ausgerichtet. Es finden demnach Austausch- oder Transaktionsprozesse statt [17]. Auf die in der LMX-Theorie bereits anklingenden Theorien der transformativen und transaktiven Führung wird im nächsten Abschnitt näher eingegangen.

Empirische Studien zur LMX-Theorie zeigen, dass die Qualität der Führenden-Geführten-Beziehung umso besser ist, je ähnlicher sich die Werte und Einstellungen von Führenden und Geführten sind, je ausgeprägter Führungskräfte unterstützende Verhaltensweisen und partizipative Führung gegenüber ihren Mitarbeitern praktizieren und je mehr die Mitarbeiter, auf der anderen Seite, Proaktivität zeigen. Der Einfluss der Wertekongruenz für die Ausprägung effektiver Führenden-Geführten-Beziehungen nach den LMX-Stufen ist von besonderer Bedeutung für interkulturelle und globale Führungskontexte. Dort ist nämlich davon auszugehen, dass Führende und Geführte die jeweilige Qualität ihrer Beziehung nach teils unterschiedlichen kulturellen Werten bemessen. Dementsprechend ist der LMX-Veränderungsprozess aufwendiger und kann leichter ins Stocken geraten, wodurch das Erreichen der höchsten LMX-Stufe erschwert wird. Es müssen teils unterschiedliche kulturgeprägte Einstellungen und Motive der Führenden und Geführten mit den organisationalen Zielen und Visionen des gemeinsamen Unternehmens in Einklang gebracht werden. Und auch diese sind wiederum von kulturellen Werten, etwa jenen der Heimatkultur des Stammhauses, geprägt. Studien über die Wirkung der Qualität von LMX-Beziehungen bestätigen im Wesentlichen, dass die Arbeitszufriedenheit der Mitarbeiter sowie ihr organisationales Commitment und ihre Leistungen umso höher sind, je besser die Beziehung von Geführten wie auch Führenden eingeschätzt wird. Dieser Zusammenhang wurde in verschiedenen (vornehmlich westlichen) Kulturregionen bestätigt [18].

Praxistipp: LMX Konfliktpotenziale in interkulturellen Kontexten

Für den Führungspraktiker ist von besonderer Bedeutung, dass das Pflegen von Ingroup-Beziehungen zu einem Teil der Geführten bei gleichzeitigem Ausgrenzen der Outgroup-Mitarbeiter dysfunktional für die Leistungsfähigkeit ganzer Arbeitsgruppen sein kann. Es demotiviert Mitarbeiter, wenn sie sich als Mitarbeiter „zweiter Klasse" fühlen (müssen) und sich mit unterfordernden Aufgaben und mangelhafter Zuwendung durch den Führenden konfrontiert sehen, obwohl sie sich selbst als kompetent und verantwortungsmotiviert wahrnehmen. Infolgedessen identifizieren sie sich auch weniger mit den Zielen der Arbeitsgruppe und ihrer Organisation. Gleichzeitig kann es zu erheblichen Spannungen kommen zwischen jenen Mitarbeitern, die sich in der „Ingroup" sehen, und jenen, die sich (ggf. ungerechtfertigt) in der „Outgroup" sehen. Diese Konstellation ist in der Regel mit Konflikten in Arbeitsgruppen verbunden. Solche dynamische Entwicklungen im Führungsgeschehen sind nicht leicht zu durchschauen. Und sie werden durch das Aufeinandertreffen verschiedener Kulturen in interkulturellen Arbeitsgruppen noch verstärkt.

Ein Projektmanager im Auslandseinsatz sollte dem Impuls widerstehen, seine „Getreuen" aus dem Heimatland um sich zu versammeln („Ingroup"), denn die Ortsansässigen werden dabei sozial ausgegrenzt („Outgroup"). Das Fatale an dieser Dynamik ist, dass es im interkulturellen Kontext zu einer Überlagerung von zwei Prozessen kommen kann, zum einen zu der beschriebenen LMX-Dynamik und zum anderen zu der durch kulturelle Begrenzungen durch Werte geschuldeten, vorurteilsgeladenen Interaktion zwischen den einander kulturfremden Parteien.

Als führende Person kann man den beschriebenen dysfunktionalen Prozessen dadurch entgegenwirken, dass man immer wieder deutlich wahrnehmbare Versuche unternimmt, den Geführten gleichermaßen Entwicklungsmöglichkeiten, Wertschätzung und Zuwendung zukommen zu lassen, und auch immer wieder Angebote zur weiterführenden Verantwortungsübernahme unterbreitet. Siehe Problembeispiel am Beginn von ▶ Kap. 1.

1.3.2   Theorien transformativer und transaktiver Führung

Was Führende und Geführte einander in Austauschbeziehungen zu bieten haben, darüber wurden seit Aufkommen der LMX-Theorie Mitte der 70er-Jahre des letzten Jahrhunderts unzählige Forschungsbefunde zusammengetragen und zahlreiche Theorieansätze entwickelt. Die bekanntesten Führungstheorien, die den Ansatz der gegenseitigen Einflussnahme in Form von

Exkurs: Transaktive Führung

Transaktive Führung lässt sich in drei Unterdimensionen unterteilen, die jeweils unterschiedliche Qualitäten einer am Eigeninteresse der Führenden und Geführten ausgerichteten Austauschbeziehung im Führungsgeschehen zum Ausdruck bringen.

- *Kontingente Belohnung (engl. contingent reward)*: Geführte und Führende bauen zuverlässige Austauschprozesse auf und pflegen sie, klären gegenseitige Erwartungen, stellen Belohnungen in Aussicht und sorgen dafür, dass Erwartungen auch eingehalten werden.
- *Aktive Kontrolle (engl. active management by objective)*: Führende überwachen das Verhalten der Geführten, nehmen Probleme vorweg und greifen korrigierend ein, bevor schwerwiegende Probleme auftreten.
- *Passive Kontrolle (engl. passive management by objective)*: Führende greifen nur ein, wenn das Verhalten der Geführten zu Problemen führt. Im Unterschied zu Laissez-faire-Führung findet hierbei ein Minimum an zielbezogener Einflussnahme statt, auch wenn dies oft erst dann geschieht, wenn Schaden bereits eingetreten ist.

Exkurs: Die vier „I" transformativer Führung nach Bass (1985)

Bernhard Bass definiert das Konzept der *transformativen Führung* anhand von vier Dimensionen, bekannt als die vier „I" transformativer Führung (siehe z. B. [3, 4]). Diese beschreiben verschiedene Möglichkeiten, wie Führende die organisationalen Ziele mit den Bedürfnissen und Bestrebungen der Mitarbeiter in Übereinstimmung bringen können.

1. *Idealisierter Einfluss*: Führende verhalten sich als Vorbild und zeigen Überzeugungen, die im Einklang mit der Vision des Unternehmens stehen. Sie lösen damit auch positive emotionale Reaktionen aus, was die Identifikation der Geführten mit den Zielen der Organisation verstärkt.
2. *Inspirierend Motivieren*: Führende bringen eine Vision zum Ausdruck, die den konkreten Aufgaben und Zielen Attraktivität und Bedeutung verleiht, setzen hohe Standards und vermitteln Optimismus in Bezug auf die Erreichbarkeit der Ziele.
3. *Intellektuell Stimulieren*: Führende motivieren und befähigen die Geführten dazu, existierende Annahmen im Sinne der organisationalen Vision infrage zu stellen, kontrollierte Risiken einzugehen und eigene Ideen zu entwickeln und auszuprobieren.
4. *Individualisierte Mitarbeiterorientierung*: Führende widmen allen Geführten individuell ihre Aufmerksamkeit, agieren als Mentor oder Coach und sorgen dafür, dass Sorgen und Bedürfnisse der Geführten Gehör finden.

Austauschbeziehungen aufgreifen, sind als Theorien transformativer und transaktiver Führung (engl. *Transformational and Transactional Leadership Theories*) bekannt.

Bei transaktiver Führung (s. Exkurs: Transaktive Führung) wird auf einen angemessenen, auf das jeweilige Eigeninteresse bezogenen, Austausch von Ressourcen zwischen Führenden und Geführten geachtet. Führende geben den Geführten etwas (z. B. Lohn, Anerkennung), was diese im Austausch für etwas haben wollen, das der Führende wiederum will (z. B. Zielerreichung, Anerkennung im Unternehmen). Der Tradition der klassischen eigenschafts- und verhaltenstheoretischen Führungsansätze verhaftet, wird bei transaktiver Führung dem jeweils Führenden die dominante Rolle in der Austauschbeziehung zugeordnet.

Auch bei transformativer Führung (s. Exkurs: Die vier „I" transformativer Führung nach Bass) kommt den Führenden die dominante Rolle zu, jedoch wird die Führenden-Geführten-Beziehung wesentlich stärker aus dem Blickwinkel der Geführten heraus gestaltet als bei transaktiver Führung. Das Ziel dabei ist, die übergeordneten Ziele und Visionen der Organisation nicht nur umzusetzen, sondern sie auch aufseiten der Geführten mental und motivational zu verankern. Transformative Führung konzentriert sich somit darauf, die organisationalen Ziele mit den Bedürfnissen und Bestrebungen der Mitarbeiter in Übereinstimmung zu bringen:

1

◘ **Tab. 1.2** Zusammenhänge zwischen transformativer Führung, transaktiver Führung (mit kontingenter Belohnung und mit aktiver Kontrolle) und Kriterien von Führungseffektivität

	Transformative Führung	Transaktive Führung	
		Kontingente Belohnung	*Aktive Kontrolle*
Fremdeingeschätzte Führungsleistung	0.64	0.55	0.21
Mitarbeitermotivation	0.53	0.59	0.14
Arbeitszufriedenheit der Mitarbeiter	0.58	0.64	–
Zufriedenheit mit Führungskraft	0.71	0.55	0.24
„Harte" Kriterien der Produktivität	0.26	0.16	−0.09 *(ns)*

Anmerkung: Angegeben sind Korrelationen (möglicher Wertebereich: −1 bis +1) mit einem Signifikanzniveau von 1 % (p < 0.01). Anzahl untersuchter Stichproben: N = 87 Einzelstudien mit insgesamt ca. 38.000 Personen (Quelle, siehe [19]).
ns = nicht signifikant

Es geht darum, die Mitarbeiter dazu zu motivieren, zu beeinflussen und zu befähigen, die Bedürfnisse der Organisation über ihre eigenen persönlichen Interessen zu stellen. In diesem Zusammenhang wird auch häufig der Begriff „charismatische" Führung gebraucht, der bis auf wenige Spezialfälle gleichbedeutend mit transformativer Führung ist.

In interkulturellen Situationen personaler Führung in Organisationen ist transformative Führung mit besonderen Herausforderungen an die soziale Sensibilität und die interkulturelle Kompetenz der Führungskräfte verknüpft. Im Gegensatz zur transaktiven Führung, bei der die Führenden einen auf das jeweilige Eigeninteresse bezogenen Austausch von Ressourcen mit den Geführten anstreben, ist bei der transformativen Führung die Führenden-Geführten-Beziehung verstärkt aus dem Blickwinkel der Geführten heraus zu betrachten und zu gestalten. Dieser Blickwinkel ist von teils anderen gesellschaftskulturellen Werten geprägt als der eigene Blickwinkel des Führenden. Hier sind Kenntnisse der Kultur des Gegenübers ebenso wichtig wie ein gutes Einfühlungsvermögen in die Situation des Gegenübers. Um die höchste LMX-Stufe der Führenden-Geführten-Beziehung zu erreichen, bei der Führung einem Veränderungsprozess gleichkommt, durch den die Einstellungen und Motive der Geführten mit den organisationalen Zielen und der Vision des gemeinsamen Unternehmens (auch seiner kulturellen Normen, Werte und Grundüberzeugungen) in Einklang gebracht werden, ist transformative Führung besonders hilfreich.

Inzwischen wurden in vielen empirischen Studien mithilfe einer Vielfalt von Methoden (u. a. Längsschnittstudien) Konzepte der transformativen und transaktiven Führung im Zusammenhang mit verschiedenen Kriterien der Führungseffektivität metaanalytisch untersucht (z. B. [19]). Mit Führungseffektivität korrelieren moderat bis stark positiv (im Durchschnitt, über verschiedene Kriterien der Führungseffektivität hinweg) sowohl transformative Führung (Ø $r = 0.44$) als auch transaktive Führung mit kontingenter Belohnung (Ø $r = 0.39$). Transaktive Führung mit aktiver Kontrolle korreliert hingegen deutlich schwächer mit Kriterien der Führungseffektivität (Ø $r = 0.15$). Im Gegensatz dazu korrelieren sogar negativ (schwächen also die Führungseffektivität signifikant) die transaktive Führung mit passiver Kontrolle (Ø $r = -0.15$) und die Laissez-faire-Führung (Ø $= -0.37$). In ◘ Tab. 1.2 sind weitere Zusammenhänge trans-

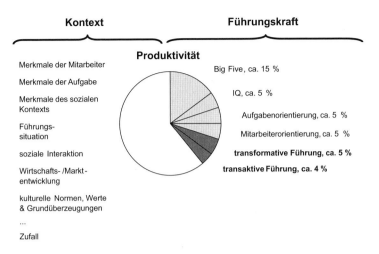

◘ Abb. 1.7 Durch transformative und transaktive Führung vorhergesagte Varianzanteile der Produktivität

Kontext

Merkmale der Mitarbeiter

Merkmale der Aufgabe

Merkmale des sozialen Kontexts

Führungs-situation

soziale Interaktion

Wirtschafts-/Markt-entwicklung

kulturelle Normen, Werte & Grundüberzeugungen

...

Zufall

Führungskraft

Produktivität

Big Five, ca. 15 %

IQ, ca. 5 %

Aufgabenorientierung, ca. 5 %

Mitarbeiterorientierung, ca. 5 %

transformative Führung, ca. 5 %

transaktive Führung, ca. 4 %

aktiver und transformativer Führung mit einzelnen Effektivitätskriterien der Führung exemplarisch dargestellt.

Anhand der festgestellten durchschnittlichen (Ø) Korrelationen lässt sich wiederum berechnen, welcher Anteil der Varianz des Kriteriums durch die gleichzeitig beobachteten Unterschiede in der transaktiven Führung und transformativen Führung aufgeklärt wird. Bei Verwendung von starken Forschungsdesigns (z. B. Längsschnittuntersuchungen, mehrere Datenquellen, harte Kriterien der Produktivität) hat transformative Führung einen insgesamt stärkeren Einfluss auf die Führungseffektivität als transaktive Führung. So können beispielsweise für die Produktivität (das „härteste" Kriterium der zitierten Studien) ca. 5 % der Varianz durch transformative Führung und ca. 4 % durch transaktive Führung vorhergesagt werden (◘ Abb. 1.7). Dabei fungiert die Beziehungsqualität der Führenden-Geführten-Beziehung im Sinne der LMX-Theorie in der Regel als Mediator und vermittelt die Wirkung transformativer Führung auf die Produktivität (z. B. [18]).

In der Vergangenheit argumentierten viele Führungsforscher, dass sich transformative und transaktive Führung durch die existierenden Messinstrumente nicht gut voneinander abgrenzen lassen. Die Frage der Abgrenzbarkeit wurde vor Kurzem mehrfach untersucht, dabei zeigte sich, dass transformative Führung einen über transaktive Führung hinausgehenden, also eigenständigen, Beitrag zur Vorhersage der Varianz von Kriterien der Führungseffektivität leistet. Sie kann demnach durch transaktive Führung nicht ersetzt werden [20]. Es empfiehlt sich demnach, beide Formen der Führenden-Geführten-Beziehung zu fördern. Weiterhin ist von Bedeutung, dass über verschiedene Kulturregionen hinweg in etwa ähnlich starke Zusammenhänge mit Führungseffektivität für transformative (auch charismatische) Führung sowie transaktive Führung empirisch gezeigt werden konnten. Damit sollten diese beiden Arten, die Führenden-Geführten-Beziehungen zu gestalten, auch in interkulturellen und globalen Führungskontexten stärker in Betracht gezogen werden.

1.3.3 Theorie impliziter Führungsvorstellungen

Die Theorie impliziter Führungsvorstellungen beschäftigt sich mit den soziokognitiven Prozessen, die bei der mentalen Regulation von Führenden-Geführten-Beziehungen stattfinden. Anders als die zuvor beschriebenen Ansätze fokussiert diese Theorie die Geführten bzw. deren

1

Wahrnehmung von und Erwartungen an führende Personen (implizite Führungstheorien) und wie sie sich dementsprechend diesen Personen gegenüber verhalten.

> Die Theorie impliziter Führungsvorstellungen firmiert häufig unter dem Namen Kategorisierungstheorie der Führung (engl. *Leadership Categorization Theory*). Sie lässt sich im Wesentlichen aus dem Motto ableiten: „Führung liegt im Auge des Betrachters."

Kognitiven Theorien der konzeptgesteuerten Informationsverarbeitung zufolge entwickeln Menschen im Laufe ihrer Lebenserfahrung sogenannte „Schemata" der Wahrnehmung über Merkmale und Verhalten anderer Personen. Im Langzeitgedächtnis gespeichert, ermöglichen Schemata eine sparsame und schnelle Informationsverarbeitung, wenn nur unvollständige Informationen aus der Umwelt vorliegen [21]. Auf einen Führungskontext übertragen (z. B. eine Sitzung unter Leitung einer bestimmen Person) genügt einem flüchtigen Beobachter die Wahrnehmung einiger weniger führungstypischer Merkmale und Ereignisse, um die Person, die die Sitzung leitet, zu identifizieren (z. B. „Sie sitzt am Kopfende des Sitzungstisches", „Alle Blicke sind auf sie gerichtet", „Sie spricht die meiste Zeit", „Sie stellt die meisten Fragen", „Sie gibt der Gruppe Ziele vor"). Dabei wird ein kognitives Führungsschema aktiviert und der betreffenden Person wird das Attribut „führt" zugesprochen. Ein mit dem kognitiven Führungsschema im Langzeitgedächtnis des Betrachters automatisch aktiviertes Bündel von weiteren (in der aktuellen Situation nicht beobachteten) Führungsattributen legt bestimmte Schlussfolgerungen über die beobachtete Person nahe (z. B. „bestimmt den Verlauf der Sitzung", „fordert Aufmerksamkeit", „will etwas von den Sitzungsteilnehmern"). Dabei handelt es sich um eine Zuschreibung von Merkmalen, die nicht direkt im betreffenden Moment beobachtet, sondern vom Langzeitgedächtnis des Betrachters abgerufen werden. So wird das Bild des Betrachters über eine bestimmte Person automatisch (meist unbewusst) vervollständigt. Auf dieser Basis reguliert der Betrachter seine Beziehung zu der betrachteten Person. In anderen Worten, der Betrachter reagiert in einem gegebenen Führungskontext auf eine Kombination von tatsächlich beobachteten Merkmalen einer Person und weiteren, in den impliziten Führungsvorstellungen seines Gedächtnisses gespeicherten Merkmalen, die automatisch zu einem Gesamtbild ergänzt werden.

Aus Lord und Mahers Konzeption zur Wahrnehmung von Führung lassen sich Hypothesen über ganz unterschiedliche Bereiche des Führungsgeschehens ableiten und überprüfen. Beispielsweise gibt es inzwischen Antworten auf die Frage, warum eine Frau, die sich mit einer Anordnung lautstark an einen Mitarbeiter wendet, als überlastet gilt, ein Mann hingegen als durchsetzungsfähig (s. Exkurs: Führungsrollen und Geschlechterrollen).

Zudem formuliert die Kategorisierungstheorie der Führung die Annahme, dass mit zunehmender Kongruenz zwischen dem impliziten Führungsschema des Betrachters und den wahrgenommenen Merkmalen und Verhaltensweisen der betrachteten Person die Akzeptanz gegenüber dieser Person als „führend" in der Beziehung zum Betrachter ansteigt, was den Betrachter darüber hinaus in seiner Eigenwahrnehmung zum „Geführten" werden lässt. In anderen Worten, bei hoher Kongruenz zwischen Attributen wahrgenommener Führung und Attributen impliziter Führungsvorstellungen „schlussfolgert" der Betrachter einer bestimmten Person (unbewusst) das Attribut „führt" bzw. „führt gut" etc. Sind derartige Kategorisierungen in Bezug auf eine bestimmte Zielperson durch viele Erfahrungen in vielen verschiedenen Führungssituationen erst einmal etabliert, dann steigt auch das Ausmaß an Einflussnahme, das dieser Person durch die Geführten gewährt wird. Insgesamt zeigt die Forschung, dass das Ausmaß der Passung zwischen wahrgenommenen Attributen einer Zielperson und erwarteten Attributen an eine (gute oder effektive) Führungskraft die Akzeptanz der Führung durch die

Exkurs: Führungsrollen und Geschlechterrollen

Frauen in Führungspositionen haben nicht selten damit zu kämpfen, dass sie trotz großer Anstrengungen nicht als Führungskraft akzeptiert zu werden scheinen, und zwar sowohl von den durch sie Geführten als auch durch eigene Vorgesetzte und Kollegen. Implizite Führungstheorien bieten hierfür ein Erklärungsmodell, das sich auch schon in der empirischen Überprüfung bewährt hat. Ähnlich wie für Führungskräfte lassen sich auch für Geschlechterrollen bestimmte kognitive Schemata feststellen, die – analog zur ILT – die Wahrnehmung von und Reaktionen auf männliche und weibliche Gegenüber leiten. Diese Geschlechterrollenstereotypen können in unterschiedlichem Ausmaß mit der Wahrnehmung als Führungskraft zusammenpassen. Beispielsweise wird lautstarkes Auftreten bei einer männlichen Führungskraft eher mit Durchsetzungsfähigkeit assoziiert, bei einer weiblichen Führungskraft dagegen mit Überlastung [22]. Somit wird bei der männlichen Führungskraft dasselbe Verhalten bereitwilliger als effektives Führungsverhalten akzeptiert als bei der weiblichen.

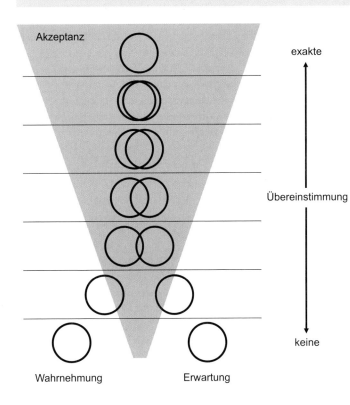

◘ Abb. 1.8 Akzeptanz einer Führungskraft durch die Geführten in Abhängigkeit von der Übereinstimmung zwischen wahrgenommenen und erwarteten Merkmalen

Zielperson und damit auch die Führungseffektivität aufseiten der Geführten erhöht (s. schematische Darstellung in ◘ Abb. 1.8).

Die Theorie impliziter Führungsvorstellungen kann als Kontingenztheorie gelten, denn sie postuliert, dass in Abhängigkeit von den (impliziten) Führungserwartungen der Mitarbeiter der Zusammenhang zwischen wahrnehmbaren Führungsmerkmalen von Führungskräften und Kriterien der Führungseffektivität variiert. Die impliziten Führungserwartungen stellen dabei Kontextfaktoren aufseiten der Geführten dar. Etwas einfacher ausgedrückt: Wird eine Zielperson als „führend" von anderen gesehen und auch akzeptiert, dann fällt es ihr leichter, tatsächlich einen zielgerichteten, sozialen Einfluss auf andere auszuüben. Die führende Zielperson gewinnt an Einflussstärke auf die Geführten.

Die hier beschriebenen kognitiven Prozesse der Wahrnehmung und der meist unbewussten schemaorientierten Informationsverarbeitung sind elementarster Natur im Sinne universeller Phänomene der menschlichen Informationsverarbeitung, d. h. jeder Mensch auf der ganzen Welt reguliert seine Wahrnehmungen von und Erwartungen an andere Personen in sozialen Beziehungen im Wesentlichen auf diese Art und Weise. Für das sozialpsychologische Konstrukt der personalen Führung besteht Universalitätsanspruch (s. ▶ Abschn. 1.1), das Gleiche gilt für die hier beschriebene Führungskategorisierungstheorie bzw. die Wirkungsweise impliziter Führungstheorien des Menschen.

1.3.4 Theorie kulturgeprägter impliziter Führungsvorstellungen

Aufbauend auf der Theorie impliziter Führungsvorstellungen und anhand der Untersuchungen des GLOBE-Projekts haben Peter Dorfman, Paul Hanges und ich die Grundzüge der Theorie kulturgeprägter impliziter Führungsvorstellungen (*Culturally Endorsed Implicit Leadership Theory*, CLT) auf Gesellschaftsebene formuliert [23]. Interkulturelle bzw. globale Unterschiede in gesellschaftskulturellen Normen, Werten und Grundüberzeugungen werden hierbei als zentrale Faktoren betrachtet. Im Rahmen personaler Führung beeinflussen diese wesentlich die Zusammenhänge zwischen Führungseigenschaften bzw. Führungsverhalten auf der einen Seite und den Einstellungen bzw. dem Verhalten der Geführten auf der anderen Seite in ihrer *gemeinsamen* Wirkung auf Kriterien der Führungseffektivität.

CLT ist eine Kontingenztheorie der Führung, denn es wird angenommen, dass kulturelle Faktoren das Führungsgeschehen in der Führenden-Geführten-Beziehung vermittelt über die individuellen Informationsverarbeitungsprozesse der Akteure beeinflussen, und zwar auf mehreren Ebenen: auf der gesellschaftlichen Ebene (Landeskultur), vermittelt über gesellschaftskulturelle Normen, Werte und Grundüberzeugungen, auf der organisationalen Ebene (Organisationskultur), vermittelt über organisationskulturelle Normen, Werte und Grundüberzeugungen sowie auf der Gruppenebene, vermittelt über Merkmale der Teamkultur und der interindividuellen Ebene, vermittelt über Merkmale der Führende-Geführten-Beziehung (z. B. erreichte LMX-Stufe). Diese verschiedenen kulturellen Einflüsse laufen auf der Ebene des Individuums zusammen. So aktivieren Merkmale einer jeweils für das Individuum gegebenen sozialen Situation (z. B. eine Führungssituation) motivationale, emotionale und kognitive Prozesse der Informationsverarbeitung, die durch kulturelle Normen, Werte und Grundüberzeugungen geprägt sind. Dabei ergänzen kulturgeprägte implizite Führungstheorien (CLTs) aufseiten der Geführten das Bündel an aktuell im Hier und Jetzt wahrgenommenen Attributen eines Gegenübers zu einem Gesamteindruck, der dem Betrachter den unmittelbaren Eindruck vermittelt, „führt" („führt gut" etc.) bzw. „führt nicht" (bzw. „führt schlecht" etc.). Untersuchungen im Rahmen von GLOBE haben wiederholt gezeigt, dass implizite Führungstheorien in hohem Maße von gesellschaftskulturellen Werten geprägt sind und in geringerem Maße auch durch die Organisationskultur [24]. Das heißt, die Vorstellungen von Führenden und Geführten in Organisationen darüber, was (effektive) personale Führung ist, variieren im Wesentlichen nach Maßgabe unterschiedlicher gesellschaftskultureller Werte, also abhängig vom Herkunftsland bzw. der Gesellschaftskultur in der die betreffenden Personen hauptsächlich sozialisiert wurde.

In interkulturellen und globalen Führungskontexten ist es besonders wahrscheinlich, dass Protagonisten in Führenden-Geführten-Beziehungen miteinander zu tun bekommen, die teilweise sehr unterschiedliche Vorstellungen von Führung anlegen – sowohl bei der Wahrnehmung und Bewertung von Führungssituationen als auch bei der Planung und Steuerung ihres

Verhaltens in diesen Führungskontexten, sei es als Geführte oder als Führende. Bei deutlich ausgeprägten kulturellen Unterschieden ist deshalb damit zu rechnen, dass Personen, die einen konkreten Führungsanspruch erheben, von ihrem Gegenüber allein aufgrund unterschiedlicher kulturelle Werte nicht ohne Weiteres (oder von vornherein nicht) als „führend" akzeptiert oder als „effektiv führend" erlebt werden (können).

Kulturgeprägte Führungsvorstellungen wirken darauf ein, unter welchen Bedingungen eine Person einer anderen das Attribut „führt" zuerkennt, sie als führende Person wahrnimmt und akzeptiert und sich in der sozialen Führenden-Geführten-Beziehung als „geführt" bzw. „Geführter" erlebt. Gemeinsam mit den empirischen Befunden der GLOBE-Studie erklärt die CLT-Theorie auch, wann und warum in interkulturellen und globalen Führungskontexten das Führungsgeschehen erheblich ins Stocken geraten kann – und wann eher nicht. Zum Beispiel werden GLOBE zufolge die CLT-Dimensionen „charismatisch/werteorientierte Führung" und „teamorientierte Führung" weltweit fast durchgängig als effektiv erachtet. Hingegen wird „autonomieorientierte Führung" in manchen Ländern als förderlich, in anderen hingegen als hinderlich für effektive Führung erachtet.

Menschen in Führungsrollen lernen, die an sie im jeweiligen kulturellen Kontext gestellten Erwartungen zu erfüllen. Manche Personen sind besonders geschickt darin, gesellschaftliche und organisationale Erwartungen zu erkennen und mit ihnen umzugehen – entsprechend wahrscheinlicher ist für sie ein Aufstieg. Empirisch hat sich bestätigt, dass als hervorragend erachtete und respektierte Führungskräfte die kulturellen Normen, Werte und Grundüberzeugungen ihrer jeweiligen Gesellschafts- oder Organisationskultur in höherem Maße repräsentieren als Führungskräfte, die als mittelmäßig oder schlecht gelten [25].

Der Fall liegt anders, wenn man sich kulturelle Überschneidungssituationen vergegenwärtig, in denen Führende und Geführte aus unterschiedlichen landeskulturellen Kontexten zusammentreffen. In ihrer eigenen Kultur als hervorragend eingestufte Führungskräfte machen hier häufig die Erfahrung, dass sie ihren Führungsanspruch nicht so flüssig und unmittelbar einlösen können, wie in ihren heimatlichen Gefilden. Den Annahmen der ILT entsprechend, spielt es eine entscheide Rolle für die Qualität der Führenden-Geführten-Beziehung und damit für das Führungsgeschehen und dessen Effektivität, ob Führende und Geführte gleiche oder unterschiedliche Vorstellungen von Führung haben. In vielen empirischen Untersuchungen [21] zeigt sich, dass bei hoher Passung von wahrgenommenen Führungsmerkmalen und Führungserwartungen die Motivation, das Vertrauen und die Führungsakzeptanz aufseiten der Geführten höher sind und diese auch mehr Leistung erbringen. Das Führungsgeschehen ist daher umso wirkungsvoller, je mehr eine Führungskraft und die betreffenden Geführten in ihren Erwartungen über die Art und Weise effektiver Führung übereinstimmen.

Eine Schätzung der Bedeutung des Faktors Gesellschaftskultur für Phänomene der Führung lässt sich sowohl den GLOBE-Befunden aus über 60 Ländern entnehmen als auch anderen, teils metaanalytischen Untersuchungen. GLOBE zufolge klärt der gesellschaftskulturelle Faktor ca. 25 % der Varianz von Führungsvorstellungen auf [26]. Leong und Fischer [27] berichten anhand von Metaanalysen aus 18 Ländern, dass in etwa der gleiche Varianzanteil von transformativer Führung (25 %) durch den gesellschaftskulturellen Faktor aufgeklärt wird. Geht man davon aus, dass sich gesellschaftskulturbedingte Missverständnisse und Leistungseinbußen im interkulturellen Führungsgeschehen unmittelbar auf Produktivität auswirken, dann ist von einem ca. 25-prozentigen Varianzanteil der Produktivität auszugehen, der durch eine hohe Passung gesellschaftskultureller Normen, Werte und Grundüberzeugungen bedingt sein kann. Damit wird deutlich, welch große Spielräume des Führungsgeschehens durch interkulturelle und globale Unterschiedlichkeiten im gesellschaftlichen Wertegefüge geprägt werden und dass

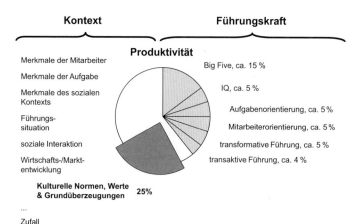

Kontext

Führungskraft

Produktivität

Merkmale der Mitarbeiter

Merkmale der Aufgabe

Merkmale des sozialen Kontexts

Führungssituation

soziale Interaktion

Wirtschafts-/Marktentwicklung

Kulturelle Normen, Werte & Grundüberzeugungen 25%

...

Zufall

Big Five, ca. 15 %

IQ, ca. 5 %

Aufgabenorientierung, ca. 5 %

Mitarbeiterorientierung, ca. 5 %

transformative Führung, ca. 5 %

transaktive Führung, ca. 4 %

◨ **Abb. 1.9** Durch kulturelle Unterschiede vorhergesagter Varianzanteil der Führung bzw. Führungseffektivität (Schätzung)

das Einbeziehen kultureller Werte in das Führungsgeschehen von großer Bedeutung für eine effektive Gestaltung von personaler Führung und eine bessere Vorhersage von Führungseffektivität ist (◨ Abb. 1.9).

Am Rande sei bemerkt, dass bei der ebenfalls bestehenden Wirkung von organisationskulturellen Werten auf implizite Führungsvorstellungen davon auszugehen ist, dass dieser Prozess erst vergleichsweise spät in der individuellen Entwicklungsgeschichte eintritt. Deshalb ist der Einfluss der Organisationskultur auf persönliche implizite Führungstheorien weniger stark als der gesellschaftskulturelle Einfluss (s. auch ▶ Kap. 2).

❯ Die Ergebnisse der GLOBE-Studie zeigen, dass individuelle Erwartungen an Führende durch kulturelle Werte stark geprägt werden. Demnach gilt in interkulturellen Kontexten das Motto „Führung liegt im *kulturgeprägten* Auge des Betrachters".

Zwischenfazit

Die neueren Führungstheorien, die die Führenden-Geführten-Beziehung fokussieren, erweitern das Fundament der bisherigen Führungsforschung, das von Ansätzen bestimmt wird, die zur Vorhersage der Führungseffektivität die Person des Führenden, dessen Verhalten und Merkmale der Situation betrachten, um drei wesentliche Grundgedanken, die für effektive personale Führung in interkulturellen und globalen Kontexten von besonderer Bedeutung sind.

Erstens, neuere Führungstheorien erweitern die derzeit in Forschung und Praxis dominierende Annahme eines unidirektionalen Einflusses von Führenden auf Geführte (Führende → Geführte) zur Auffassung eines bidirektionalen, gegenseitigen Beeinflussungsprozesses (Führungskraft ↔ Geführte). Zur Vorhersage der Qualität des Führungsprozesses und der Führungseffektivität sind die Seiten der Führenden und Geführten im Zusammenspiel zu betrachten. Dabei ist von besonderer Bedeutung, ob einer Person das Attribut „führt" bzw. „führt effektiv" von den Geführten zugeschrieben wird oder nicht. Die LMX-Theorie und ihre Vorläufer beschreiben den wechselseitig geprägten Entwicklungsverlauf von Führenden-Geführten-Beziehungen. Die LMX-Theorie sowie die Theorien der transformativen und transaktiven Führung bieten die Möglichkeit, die Beziehungsqualität zwischen Führenden und Geführten empirisch zu messen und die Führungseffektivität damit vorherzusagen.

Zweitens, neuere Führungstheorien berücksichtigen, dass der gegenseitige Beeinflussungsprozess von Führenden und Geführten nicht nur im Hier und Jetzt stattfindet. Vielmehr ist es so, dass jeder Mensch eine individuelle Sozialisationsgeschichte des zunächst Geführtwerdens (als

Kind, Schüler, Mitglied in Teams, Auszubildender, Mitarbeiter etc.) und oftmals auch des Führens (als Elternteil, Lehrer, Ausbilder, Teamleiter, Führungskraft, etc.) in sich trägt. Die Gesamtheit solcher Beziehungserfahrungen wird in Form unbewusster kognitiver Schemata (implizite Führungstheorien, ILT) im Langzeitgedächtnis gespeichert. Sie steuern die Wahrnehmung des Führungsgeschehens im Hier und Jetzt und sie prägen die damit verbundenen Empfindungen, Motivationen, Kognitionen, Einstellungen und Bewertungen. In anderen Worten, die Erwartungen an führende Personen – und auch das eigene Verhalten als Führende oder Geführte – werden im Führungsgeschehen durch implizite Führungstheorien geprägt. Die Theorie impliziter Führungsvorstellungen spezifiziert, wie diese Vorstellungen (im Wesentlichen auf Seiten der Geführten) funktionieren und wie sie sich auf das Führungsgeschehen und die Führungseffektivität auswirken.

Drittens, neuere Führungstheorien berücksichtigen den starken Einfluss, der von kulturellen Normen, Werten und Grundüberzeugungen auf das Führungsgeschehen ausgehen kann. Je nachdem, in welchen gesellschaftskulturellen Wertegefügen die impliziten Führungstheorien von der Kindheit an sozialisiert wurden, prägen sich – weltweit betrachtet – teilweise recht unterschiedliche Vorstellungen über Führen und Geführtwerden ein. Diese kulturgeprägten Führungsvorstellungen wirken darauf ein, unter welchen Bedingungen eine Person einer anderen Person die Qualität „führt" zuerkennt, sie als führende Person wahrnimmt, sich selbst in der sozialen Führenden-Geführten-Beziehung als (gut) „geführt" erlebt und die führende Funktion des anderen auch akzeptiert. Die Theorie kulturgeprägter impliziter Führungsvorstellungen (CLT) erklärt, warum in interkulturellen und globalen Führungskontexten das Führungsgeschehen erheblich ins Stocken geraten kann. Hier treffen oftmals unterschiedliche kulturgeprägte Vorstellungen über Führung aufeinander, die zum Teil sehr tief verankert sind und daher unbewusst (also implizit) gesteuert werden. Dementsprechend eng sind sie mit Gefühlsregungen und unbewussten Verhaltensweisen verbunden, was über die rein ziel- und sachorientierte Regulation von Führenden-Geführten-Beziehungen hinausgehend bei der Vorhersage der Qualität des Führungsprozesses und der Führungseffektivität zu berücksichtigen ist.

1.4   Vorstellungen über effektive Führung in verschiedenen Kulturepochen

Lassen Sie uns zum Abschluss dieses ersten Kapitels noch kurz einen Blick auf kulturgeschichtlich dokumentierte Antworten bedeutender Persönlichkeiten der letzten fünftausend Jahre nehmen, und zwar auf deren Antworten auf die Frage, woran man gute Führung in Organisationen und ganzen Staatsgebilden erkennt.

Führung ist eines der ältesten sozialen Phänomene der Menschheit, das kulturgeschichtlich überliefert ist. Könige und Fürsten, Feldherren, Priester und Gelehrte aus den unterschiedlichsten Kulturepochen haben sich mit Fragen der Führung beschäftigt. Einige noch heute gültige Antworten auf die Frage, worin sich gute von schlechter Führung unterscheidet, sind schriftlich überliefert. Auch in ihnen zeigt sich, was für unterschiedliche Facetten von Führung, und insbesondere von effektiver Führung, nicht nur in verschiedenen kontemporären Kulturen, sondern auch in anderen Kulturepochen für bedeutend genug gehalten wurden, um sie schriftlich festzuhalten und so in den betreffenden Zeiten und Kulturen zu verbreiten. Betrachten wir also vor dem Hintergrund dieses Kapitels die ältesten und bekanntesten der dokumentierten Antworten darauf, was gute Führung ist.

Die in Indien verehrte und über fünftausend Jahre alte heilige Hindu-Schrift Bhagavad Gita behandelt mehrere Lektionen über Führung. In einer der Schriften erklärt der Gebieter Krishna dem Prinzen Arjuna, was dieser als Regent und Krieger zu tun hat, nämlich „seine Pflichten" mit

1

„großer Eigeninitiative" zu erfüllen und langfristig für das „Wohl des großen Ganzen" zu sorgen [28]. Unübersehbar geht es hierbei um bestimmte Führungseigenschaften (z. B. Gewissenhaftigkeit, Proaktivität) und auch darum, dass das „Wohl des großen Ganzen" (z. B. das Staatsgebilde, die Organisation) vorgibt, wo die Reise langfristig hinführen muss.

Mit einem anderen Fokus beschreibt der chinesische Philosoph Laotse (◘ Abb. 1.10) im 6. Jahrhundert v. Chr. einen idealen Führer als Person, die andere ermächtigt und dabei bescheiden bleibt – fast unsichtbar. In dem ihm zugeschriebenen *Daodejing* ist Folgendes überliefert:

» Ein Führer ist am besten, wenn die Leute kaum wissen, dass er existiert, weniger gut, wenn sie sich ihm unterwerfen oder Beifall spenden, und noch schlechter, wenn sie ihn verachten [...], aber von einem guten Führer, der wenig darüber spricht, wenn seine Arbeit getan und sein Ziel erreicht ist, werden sie sagen „Wir haben es selbst vollbracht" [29].

Diese Art der Führung verweist auf die Führende-Geführten-Beziehung, deren besondere Qualität darin besteht, dass der Führende vor allem die Geführten im Blick hat und sein Eigeninteresse nach Macht und Anerkennung zurücknimmt.

Der chinesische Philosoph Konfuzius (551–479 v. Chr.) betont die Vorbildfunktion guter Führung: „Tritt vor die Leute als gutes Beispiel und sei arbeitsam in ihren Angelegenheiten" [30], worin die Dimension „idealisierter Einfluss" der transformativen Führung zum Ausdruck kommt. Im westlichen Kulturkreis äußert sich etwas später der griechische Philosoph Platon (428–348 v. Chr., ◘ Abb. 1.11) zu Fragen der Führung und des Staatswesens. In seinem „idealen Staat" (*Politeia*) beschreibt er den guten Führer als „weise wie ein Philosoph". Einige Zeit später fügt er die Mitbestimmung der Bürger in seinem „zweitbesten Staat" (*Nomoi*) hinzu. Er kam zwischenzeitlich zu der Überzeugung, dass uneingeschränkte Macht jeden Menschen korrumpiere, auch einen Philosophen. Man muss hinzufügen, dass Platon den Philosophen im antiken Griechenland – im Gegensatz zu ihrer marginalen Stellung in heutigen Staatswesen –

Abb. 1.11 Platon. © anastasios71/Fotolia

die höchste gesellschaftliche Bedeutung zumaß. Platons zweite Staatslehre gilt als Vorläufer der attischen Demokratie, deren Grundlagen von Platons Schüler Aristoteles beschrieben wurden. Demokratische Führungsformen werden heutzutage der partizipativen Führung zugeordnet.

Etwa tausend Jahre später postulierte Benedikt von Nursia, der Begründer des europäischen Klosterwesens, in der *Regula Benedicti* (529 n. Chr.), dass der erfolgreiche Klosterabt weise, gottgerecht und gütig sei und so „der Eigenart vieler diene". Heute würde man dies als mitarbeiterorientierte Führung bezeichnen. Ein Zitat aus seinem Werk verdeutlicht es: „Er [der Abt] sei sich bewusst, dass er die Sorge für gebrechliche Menschen übernommen hat, nicht die Gewaltherrschaft über gesunde." Auch das, was wir heute unter verantwortungsvoller Führung verstehen, formulierte Benedikt vor tausendfünfhundert Jahren: „Wer es auf sich nimmt, Menschen zu führen, muss sich bereithalten, Rechenschaft abzulegen" [31].

Ein weiteres Jahrtausend verging, bis Niccolò Machiavelli (1469–1527), italienischer Historiker, Staatssekretär und Begründer der politischen Lehre, in seinem Werk *Il Principe* (Der Fürst), publiziert im Jahre 1513, das „Machtstreben zum Wohle des Gesamten" als Kern guter Führung beschrieb. Diese Art der Führung kann als Vorgängerversion von charismatischer Führung verstanden werden, deren früheste Begriffsbestimmung allerdings dem vierhundert Jahre später wirkenden Soziologen und Herrschaftstheoretiker Max Weber (1864–1920) zugeschrieben wird. Hingegen dürfte die dunkle Seite charismatischer Führung wohl auf ewig mit dem Namen Machiavellis verbunden bleiben, denn die Tendenz, andere zu manipulieren, um persönlichen Gewinn zu erzielen, wird gemeinhin als Machiavellismus bezeichnet. Anzumerken ist hier, dass Machiavellismus im Sinne manipulativer Machtpolitik nach heutigem Stand der Wissenschaft als verzerrtes und entstelltes Erbe des Werkes von Machiavelli gilt.

Schließlich dokumentierte bereits Machiavelli einen Ansatz der Erkenntnis, dass Führung im Auge des Betrachters liegt. So notiert er im 18. Kapitel „Inwiefern die Fürsten ihr Wort halten sollten" seines Hauptwerks: „Jeder sieht, was du scheinst, wenige fühlen, was du bist, …" [32].

Darin lässt sich ansatzweise die Perspektive der Geführten auf das Führungsgeschehen und die führende Person ausmachen: weg von den Eigenschaften der Person, die führt (z. B. Machtstreben), hin zu dem, was die Geführten sehen und wie sie ihre Führer erleben und bewerten, sodass sie dementsprechend mit Akzeptanz oder Ablehnung auf den Führungsanspruch reagieren.

Zusammenfassung

Vertreter unterschiedlicher Kulturepochen dokumentierten in den vergangenen fünftausend Jahren verschiedene Merkmale guter Führung. Was sie feststellten, leuchtet auch heute noch ein, und die überlieferten Merkmale guter bzw. schlechter Führung lassen sich mit modernen Führungsmodellen in Einklang bringen. Die Auffassung Machiavellis, dass Führung im Auge des Betrachters liegt, wurde erst in der Moderne wieder aufgegriffen. Der Sicht der Geführten kommt in der heutigen interkulturellen Führungsforschung eine sehr bedeutende Rolle zu.

Literatur

1. Kluge, F., & Seebold, E. (2001). *Etymologisches Wörterbuch der deutschen Sprache* (24. Aufl.) S. 321). Berlin: Walter de Gruyter. Stichwort: „führen".
2. http://www.etymonline.com/index.php?term=lead.
3. Bass, B. M., & Bass, R. (2008). *The Bass handbook of leadership: Theory, research, and managerial applications*. New York, NY: Free Press.
4. Yukl, G. (2012). *Leadership in organizations*. New Jersey: Prentice Hall.
5. Glynn, M. A., & Raffaelli, R. (2010). Uncovering mechanisms of theory development in an academic field: Lessons from leadership research. *Academy of Management Annals, 4*(1), 359–401.
6. Smith, P. M. (1995). Leadership. In A. S. R. Manstead, & M. Hewstone (Hrsg.), *The Blackwell Encyclopedia of Social Psychology* (S. 358–362). Oxford, UK: Blackwell.. "Leadership is a quality attributed to people as a result of their interrelations with others."
7. Graumann, C. F. (1982). Feldtheorie. Kurt Lewin: Werkausgabe, (Bd. 4, S. 217). Stuttgart: Klett-Cotta. Bern: Huber.
8. Judge, T. A., Bono, J. E., Ilies, R., & Gerhardt, M. W. (2002). Personality and leadership: A qualitative and quantitative review. *Journal of Applied Psychology, 87*(4), 765–780. doi:10.1037/0021-9010.87.4.765.
9. Judge, T. A., Colbert, A. E., & Ilies, R. (2004). Intelligence and Leadership: A Quantitative Review and Test of Theoretical Propositions. *Journal of Applied Psychology, 89*(3), 542–552. doi:10.1037/0021-9010.89.3.542.
10. McCrae, R.R. & Costa, P.T. (1987). Validation of the five-factor model of personality across instruments and observers. *Journal of Personality and Social Psychology*, Vol *52*(1), 81–90 http://www.outofservice.com/bigfive/.
11. Bowers, D. G., & Seashore, S. E. (1966). Predicting organizational effectiveness with a four-factor theory of leadership. *Administrative Science Quarterly, 11*(2), 238–263. S. 247 doi:10.2307/2391247.
12. Werther, S., & Brodbeck, F. C. (2014). Geteilte Führung als Führungsmodell: Merkmale erfolgreicher Führungskräfte. *PERSONALQuarterly, 14*(1), 22–27.
13. Judge, T. A., Piccolo, R. F., & Ilies, R. (2004). The forgotten ones?: A re-examination of consideration, initiating structure, and leadership effectiveness. *Journal of Applied Psychology, 89*, 36–51.
14. House, R. J. (1971). A path goal theory of leader effectiveness. *Administrative Science Quarterly, 16*, 321–338.
15. Van Oudenhoven, J. P., & Van der Zee, K. I. (2002). Predicting multicultural effectiveness of international students: the Multicultural Personality Questionnaire. *International Journal of Intercultural Relations, 26*, 679–694.
16. Dansereau, F., Graen, G. G., & Haga, W. (1975). A Vertical dyad linkage approach to leadership in formal organizations. *Organizational Behavior and Human Performance, 13*, 46–78.
17. Graen, G. B., & Uhl-Bien, M. (1995). Führungstheorien, von Dyaden zu Teams. In A. Kieser, G. Reber, & R. Wunderer (Hrsg.), Handwörterbuch der Führung Enzyklopädie der Betriebswirtschaftslehre, (Bd. 10, S. 1045–1058). Stuttgart: Schäffer-Poeschel.
18. Dulebohn, James, H., Bommer, William, H., Liden, Robert, C., Brouer, Robyn, L., Ferris, & Gerald, R. (2012). A meta-analysis of antecedents and consequences of leader-member exchange: Integrating the past with an eye toward the future. *Journal of Management, 38*(6), 1715–1759.
19. Judge, T. A., & Piccolo, R. F. (2004). Transformational and Transactional Leadership: A Meta-Analytic Test of Their Relative Validity. *Journal of Applied Psychology, 89*(5), 755–768. doi:10.1037/0021-9010.89.5.755..

20. Rowold, J., & Heinitz, K. (2007). Transformational and charismatic leadership: Assessing the convergent, divergent and criterion validity of the MLQ and the CKS. *Leadership Quarterly, 18*, 121–133.

21. Lord, R. G., & Maher, K. J. (1991). *Leadership and information processing: Linking perceptions and performance.* Boston, MA: Unwin Hyman.

22. Morrison, A. M., White, R. P., Van Velsor, E., & the Center for Creative Leadership (1987). *Breaking the glass ceiling.* New York: Addison-Wesley.

23. Dorfman, P., Hanges, P., & Brodbeck, F. (2004). Leadership and cultural variation. The identification of culturally endorsed leadership profiles. In R. House, P. Hanges, M. Javidan, P. Dorfman, R. Gupta, & GLOBE Associates (Hrsg.), *Culture, leadership, and organizations. The GLOBE study of 62 societies* (S. 669–719). Thousand Oaks: Sage.

24. Brodbeck, F. C., Hanges, P. J., Dickson, M. W., Gupta, V., & Dorfman, P. W. (2004). Societal Culture and Industrial Sector Influences on Organizational Culture. In R. J. House, P. J. Hanges, M. Javidan, P. W. Dorfman, & V. Gupta (Hrsg.), *Culture, Leadership and Organisations. The GLOBE Study of 62 Societies* (S. 654–668). Thousand Oaks, California: Sage Publications.

25. van Knippenberg, D. (2011). Embodying who we are: Leader group prototypicality and leadership effectiveness. *The Leadership Quarterly, 22*(6), 1078–1091.

26. Brodbeck, F. C., & Eisenbeiss, S. A. (2014). Cross-cultural and Global leadership. In D. Day (Hrsg.), *The Oxford Handbook of Leadership and Organizations* (S. 657–682). New York: Oxford University Press.

27. Leong, L. Y. C., & Fischer, R. (2011). Is transformational leadership universal? A meta-analytical investigation of multifactor leadership questionnaire means across cultures. *Journal of Leadership & Organizational Studies, 18*(2), 164–174.

28. Rarick, C., & Nickerson, I. (2008). Combining classification models for a comprehensive understanding of national culture. *Journal of Organizational Culture, Communications and Conflict, 12*(2), 9–17.

29. Sergiovanni, T. J., & Corbally, J. E. (1986). *Leadership and Organizational Culture* (S. 216). Urbana-Champaign, IL, USA: University of Illinois Press.

30. Daodejing, siehe z. B.: http://de.wikipedia.org/wiki/Daodejing.

31. Regula Benedicti (Kapitel 27, Satz 6, Kapitel 2, Satz 37), siehe z. B.: http://de.wikipedia.org/wiki/Regula_Benedicti.

32. Machiavelli, N. (2001). *Der Fürst [1513].* Aus dem Italienischen von Friedrich Oppeln-Bronikowski. Insel Verlag, Frankfurt am Main, Leipzig.

Kultur: Fundament und Folge des menschlichen Handelns

Felix C. Brodbeck

F.C. Brodbeck, E. Kirchler, R. Woschée (Hrsg.), *Internationale Führung,* Die Wirtschaftspsychologie,
DOI 10.1007/978-3-662-43361-4_2, © Springer-Verlag Berlin Heidelberg 2016

Eines der erfolgreichsten Managementbücher der letzten drei Jahrzehnte ist der Bericht von Womack, Jones und Roos über ihre MIT-Studie japanischer Automobilhersteller mit dem Titel *The Machine That Changed the World: The Story of Lean Production* [1]. Die auf dem damaligen Weltmarkt außerordentlich erfolgreiche japanische Produktionsorganisation, die die Autoren in den 1980er-Jahren analysierten, unterschied sich grundlegend von jener, die zur gleichen Zeit in den USA und in Europa dominierte und zunehmend weniger Erfolge zu verbuchen hatte. Japanische Ingenieure hatten einige Jahre zuvor, in den 1970er-Jahren, nordamerikanische und europäische Produktionsstätten besucht, viele Fragen gestellt und die Antworten notiert. Das Entscheidende war, dass sie die Antworten, die sie bekamen, auch ernst genommen haben und sie auf konsequente Art und Weise mit einfachsten Mitteln bei sich zu Hause umsetzten.

Von da an beherrschte nicht nur das japanische Begriffsvokabular die Welt der Produktionsprozesse, wie beispielsweise Kaizen (kontinuierlicher Verbesserungsprozess, KVP), Poka Yoke (Total Quality Management, TQM) oder Jidoka (automatisierte Steuerung von Fertigungsprozessen), sondern auch die damit verbundene Arbeits- und Organisationskultur, bestehend aus bestimmten Normen, Werten und Grundüberzeugungen. Auf der ganzen Welt änderte sich innerhalb weniger Jahre nicht nur die Kultur der Automobilherstellung, sondern generell die Arbeitskultur, die mit Produktionssystemen in Verbindung stand. Denn nicht die modernste Technologie, wie sie damals bei deutschen und US-amerikanischen Automobilherstellern, wie VW und Ford, bereits existierte, gab den Ausschlag für große Erfolge am Weltmarkt, sondern die robuste, wenig komplizierte Automatisierungstechnik mit hoher Prozesssicherheit und Verfügbarkeit, die von den Japanern um Kulturelemente ergänzt wurde, die zwar seit vielen Jahren schon in Europa und Nordamerika erprobt, aber nicht wirklich ernst genommen wurden: z. B. das Konzept der Gruppenfabrikation (von Hellpach in den 1920er-Jahren bei Daimler-Benz erprobt) oder das Denken in soziotechnischen Systemen, was in der teilautonomen Gruppenarbeit (entwickelt am Tavistock Institute in London) seinen Niederschlag fand, sowie Jobrotation und multifunktional geschulte Mitarbeiter, die gleichzeitig über hohe soziale Kompetenzen verfügen. Dies alles sorgte für bessere Produkte in größerer Vielfalt, bei geringeren Kosten und besseren Arbeitsbedingungen.

Die strikte Einhaltung vorgegebener Zykluszeiten für Just-in-time-Produktion wurde als eines der Kernelemente dieser Revolution betrachtet, was in der Folge als schlanke Produktion (*lean production*) bezeichnet wurde und sich auch auf andere Bereiche übertrug (z. B. *lean administration*, *lean management*, *lean maintenance*). Die dahinterstehende Organisationsphilosophie ist eine des „bis ins kleinste Weglassens aller überflüssigen Arbeitsgänge" [2]. Diese Kultur des schlanken Organisierens menschlicher Arbeit erfuhr im Zuge der rasanten Entwicklungen in der Informations- und Vernetzungstechnologie der 1990er- und 2000er-Jahre bis heute mehrere Weiterentwicklungen. Inzwischen regt sich eine zunehmende Kritik an der Philosophie des „Immer-schlanker-werden-Müssens", z. B. werden menschenunwürdige Arbeitsbedingungen, mangelnde Work-Life-Balance, (psychisch) krankmachende Arbeitsplätze angeprangert und der „Lean"-Philosophie angelastet.

Vor fast hundert Jahren war die „moderne" Arbeitswelt schon einmal an einem ähnlichen Scheidepunkt, nämlich als die Auswüchse des Taylorismus (*scientific management*) zum Auslöser für die Erprobung von selbstständiger Gruppenfabrikation, für die Human-Relations-Bewegung, für das Denken in soziotechnischen Systemen und für das Ausprobieren teilautonomer Arbeitsgruppen wurde.

Im vorliegenden Kapitel geht es um Kultur und Kulturentwicklung. Und deshalb soll die gerade geschilderte Entwicklungsgeschichte produktionstechnischer Automatisierung in Begriffen der Kulturwissenschaften kurz nacherzählt werden: Mitglieder der japanischen Gesellschaftskultur kamen in die USA und Europa, um etwas über die Normen, Werte und Grundüberzeugungen der westlichen Arbeits- und Produktionskultur zu lernen. Sie nahmen das, was ihnen erzählt wurde, sehr ernst und kombinierten es mit noch älteren kulturellen Errungenschaften der westlichen Arbeitswelt, über die sie wahrscheinlich gelesen hatten. Daraufhin importierten sie die verschiedenen Elemente der westlichen Arbeitskultur und entwickelten diese im Kontext ihrer eigenen Gesellschafts-, Arbeits- und Organisationskultur weiter. Sie hatten so viel wirtschaftlichen und gesellschaftlichen Erfolg damit, dass nun Vertreter der westlichen Gesellschaftskulturen neugierig wurden und die vormals aus ihrem Kulturkreis durch die Japaner importierten und weiterentwickelten arbeitskulturellen Normen, Werte und Grundüberzeugungen in ihre westliche Welt „reimportierten" und natürlich auch weiterentwickelten – übrigens ebenfalls mit großem wirtschaftlichen und gesellschaftlichen Erfolg.

2.1 Kultur: Begriffe und Definitionen

Das deutsche Wort „Kultur" und das englische Wort *culture* gehen beide auf den lateinischen Begriff *cultura* zurück, eine Ableitung aus dem lateinischen Verb *colere*. Es bedeutet: den Acker bestellen, wohnen, pflegen, ausbilden. Im Deutschen seit Ende des 17. Jahrhunderts belegt, verweist der Begriff „Kultur" sowohl auf die Pflege materieller Güter, insbesondere im landwirtschaftlichen Bereich, als auch auf die Pflege geistiger Güter. Im Englischen ist das Wort *culture* seit Anfang des 16. Jahrhunderts als landwirtschaftlicher Begriff belegt, erst ab dem frühen 19. Jahrhundert finden sich auch Belege für seine Verwendung im geistigen Sinne, nämlich die Pflege bzw. Bildung des Geistes, von Fähigkeiten, Umgangsformen, Manieren und Anstand [3].

Der britische Anthropologe und Begründer der Kulturanthropologie Edward Burnett Tylor (1832–1917) beginnt sein Hauptwerk mit der von ihm stammenden, damals sehr populären Kulturdefinition:

» Kultur ist das komplexe Ganze, das Wissen, Glauben, Kunst, Moral, Gesetz, Brauch und alle übrigen Fähigkeiten und Gewohnheiten umfasst, die sich der Mensch als Mitglied der Gesellschaft angeeignet hat [4].

Diese Definition war späteren Gelehrten zu ungenau, denn sie vermengt geistige bzw. psychologische Kulturmerkmale (z. B. Überzeugungen, Werte, moralische Vorstellungen) mit materiellen Kulturmerkmalen, die außerhalb des menschlichen Geistes bestehen (z. B. Architektur, Kunstwerke, Gesetze). Bronisław Malinowski (1884–1942) greift diese Kritik auf und formuliert eine fundamentale Unterscheidung in den Kulturwissenschaften: „Kultur ist eine wohlorganisierte Einheit, die in zwei grundlegende Aspekte unterteilt ist – ein Bestand an Artefakten (d. i. vom Menschen Geschaffenes) und ein System von Gebräuchen" [5]. Die Unterscheidung zwischen Geschaffenem (*artefact*) und Gebräuchen (*custom*) findet in der Kulturforschung bis heute Verwendung.

❯ Kulturdefinitionen beziehen sich zum einen auf das von Menschenhand Geschaffene (Pflanzungen, Werkzeuge, Bauwerke, Kunstwerke, Schriften, Gesetze etc.; engl. *artefacts*) und zum anderen auf das dem Menschen Gebräuchliche (gewohntes Erleben, Denken, Empfinden, Verhalten, Arbeiten, Organisieren, Zusammenleben etc.; engl. *customs*).

Unter den auch heute noch weithin zitierten Klassikern der Kulturforschung findet man Vertreter beider Positionen, der materiellen und der ideell-psychologischen. Beispielsweise neigt Melville J. Herskovits (1895–1963) einer materiellen Kulturdefinition zu und hebt die außerhalb des menschlichen Geistes bestehenden Kulturmerkmale hervor („Kultur ist der vom Menschen gemachte Teil der Umwelt") [6]. Margaret Mead hingegen ist als Vertreterin der ideellen oder psychologischen Kulturperspektive zu sehen, indem sie die vom gemeinsamen menschlichen Erleben und Denken geprägten Verhaltensweisen als Kulturmerkmale betont und Kultur als „das gesamte geteilte, erlernte Verhalten einer Gesellschaft oder einer Subgruppe" betrachtet [7]. Geert Hofstede, einer der ersten Organisationswissenschaftler, die sich mit der Messung von landeskulturellen Unterschieden in Organisationen befassten, geht ebenfalls von einer psychologischen Kulturdefinition aus. Kultur ist für ihn eine Art „software of the mind" (dt. „Software des Geistes") [8].

Unabhängig von der Betonung materieller oder mentaler Aspekte der Kultur ist allen ernsthaften Kulturdefinitionen gemeinsam, dass sie Kultur als etwas charakterisieren, das unter Mitgliedern eines sozialen Kollektivs weithin geteilt und sozial übertragen wird, beispielsweise durch Unterweisung und Lernen. Welche „geteilten" Merkmale als kennzeichnend für Kultur(en) gelten und welche Arten von „Übertragung" als eine soziale Form der Weitergabe von Kulturelementen zu bewerten sind und welche nicht, das ist im jeweils interessierenden Untersuchungskontext genauer zu klären [9] (s. Exkurs: Historische Bedeutung kultureller Merkmale mit biologischer Übertragung).

> **Exkurs: Historische Bedeutung kultureller Merkmale mit biologischer Übertragung**
>
> Krankheitserreger können als geteiltes Merkmal der Mitglieder einer Gesellschaft betrachtet werden, das diese von anderen Gesellschaften unterscheidet. Sie können jedoch nicht als ein *sozial* (durch Kommunikation, Unterweisung und Lernen) übertragenes Kulturmerkmal gelten, denn sie werden biologisch übertragen. In der globalen Kulturgeschichte gibt es Beispiele, die zeigen, dass kulturgeprägte Verhaltensweisen, vermittelt über biologische Übertragung, Jahrtausende später die Kulturgeschichte entscheidend beeinflusst haben. Zum Beispiel sorgte die mit dem Ackerbau und der Sesshaftigkeit bestimmter Völker einhergehende Tradition der Domestizierung von Haustieren dafür, dass Mensch und Tier in bestimmten Regionen dauerhaft koexistierten. Das ging mit einer kollektiven Immunisierung gegen bestimmte, durch Haustiere übertragene Krankheitserreger einher. In der Kolonialzeit des letzten Jahrtausends zeigte sich, dass es häufig nicht etwa die kulturbedingt attraktiveren Gesellschaftsformen, Religionen oder überlegeneren Waffentechnologien waren, die den Ausschlag für die Dominanz europäischer Nationen über die Völker Nord- und Südamerikas und der pazifischen Region (z. B. Hawaii) gab, sondern vielmehr deren Krankheitserreger. Nach dem Erstkontakt mit Europäern starb ein Großteil der betroffenen Bevölkerungen an den eingeschleppten Krankheiten. Während die europäischen Völker über viele Jahrtausende und Generationen hinweg den Tribut für eine gestärkte, kollektive Immunabwehr entrichtet hatten, verblieb den Völkern der neuen Welten nicht genügend Zeit zur (biologischen) Entwicklung ihrer eigenen kollektiven Immunabwehr gegen die von den Europäern eingeschleppten Krankheitserreger.

2.2 Kulturdefinitionen zur Untersuchung interkultureller und globaler Führung

Im vorliegenden Buch betonen wir einen psychologischen Kulturbegriff, ohne jedoch die materiellen Merkmale von Kultur zu vernachlässigen. Eine psychologische Kulturdefinition ist für die empirische Untersuchung interkultureller und globaler Führung von Vorteil. In ▶ Kap. 1 wurde personale Führung als universelles sozial- und organisationspsychologisches Phänomen definiert, das am Individuum ansetzt, an den Führenden und Geführten sowie an deren sozialer Interaktion in der Führenden-Geführten-Beziehung. Eine psychologische Kulturdefinition setzt ebenfalls am Individuum an und begreift es als Träger und Übermittler von Kulturmerkmalen. Diese beiden psychologischen Definitionen der Führung und der Kultur sind miteinander kompatibel, da beide das Individuum und die Beziehungen zwischen Individuen (z. B. der Führenden-Geführten-Beziehung) als Bezugspunkt nehmen. Damit lässt sich das Ausmaß der kulturellen Prägung individuellen Denkens, Erlebens und Handelns in direktem Zusammenhang mit Faktoren und Merkmalen des Führungsgeschehens und der Führungseffektivität wissenschaftlich untersuchen. Und es wird auf empirischer Grundlage einschätzbar, wie stark und auf welche Art und Weise bestimmte Kulturprägungen von Führenden und Geführten auf das Führungsgeschehen und verschiedene Merkmale der Führungseffektivität Einfluss nehmen.

Inwiefern materielle, außerhalb des menschlichen Geistes bestehende Kulturmerkmale für den Führungsprozess von Bedeutung sind, lässt sich mit psychologisch definierten Kulturmerkmalen ebenfalls ermessen. Dabei wird von der Möglichkeit Gebrauch gemacht, materielle bzw. externe Indikatoren kultureller Unterschiede, etwa zwischen verschiedenen Ländern (z. B. durchschnittliche Sparquote, Zahl der Kinder, Lebenserwartung pro Land) mit vermutet gleichbedeutenden, psychologischen Indikatoren kultureller Unterschiede zwischen denselben Ländern (z. B. Sicherheitsbedürfnis, Familienorientierung, Gesundheitsbewusstsein) zu triangulieren. Durch Triangulation wird das Ausmaß der Übereinstimmung zwischen bestimmten materiellen und psychologischen Kulturindikatoren gemessen. Darüber hinaus erhält man damit eine auf den individuellen Wahrnehmungen und Bewertungen der Kulturträger beruhende Einschätzung der sozial geteilten Bedeutung bestimmter materieller und verhaltensbasierter Kulturindikatoren. Denn ein oft übersehener Nachteil der als objektiv erachteten, externen Kulturindikatoren ist ihre prinzipielle „Bedeutungsarmut". Die Bedeutung externer Kulturindikatoren kann vom forschenden Subjekt (oder vom Praktiker) zunächst nur unterstellt, vermutet oder theoretisch postuliert werden. Der Wahrheitsgehalt solcher Bedeutungsvermutungen lässt sich unter ausschließlicher Verwendung rein externer Kulturindikatoren nur sehr schwer empirisch überprüfen. Geht es um vergangene Kulturen, wie in der historischen Kulturanthropologie, bleibt einem keine andere Wahl. Bei kontemporär existierenden Kulturen, seien es kleine Gruppen, größere Organisationen oder ganze Gesellschaften, sind hingegen empirische Messungen des individuellen Wahrnehmens, Erlebens und Denkens von Kulturmitgliedern in Bezug auf die fraglichen externen Kulturmerkmale, deren Bedeutungen und deren Relevanz für das individuelle Verhalten möglich. Dies wird in der kulturvergleichenden, empirischen Psychologie auch vielfach praktiziert. Auf dieser Basis lassen sich Rückschlüsse auf spezifische Bedeutungen bestimmter materieller Erzeugnisse und extern beobachtbarer Verhaltensphänomene für die Mitglieder einer Kultur ziehen und auch darauf, ob und inwieweit diese Bedeutungen innerhalb einer Kultur geteilt und sozial vermittelt werden.

Eine recht handliche psychologische Definition von Kultur haben Kluckhohn und Leighton präsentiert. Danach umfasst Kultur „gewohnte und althergebrachte Arten und Weisen des Denkens, Fühlens und Reagierens, die charakterisieren, wie eine bestimmte Gesellschaft ihren Problemen zu einem bestimmten Zeitpunkt begegnet" [10]. Eine weitere psychologische Definition von Kultur, die heute weithin Verwendung findet, stammt von Edgar Schein, der in den USA und in Europa als einer der Begründer der Organisationspsychologie und der Organisationsentwicklung gilt. Schein hat seine Kulturdefinition 1985 erstmalig publiziert, und sie blieb bis heute unverändert.

❯ Kulturdefinition nach Edgar Schein: „Kultur [...] ist ein Muster gemeinsamer Grundprämissen, das die Gruppe bei der Bewältigung ihrer Probleme externer Anpassung
und interner Integration erlernt hat, das sich gut genug bewährt hat, um als gültig
betrachtet zu werden, und das daher an neue Mitglieder als die richtige Art der Betrachtung, des Denkens und des Fühlens im Umgang mit diesen Problemen weitergegeben wird." [11]

Die Kulturdefinition von Edgar Schein wird häufig als eine Definition der *Organisations*kultur
zitiert, wiewohl sie von Schein selbst nicht ausschließlich in dieser engen Bedeutung verwendet
wird. Er spricht in seiner Definition von „Gruppen" und meint damit sowohl Gesellschaften als
auch Organisationen, Kleingruppen oder Teams. Kulturanthropologen verwenden ihre Kulturdefinitionen hingegen in der Regel nur für die Kennzeichnung von Gesellschaften oder Völkern,
und mögen diese, gemessen an der Anzahl der Mitglieder, noch so klein sein, manchmal sogar
kleiner als große Organisationen. Aus kulturpsychologischer Perspektive ist es nicht die Größe
eines Kollektivs, an der sich die Unterscheidung zwischen Gesellschaften auf der einen Seite und
Organisationen oder Gruppen auf der anderen Seite festmachen lässt. Vielmehr geht es darum,
ob kulturelle Einflüsse auf das Individuum auszumachen sind, und falls ja, wie umfassend und
welcher Art sie sind. Bereits in Kleingruppen sind nach kurzer Zeit kulturelle Unterschiede feststellbar, die als Folge sozialer Einflüsse unter den Gruppenmitgliedern zu sehen sind. Die betreffenden Kulturmerkmale werden sozial geteilt und sozial vermittelt, und sie erlauben es, zwischen
verschiedenen Gruppen kulturelle Unterschiede auszumachen. Für ganze Organisationen gilt dies
ebenfalls. Allerdings sind die kulturellen Einflüsse von Gruppen und Organisationen weniger
stark ausgeprägt, weniger tiefgreifend und betreffen weniger Lebensbereiche der Kulturmitglieder
als jene kulturellen Einflüsse, die von großen Gesellschaften oder kleinen, isolierten Völkern auf
ihre Mitglieder ausgehen. Diese wirken bereits ab der frühen Kindheit, und zwar umfassend. Die
kulturprägenden Wirkungen von Organisationen auf ihre Mitglieder können erst mit Beginn der
Mitgliedschaft in einer Organisation, in der Regel ab dem Erwachsenenalter, einsetzen. Bis dahin
ist in der Individualentwicklung bereits ein Großteil der kulturellen Prägung vollzogen.

❯ Kultur und Kulturentwicklung ist in allen sinnvoll abgrenzbaren, sozialen Aggregaten
(z. B. Gesellschaften [Länder, Völker], Organisationen, Teams) gegeben und anhand
geteilter (engl. *shared*) und mitgeteilter (engl. *socially transmitted*) Werte, Normen
und Grundüberzeugungen empirisch messbar.

Edgar Scheins Kulturdefinition unterscheidet sich von vielen, in der praktischen Management-
lehre gebräuchlichen Definitionen in zwei grundlegenden Punkten. Er nimmt eine *evolutionäre
Perspektive* auf Kultur ein und postuliert *soziales Lernen* als den zentralen Mechanismus der
Kulturentwicklung. Aus der evolutionären Perspektive betrachtet, hängt es nicht von der Kultur
alleine ab, ob diese gut oder schlecht, funktional oder dysfunktional, effektiv oder ineffektiv
ist, sondern von der Qualität der Beziehung zwischen einer Kultur und ihrer Umwelt. Die
Annahme, dass Kulturentwicklung ein Produkt des sozialen Lernens ist, greift den Umstand
auf, dass Kultur *geteilt* (*culture is shared*) und *sozial mitgeteilt* wird (*culture is socially transmitted*). Diese Kulturauffassung Edgar Scheins stimmt mit der vieler Anthropologen, Sozial- und
Organisationspsychologen überein.

Das GLOBE-Projekt orientiert sich an den beschriebenen zentralen Elementen einer Kulturdefinition und definiert Kultur als „geteilte Motive, Werte, Überzeugungen, Identitäten und
Interpretationen oder Bedeutungen von signifikanten Ereignissen, die aus der gemeinsamen

Erfahrung der Mitglieder eines Kollektivs resultieren und über Generationen hinweg vermittelt werden" [12]. Während die Kulturdefinition von Edgar Schein im Einklang mit anthropologischen und psychologischen Kulturdefinitionen vor allem die Funktionen der externen Anpassung und internen Integration von Kulturentwicklung für das jeweilige Kollektiv fokussiert, besteht die Hauptfunktion der Kulturdefinition von GLOBE darin, eine methodisch anspruchsvolle Messung von Gesellschafts- und Organisationskulturen in der weltweiten Untersuchung von Phänomenen personaler Führung in Organisationen optimal zu unterstützen. Darüber hinaus verfolgte GLOBE das Ziel, sowohl Gesellschaftskulturen als auch Organisationskulturen anhand vergleichbarer Kulturdimensionen empirisch zu messen. Edgar Scheins Kulturdefinition kommt diesem Ziel entgegen, da sie für verschiedenen Kollektive, seien es Gesellschaften, Organisationen oder Gruppen, gleichermaßen gültig ist. Dementsprechend wurden in den weltweiten Untersuchungen von GLOBE sowohl Organisationskulturen als auch Gesellschaftskulturen mit den gleichen Kulturdimensionen gemessen. Das hat viele Vorteile bei der weltweiten Untersuchung von Zusammenhängen zwischen Kultur und personaler Führung in Organisationen, z. B. jenen, dass die Wirkungen von Organisationskultur und Gesellschaftskultur auf Basis empirischer Messungen voneinander unterschieden werden können (s. ▶ Kap. 3 und 5). Am Rande sei noch notiert, dass die GLOBE-Definition von Kultur einen hohen Konsens unter den GLOBE-Wissenschaftlern aus über 60 Ländern fand, ebenso wie die in ▶ Kap. 1 präsentierte GLOBE-Definition personaler Führung in Organisationen.

2.3 Der besondere Wert von Kultur als Denkkonzept

Der besondere Wert von Kultur als Denkkonzept besteht darin, dass es uns auf die weniger offensichtlichen Phänomene des menschlichen Erlebens, Denkens und Handelns in Gruppen, Organisationen und Gesellschaften hinweist. Obwohl wenig sichtbar und meist unbewusst, sind Kernelemente von Kulturen in ihrer Wirkung auf das Verhalten der Kulturmitglieder dennoch stark und umfassend. In gewisser Hinsicht ist das Konzept Kultur für das Verstehen des Verhaltens in einem Kollektiv das, was das Konzept Persönlichkeit für das Verstehen des Verhaltens von Individuen ist. So wie unsere Persönlichkeit unser Verhalten und unsere Reaktionen auf die Umwelt prägt und teilweise auch einschränkt, so reguliert und beschränkt auch Kultur die Reaktionen von Mitgliedern einer Gruppe, einer Organisation oder Gesellschaft – und zwar, auf das jeweilige soziale Aggregat bezogen, in gleichsinniger (engl. *shared*) Art und Weise. Das individuelle Verhalten der Mitglieder eines Kollektivs wird durch jene geteilten Normen, Werte und Grundüberzeugungen geprägt, die sich während der historischen Auseinandersetzung des jeweiligen Kollektivs mit seiner spezifischen Umwelt als effektiv und funktional erwiesen haben. Sie werden deshalb als Grundlagen des „richtigen" Umgangs mit der Umwelt empfunden und an nachkommende Mitglieder als für richtig erachtete Annahmen über die Umwelt weitergegeben.

Kultur als Denkkonzept ist natürlich eine Abstraktion, in etwa so wie Persönlichkeit als Denkkonzept eine Abstraktion ist. Jedoch erlauben es uns beide Abstraktionen, durch Beobachtung des Verhaltens unseres Gegenübers, als Individuum und als Mitglied einer bestimmten Gruppe, Organisation oder Gesellschaft, Vorstellungen über dessen Wesen und Prognosen über dessen zukünftiges Verhalten zu machen.

❯❯ Abstrakte Konzepte wie Kultur und Persönlichkeit helfen uns dabei, unsere soziale Umwelt zu verstehen, das Verhalten der anderen in gewissem Maße vorherzusehen und darauf entsprechend zu reagieren.

Ein abstraktes Kulturkonzept ist nur dann von Vorteil für unser Denken und Handeln, wenn es auf beobachtbaren Tatsachen und beobachtbarem Verhalten beruht und dabei unser Verständnis einer Klasse von Ereignissen erhöht, die uns andernfalls unverständlich bleiben oder uns als Mysterium erscheinen würden. Wir sollten deshalb oberflächliche Kulturmodelle vermeiden und uns den tieferen und komplexeren anthropologischen Modellen zuwenden, denn diese wurden auf Basis umfangreicher und detaillierter Beobachtungen menschlichen Sozialverhaltens in Gruppen, Organisationen und Gesellschaften gewonnen, und sie verweisen auf die dahinterliegenden sozial geteilten Bedeutungen und handlungsleitenden Kollektivkräfte, die in verschiedenen Kulturen wirksam sind und das individuelle Sozialverhalten des Menschen nach Maßgabe der jeweils geltenden Normen, Werte und Grundüberzeugungen regulieren.

2.4   Anthropologische Kulturindikatoren

Anthropologische Merkmale von Kultur basieren auf beobachtbaren Ereignissen, messbaren psychologischen Phänomenen und Merkmalen materieller Artefakte, die auf kulturelle Grundüberzeugungen, Normen und Werte in Gruppen, Organisationen und Gesellschaften hinweisen und das menschliche Denken, Erleben und Handeln prägen. So beschreiben die Anthropologen Kluckhohn und Strodbeck [13] eine ganze Reihe kultureller Artefakte in Gesellschaften, ohne die Variabilität individueller Orientierungen und Verhaltensweisen innerhalb von Gesellschaften aus den Augen zu verlieren. Dabei verweisen sie auf die prinzipiell begrenzte Anzahl von menschlichen Problemen, auf die jede Gesellschaftskultur Antworten finden muss, wie etwa eine Sprache zur Kommunikation und bestimmte Bräuche, Sitten und Rituale, die relevante Lebensereignisse (z. B. Geburt, Wohnen, Ernährung, Lernen, Erwachsenwerden, partnerschaftliche Verbindung, Arbeiten, Führen und Geführtwerden, Trennung, Sterben) eines jeden Kulturmitglieds betreffen.

Die jeweiligen Antworten auf diese grundsätzlichen menschlichen Problemlagen unterscheiden sich zwischen verschiedenen Gesellschaftskulturen, wobei es wiederum nur ein begrenztes Spektrum an Variation unter den kulturgeprägten Antworten geben kann. Menschen wohnen z. B. in Zelten, Höhlen, Iglus, Hütten, Einfamilienhäusern, Wohnungen in Mehrfamilienhäusern oder Wolkenkratzern; in jedem Fall aber benötigen sie, um zu überleben, einen ortsgebundenen Schutz vor natürlichen Gefahren, wie Kälte, Nässe, Sturm oder Feinden. Dabei hängt es von der jeweiligen kulturellen Entwicklung im Zusammenspiel mit den jeweiligen Umweltbedingungen ab, welche Formen sie zu präferieren gelernt haben, um diese Funktionen zu erfüllen. Jede Kultur muss also herausfinden, wie das Spektrum der für ihre Umwelt relevanten, menschlichen Problemlagen zu einem gegebenen Zeitpunkt im sozialen Raum am besten gehandhabt werden kann. In Gesellschaften führt dies zur Ausbildung bestimmter Systeme der Kommunikation, des Umgangs mit Fragen der Gerechtigkeit, der Erziehung und Bildung, der Gesundheit, der Ernährung, der historischen Überlieferung etc.; bis hin zur Ausbildung politischer Systeme, die die jeweiligen Gesellschaften als Ganzes zur kollektiven Zielbildung und nachhaltigen Zielverfolgung befähigen.

Als weitere zentrale Kulturindikatoren sind Normen und Werte des menschlichen Zusammenlebens und -arbeitens (z. B. über einen fairen Austausch von Ressourcen und Risiken) zu nennen sowie Handlungsideologien und Philosophien für bestimmte Umstände (z. B. „Keiner wird zurückgelassen", „Frauen und Kinder zuerst", „Shareholder Value", „Kundenorientierung"), formale Gesetze mit ausgewiesenen Sanktionen bei Fehlverhalten sowie implizite Regeln (z. B. „Wir machen die Dinge hier so und nicht anders"), die es zu beachten gilt, da man andernfalls mit unmittelbaren Sanktionen durch die anderen Mitglieder zu rechnen hat. Kulturtragend sind auch Fertigkeiten und Fähigkeiten, die in besonderem Maße in einer Kultur wertgeschätzt werden (z. B. Rücksichtnahme, Höflichkeit, Weisheit, ökonomische, sportliche, geistige oder soziale Leistungen), sowie auch Denkgewohnheiten, mentale Modelle und sprachlich fixierte Paradigmen („1 + 1 = 2", „Einmal ist keinmal", „Der frühe Vogel fängt den Wurm", „Das Ganze ist mehr als die Summe seiner Teile"), die unsere soziale Wahrnehmung und unser Denken auf bestimmte Aspekte der Umwelt richten, unser Handeln lenken und auch Gegenstand der Unterweisung in verschiedenen Phasen der menschlichen Sozialisation sind. Weiterhin prägen uns grundlegende kulturelle Metaphern, die häufig in Architektur, Kunst und Religion Ausdruck finden und identitätsbildende, emotionale und ästhetische Resonanz im Individuum erzeugen (z. B. Kirchen, Moscheen, Tempel, Museen, Denkmale, Gemälde, Skulpturen, Musikstücke, Fernsehtürme, Brücken, Staudämme, Grenzmauern, Stadien, Sportstätten, Parlamentsgebäude, Regierungssitze, höchste Wolkenkratzer, Marktplätze, ganze Geschäftsviertel, repräsentative Firmenhauptsitze, Bankgebäude). Hingegen führen Normen, Werte und Lebensphilosophien eher zu kognitiver, evaluativer und motivationaler Resonanz im Individuum.

Das gerade über Kultur und Kulturentwicklung Beschriebene gilt für alle abgrenzbaren sozialen Kollektive, die geteilte Ziele verfolgen, seien es Gesellschaften oder Organisationen oder Kleingruppen. Allerdings hat das Spektrum der im jeweiligen sozialen Aggregat zu kultivierenden menschlichen Lebensbereiche eine unterschiedliche Spannweite – in Organisationen ist es weit geringer als in Gesellschaften. Es bleibt in Organisationen weitgehend auf Arbeit beschränkt, und in Kleingruppen, außerhalb der Arbeit, bleibt es auf Freizeit, Freundeskreis oder Familiäres begrenzt. Die kulturelle Prägung des Individuums ist durch Organisationen insgesamt weniger breit ausgelegt und weniger tiefgreifend, auch in emotionaler Hinsicht, als es durch Gesellschaftskulturen der Fall ist.

Für Organisationen, die in mindestens einer Gesellschaft existieren oder ihren Anfang nahmen, bilden die sie umgebenden Gesellschaftskulturen den durch Grundüberzeugungen, Normen und Werte geprägten Rahmen, innerhalb dessen ihre Kulturentwicklung erfolgen kann. Aber nicht nur dieser kulturelle Rahmen ist für die Kulturentwicklung einer Organisation relevant, sondern auch die spezifischen Merkmale jener Umwelten, in denen sie sich bewähren muss, um ihre Ziele (z. B. Profitabilität) zu erreichen, sind von Bedeutung. So ist es eine umfassende Aufgabe der Organisationskultur, nicht nur relevante landeskulturelle Gegebenheiten, sondern auch politische, gesetzliche, geografische und ökonomische Gegebenheiten auf lokaler und globaler Ebene angemessen zu reflektieren.

2.5 Die Funktion von Kultur für den Menschen

Anthropologische und psychologische Indikatoren bilden Kulturmerkmale insofern ab, als diese von Mitgliedern einer Kultur geteilt und mitgeteilt werden, d. h. gemeinsam in ähnlicher Art und Weise wahrgenommen, gedacht, mit Bedeutung versehen, im Verhalten gehandhabt, anderen vermittelt und von allen Kulturmitgliedern in der Regel auch erwartet werden. Mit dem abstrakten Konzept der Kultur als „integriertem Ganzen" werden die vielfältigen, kulturellen Facetten des menschlichen Denkens und Handelns in sozialen Gruppen mit dem individuellen Grundbedürfnis nach Stabilität, Konsistenz und Bedeutung in Beziehung gebracht. Man kann sagen, jede Kultur, ob in Gruppen, Organisationen oder Gesellschaften, hat die Funktion, ihren Mitgliedern ein kohärentes, ordnungsbildendes, Sicherheit gebendes, integriertes Abbild der jeweiligen sozialen Umwelt zu bieten.

2

Die Stabilität, Konsistenz und Bedeutung gebende Funktion von Kultur und die damit verbundene, tiefgreifende Prägung des Menschen durch die „eigene" Kultur wird einem erst dann richtig bewusst, wenn man sich in einer fremden Kultur zurechtfinden muss. Die eigenen, im altbekannten Kulturraum in der Regel nicht hinterfragten Grundüberzeugungen sind plötzlich kein Garant mehr für reibungsloses Navigieren in einem andersartigen sozialen System. Die fremde Kultur kommt einem irgendwie „komisch" vor, manchmal unbegreiflich oder mysteriös, ein andermal wiederum interessant und seltsam aufregend.

> ❯ Gesellschaftskulturen verschaffen dem Menschen strukturelle Stabilität, ein Erleben von Sicherheit, Tiefe und Bedeutung, was die gesamte Breite der menschlichen Lebenserfahrung betrifft.

So beinhaltet Kultur letztendlich alle Facetten der beiden von Edgar Schein [11] beschriebenen Primäraufgaben, die von Gruppen, Organisationen und Gesellschaften zu bewältigen sind, nämlich:
1. die Anpassung an die Umwelt, um das Überleben und die Fortentwicklung des sozialen Kollektivs als Ganzem zu sichern, und
2. die interne Integration, um das für die externe Anpassung erforderliche tägliche Funktionieren, Adaptieren und soziale Lernen innerhalb des sozialen Kollektivs zu gewährleisten.

Nun kennt jeder von uns Kulturen mit Grundüberzeugungen, Normen und Werten, die anderen zuwiderlaufen, was zu Konflikten und Ambiguitäten führt, nicht nur zwischen Kulturen, sondern häufig auch innerhalb von Kulturen (sogenannte fragmentierte Kulturen). Aber die Tatsache, dass kulturelle Entwicklungen nie abgeschlossen sind, dass Kulturen unfertige Gebilde sind, manchmal nur sehr schwach ausgeprägt, von Widersprüchen durchdrungen und in Auseinandersetzungen befangen, zeitweise sogar im Chaos versinkend, bedeutet nicht, dass es Kultur nicht gibt oder dass ihr keine elementaren Funktionen im menschlichen Zusammenleben zukommt. Vielmehr ist Kultur als kontinuierlicher Entwicklungsprozess zu sehen, der der Anpassung sozialer Aggregate an eine sich verändernde Umwelt dient und der durch das Streben eines jeden einzelnen Menschen nach Stabilität, Bedeutung und Integration im sozialen Kontext getragen wird.

2.6   Das 3-Ebenen-Modell von Edgar Schein

Kulturen lassen sich auf verschiedenen Ebenen analysieren. Kulturmerkmale auf der obersten Ebene sind von Außenstehenden und Kulturmitgliedern gleichermaßen beobachtbar und greifbar (z. B. Artefakte, Verhalten, Ereignisse). Das bringt jedoch eine gewisse Bedeutungsarmut für Außenstehende mit sich, denn die mit beobachtbaren Kulturmerkmalen verbundenen Normen, Werte und Grundüberzeugungen sind für Fremde nicht ohne Weiteres erkennbar. Auf der untersten Ebene sind die tiefgehenden, in der Regel unbewussten, kulturellen Grundüberzeugungen (als „richtig" erachtete Annahmen über die Umwelt) lokalisiert. Edgar Schein zufolge machen diese die Essenz von Kultur aus, denn sie werden von den Kulturmitgliedern als gegeben, selbstverständlich bzw. „bewiesen" erachtet; sie werden nicht hinterfragt und sind nicht verhandelbar. Zwischen der obersten und der tiefsten Ebene von Kultur sind verschiedene Normen und Werte lokalisierbar (z. B. Regeln, Ziele, Hoffnungen, Ideale), die von Mitgliedern einer Kultur dazu verwendet werden, um sich gegenseitig, und auch Fremden gegenüber, über

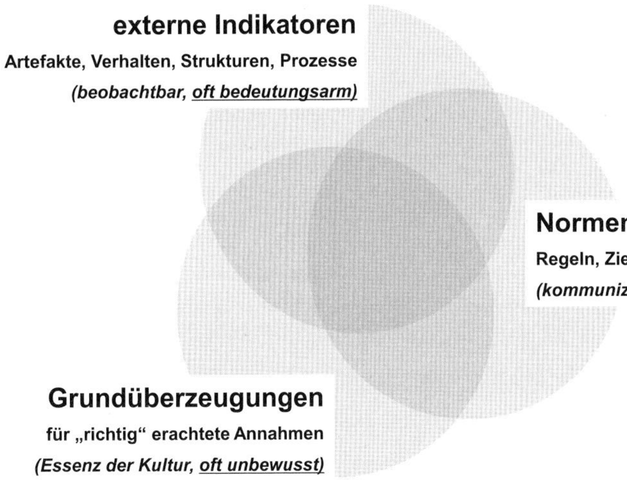

externe Indikatoren

Artefakte, Verhalten, Strukturen, Prozesse

(beobachtbar, oft bedeutungsarm)

Normen und Werte

Regeln, Ziele, Hoffnungen, Ideologien, Ideale

(kommunizierbar, oft widersprüchlich)

Grundüberzeugungen

für „richtig" erachtete Annahmen

(Essenz der Kultur, oft unbewusst)

Abb. 2.1 Drei Ebenen der Kulturanalyse (nach Edgar Schein)

bestimmte kulturelle Elemente zu verständigen. Im Gegensatz zu Grundüberzeugungen sind Normen und Werte verhandelbar und im Prinzip offen für Diskussionen. Man kann sich innerhalb einer Kultur z. B. darauf einigen, dass Uneinigkeit über bestimmte Normen und Werte besteht. Grundannahmen sind hingegen so tief verankert und eine Selbstverständlichkeit, dass jemand, der diese nicht teilt, als Fremder oder Verrückter betrachtet und nicht ernst genommen wird (■ Abb. 2.1).

Edgar Schein betont in seinem Werk *Organizational Culture and Leadership* [11], in dem die drei Ebenen der Kulturanalyse im Detail erläutert werden, dass Kultur und Führung zwei Seiten einer Medaille sind, und zwar in jenem Sinne, dass Führende zum einen dem Kulturentwicklungsprozess unterliegen, wie alle anderen Mitglieder einer Organisation auch, zum anderen aber den Kulturentwicklungsprozess proaktiv in Bewegung halten müssen. Damit kommt Führungskräften in Organisationen eine ganz besondere, im wahrsten Sinne des Wortes *kulturtragende* Funktion zu. In Gang kommt Kulturentwicklung durch die Art und Weise, wie Gruppen und Organisationen durch ihre Führung strukturiert werden. Sobald geteilte und mitgeteilte Normen, Werte und Grundüberzeugungen etabliert sind, also die Essenz von Kultur gegeben ist, bestimmt Führung die Maßstäbe, die an „richtiges" Führen anzulegen sind, wodurch auch festgelegt wird, wer in Zukunft führende Funktionen erhält und wer nicht. Sollten sich bestimmte Kulturelemente im Zusammenspiel mit den relevanten und sich verändernden Umweltbedingungen als dysfunktional erweisen, dann ist es die wichtigste Aufgabe der Führung, darauf zu reagieren und funktionale von dysfunktionalen Elementen zu unterscheiden, um den Kulturentwicklungsprozess so zu gestalten, dass das Kollektiv, das der Führung überantwortet ist, überleben und prosperieren kann. Als Quintessenz für Führungskräfte ergibt sich daraus, dass sie die Kulturen, in denen sie eingebettet sind, bewusst wahrnehmen und verstehen lernen müssen, andernfalls werden sie von der Kultur in ihrer Organisation geführt, statt diese zu führen (vertiefend s. ▶ Kap. 6).

Zusammenfassung

In diesem Kapitel wurden verschiedene Kulturbegriffe und Definitionen von Kultur beleuchtet. Dabei wurde begründet, warum dem psychologischen Kulturbegriff eine besondere Bedeutung bei der Untersuchung von interkultureller und globaler Führung zukommt. Der psychologische Kulturbegriff fokussiert jene Facetten des individuellen Erlebens, Denkens und Verhaltens, die durch Kulturmerkmale im sozialen Kontext geprägt sind. Moderne, psychologische Definitionen personaler Führung fokussieren ebenfalls das individuelle Erleben, Denken und Verhalten im sozialen Kontext, jedoch im Spezifischen der Führenden-Geführten-Beziehungen (s. ▶ Kap. 1). Diese Beziehungen sind in Gruppen, Organisationen und Gesellschaften eingebettet, welche einer spezifischen Kulturentwicklung unterliegen. Deshalb ist in Führenden-Geführten-Beziehungen von kulturellen Prägungen der Beteiligten auszugehen, die sich auf das Führungsgeschehen und auf Merkmale der Führungseffektivität auswirken.

Die Kulturdefinition von Edgar Schein steht im Einklang mit anthropologischen und psychologischen Kulturdefinitionen und fokussiert vor allem die Funktionen der externen Anpassung und internen Integration von Kulturentwicklung für das jeweilige Kollektiv und dessen Mitglieder. Die von GLOBE präsentierte Kulturdefinition greift die zentralen Elemente der beschrieben Kulturdefinitionen auf und bildet eine Grundlage zur dimensionalen Messung von Kultur in Organisationen und Gesellschaften gleichermaßen, womit sich Phänomene personaler Führung in Organisationen weltweit untersuchen lassen.

Generell hilft uns das Denkkonzept „Kultur" zu verstehen, was in Gruppen, Organisationen und Gesellschaften passiert. Dabei sind die im jeweiligen Kollektiv historisch geteilten Lernerfahrungen von zentraler Bedeutung. Sie resultieren in gemeinsamen Grundüberzeugungen, Normen und Werten, die das Denken, Erleben und Verhalten der Kulturmitglieder im Hier und Jetzt bestimmen und an Kulturneulinge (z. B. Kinder, Migranten, Auszubildende, neue Mitarbeiter) weitergegeben werden. Kulturentwicklung fungiert jedoch nicht nur als Mechanismus der Integration, um den Fortbestand der Kultur eines Kollektivs zu sichern, sondern auch als Anpassungsmechanismus, der ein soziales Kollektiv dazu befähigt, auf veränderte Umweltbedingungen angemessen zu reagieren, um letztlich die Prosperität seiner Mitglieder zu sichern. Die Integrationsfunktion und die Anpassungsfunktion der Kulturentwicklung sind antagonistisch zueinander. Einerseits muss Kulturentwicklung für jene Veränderungen im Kollektiv sorgen, die als tragfähige Antworten auf teilweise neue Umweltgegebenheiten gelten können, andererseits muss die bestehende Ordnung in hinreichendem Maße aufrechterhalten werden, sodass den Kulturmitgliedern eine Orientierung im sozialen Raum des Kollektivs möglich ist. Denn getragen wird die Kulturentwicklung letztlich durch das Streben jedes einzelnen Menschen nach Stabilität, Bedeutung und Integration im sozialen Kontext.

Ein gutes Verständnis von Kultur und Kulturentwicklung in Organisation und Gesellschaften ist eine mehr als wünschenswerte Voraussetzung für Führungskräfte, deren primäre Aufgabe es ist, Organisationskulturen zu führen – und nicht nur von diesen geführt zu werden. So gesehen haben es die Führenden der Automobilbranche, vor allem in Mitteleuropa, in den 1990er- und 2000er-Jahren richtig gemacht, als sie jene Merkmale der Produktionskultur, die die japanische Automobilbranche in den 1980er-Jahren so konkurrenzstark werden ließ, in ihre eigenen Organisations- und Produktionskulturen integrierten und weiterentwickelten.

Literatur

1. Womack, J., Jones, D., & Roos, D. (1990). *The Machine that changed the World: The Story of Lean Production*. New York: Harper Collins. Deutsche Übersetzung: Womack, J., Jones, D. & Roos, D. (1992). *Die zweite Revolution in der Autoindustrie* (4. Aufl.). Frankfurt a. M.: Campus.
2. http://de.wikipedia.org/wiki/Schlanke_Produktion.
3. http://www.oxforddictionaries.com/definition/english/culture.
4. Tylor, E. B. (1871). *Primitive Culture: Researches in the Development of Mythology, Philosophy, Religion, Language, Art and Custom* (S. 1). London: John Murray. "[Culture is the] complex whole which includes knowledge, belief, art, morals, law, custom, and any other capabilities and habits acquired by man as a member of society."

5. Malinowski, B. (1931). Culture. In E. R. A. Seligman (Hrsg.), *Encyclopedia of the Social Sciences* (Bd. 4, S. 623–646). New York: Macmillan. "Culture is a well organized unity divided into two fundamental aspects – a body of artifacts and a system of customs."

6. Herskovits, M. J. (1948). *Man and his Works: The Science of Cultural Anthropology* (S. 17). New York: Knopf.

7. Mead, M. (1953). The Study of Culture at a Distance. In M. Mead, & R. Metraux (Hrsg.), *The Study of Culture at a Distance* (S. 22). Chicago: University of Chicago Press. "[Culture] is the total shared, learned behavior of a society or a subgroup."

8. Hofstede, G. (2001). *Culture's consequences: Comparing values, behaviors, institutions, and organizations across nations* (S. 2). Thousand Oaks, CA: Sage Publications.

9. Prinz, J. (2011). Culture and Cognitive Science. In E. N. Zalta (Hrsg.), *The Stanford Encyclopedia of Philosophy*. http://plato.stanford.edu/entries/culture-cogsci/.

10. Kluckhohn, C., & Leighton, D. (1946). *The Navajo* (S. xviii). Cambridge, MA: Harvard University Press.

11. Schein, E. H. (2010). *Organizational Culture and Leadership* (4. Aufl.) S. 18). San Francisco: Wiley & Sons. "The culture of a group can (…) be defined as a pattern of shared basic assumptions that the group learned as it solved its problems of external adaptation and internal integration that has worked well enough to be considered valid and, therefore, to be taught to new members as the correct way you perceive, think, and feel in relation to those problems."

12. House, R. J., & Javidan, M. (2004). Overview of GLOBE. In R. House, P. Hanges, M. Javidan, P. Dorfman, & V. Gupta (Hrsg.), *Culture, leadership, and organizations. The GLOBE study of 62 societies* (S. 9–28, S. 15). Thousand Oaks: Sage Publications.

13. Kluckhohn, F. R., & Strodtbeck, F. L. (1961). *Variations in value orientations*. New York: HarperCollins.

Interkulturelle Führungsforschung

Felix C. Brodbeck

F.C. Brodbeck, E. Kirchler, R. Woschée (Hrsg.), *Internationale Führung,* Die Wirtschaftspsychologie,
DOI 10.1007/978-3-662-43361-4_3, © Springer-Verlag Berlin Heidelberg 2016

3

Fragen interkultureller Führung, so möchte man meinen, spielen zwischen Ländern, die geografisch sehr nahe beieinanderliegen und einem gemeinsamen Kulturraum entstammen, keine oder nur eine sehr geringfügige Rolle. So lässt sich für Deutschland und die deutschsprachige Schweiz anhand verschiedener kulturvergleichender Studien, die seit den 1960er-Jahren wiederholt durchgeführt wurden, zeigen, dass sie sich in den dimensionalen Profilen ihrer Gesellschaftskulturen sehr stark ähneln. Bei genauerer Betrachtung, z. B. anhand der GLOBE-Dimensionen der Führung, wo spezifisch nachgefragt wird, durch welche Attribute und Verhaltensweisen sich hervorragende Führungskräfte auszeichnen, waren allerdings sehr spezifische Unterschiede darin erkennbar, was Manager beider Länder von effektiven Führungskräften jeweils erwarten.

So waren für Schweizer Manager etwas geringere Werte für autonomieorientierte Führung und etwas höhere Werte für humanorientierte Führung nachweisbar als für deutsche Manager. Als ich diese Ergebnisse zum ersten Mal sah, fragte ich in meinem Bekanntenkreis deutscher und Deutschschweizer Manager, die jeweils auch Erfahrungen miteinander hatten, genauer nach, ob ihnen zu diesen spezifischen Unterschieden etwas einfiele. Die Antworten waren überraschend einhellig. Sie deuteten jeweils darauf hin, dass diese Unterschiede nur in bestimmten Interaktionssituationen zum Tragen kommen, z. B. wenn in Sitzungen verschiedene Standpunkte erörtert werden: Während in der deutschsprachigen Schweiz auch bei unterschiedlichen Meinungen zunächst die gemeinsame Basis der Beteiligten hervorgehoben wird (niedrigere Autonomieorientierung) und ein wertschätzend höflicherer Umgangston praktiziert wird (höhere Humanorientierung), tendieren deutsche Manager zu einem deutlich konfrontativeren und raueren Gesprächsverhalten (niedrigere Humanorientierung), das Unterschiede zwischen den Standpunkten betont (hohe Autonomieorientierung). Das lässt sich auch in den jeweils gewählten Formulierungen heraushören: Wo der deutsche Manager mit einem „Ja, aber ich finde, dass …" deutlich erkennbar seinen abweichenden Standpunkt einführt, schlägt sein Schweizer Kollege mit einem „Ja genau, und wir sollten auch berücksichtigen, dass …" einen diplomatischeren und wir-bezogenen Gesprächston an – auch wenn im Anschluss daran ebenso eine abweichende Meinung geäußert wird. Das kann bei interkulturellen Begegnungen zwischen Deutschen und Schweizern zu Irritationen führen, und es macht verständlich, weshalb Schweizer Manager von deutschen Kollegen als eher mehrdeutig und schwammig und umgekehrt deutsche Manager von Schweizern als eher barsch und eigensinnig empfunden werden.

Mit solchen und vielen weiteren Beobachtungen und ihrer systematischen Erfassung anhand empirischer Untersuchungen in vielen verschiedenen Ländern und Kulturkreisen beschäftigt sich die interkulturelle Führungsforschung, auf die in diesem Kapitel näher eingegangen wird. Sie ist für internationale und globale Unternehmen, die sich mit Fragen der optimalen interkulturellen Zusammenarbeit und Führung befassen, von besonderer Bedeutung.

3.1   Führung in Zeiten der Globalisierung

In vergangenen Epochen fand Globalisierung immer wieder auf die eine oder andere Art und Weise statt. Man denke an die kriegerischen Eroberungen verschiedener Völker, an die systematische Ausbreitung bestimmter religiöser Auffassungen und an die Zeit der Kolonialisierung und wirtschaftlichen Ausbeutung anderer Länder. In den Eroberungs- und Kolonialzeiten dominierte jeweils eine nationale Kultur, wie beispielsweise das antike Griechenland, Rom oder Persien oder einige Zeit später die Portugiesen, Spanier, Holländer und Briten. Diese Form der ausbeuterischen Globalisierung entsprach einer imperialistischen und hegemonialen Weltsicht. Neben dem wirtschaftlichen Gewinn, den die Kolonialmächte daraus zogen, kam es – quasi in der Gegenrichtung – zu einem mehr oder weniger weltumspannenden Export religiöser, politischer, juristischer, ökonomischer und gesellschaftlicher Kulturelemente.

Anders als in den Kolonialzeiten ist die seit Ende des Zweiten Weltkriegs stattfindende Globalisierung offen für jede Nation. Abgesehen von auch heute noch bestehenden, historisch bedingten Hegemonialstrukturen kann im Prinzip jedes Land an der Globalisierung teilhaben, dessen Bürger befähigt und motiviert sind, sich an weltweiten Geschäften zu beteiligen, und in dem effektive Organisationen im Kontext funktionierender gesellschaftlicher und marktwirtschaftlicher Strukturen tätig sein können. Hinzu kommt der rasche Anstieg elektronischer Kommunikation, der durch die Erfindung des Internets Anfang der 90er-Jahre des letzten Jahrhunderts noch eine Steigerung erfuhr. Diese und weitere technologische Entwicklungen ermöglichten es multinationalen Organisationen, egal in welchen Ländern sie beheimatet sind, freizügig und nahezu unbegrenzt zu agieren – 24 Stunden am Tag, über alle Zeitzonen und Ländergrenzen hinweg. Diese noch nie dagewesene Form der Globalisierung – sowohl privater als auch öffentlicher Organisationen – machte es notwendig, Führungskräfte in besonderem Maße vorzubereiten: zum einen darauf, in anderen Ländern als ihrer eigenen Heimat effektiv tätig zu sein (Auslandsentsendung von Führungskräften), zum anderen auf das Führen von Mitarbeitern, die in verschiedenen Ländern beheimatet bzw. tätig sind (internationale Projekt- und Teamarbeit) bis hin zu globaler Führung globaler Unternehmen.

Die damit einhergehenden wirtschaftlichen, technologischen und sozialen Entwicklungen sorgten für ein starkes Interesse an interkultureller Führungsforschung in weltweit agierenden Organisationen. So konstatierten William Mobley und Peter Dorfman in ihrer Einleitung zu einem der ersten Buchbände über globale Führung noch zu Beginn des letzten Jahrzehnts [1], dass für zahlreiche Autoren die zunehmende Globalisierung mit einem gravierenden Mangel geeigneter Führungskräfte einhergehe. Als Folge sei eine geringe internationale Führungseffektivität zu verzeichnen, mit Unzufriedenheit vieler Betroffener und so mancher Entgleisung einzelner Akteure in den ihnen fremden Kulturkreisen. Dem stünden nur sehr wenige und unzureichende Maßnahmen zur Vorbereitung auf internationale Führungsaufgaben gegenüber. Darüber hinaus müssten globale Firmen nicht nur eine multikulturelle Belegschaft führen und organisieren, sondern sie müssten auch die Wünsche einer zunehmend internationalen Kundschaft befriedigen. Immer wichtiger würden deshalb Formen der Führung und Organisation, die einen effektiven Einfluss sowohl innerhalb bestimmter Kulturen als auch über verschiedene Kulturen hinweg gewährleisten können. So ist die Nachfrage nach geeigneten Methoden zur Auswahl und Entwicklung international tätiger Führungskräfte sowie nach Trainings, Coachings und Programmen für das Arbeiten in interkulturellen Kontexten nach wie vor ungebrochen.

Die interkulturelle Führungsforschung ist einer der wichtigsten „Lieferanten" von wissenschaftlich fundierten Erkenntnissen, die als Grundlage für die Auswahl, Entwicklung, Instruktion und Begleitung international agierender Führungskräfte und Organisationen dienen können. Ein aktueller Überblick zum Forschungsstand interkultureller und globaler Führung wird im gerade erschienenen *Oxford Handbook of Leadership and Organizations* gegeben [2]. Die mit der interkulturellen Führungsforschung eng verbundene internationale Organisationsforschung liefert wichtige ergänzende Erkenntnisse, die für die Beantwortung verschiedener Fragen zur Führung und Entwicklung global orientierter und agierender Organisationen von Bedeutung sind [3].

3.2   Überwindung des Ethnozentrismus in der Führungsforschung

Die historischen Einsichten über Führung der zuvor in ▶ Kap. 1 zitierten Gelehrten sind nicht nur durch deren persönliche Vorlieben oder die von ihnen praktizierten Metiers (Religionsstifter, Herrscher, Krieger, Philosoph, Ordensbruder, Staatstheoretiker, Politiker) beeinflusst, sondern auch maßgeblich durch die historischen, religiösen, politischen, sozialen und ökonomischen Besonderheiten der jeweiligen Epoche und geopolitischen Region, in der sie aufwuchsen, lebten und wirkten. Aus einer interkulturellen Perspektive heraus betrachtet gilt das Gleiche für historische und zeitgenössische Wissenschaftler, die sich mit dem sozialen Phänomen der Führung beschäftigen. Auch ihre Herangehensweise ist in der Regel ethnozentrisch, d. h., die Art und Weise, wie sie ihre Theorien und Studien über Führende und das Führungsgeschehen erdenken, planen, durchführen und deren Ergebnisse interpretieren, orientiert sich wie selbstverständlich zunächst an den Normen, Werten und Grundüberzeugungen ihrer eigenen Gesellschaftskultur. In anderen Worten:

> ❯ Auch Wissenschaftler, die sich mit Fragen der Führung beschäftigen, sind nicht frei von kulturellen Einflüssen.

Dank der wissenschaftlichen Führungsforschung, die zu Beginn des letzten Jahrhunderts ihren Anfang nahm, verfügen wir über vielfältige und tiefgehende Erkenntnisse, die durch empirische Analysen und eine systematische Entwicklung von Theorien über Führung in den verschiedensten Anwendungskontexten gewonnen wurden (s. ▶ Kap. 1). Allerdings blieb, bis auf wenige Ausnahmen, fast die gesamte Führungsforschung einer ethnozentrischen (d. h. an den eigenen kulturellen Grundüberzeugungen orientierten) Perspektive verhaftet. Darüber hinaus basieren auch heute noch über 90 % der international publizierten Arbeiten zum Thema Führung auf Konzepten und empirischen Untersuchungen, die in Nordamerika und einigen wenigen westeuropäischen Ländern erdacht wurden. Daher sind heute nahezu alle weltweit maßgeblichen Konzepte und Theorien der Führung der westlichen, oftmals sogar nur der angloamerikanischen Denktradition verhaftet.

Kulturelle Einflüsse auf den forschenden Wissenschaftler sind für sich genommen nichts Schlechtes. Ganz im Gegenteil, denn wenn sie unterschiedlich und nicht monokulturell dominiert sind, können sie die Vielfalt der im Widerstreit stehenden Ideen und Theorien, die zur Analyse von Führung herangezogen werden, erhöhen. Der globalen wissenschaftlichen Diskussion stehen damit vielfältigere Konzepte, Befunde und Herangehensweisen zur Verfügung, um universelle, d. h. weltweit gültige Führungstheorien und Erkenntnisse zu erschließen. Kulturelle Diversität der Führungsforschung kann somit entscheidend zur Entdeckung von neuen Methoden erfolgreicher interkultureller Führung beitragen. Zum Beispiel kommen die Wissenschaftstheoretiker Mary Ann Glynn und Ryan Raffaelli nach eingehender Analyse der von 1957 bis 2007 in hochrangigen internationalen Zeitschriften publizierten Forschungsarbeiten über Führung zu dem Schluss, dass diese Disziplin von kulturvergleichender Forschung in mehrfacher Hinsicht profitieren kann – nicht zuletzt dadurch, dass bei globaler Theorienbildung im interkulturellen Wettstreit und durch internationale empirische Studien verstärkt auf Allgemeingültigkeit (universelle Gültigkeit) und internationale Passung geachtet werden kann. [4]

Bleibt jedoch eine Monokultur in der Führungsforschung bestehen, wie z. B. die seit den Anfängen der Führungsforschung herrschende Dominanz angloamerikanischer Denktra-

---

Exkurs: Parochialismus – kulturelle Engstirnigkeit

Auf ein Phänomen, das dem Ethnozentrismus (s. ▶ Abschn. 3.2) ähnlich ist, verweist der englische Begriff *parochialism*, was mit „kultureller Engstirnigkeit" übersetzt werden kann. Menschen tendieren dazu, die Welt ausschließlich aus der eigenen Perspektive zu betrachten und bestehende Unterschiede in Weltauffassungen, Lebens- und Arbeitsweisen nicht als solche wahrzunehmen. Das kann mit Ignoranz gegenüber negativen Konsequenzen ebenso einhergehen wie mit einer mangelnden Wertschätzung der positiven Möglichkeiten, die sich aus kulturellen Unterschieden ergeben können.

Ethnozentrismus und kulturelle Engstirnigkeit betreffen Führungsforscher beim systematischen Studium von Führungsphänomenen ebenso wie Praktiker bei der Ausübung interkultureller und globaler Führung. Beide Phänomene sind in grundlegenden psychischen Prozessen der menschlichen Informationsverarbeitung von sozialen Sachverhalten begründet. Auch wenn man ihre Wirkung oftmals nicht bewusst erlebt, sollte man sie nicht ignorieren, sondern ihnen Aufmerksamkeit schenken und sie überwinden lernen. In der Wissenschaft ist dies durch besondere Vorkehrungen bei der Gestaltung, Analyse und Interpretation von empirischen Untersuchungen möglich. Dementsprechend sorgfältig kontrollierte Forschungsergebnisse über Führung werden deshalb in allen Kapiteln dieses Buches in besonderem Maße berücksichtigt.

Auch in der internationalen Führungspraxis legt man seit einiger Zeit größeren Wert auf kulturelle Sensibilität. Damit sollte jedoch nicht gemeint sein, dass man stets und in allen Situationen sensibel auf landeskulturelle Desiderate reagieren müsste. Vernünftiger ist es, sich die Frage zu stellen, *wann* und *wie* man auf unterschiedliche kulturelle Bedingungen reagieren sollte – und wann nicht. In den weiteren Kapiteln dieses Buches befassen wir uns deshalb auch mit Fragen nach dem „Wann" und dem „Wie" einer interkulturell aufnahmefähigen Führungspraxis.

---

ditionen, und werden kulturelle Faktoren und ihre Wirkungen auf das Führungsgeschehen in der wissenschaftlichen Forschung nicht systematisch einbezogen, dann bleiben kulturelle Einflüsse unerkannt und auch unberücksichtigt. Das kann verzerrte Befunde, falsche Erkenntnisse und ineffektive Empfehlungen für die Praxis der interkulturellen Führung zur Folge haben.

3.3 Kulturvergleichende Forschung

Die Anfänge der kulturvergleichenden Forschung über landestypische Normen und Werte in Organisationen werden mit Geert Hofstedes Buch *Culture's Consequences* [5] in Verbindung gebracht. Es basiert auf Befragungsdaten von Mitarbeitern in über 50 Ländervertretungen der Firma IBM, die zwischen 1967 und 1973 erhoben wurden. Im Vordergrund stand die Entwicklung von Kulturdimensionen, mit deren Hilfe sich Merkmale nationaler Kulturen einteilen und vergleichen lassen. Auch erhoffte man sich Aufschluss darüber, ob und wie bestimmte Arbeitsnormen und organisationale Werte mit landeskulturellen Werten in Verbindung stehen. Das Thema Führung wurde von Hofstede in diesen Arbeiten nicht betrachtet und nur gelegentlich am Rande gestreift. Dennoch waren die Erkenntnisse seines Forschungsprogramms ein entscheidender Impulsgeber für die etwas später einsetzende kulturvergleichende Führungsforschung.

Hofstede identifizierte zunächst vier Dimensionen von Landeskulturen: Individualismus-Kollektivismus, Maskulinität-Femininität, Machtdistanz und Unsicherheitsvermeidung. Eine fünfte Dimension, Langzeitorientierung, wurde durch Hinzunahme von Daten der Chinese Culture Connection aus 21 asiatischen Ländern ermittelt. Damit standen erstmalig Kulturwerte von über 50 Ländern (später sogar von 74 Ländern) zur Verfügung, auf die in weiteren interkulturellen Studien (mit weit weniger Ländern) Bezug genommen werden konnte. So konnten

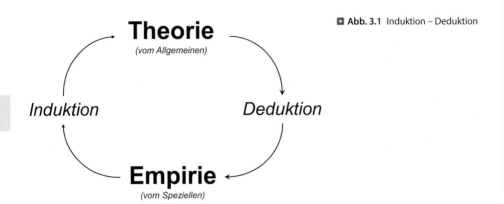

Abb. 3.1 Induktion – Deduktion

kulturelle Normen und Werte von Arbeit, Organisation und Führung im Zusammenhang mit landeskulturellen Normen und Werten kulturvergleichend untersucht werden.

Spätere Autoren kritisierten die mangelhafte Genauigkeit und Gültigkeit der Messungen von Hofstede, so auch die von Hofstede ermittelten vier bzw. fünf Kulturdimensionen [6, 7]. Das lässt sich auch kaum vermeiden, wenn man wie Hofstede einen induktiven Forschungsansatz wählt, der sich zum Aufstellen von Modellen, Theorien und entsprechenden Hypothesen eignet, nicht aber zum systematischen und empirischen Überprüfen derselben. Einem induktiven Ansatz ist zu eigen, dass von der speziellen empirischen Beobachtung (z. B. zusammenhängende normative und werteorientierte Aussagen über viele Länder hinweg) auf eine allgemeine Hypothese oder theoretische Annahme (z. B. der Gesetzmäßigkeit einer vier- oder fünfdimensionalen Struktur landeskultureller Merkmale) geschlussfolgert wird (■ Abb. 3.1). Auch wurde bemängelt, dass Daten von nur einer multinationalen Organisation (IBM, beheimatet in den USA) erhoben wurden, dass die Daten aus den 60er-Jahren des letzten Jahrhunderts „veraltet" seien und dass sich die individuellen Werte innerhalb von nationalen Kulturen nicht als homogen erwiesen hätten (z. B. in China oder Indien).

Inzwischen gibt es eine Handvoll ähnlich umfangreicher Studien, die im Wesentlichen der induktiven Logik von Hofstedes Programm folgen, die jedoch mit andersartigen inhaltlichen Schwerpunktsetzungen und Vorstellungen über kulturelle Normen und Werte verbunden sind. Leider ist bestenfalls nur eine partielle Übereinstimmung der jeweils aufgefundenen Kulturdimensionen, ihrer Anzahl und ihrer jeweiligen inhaltlichen Bedeutung mit denen von Hofstede erkennbar. Auch kamen mit jeder Untersuchung jeweils neue Dimensionen hinzu.

So untersuchte z. B. Schalom Schwartz [8] individuelle Wertepräferenzen von Lehrern und Studenten in insgesamt 49 Ländern und fand sieben Wertetypen: Bewahrung, affektive Autonomie, intellektuelle Autonomie, Hierarchie, Egalitarismus, Beherrschung und Harmonie. Er konnte damit Nationen nach der Ähnlichkeit ihrer Arbeitsnormen gruppieren. Fons Trompenaars [9] untersuchte dagegen Angestellte in 46 Ländern und identifizierte sieben grundlegende Dimensionen: Zeitauffassungen, Umweltauffassungen, Universalismus-Partikularismus, Individualismus-Kollektivismus, Neutralität-Emotionalität, Spezifität-Diffusität sowie Leistung-Status. Obwohl sich einige dieser Dimensionen mit Hofstedes Dimensionen überschneiden, hatte Hofstede im Wesentlichen nur heftige Kritik für Trompenaars Werk übrig. In einer Besprechung von Trompenaars Buch, das den Titel *Riding the Waves of Culture* [9] trägt, zeigt sich Hofstede sehr ungehalten über Mängel an methodischer Sorgfalt bei der Entwicklung der Dimensionen. Hofstedes Aufsatz [10] ist mit dem Titel „Riding the Waves of Commerce" über-

> **Exkurs: Kulturstandards nach Alexander Thomas**
>
> Anders als die gerade beschriebenen Kulturkonzepte, die im Wesentlichen zur empirischen Messung universeller Kulturdimensionen für kulturvergleichende Zwecke in verschiedenen wirtschaftlichen Bereichen entwickelt wurden, ist das von Alexander Thomas in die deutschsprachige, interkulturelle Psychologie eingeführt Konzept des „Kulturstandards" zu sehen. Er versteht unter Kulturstandards „alle Arten des Wahrnehmens, Denkens, Wertens und Handelns […], die von der Mehrzahl der Mitglieder einer bestimmten Kultur für sich persönlich und andere als normal, selbstverständlich, typisch und verbindlich angesehen werden." [11]. Um verständlich mit Menschen anderer Kulturen kommunizieren zu können, sind Einfühlungsvermögen und das Wissen um die jeweiligen Standards einer fremden Kultur notwendig. Nach Thomas kann man interkulturelle Handlungskompetenzen dadurch fördern, dass man mit Beschreibungen von Kulturstandards die Mentalität einer Bevölkerung in Worte fasst (s. Internet Suchbegriff „Kulturstandards Industrie und Handelskammer"). Zum Beispiel stehen Deutsche ihrer Regierung eher kritisch bis skeptisch gegenüber, US-Amerikaner ihrer Regierung hingegen eher patriotisch und loyal. In interkulturellen Trainings werden Kulturstandards z. B. in Form von Beschreibungen typischer Verhaltensmuster der Mitglieder eines Kulturraumes oder einer Landeskultur in bestimmten Situationen vermittelt. Dabei werden auch die Eigenaussagen einer Gruppe von Kulturmitgliedern mit den Fremdaussagen über die jeweilige Kultur dieser Gruppe von Mitgliedern einer anderen Kultur angesprochen. An diesen wechselseitigen Einschätzungen ist erkennbar, wie gut Fremd- und Selbstbild miteinander übereinstimmen und welche Disparitäten dabei festzustellen sind. Zu beachten ist jedoch, dass das Fremdbild in der Regel einem mit Vorurteilen behafteten Stereotyp der jeweils anderen Kultur entspricht und den Blick auf die Wirklichkeit meist mehr behindert als fördert.

schrieben, was auf zumindest einen weiteren Kritikpunkt, den Geert Hofstede an den Arbeiten von Fons Trompenaars sieht, hindeutet.

Der von Alexander Thomas in die kulturvergleichende Forschung und Praxis eingeführte Begriff der Kulturstandards (s. Exkurs: Kulturstandards nach Alexander Thomas) ist dahingehend mit dem Begriff der oben genannten, dimensionalen Kulturmodelle vergleichbar, dass Kulturstandards ebenfalls induktiv ermittelt werden. Im Gegensatz zu den klassischen Modellen, die auf die Identifikation universeller Dimensionen kulturellen Sozialverhaltens abzielen, zielen Kulturstandards direkt auf die Vermittlung interkultureller Handlungskompetenzen (z. B. in globalen Unternehmen) ab, indem spezifische interkulturelle Überschneidungssituationen betrachtet werden. Dadurch kommt diesem Konzept ein heuristischer Wert zu, der in der Anpassung von Kulturstandards an bestimmte interkulturelle Praxiskontexte gesehen werden kann. Allerdings geht aus der Gesamtheit der bisher ermittelten Kulturstandards nicht hervor, ob sie auf universale menschliche Verhaltensdimensionen zurückzuführen sind. Dies ist hingegen die Zielstellung der dimensionalen Ansätze in der kulturvergleichenden Forschung. Die empirischen Untersuchungen zum Kulturstandardkonzept enden bei einer induktiven Begriffsbildung.

Das erst kürzlich in der wissenschaftlichen Fachzeitschrift *Science* publizierte Projekt von Michele Gelfand und Koautoren [12] ist als ein seltenes Beispiel eines theoriebildenden und theorietestenden (also deduktiven) Großprojekts der kulturvergleichenden Psychologie hervorzuheben. Gelfand und ihre Kollegen untersuchten eine schon seit Längerem existierende Kulturtheorie über *tightness* (dt. Enge) und *looseness* (dt. Lockerheit) als relevante Dimension nationaler Kulturen. Deren Auswirkungen insbesondere auf das Ausmaß von und den Umgang mit Konflikten in der globalen Wirtschaft und Politik wurden an einer Stichprobe von 33 Nationen empirisch getestet. Kulturen mit hoher *tightness* haben strenge Normen und wenig Toleranz gegenüber abweichendem Verhalten, während Kulturen mit hoher *looseness* schwache

Normen und eine hohe Toleranz gegenüber abweichendem Verhalten aufweisen. Die vorgetragenen empirischen Ergebnisse deuten auf eine hohe Gültigkeit dieser Kulturdimension hin, insbesondere auch auf ihre Unterschiedlichkeit zu anderen dimensionalen Modellen kultureller Merkmale (z. B. jenem von Hofstede). Ferner unterstützen die empirischen Ergebnisse die zugrunde liegende Theorie darüber, wie kulturelle Merkmale unser tägliches Leben und unsere psychische Anpassung an soziale Umwelten beeinflussen und sich so beispielsweise auf das Konfliktverhalten zwischen Personen, zwischen Ländervertretungen globaler Organisationen und zwischen Ländern auswirken können.

Ein zweites, ebenfalls deduktiv – also theoriebildend und -testend – vorgehendes Großprojekt der kulturvergleichenden Psychologie wurde von den Wissenschaftlern des GLOBE-Projekts durchgeführt. Da sich das GLOBE-Projekt im Kern auch mit Fragen der internationalen und globalen Führung beschäftigt, wird darauf im Rahmen des nachfolgenden Überblicks zur kulturvergleichenden Führungsforschung etwas näher eingegangen (ausführlich, s. ▶ Kap. 4 u. 5).

Ob induktiv, begriffsbildend oder deduktiv, theorientestend in der Vorgehensweise, groß angelegte Studien kulturvergleichender Art sind selten. Das ist auch verständlich, denn sie benötigen sehr viel Zeit, Ressourcen und Aufwand sowie eine für solide statistische Analysen hinreichend große Anzahl von mindestens 30 teilnehmenden Ländern. Auch erfordern sie eine entsprechend internationale Gruppe von Wissenschaftlern, die koordiniert und auch in besonderer Art und Weise „geführt" werden müssen.

Zwischenfazit

Bisherige Großprojekte lösten in der kulturvergleichenden Forschung einige (jedoch bei Weitem nicht alle) konzeptionelle und methodische Probleme beim Vergleich von Normen und Werten nationaler Kulturen. Mit dem Phänomen der Führung beschäftigten sich diese Großprojekte jedoch kaum. Auch machten sie keinen Gebrauch von der Möglichkeit, Führungskräfte verschiedener Nationen systematisch und direkt nach ihren Wahrnehmungen, Werten und Praktiken in ihrem jeweiligen organisationalen und landeskulturellen Umfeld zu befragen.

3.4   Kulturvergleichende Führungsforschung

Die Anzahl der Publikationen zu Fragen interkultureller Führung hat sich von Anfang der 60er-Jahre bis Ende der 90er-Jahre vervierfacht [13]. Das ist nicht zuletzt auch auf die meisten der oben erwähnten Großprojekte zurückzuführen. Ihr Verdienst ist vor allem darin zu sehen, dass sie kulturelle Normen und Werte vieler Länder in Form von in Zahlen repräsentierbaren Rangplätzen pro Land auf bestimmten Kulturdimensionen (z. B. Unsicherheitsvermeidung hoch versus niedrig) verfügbar machten. So ließen sich einzelne Länder erstmalig auf diesen Kulturdimensionen miteinander vergleichen. Dadurch wurden konkrete theoretische Aussagen empirisch überprüfbar, wie z. B. folgende: Auf der Kulturdimension „Unsicherheitsvermeidung" hat Land X einen relativ hohen Rangplatz (z. B. Position 11 von insgesamt 74 Ländern) und Land Y einen relativ niedrigen Rangplatz (z. B. Position 70 von insgesamt 74 Ländern). Wenn die Landeskultur bevorzugte Führungsnormen und Führungsverhaltensweisen determiniert, dann sollten inhaltlich entsprechende Führungsnormen in Unternehmen von Land X durch hohe und in Land Y durch niedrige Unsicherheitsvermeidung geprägt sein (s. Kasten: Landeskultur und Führungsnormen).

Landeskultur und Führungsnormen – ein Beispiel

André Laurant, seinerzeit Professor für Organizational Behavior am European Institute of Business Administration (INSEAD), stellte in den 1970er- und 1980er-Jahren (kurz nachdem Hofstede seine IBM-Daten erhob) den internationalen Führungskräften und MBA-Absolventen seiner Veranstaltungen eine einfache Frage zu einer Führungsnorm in ihrem Herkunftsland, die sie mit Ja oder Nein, jeweils für ihr Land, beantworten sollten: "Es ist wichtig für eine Führungskraft, stets präzise Antworten für die meisten Fragen ihrer Mitarbeiter parat zu haben." Die von ihm ermittelten Ja-Prozentwerte sind in der rechten Spalte von ◘ Abb. 3.2 eingetragen. In der linken Spalte ist das jeweilige Herkunftsland benannt, und in der mittleren Spalte sind die für das jeweilige Herkunftsland von Hofstede ermittelten Positionen (Rangplätze) auf der Kulturdimension "Unsicherheitsvermeidung" eingetragen.

Es zeigt sich ein deutlich positiver Zusammenhang zwischen Landeskultur und Führungsnorm. Je mehr Personen pro Land der normativen Aussage "Eine Führungskraft muss stets präzise Antworten parat haben" zustimmen, desto stärker ist die Landeskulturdimension "Unsicherheitsvermeidung" im jeweiligen Herkunftsland ausgeprägt. Zum Beispiel stimmen viele Führungskräfte aus Japan (77 %), einem Land mit hoher Unsicherheitsvermeidung (Rangplatz 11 von insgesamt 74 Ländern), der normativen Aussage zu; hingegen sind es proportional nur sehr wenige Führungskräfte aus den USA (13 %), einem Land mit niedriger Unsicherheitsvermeidung (Rangplatz 62 von insgesamt 74 Ländern), die dieser normativen Aussage zustimmen.

	Unsicherheits-vermeidung	"Es ist wichtig für eine Führungskraft, stets präzise Antworten für die meisten Fragen ihrer Mitarbeiter parat zu haben."
	Position pro Land	"Ja" Prozent der Antworten pro Land
Japan	11 / 74	77
Frankreich	17 / 74	59
Italien	33 / 74	59
Deutschland	43 / 74	40
Schweiz (dspr.)	50 / 74	40
USA	62 / 74	13
Schweden	70 / 74	13

Datenquellen: Position pro Land von 74 Ländern: Hofstede, G. & Hofstede, G.J. (2009). Lokales Denken, globales Handeln. München: dtv (S. 234). "Ja" Prozent der Antworten: Laurant, A. (1986). The cross-cultural puzzle of international human resource management. *Human Resource Management 25* (1), 91–102.

◘ **Abb. 3.2** Positionierung verschiedener Länder auf der Kulturdimension Unsicherheitsvermeidung und Antwortverhalten von Managern aus diesen Ländern

Anhand der durch Großprojekte ermittelten Kulturdimensionen standen durch Zahlen repräsentierte Vergleichswerte von vielen Ländern zur Verfügung, mit denen sich theoriegeleitete (d. h. deduktive) Erkenntnisse über Arbeit, Organisation und Führung systematisch anhand empirischer Daten überprüfen ließen – selbst dann, wenn für die Untersuchung spezifischer Fragestellungen nur wenige Länder verfügbar waren. Von solchen „kleinen" interkulturellen Führungsstudien gibt es inzwischen eine große Anzahl, die viele interessante Einzelbefunde zu Fragen der Führung liefern. Leider nehmen sie sehr wenig Bezug aufeinander. Davon kann man sich mithilfe einer aktuellen, aber lediglich katalogisierenden und nicht integrierenden Literaturübersicht von Bernhard Bass überzeugen [14]. Ist man an inhaltlich integrierten Ergebnisübersichten der interkulturellen Führungsforschung interessiert, dann finden sich hierzu einige aktuelle Quellen [2, 3, 15, 16].

Für eine umfassende empirische und theoretische Integration der vielen Einzelbefunde aus unzähligen Kleinstudien mit einer jeweils geringen Anzahl untersuchter Länder sind jedoch Großprojekte mit mehr als 30 Ländern nötig, die das Phänomen der Führung im Fokus haben und gleichzeitig Dimensionen der Landeskultur, der Organisationskultur und relevante Merkmale effektiver Führung erfassen. Solche Großprojekte fehlten lange Zeit. Das derzeit weltweit bekannteste und umfassendste Großprojekt zu diesen Fragen interkultureller und globaler Führung ist das Projekt GLOBE: *G*lobal *L*eadership and *O*rganizational *B*ehavior *E*ffectiveness.

3.5   Das GLOBE-Projekt

Das GLOBE-Projekt wurde von Robert J. House im Jahre 1991 an der Wharton School of Management (University of Pennsylvania) ins Leben gerufen, um einen Beitrag zur Überwindung des Ethnozentrismus in der Führungsforschung zu leisten. An diesem Projekt beteiligten sich nach wenigen Jahren ca. 170 Führungsforscher aus 62 Ländern. Zwar gingen die ersten Ansätze von GLOBE wie der Großteil der weltweiten Führungsforschung wiederum von Nordamerika aus, jedoch wurden alle maßgeblichen, theoretischen und methodischen Grundlagen sowie die Konzeption der globalen empirischen Studien bis hin zur Einigung auf eine weltweit verbindliche Definition von Führung in Organisationen in enger kollektiver Zusammenarbeit aller im jeweiligen Stadium von GLOBE beteiligten Ländervertreter entwickelt. Ein international besetztes Koordinationsgremium, dem ich selbst über 12 Jahre lang angehörte, steuerte und unterstützte die Forschungsaktivitäten der GLOBE-Mitglieder und jener Forscher, die mit den GLOBE-Daten weitergearbeitet haben.

Erklärtes Ziel von GLOBE war und ist es auch heute noch, globale Fragen der Führung mit einer international besetzten Großgruppe von Führungsforschern und Praktikern theoriegeleitet und empirisch fundiert zu bearbeiten. Nach Auffassung anerkannter Experten der internationalen Führungsforschung ist uns dies bisher wohl auch recht gut gelungen. Harry Triandis (University of Illinois, USA) bezeichnete das Projekt als „,Manhattan Project' of the study of the relationship of culture to conceptions of leadership" [15], und sein asiatischer Kollege, Kwok Leung (City University of Hong Kong), schrieb: „The GLOBE project will go down in the history of management research as a hallmark of diversity, inclusiveness, richness and multilateralism" [16]. Die GLOBE-Bücher, die bisher erschienen sind, erfreuen sich großer Aufmerksamkeit in der wissenschaftlichen Community. Den Autoren des ersten GLOBE-Buchs von 2004 [15] und ebenso allen GLOBE-Mitgliedern verlieh die internationale „Society of Industrial and Organisational Psychology" im Jahre 2005 den M. Scott Myer Award für die beste angewandte Forschung in der Arbeitswelt. Und den Autoren des zweiten GLOBE-Buchs von 2007 [16] verlieh die Division „International Psychology" der American Psychological Association (APA) den Ursula Gielen Book Award, der jährlich für den bedeutsamsten Beitrag zur Psychologie als globaler Disziplin vergeben wird. Das dritte GLOBE-Buch [17] ist gerade erst erschienen. Es wäre verfrüht, dessen Erfolg beurteilen zu wollen.

Ein Wermutstropfen bleibt jedoch. Das GLOBE-Projekt erschließt sich nicht jedem Praktiker auf einfache Art und Weise. Die beiden ersten GLOBE-Bücher sind sehr dick (mit insgesamt fast 2000 Buchseiten), das erste Buch spricht vorwiegend Kultur- und Führungsforscher an, das zweite Buch wendet sich mit seinen 25 Länderkapiteln und zusätzlichen qualitativen Analysen auch an Praktiker. Das dritte GLOBE-Buch wendet sich an Führungsforscher und Praktiker zugleich und konzentriert sich auf strategische Führung und eine ganz bestimmte Gruppe von Führungskräften, die CEOs. Die zahlreichen internationalen Fachartikel, die von GLOBE-Mitgliedern und mit GLOBE assoziierten Führungsforschern verfasst wurden, schildern jeweils nur eine bestimmte Facette des Gesamtprojekts, und das auch oftmals nur für ein internationales Fachpublikum. So wurde mir häufig aus der Praxis berichtet, dass es zwar sehr hilfreich und spannend sei, sich der GLOBE-Literatur zuzuwenden, aber auch sehr mühsam und teilweise auch verwirrend, sich durch die vielen Befunde und teils recht komplexen statistischen Methoden durchzuarbeiten.

Diese Bewertungen aus der Praxis waren für mich der Anlass, mit dem vorliegenden Band den Versuch zu unternehmen, einen auch für Praktiker gut verständlichen und hilfreichen Überblick über das GLOBE-Projekt und dessen Befunde zu geben. Dieser Überblick wird in ▶ Kap. 4 und 5 gegeben. In den darauffolgenden Kapiteln gehe ich anhand von Fallbeispielen und konkreten Fragestellungen und Problemen aus der internationalen und globalen Führungspraxis darauf ein, wie man sie mithilfe der GLOBE-Befunde bearbeiten und lösen kann.

3.6 Lokales und globales Führen

Angesichts der mit der Globalisierung einhergehenden Internationalisierung des Arbeitslebens fragen sich Manager in vielen Unternehmen, welche Art der Führung in interkulturellen Kontexten besonders effektiv ist. Kann es so etwas wie einen „internationalen" oder „globalen" Führungstyp überhaupt geben? Oder ist effektive Führung auf intimste Kenntnisse und Erfahrungen mit der jeweils vorherrschenden Kultur angewiesen? Durch welche Eigenschaften, Verhaltensweisen und Einstellungen zeichnet sich eine herausragende internationale Führungskraft gegenüber einer mittelmäßigen oder schlechten Führungskraft aus? Es sind die gleichen Fragen, die wir zu Beginn des ersten Kapitels über den Stand der klassischen und kontemporären Führungsforschung ohne das Präfix „international" gestellt haben und die wir am Ende des ersten Kapitels von Gelehrten aus verschiedenen Kulturepochen haben beantworten lassen. Auffällig war dabei, dass die von den gelehrten Vertretern unterschiedlicher Kulturepochen vorgebrachten Merkmale guter Führung nichts gravierend Andersartiges oder gar Unverständliches für uns haben. Alle angeführten Attribute guter (und schlechter) Führung leuchten unmittelbar ein, unabhängig von der zeitlichen Epoche, dem kulturellen Hintergrund oder dem jeweiligen Metier des historischen Berichterstatters, der sie formulierte.

Es scheint so, als gäbe es ein global intuitives Verständnis herausragender Führung, unabhängig von kulturellen, professionellen, regionalen und zeitlichen Kontexten. So gesehen könnte man zu der Auffassung kommen, dass Führung in allen Kulturen aufgrund gleichartiger Führungsmerkmale effektiv bzw. ineffektiv ist. Die unmittelbare Plausibilität einer solchen Annahme ist bestechend, ganz zu schweigen davon, dass der Wunsch nach universeller Bedeutsamkeit von Führung schon häufig der Vater dieses Gedankens war. Aber hat man dabei nicht die „Rechnung ohne den Wirt" gemacht? Man vernachlässigt dabei nämlich die Sicht der Geführten: Deren Blick und Reaktionen auf die jeweilige Art und Weise des Führungs-geschehens spielt eine bedeutende Rolle für die Effektivität von Führung, sowohl national als auch international. Und dies gilt umso mehr, als es gesellschaftskulturell bedingte Unterschiede zwischen Geführten und Führenden gibt, die die Wirksamkeit von Führung stark beeinflussen können. Demnach wäre zu erwarten, dass die gleiche Art des Führens je nach kulturellem Hintergrund der Geführten sehr unterschiedliche Wirkungen entfalten kann. Dies ist eine der zentralen Fragen, mit denen sich das GLOBE-Projekt mit Methoden der empirischen Sozial- und Verhaltensforschung beschäftigt hat.

Zusammenfassung

Im Zuge einer einer noch nie dagewesenen, weltumspannenden Globalisierung, die nach dem Zweiten Weltkrieg einsetzte, vor wenigen Jahrzenten erst durch die Computerisierung und das Internet erneut befeuert wurde, und die bis heute ungebrochen anhält, wird internationale und globale Führung in hohem Maße nachgefragt. Erst in diesem Jahrtausend begann die vor etwa hundert Jahren einsetzende wissenschaftliche Führungsforschung ihren angloamerikanisch geprägten Eth-nozentrismus zu überwinden. Dessen Zwillingsbruder, die kulturelle Engstirnigkeit (Parochialismus), betrifft uns alle, insbesondere aber auch die in globalen Unternehmen gelebte Führungspraxis. Die kulturelle Engstirnigkeit zu überwinden ist das Ziel der interkulturellen Führungsforschung wie auch der internationalen Führung in globalen Unternehmen. Dabei steht bei beiden die Frage im Vordergrund, *wann* man auf unterschiedliche kulturelle Bedingungen in internationalen Unter-nehmen sensibel reagieren muss – und wann nicht. Ein wegweisendes Forschungsprojekt, das sich dieser und vielen weiteren Fragestellungen der internationalen und globalen Führung widmet, ist das GLOBE-Projekt, auf dessen Ziele, Methoden und Ergebnisse in den nun folgenden ► Kap. 4 und 5 eingegangen wird.

Literatur

1. Mobley, W. H., & Dorfman, P. W. (2003). *Advances in global leadership* (Bd. 3, S. ix). Oxford, England: JAI Press.
2. Brodbeck, F. C., & Eisenbeiss, S. A. (2014). Cross-Cultural and Global Leadership (Kap. 34). In D. V. Day (Hrsg.), *The Oxford Handbook of Leadership and Organizations* (S. 657–682). New York: Oxford University Press.
3. Gelfand, M. J., Erez, M., & Aycan, Z. (2007). Cross-cultural organizational behavior. *Annual Review of Psychology, 58*, 1–35.
4. Glynn, M. A., & Raffaelli, R. (2010). Uncovering mechanisms of theory development in an academic field: Lessons from leadership research. *Academy of Management Annuals, 4*(1), 359–401.
5. Hofstede, G. (1980, 1984). *Culture's consequences: International differences in work-related values.* Beverly Hills, CA: Sage Publications.
6. Kirkman, B. L., Lowe, K. B., & Gibson, C. B. (2006). A quarter century of culture's consequences: A review of empi-rical research incorporating Hofstede's cultural values framework. *Journal of International Business Studies, 37*, 285–320.
7. Sivakumar, K., & Nakata, C. (2001). The Stampede toward Hofstede's framework: Avoiding the sample design pit in cross-cultural research. *Journal of International Business Studies, 32*(3), 555–574.
8. Schwartz, S. H. (1999). Cultural value differences: Some implications for work. *Applied Psychology: An International Review, 48*, 23–47.
9. Trompenaars, A. (1993). *Riding the waves of culture: Understanding cultural diversity in business.* London, England: Economist Books.
10. Hofstede, G. (1996). Riding the waves of commerce: A test of trompenaars'"model" of national culture differences. *International Journal of Intercultural Relations, 20*(2), 189–198.
11. Thomas, A. (1996). *Psychologie interkulturellen Handelns.* Göttingen: Hogrefe.

12. Gelfand, M. J., Raver, J. L., Nishii, L., Leslie, L. M., Lun, J., et al. (2011). Differences between tight and loose cultures: A 33-nation study. *Science, 332,* 1100–1104.

13. Hofstede, G. (2001). *Culture's consequences: Comparing values, behaviors, institutions, and organizations across nations* (S. 525). Thousand Oaks, CA: Sage Publications.

14. Bass, B. M. (2008). Globalization and cross national effects. In B. M. Bass, & R. Bass (Hrsg.), *The Bass handbook of leadership: Theory, research, and managerial applications* (S. 980–1048). New York, NY: Free Press.

15. House, R. J., Hanges, P. J., Javidan, M., Dorfman, P. W., & Gupta, V. (Hrsg.). (2004). *Culture, leadership, and organizations: The GLOBE study of 62 societies.* Thousand Oaks, CA: Sage Publications.

16. Chhokar, J. S., Brodbeck, F. C., & House, R. J. (2007). *Culture and leadership around the world: The GLOBE book of in-depth studies of 25 societies.* Mahwah, NJ: LEA Publishers.

17. House, R. J., Dorfman, P. W., Javidan, M., Hanges, P. J., & Sully de Luque, M. F. (2014). *Strategic leadership across cultures. The GLOBE study of CEO leadership behavior and effectiveness in 24 countries.* Los Angeles, CA: Sage.

Das GLOBE-Projekt: Fragestellung und Methoden

Felix C. Brodbeck

F.C. Brodbeck, E. Kirchler, R. Woschée (Hrsg.), *Internationale Führung,* Die Wirtschaftspsychologie,
DOI 10.1007/978-3-662-43361-4_4, © Springer-Verlag Berlin Heidelberg 2016

4

Eine oftmals vorgetragene und sehr einfache Antwort auf die Frage, ob es den internationalen Führungstyp gibt, besagt, dass es eine globale Form des professionellen Managements geben muss. Das professionelle internationale Management bewirkt überall dasselbe, egal, wo auf dem Globus man sich befindet. Diese Annahme stützt sich auf das Argument, dass vor allem der (globale) Geschäftskontext und nicht der jeweilige gesellschaftskulturelle Kontext determiniert, welche Art von Führung erfolgreich ist. Weiterhin behaupten die Protagonisten dieser Auffassung, dass in naher Zukunft die Globalisierung so weit fortgeschritten sein wird, dass das globale Business auch globale Kulturstandards in die Welt getragen haben wird, an denen sich internationale Führung orientieren muss.

Eine andere einfache Antwort auf die Frage, ob es einen internationalen Führungstyp überhaupt geben kann, lautet, dass man in multikulturellen Kontexten auch multikulturelle Führungskräfte braucht, denn personale Führung ist eine soziale Form der Einflussnahme auf andere, und soziale Interaktion wird durch die Gesellschaftskultur stark geprägt. Diese Auffassung stützt sich auf das Argument, dass gesellschaftskulturelle Merkmale für effektive personale Führung bedeutsamer sind als der globale Businesskontext. Die Protagonisten dieser Auffassung nehmen weiterhin an, dass sich die Gesellschaftskulturen unterschiedlicher Länder auch in ferner Zukunft voneinander unterscheiden werden und damit auch deren Führungskulturen – und zwar unabhängig davon, wie viele globale Standards die internationale Geschäftswelt zu etablieren vermag. Uniforme, weltweite Gesellschafts- und Führungskulturen, innerhalb derer alle Menschen gleiche Arbeitsnormen und organisationale Werte haben, werde es nicht geben, und eine solch „monokulturelle" Welt wäre im Übrigen auch nicht wünschenswert.

Fragen Sie sich selbst einmal: Zu welcher Auffassung tendieren Sie?

Wie so oft kommt man nach eingehender Analyse von zwei konträren Antwortalternativen zu der Einsicht, dass beide ein Körnchen Wahrheit enthalten können. Deshalb sollte man auch beide Antwortperspektiven im Auge haben und sich die Frage stellen: Kann es sowohl universelle als auch kulturspezifische Merkmale effektiver Führung geben, und welche Merkmale sind dies jeweils? Eine rein theoretische, philosophische oder gar rhetorische Diskussion dieser Fragen ist müßig. Man braucht globale Daten, an denen sich empirisch nachweisen lässt, ob und worin sich effektives Führen je nach kulturellem Hintergrund unterscheidet, ob es universelle Führungsmerkmale gibt und welche dies sind, die weltweit in gleicher Art und Weise für effektiv erachtet werden. Solche weltweiten Daten hat das GLOBE-Projekt erhoben und ausgewertet.

4.1   Der Beginn von GLOBE

Anfang der 90er-Jahre des letzten Jahrhunderts kam Robert J. House, ein weltweit renommierter Führungsforscher der Wharton School of Business, University of Pennsylvania (s. Exkurs: Robert J. House), auf die Idee, ein internationales Forschungsprojekt ins Leben zu rufen. Es sollte sich den Zusammenhängen zwischen Landes- und Organisationskultur, Führung und Produktivität von Unternehmen und Nationen widmen. Aus den Diskussionen mit Fachkollegen, die Robert House bei seinen zahlreichen Besuchen an Universitäten und Busi-

Exkurs: Robert J. House

Robert J. House (1932–2011) war ein anerkannter Experte der interkulturellen Führungsforschung (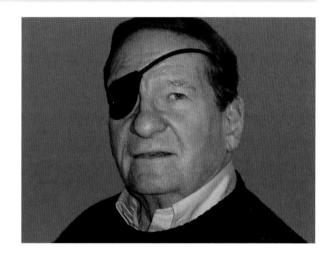 Abb. 4.1). Nach seiner Promotion 1960 an der Ohio State University lehrte er dort auch, außerdem unterrichtete er an der University of Michigan und der City University of New York. Von 1973 bis 1985 war er Professor an der University of Toronto, von 1986 bis 1988 an der Rotman School of Management und seit 1988 an der Wharton School of Business der University of Pennsylvania, wo er auch emeritiert wurde. Als Mitglied der Academy of Management, der American Psychological Association und der Society for Industrial and Organizational Psychology gehörte er den wichtigsten Fachorganisationen im Feld der psychologischen Führungsforschung an.

Neben dem GLOBE-Projekt ist Robert House vor allem für die bereits in ► Kap. 1 genannte Weg-Ziel-Theorie bekannt sowie für die von ihm daraus abgeleitete Theorie der charismatischen Führung. Er hat mehr als 130 Fachartikel und zahlreiche Buchbeiträge verfasst und ist Mitbegründer der renommierten Zeitschrift *The Leadership Quarterly*.

House war sowohl der Begründer als auch von 1993 bis 2003 der führende Forscher des GLOBE-Projekts. Seine Arbeit am GLOBE-Projekt führte ihn an Universitäten in 38 Ländern. Für die Fortführung des Projekts rief er eine gemeinnützige Stiftung ins Leben. Neben verschiedenen Auszeichnungen für herausragende Publikationen wurde House 2011 mit dem Lifetime Achievement Award der International Leadership Association für sein Lebenswerk geehrt.

Abb. 4.1 Robert J. House (1932–2011)

ness Schools in verschiedenen Ländern Europas, Asiens, Nord- und Lateinamerikas führte, entstand das 1994 offiziell ins Leben gerufene GLOBE-Projekt (Global Leadership and Organizational Behavior Effectiveness). Eine zentrale Untersuchungsfrage von GLOBE war, wie stark individuelle Erwartungen darüber, was herausragende Führung im Unternehmen ausmacht, kulturgeprägt sind und ob Gemeinsamkeiten eines internationalen Führungsideals identifizierbar sind.

Im Jahre 1994 bildete sich das GLOBE-Koordinationsteam, dem neben Robert J. House fünf weitere Wissenschaftler aus den USA angehörten (Michael Agar, Marcus Dickson, Paul Hanges, Antonio Ruiz Quintanilla und Peter Dorfman). Im selben Jahr kamen als nicht US-amerikanische Mitglieder Mansour Javidan (Kanada), Stephan Akerblom (Schweden), Felix Brodbeck (Deutschland), Enrique Ogliastri (Kolumbien) und Marius Van Wyck (Südafrika) hinzu. Ziel dieser Besetzung war es, kulturelle Diversität auch in der GLOBE-Steuerungsgruppe zu etablieren.

4.2   Die drei GLOBE-Phasen

■   **GLOBE-Phase 1**

In der ersten GLOBE-Phase (1993–1994) wurden im Rahmen von mehreren Pilotstudien psychometrisch skalierbare Befragungsinstrumente zur Messung kultureller Praktiken (gelebte Kultur, engl. *as it is*) und kultureller Werte (wie Kultur sein sollte, engl. *as it should be*) sowie relevanter Attribute von effektiver Führung im Unternehmen entwickelt. So konnten insgesamt 9 kommensurable Dimensionen der Gesellschafts- und Organisationskultur und 6 Dimensionen (mit 21 Subdimensionen) der effektiven Führung identifiziert werden.

Im Unterschied zu den bereits in ▶ Kap. 3 angesprochenen, früheren Großprojekten der kulturvergleichenden Forschung, die mit einer induktiven Herangehensweise Kulturdimensionen zu identifizieren versuchten, wurde für GLOBE ein deduktiver Ansatz gewählt. Anhand vorliegender theoretischer Erkenntnisse und bestehender Kulturdimensionen wurden insgesamt 9 GLOBE-Dimensionen definiert und in Form von Items und Skalen psychometrisch konstruiert, sodass in späteren GLOBE-Studien anhand empirischer Befunde ihre Zuverlässigkeit (Reliabilität) und Gültigkeit (Validität) getestet werden konnte.

Auf der Grundlage theoretischer Überlegungen und systematischer Übersichten der bis dato publizierten empirischen Arbeiten in der Führungsforschung wurde eine Sammlung von $N = 382$ Attributen und Verhaltensweisen von Führung im Unternehmen erstellt und auf ihre Bedeutungstreue in zahlreichen Ländern überprüft. Durch explorative und konfirmatorische Faktorenanalysen wurden in weltweiten empirischen Untersuchungen 6 Dimensionen (mit 21 Subdimensionen) der Führung identifiziert und die Anzahl der Items auf schließlich $N = 112$ reduziert.

Bei allen Definitionen und Skalenentwicklungen stand in der ersten GLOBE-Phase im Vordergrund, kulturübergreifend möglichst bedeutungsgleiche Aussagen über Attribute der Kultur und der Führung zu ermitteln und diese in Form zuverlässiger (reliabler) und gültiger (valider) Messskalen durch Verfahren der Testkonstruktion zusammenzustellen. So wurden z. B. nicht nur alle Items aus dem Amerikanischen in alle für die Untersuchung der mehr als 60 Länder notwendigen Sprachen übersetzt und rückübersetzt, sondern es wurden auch qualitative Verfahren eingesetzt, wie die Q-Sort-Technik und narrative Begriffs- und Itemberichte zur landestypischen Bedeutung von Attributen und Begriffen der Kultur und der Führung im jeweiligen Land. In Deutschland, Österreich und der deutschsprachigen Schweiz wurde z. B. der Begriff „Führer" aufgrund seiner fragwürdigen Konnotation seit Ende des Zweiten Weltkriegs als direkte Übersetzung von „Leader" vermieden und durch den Begriff „Führungskraft" ersetzt.

Durch eine möglichst frühe Beteiligung (ab Entwicklung der Messinstrumente) von zahlreichen Führungsforschern aus zunächst 35 Ländern, später dann aus über 60 Ländern, wurde sichergestellt, dass die für die GLOBE-Studien ausgewählten Items zur Messung von Landeskulturen und Führungsattributen keiner bestimmten ethnozentrischen Perspektive verhaftet sind, sondern in ihrer Gesamtheit einen Pool von in vielen Ländern übereinstimmend verstandenen Aussagen über kulturelle Praktiken und Werte sowie über Führungsattribute und Verhaltensweisen im Unternehmen umfassen.

■   **GLOBE-Phase 2**

In der zweiten GLOBE-Phase (1994–1997) wurden die zuvor entwickelten Messskalen zu landeskulturellen Praktiken und Werten sowie zu Attributen der Führung in den bis dato teilnehmenden rund 60 Ländern eingesetzt (s. Kasten: Auswahl der an Globe teilnehmenden Länder, siehe übernächste Seite). In den darauffolgenden Jahren waren umfangreiche statistische Auswertungen notwendig, teilweise auch Neuentwicklungen statistischer Verfahren, wie z. B. die Bestimmung kultureller Verzerrungen beim Beantworten der GLOBE-Fragebögen oder die Entwicklung von faktorenanalytischen Verfahren, mit denen sich mehrere Messebenen (Individuum, Organisation, Branche, Land) berücksichtigen lassen, sodass die Güte der Messungen auf der theoretisch postulierten Länderebene spezifisch getestet werden konnte.

In den Jahren nach 1997 wurden die zentralen Auswertungen der ersten und zweiten Phase in zwei GLOBE-Büchern zusammengestellt und beschrieben. Im ersten bzw. „blauen" GLOBE-Buch [1] sind die Konstruktion der Fragebögen, die Auswertungsmethoden und Ergebnisse über die rund 60 bei GLOBE teilnehmenden Länder hinweg vergleichend dargestellt. Jede GLOBE-Dimension wird dabei ausführlich beschrieben und begründet. Zudem werden Zusammenhänge zwischen Landeskultur und Führungserwartungen dargestellt, wie auch jene Führungsattribute und Verhaltensweisen, die als universell gelten können, also in allen Ländern als gleichermaßen akzeptiert und effektiv erachtet werden, im Vergleich zu jenen, die kulturspezifisch, also nur in bestimmten Ländern, akzeptiert und als effektiv erachtet werden. Weiterhin wurden 10 GLOBE-Kulturcluster identifiziert. Kulturcluster sind Gruppen von Ländern, die in ihren Kulturmerkmalen einander ähnlich sind und sich als kulturelle Region von den jeweils anderen neun Kulturclustern empirisch unterscheiden lassen. Auch auf weitergehende Validierungen der GLOBE-Skalen anhand bereits existierender Kulturdimensionen (z. B. jenen von Hofstede) wird eingegangen, wie auch auf Zusammenhänge zwischen den GLOBE-Kulturdimensionen und Indikatoren des gesellschaftlichen, wirtschaftlichen und gesundheitlichen Entwicklungsstandes eines Landes (z. B. Modernisierungsgrad, Pro-Kopf-Einkommen, Human Development Index, HDI).

Das zweite bzw. „braune" GLOBE-Buch [2] enthält ausführliche Länderbeschreibungen mit konkreten Beispielen zu Fragen der Kultur und Führung von 25 GLOBE-Ländern. In diesen Ländern wurden zusätzlich zu den quantitativen Auswertungen auch qualitative Verfahren, wie etwa Interviews, Fokusgruppen, Zeitungsanalysen, historisch-politische Analysen und weitere Methoden der qualitativen Sozialforschung, eingesetzt, um eine eingehende Betrachtung der jeweiligen Landeskultur im Zusammenhang mit landestypischen Merkmalen der Führung im Unternehmen sowie auch in Politik und anderen gesellschaftlichen Bereichen zu geben.

Im Rahmen der ersten beiden Phasen des GLOBE-Projekts wurden mehr als 17.300 Führungskräfte aus dem mittleren Management befragt. Für die Befragung wurden in 59 Nationen bzw. 62 Gesellschaftskulturen (s. Kasten: Auswahl der an GLOBE teilnehmenden Ländern und ◘ Abb. 4.2), 951 Organisationen aus drei zuvor festgelegten Industriezweigen ausgewählt, nämlich aus der Finanzdienstleistung, der Telekommunikation und der Nahrungsmittelverarbeitung. Bei der Auswahl dieser Industriezweige wurde einerseits berücksichtigt, dass sie in möglichst allen zu untersuchenden Ländern vertreten sind. Andererseits lassen sich zwischen unterschiedlichen Branchen Unterschiede im Aufbau von Organisationen erwarten, die sich auch erkennbar auf die Organisationskultur auswirken sollten. So wurde es auch möglich, die relativen Anteile der Beeinflussung von Führungsvorstellungen durch verschiedene, sich gegenseitig durchdringende kulturelle Ebenen, nämlich der Landeskultur, Branchenkultur und Organisationskultur, zu untersuchen (s. [3]).

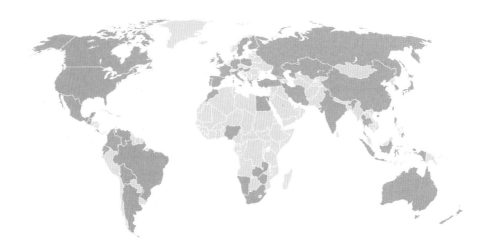

Germanisch-Europa

Deutschland (Ost)	Österreich
Deutschland (West)	Schweiz (dspr.)
Niederlande	

Anglo

Australien	Neuseeland
England	Südafrika (weiß)
Irland	USA
Kanada	

Romanisch-Europa

Frankreich	Portugal
Israel	Schweiz (französisch)
Italien	Spanien

Konfuzianisch-Asien

China	Republik Korea
Hongkong	Singapur
Japan	Taiwan

Lateinamerika

Argentinien	El Salvador
Bolivien	Guatemala
Brasilien	Kolumbien
Costa Rica	Mexiko
Ecuador	Venezuela

Nordisch-Europa

Dänemark	Schweden
Finnland	

Östlich-Europa

Albanien	Polen
Georgien	Russland
Griechenland	Slowenien
Kasachstan	Ungarn

Mittlerer Osten

Ägypten	Katar
Kuwait	Türkei
Marokko	

Südasien

Indien	Malaysia
Indonesien	Philippinen
Iran	Thailand

Subsahara-Afrika

Namibia	Südafrika (schwarz)
Nigeria	Zimbabwe
Sambia	

◘ **Abb. 4.2** Übersicht über die in GLOBE-Phase 2 untersuchten Länder

Auswahl der an GLOBE teilnehmenden Länder
Den GLOBE-Studien wurden primär Länder (Nationen) als zu betrachtende Einheit zugrunde gelegt. In Ländern mit deutlich unterscheidbaren Teilkulturen wurde nach Möglichkeit die dominante Teilkultur mit der größten ökonomischen Bedeutung betrachtet. In einigen Ländern wurden auch nach Regionen getrennte Analysen für verschiedene Teilkulturen durchgeführt, etwa in Deutschland (Westdeutschland – Ostdeutschland, d. h. das Gebiet der früheren DDR), in der Schweiz (französische und deutschsprachige Gebiete) sowie in Südafrika (kaukasische, weiße Bevölkerung und indigene, schwarze Bevölkerung). Eine Übersicht über die teilnehmenden Länder findet sich in ◘ **Abb. 4.2**. Ursprünglich war das GLOBE-Projekt auf lediglich ca. 20 Länder angelegt, wobei sich die Auswahl der Länder daraus ergab, welche internationalen Kontakte Robert House herstellen konnte. Bereits während Phase 1 wurde die Länderstichprobe jedoch stark ausgeweitet, weil zunehmend mehr Führungsforscher ihre Beteiligung anboten. Deshalb wurden für die Phase 2 noch weitere Länder akquiriert, mit dem Ziel, aus allen Kontinenten und größeren Kulturregionen der Welt mindestens drei Gesellschaftskulturen einzubeziehen, was auch gelang. So sind nach der zweiten Phase insgesamt 59 Nationen bzw. 62 Gesellschaftskulturen (aufgrund der getrennten Analysen für Teilkulturen in Deutschland, der Schweiz und Südafrika) der GLOBE-Stichprobe zuzurechnen. Die im Buch verwendeten Begriffe „Land" bzw. „Länder" beziehen sich auf Gesellschaftskultur(en) im hier definierten Sinne.

- **GLOBE- Phase 3**

Die dritte Phase von GLOBE (2000–2008) wurde nach weiteren sechs Jahren der Auswertung und des Schreibens im kürzlich erschienenen dritten GLOBE-Buch der Öffentlichkeit präsentiert [4]. In dieser Phase lag der Fokus auf der strategischen Unternehmensführung durch CEOs, wohingegen in den GLOBE Phasen 1 und 2 der Fokus auf der personalen Führung im mittleren Management von Unternehmen lag. Es galt dabei, die von GLOBE postulierten Zusammenhänge zwischen den in Phase 1 und 2 identifizierten, kulturbedingten Erwartungen an Führung (*Culturally Endorsed Implicit Leadership Theories*, CLTs), dem beobachtbaren Verhalten von Führungskräften am Beispiel von CEOs und der Leistung ihrer Mitarbeiter bzw. dem Erfolg der von ihnen geleiteten Unternehmen zu überprüfen. Die GLOBE-Studien dieser dritten Phase waren auch geleitet von der zu den Untersuchungen in den GLOBE-Phasen 1 und 2 ergänzenden Frage, ob Gesellschaftskulturen nicht nur die Erwartungen an Führungskräfte beeinflussen können, sondern auch das Verhalten der Führungskräfte selbst und damit auch den unternehmerischen Erfolg oder Misserfolg, den diese zu verantworten haben. Deshalb wurden in den empirischen Untersuchungen ausschließlich CEOs als Führungskräfte betrachtet, und zwar im Zusammenhang mit Beurteilungen ihrer Führungseigenschaften und Verhaltensweisen durch ihnen direkt unterstellte Führungskräfte und verschiedenen, objektiven und subjektiven, Erfolgsindikatoren der von ihnen geleiteten Unternehmen.

Damit wurde in GLOBE-Phase 3 der Blickwinkel von personaler Führung des mittleren Managements (vgl. Phasen 1 und 2) auf die höchste Führungsebene und damit auf die Unternehmensführung erweitert. Diese Ebene wurde in der Führungsforschung angesichts ihrer Bedeutung für den Unternehmenserfolg bisher bemerkenswert selten weltweit untersucht. Weiterführend wurde in GLOBE-Phase 3 auch die Effektivität von Führungsverhaltensweisen betrachtet, z. B. wurde ermittelt, durch welche Führungsattribute sich weltweit überdurchschnittlich erfolgreiche von unterdurchschnittlich erfolgreichen CEOs unterscheiden. In dieser Phase

◘ Tab. 4.1 Das GLOBE-Programm: Zeitlicher Überblick

1991	Erstentwurf von Robert J. House
1992	Verfassen des Projektvorschlags/-antrags von Robert J. House
1993	Erste Förderung durch das Eisenhower Leadership Education Program, USA
1994	Teilnahme von rund 170 Ländervertretern (Country Co-Investigators, CCIs) aus 65 Ländern; Gründung des GLOBE-Koordinationsteams, bestehend aus 11 Mitgliedern aus 6 verschiedenen Ländern
1994–1997	Datenerhebung in 62 Ländern (Phase 1 und 2)
seit 1999	Publikation von über 80 internationalen Fachartikeln
2004	Erste Buchveröffentlichung mit Darstellung der Methodologie sowie der Ergebnisse zu Kulturdimensionen, Kulturclustern und Führungsdimensionen [1]
2007	Zweite Buchveröffentlichung mit vertiefenden quantitativen und qualitativen Ergebnissen aus 25 der zuvor untersuchten Ländern [2]
2000–2008	Datenerhebung zur Phase 3 in 24 Ländern
2014	Dritte Buchveröffentlichung zu den Ergebnissen der CEO-Studie [4]

wurden einige, zuvor nicht betrachtete Länder herangezogen, wodurch sich die Anzahl der im Rahmen von GLOBE insgesamt untersuchten Nationen auf 67 erhöhte, bzw. auf 70 verschiedene Gesellschaftskulturen.

In dieser dritten Phase von GLOBE wurden in 24 Ländern mehr als 5000 Führungskräfte der ersten und zweiten Ebene (unterhalb der Geschäftsleitung bzw. dem Vorstand) in über 1000 Unternehmen befragt. Auf der Grundlage der Erkenntnisse aus den ersten beiden Phasen, die gezeigt hatten, was das mittlere Management in verschiedenen Kulturen von seinen Führungskräften erwartet, wurde anhand der neu gewonnenen Daten überprüft, ob sich effektive Führungskräfte (CEOs) auch tatsächlich entsprechend der Erwartungen der Führungskräfte auf nächster Ebene verhielten und ob dies von unternehmerischem Erfolg begleitet war – oder nicht. ◘ Tabelle 4.1 gibt einen zeitlichen Überblick über das GLOBE-Programm.

▪ Weitere GLOBE-basierte Studien

In einigen weiterführenden Studien wurden GLOBE-Dimensionen, Methoden und Befragungsinstrumente eingesetzt, sei es um landesspezifische Fragen der Führung und Kultur zu beantworten oder um weltweite Vergleiche für die Praxis anzustellen (s. folgende Internetseiten [5]). Beispielhaft für eine wissenschaftliche Überprüfung und gleichzeitige praktische Anwendung des GLOBE-Ansatzes sei hier auf eine Studie des Autors des vorliegenden Bandes in Zusammenarbeit mit dem Center for Creative Leadership [6] verwiesen, mit der zentrale Annahmen über die Wirkung von ILTs an einer Stichprobe von ca. 1800 Personen aus 80 Ländern überprüft wurden [7]. In dieser Studie wurden die 6 GLOBE-Dimensionen der Führung auf individueller Ebene robust validiert (d. h. mit einem eigens konstruierten Itempool) und in einem 360-Grad-Feedbackinstrument dem anwendungspraktischen Bereich der internationalen Führungskräfteentwicklung zugeführt (s. vertiefend ▶ Kap. 7). Zum Beispiel war analog zu den an CEOs gewonnenen Ergebnissen der GLOBE-Phase 3 feststellbar, dass sich die Führungseffektivität im mittleren Management durch Messung von wahrgenommenen und erwarteten Führungsattributen ebenfalls vorhersagen lässt.

4.3   Theoretische Grundlagen und Methoden

Ziel des GLOBE-Projekts ist es, Zusammenhänge zwischen Gesellschaftskultur, Organisations-kultur, Führung und Führungseffektivität zu untersuchen. Im Rahmen dieser sehr umfassenden Zielsetzung wurden auf der Basis des in ◘ Abb. 4.3 dargestellten theoretischen Modells konkrete Hypothesen formuliert, anhand derer die theoretischen Annahmen des GLOBE-Projekts über-prüft werden können. Zentral ist hierbei die Annahme, dass sich die Charakteristika, anhand derer sich Kulturen voneinander unterscheiden lassen, auch in organisationalen Praktiken, in den impliziten Führungstheorien (ILT) von Mitarbeitern und Führungskräften sowie im Verhalten von Führungskräften innerhalb der jeweiligen Kulturen niederschlagen und dadurch auch die Führungseffektivität beeinflussen.

Das theoretische Modell der GLOBE-Studie integriert empirisch fundierte psychologische Theorien, insbesondere die bereits dargestellte Theorie impliziter Führungsvorstellungen (s. ▶ Abschn. 1.3.3), die Value-Belief-Theorie (vgl. [8, 9]), die Motivationstheorie nach McClelland [10] sowie die organisationsstrukturelle Kontingenztheorie der Aston Group (vgl. [11, 12]). Das Modell wurde ausgehend von seiner ursprünglichen Konzeption [13] anhand der Ergebnisse der ersten beiden Phasen der GLOBE-Studie überarbeitet, um bereits überprüfte Zusammenhänge besser darzustellen. Es umfasst neun Elemente und trifft überprüfbare Aussagen über deren Zusammenhänge.

Die zentrale Aussage des theoretischen Modells ist, dass die Eigenschaften und Elemente, die eine bestimmte Kultur von anderen Kulturen unterscheiden, eine Vorhersage über die Organisa-tionspraktiken sowie über Eigenschaften und Verhaltensweisen von Führungskräften erlauben, die innerhalb dieser Kultur am häufigsten anzutreffen und zudem am effektivsten sind. Das Mo-dell beinhaltet dabei eine Reihe von Annahmen über Zusammenhänge zwischen den enthaltenen Elementen, die die Grundlage für die in der GLOBE-Studie überprüften Hypothesen bilden:

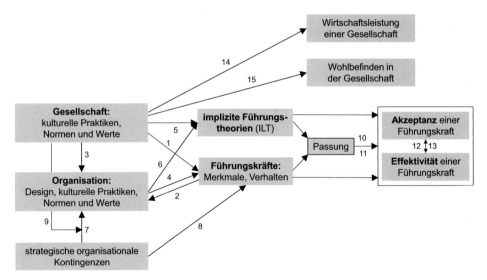

◘ **Abb. 4.3** Das theoretische Modell der GLOBE-Studie. Die angegebenen Zahlen beziehen sich auf die Num-merierung der im Text aufgeführten Annahmen über die Zusammenhänge im Modell. Nach GLOBE-Buch [1, 4]; ergänzt und modifiziert

1. Die Normen der Gesellschaftskultur (geteilte Werte und Praktiken) beeinflussen das Verhalten von Führungskräften.
2. Führung beeinflusst Struktur, Kultur und Praktiken von Organisationen.
3. Werte und Praktiken der Gesellschaftskultur beeinflussen die Werte und Normen der Organisationskultur.
4. Organisationskultur und -praktiken beeinflussen das Verhalten von Führungskräften.
5. Die Gesellschaftskultur beeinflusst den Prozess, durch den geteilte implizite Führungstheorien entstehen.
6. Organisationskultur und -praktiken beeinflussen den Prozess, durch den geteilte implizite Führungstheorien entstehen.
7. Die Kontingenzfaktoren einer Organisation beeinflussen deren Gestaltung, Kultur und Praktiken.
8. Die Kontingenzfaktoren einer Organisation beeinflussen Führungsattribute und -verhalten.
9. Der Einfluss der Kontingenzfaktoren einer Organisation auf die Organisationskultur wird durch die Gesellschaftskultur beeinflusst.
10. Die Akzeptanz von Führungskräften ist abhängig von der Wechselwirkung zwischen kulturgeprägten impliziten Führungstheorien und Führungsattributen und -verhalten.
11. Die Effektivität von Führungskräften ist abhängig von der Wechselwirkung zwischen kulturgeprägten impliziten Führungstheorien und Führungsattributen und -verhalten.
12. Die Akzeptanz von Führungskräften fördert deren Effektivität.
13. Die Effektivität von Führungskräften erhöht im Lauf der Zeit deren Akzeptanz.
14. Gesellschaftskulturelle Praktiken stehen im Zusammenhang mit der ökonomischen Leistungsfähigkeit von Gesellschaften.
15. Gesellschaftskulturelle Praktiken stehen im Zusammenhang mit dem psychologischen und physischen Befinden von Gesellschaftsmitgliedern.

■ **Besonderheiten der Methodik**

Durch die Beteiligung von Forschern aus einer Vielzahl von Ländern wurde im Rahmen von GLOBE eine wichtige Voraussetzung geschaffen, um ethnozentrische Verzerrungen bezüglich der im theoretischen Modell enthaltenen Elemente und ihrer Umsetzung innerhalb der Befragung zu vermeiden. Ein weiterer wichtiger Aspekt, der im Rahmen kulturvergleichender Untersuchungen berücksichtigt werden muss, ist die Sprache, in der die Befragung durchgeführt wird. Aus der kulturvergleichenden Forschung ist bekannt, dass es zu systematischen Verzerrungen führen kann, wenn eine Befragung nicht in der Muttersprache der Teilnehmer durchgeführt wird. Die in der GLOBE-Studie eingesetzten Fragebögen wurden daher unter Mitwirkung der Ländervertreter in die jeweiligen Landessprachen übersetzt. Um zu gewährleisten, dass die Vergleichbarkeit der daraus resultierenden, vielsprachigen Fragebogenversionen erhalten bleibt, wurde das bewährte Verfahren der Rückübersetzung verwendet: Hierbei wird ein Fragebogen zunächst in die Zielsprache übersetzt, die übersetzte Version wird anschließend von anderen Übersetzern in die Ursprungssprache rückübersetzt und die so erhaltene Version des Fragebogens mit dem Original verglichen, um übersetzungsbedingte Diskrepanzen zu identifizieren und zu korrigieren.

4.4   GLOBE-Kulturdimensionen

Welche Bedeutung eine eindeutige und wertfreie (möglichst wenig von ethnozentrischen Einflüssen geprägte) Definition von Führung für die kulturübergreifende Forschung hat, wurde bereits in ▶ Abschn. 1.1 anhand der Definition des Begriffs Führung dargelegt. In ▶ Abschn. 2.2 wurde darauf eingegangen, inwiefern eine psychologische Kulturdefinition vorteilhaft für die empirische Führungsforschung im interkulturellen und globalen Kontext ist, da sie durch ihren Bezug auf Individuen kompatibel mit der Definition von Führung als universellem psychologischen Phänomen ist. Die Auffassung, dass Kultur ein unter Individuen geteiltes und sozial mitgeteiltes Phänomen ist, steht im Einklang mit diesen Überlegungen. Sie wird auch in der Kulturdefinition von GLOBE berücksichtigt.

❯❯ Kultur wird im Rahmen von GLOBE definiert als „geteilte Motive, Werte, Überzeugungen, Identitäten und Interpretationen oder Bedeutungen von signifikanten Ereignissen, die aus der gemeinsamen Erfahrung der Mitglieder eines Kollektivs resultieren und über Generationen hinweg vermittelt werden" [14].

Diese Definition von Kultur wurde – wie auch die GLOBE-Definition von Führung – in einer Übereinkunft zwischen den am Projekt beteiligten Forschern festgelegt. Unter den beteiligten Wissenschaftlern aus über 60 Ländern fand sie einen hohen Konsens, und sie ist somit als gutes Beispiel dafür zu sehen, wie sich Ethnozentrismus in der Forschung überwinden lässt (s. auch ▶ Abschn. 3.2).

Das in der Definition genannte „Kollektiv" kann sowohl Länder und Gesellschaften bezeichnen als auch kleinere Einheiten, z. B. eine Organisation oder eine Subkultur. Wesentlich für die kulturübergreifende Forschung ist die Annahme, dass sich solche Kollektive bezüglich ihrer jeweiligen Kultur unterscheiden – verschiedene Kollektive besitzen unterschiedliche „Kulturen" (bzw. werden als verschiedene Kulturen betrachtet), was sich wiederum in Unterschieden auf materieller (bezogen auf das „Geschaffene") und ideell-psychologischer Ebene (bezogen auf das „Gebräuchliche") niederschlägt (s. auch ▶ Abschn. 2.1). Entscheidend ist dabei, die Unterschiedlichkeit verschiedener Kulturen messbar machen zu können, also Kulturindikatoren zu finden, die Vergleiche zwischen verschiedenen Kulturen erlauben. Wie bereits dargestellt, können solche Kulturindikatoren entweder materieller oder psychologischer Natur sein, wobei psychologischen Indikatoren aufgrund ihrer höheren Erklärungskraft gegenüber zwar möglicherweise objektiveren, aber zunächst bedeutungsärmeren, materiellen Indikatoren der Vorzug zu geben ist (s. ▶ Abschn. 2.2).

Solche Kulturindikatoren können induktiv ermitteln werden, wie es in der Mehrzahl der in ▶ Abschn. 3.3 vorgestellten, kulturvergleichenden Forschungsprojekte der Fall ist. Die auf diese Weise gefundenen Kulturdimensionen unterscheiden sich jedoch in der Regel zwischen verschiedenen Studien, sowohl inhaltlich als auch hinsichtlich ihrer Anzahl. Bei der Entwicklung der GLOBE-Kulturdimensionen wurde hingegen ein deduktiver, theoriegeleiteter Ansatz verfolgt, indem Kulturdimensionen zunächst anhand vorliegender Befunde und Theorien entworfen und im Anschluss daran mit einer für diesen Zweck geeigneten Stichprobe überprüft wurden. Bei den so entwickelten neun Dimensionen handelt es sich um Unsicherheitsvermeidung, Machtdistanz, institutionellen Kollektivismus, gruppenbasierten Kollektivismus, Gleichberechtigung, Bestimmtheit, Zukunftsorientierung, Leistungsorientierung und Humanorientierung (s. ◻ Tab. 4.2).

Die GLOBE-Kulturdimensionen orientieren sich unter anderem an den in ▶ Abschn. 3.3 vorgestellten Projekten von Hofstede [8] sowie von Trompenaars und Kollegen [15]. Sechs Dimensionen (Unsicherheitsvermeidung, Machtdistanz, institutioneller Kollektivismus, gruppenbasierter Kollektivismus, Gleichberechtigung, Bestimmtheit) gehen auf die von Hofstede ermittelten Kulturdimensionen Individualismus-Kollektivismus, Maskulinität-Feminität,

◘ Tab. 4.2 Kulturdimensionen nach GLOBE (Praktiken [*as is*], Werte [*should be*])

Leistungsorientierung	Das Ausmaß, in dem Einsatz, persönliche Weiterentwicklung und hervorragende Leistungen gefördert und belohnt werden (Praktiken) bzw. gefördert und belohnt werden sollten (Werte)
Zukunftsorientierung	Das Ausmaß, in dem Verhaltensweisen wie z. B. vorausschauendes Planen, Investieren und Verzicht im Interesse des Wachstums gefördert werden (Praktiken) bzw. eingesetzt werden sollten (Werte)
Bestimmtheit	Das Ausmaß, in dem Nachhaltigkeit, Aggression oder Direktheit bei der Interaktion mit anderen gezeigt wird (Praktiken) bzw. gezeigt werden sollte (Werte)
Gleichberechtigung	Das Ausmaß, in dem Gleichartigkeit von Erwartungen an Männer und Frauen praktiziert wird (Praktiken) bzw. praktiziert werden sollte (Werte)
Gruppenbasierter Kollektivismus	Das Ausmaß, in dem einzelne Personen weniger für sich selbst einstehen (Praktiken) bzw. einstehen sollten (Werte) als für Gruppen
Institutioneller Kollektivismus	Das Ausmaß, in dem die kollektive Verteilung von Gütern und Leistungen durch institutionelle Regeln und Praktiken festgelegt wird (Praktiken) bzw. festgelegt werden sollte (Werte)
Machtdistanz	Das Ausmaß, in dem ungleichmäßige Machtverteilung in der Gesellschaft/Organisation besteht (Praktiken) bzw. bestehen sollte (Werte)
Humanorientierung	Das Ausmaß, in dem Fairness, Altruismus, Großzügigkeit, Fürsorge und Höflichkeit gefördert und belohnt werden (Praktiken) bzw. gefördert und belohnt werden sollten (Werte)
Unsicherheitsvermeidung	Das Ausmaß, in dem traditionelle Verhaltensweisen (wie z. B. Ordnung, Beständigkeit) und soziale Kontrolle (wie z. B. durch detaillierte Vorgaben) auf Kosten von Variation, Innovation und Experimentieren eingesetzt werden (Praktiken) bzw. eingesetzt werden sollten (Werte), um Ambiguitäten, die mit der Unvorhersehbarkeit zukünftiger Ereignisse verbunden sind, abzuschwächen

Machtdistanz, Unsicherheitsvermeidung sowie Langzeitorientierung zurück. Dabei wurde die GLOBE-Dimension institutioneller Kollektivismus in dieser Form noch nicht in früheren Studien erforscht, sondern in Phase 1 von GLOBE entwickelt. Auch Hofstedes Dimension Maskulinität-Femininität wurde anhand der Pilotstudien weiterentwickelt und im Rahmen von GLOBE in die beiden Dimensionen Gleichberechtigung und Bestimmtheit empirisch differenziert. Die GLOBE-Dimension Zukunftsorientierung basiert auf Arbeiten von Kluckhohn und Strodtbeck [16] zur zeitlichen Orientierung von Mitgliedern einer Gesellschaft und ähnelt nur in geringem Ausmaß Hofstedes Dimension der Langzeitorientierung. Auf Kluckhohn und Strodtbeck lässt sich auch die GLOBE-Dimension Humanorientierung zurückführen, während die Dimension Leistungsorientierung auf der Motivationstheorie von McClelland basiert, sich von dieser jedoch durch die Art der Messung (explizit anhand von Fragebogenitems und nicht implizit anhand eines Assoziationstests) unterscheidet. In ◘ Tab. 4.2 werden die GLOBE-Kulturdimensionen aufgeführt und inhaltlich kurz beschrieben.

Ausgehend von diesen theoretischen Grundlagen, relevanter wissenschaftlicher Literatur, Interviews und Fokusgruppen entwarfen die GLOBE-Wissenschaftler zunächst 371 Aussagen zur Gesellschafts- bzw. Unternehmenskultur, die die zu untersuchenden Dimensionen abdecken und erfassbar machen sollten. In den beiden Pilotstudien in der ersten Phase des GLOBE-Projekts wurden die psychometrischen Eigenschaften dieser Aussagen durch Q-Sorting und dimensionale Ratings, unter Mithilfe der in der Phase 1 rekrutierten Landesvertreter, ermittelt. Anhand der erhobenen Daten sowie anderer kulturvergleichender Datensätze – wie beispielsweise der klassischen Studie von Hofstede und weiterer kulturübergreifender Daten aus anderen Quellen – wurden die GLOBE-Kulturdimensionen auf ihre Inhaltstreue und Stimmigkeit überprüft.

Ein Ziel bei der Entwicklung der Kulturdimensionen war, dass sich mit ihrer Hilfe Gesellschaften (Landeskulturen) unterscheiden lassen. Mehrebenenanalysen der erhobenen Daten haben gezeigt, dass dieses Ziel erreicht wurde und die Dimensionen sowohl signifikante Übereinstimmungen zwischen Befragten innerhalb einer Kultur als auch signifikante Unterschiede zwischen verschiedenen Kulturen (und auch Organisationen) erkennen lassen.

4.4.1 Multiple Ebenen der GLOBE-Kulturdimensionen

Auf Basis der Ergebnisse der Pilotstudien wurden zwei Versionen des GLOBE-Fragebogens entwickelt: In Version Alpha wird die Organisationskultur gemessen, in Version Beta die Gesellschaftskultur. Bezüglich der Fragen zu Führungsattributen gibt es keinen Unterschied zwischen den Fragebögen.

Wie in ◘ Abb. 4.4 dargestellt, wurden die neun Kulturdimensionen auch einer differenzierten Betrachtung auf mehreren Messebenen unterzogen: Zum einen wurde auf der Analyseebene der Bezugspunkt zwischen Organisation und Gesellschaft und zum anderen zwischen kulturellen Praktiken und kulturellen Werten variiert.

Gesellschaftskultur und Organisationskultur wurden mit unterschiedlichen, jedoch inhaltlich kommensurablen Einzelaussagen gemessen (d. h. mit jeweils denselben neun Kulturdimensionen). Hierfür erhielt jeweils die Hälfte der Befragten innerhalb einer Organisation Version Alpha des GLOBE-Fragebogens mit Fragen zur Organisationskultur innerhalb dieses Unternehmens, während die andere Hälfte Version Beta mit Fragen zur Gesellschaftskultur ausfüllte. Aus methodischen Gründen ist diese Aufteilung der Fragen auf zwei Gruppen von Befragten empfehlenswert, um den sogenannten *common source bias* zu vermeiden, eine Verzerrung, die zu einer Überschätzung von Zusammenhängen zwischen den betrachteten Variablen führen kann. Die Analyse der erhobenen Daten hat gezeigt, dass das Ziel, nicht nur Landeskulturen, sondern auch Organisationskulturen differenziert zu messen, ebenfalls erreicht wurde. Die neun Dimensionen der Organisationskultur lassen sowohl signifikante Übereinstimmungen zwischen Befragten innerhalb einer Organisation als auch signifikante Unterschiede zwischen verschiedenen Organisationen erkennen.

Bezüglich der Manifestation von Kultur wurde zwischen kulturellen Praktiken und kulturellen Werten unterschieden. Kulturelle Praktiken beziehen sich dabei auf die Art und Weise, wie etwas in der Gesellschaft bzw. Organisation des Befragten üblicherweise getan wird (entsprechend den Formulierungen in ◘ Tab. 4.4). Sie werden durch Fragen nach dem dort üblichen Verhalten, institutionellen Praktiken, Vorschriften oder Verboten erhoben und repräsentieren Wahrnehmungen der Respondenten über Merkmale ihrer Kultur („wie es ist", engl. *as is*). Kulturelle Werte dagegen beziehen sich darauf, wie die entsprechenden Dinge nach Auffassung der Respondenten getan werden sollten („wie es sein sollte", engl. *should be*). GLOBE beinhaltet somit einen Mehrebenenansatz, wonach sowohl auf Landesebene als auch auf Organisationsebene mit jeweils neun inhaltsgleichen Kulturdimensionen kulturelle Praktiken und kulturelle Werte mit jeweils leicht unterschiedlichen Aussagen (Items) erhoben wurden (eine Beispielaussage enthält ◘ Abb. 4.4).

Die Unterscheidung von kulturellen Praktiken und kulturellen Werten steht im Zusammenhang mit dem 3-Ebenen-Modell der Kulturanalyse von Edgar Schein (s. ► Abschn. 2.6): Der Aspekt der kulturellen Praktiken greift Scheins erste Ebene der externen Indikatoren auf,

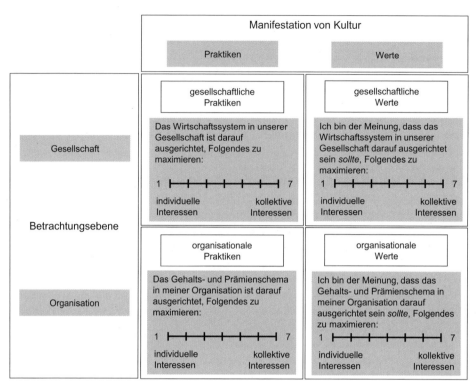

◘ Abb. 4.4 Mehrebenenansatz zur Erfassung der Kulturdimensionen. Nach einer Darstellung von House et al. [1, S. 23]

die neben kulturellen Artefakten auch durch Kulturzeugen (Respondenten) wahrnehmbares Verhalten, Strukturen und Prozesse umfasst. Kulturelle Werte korrespondieren mit der zweiten Ebene der Normen und Werte, die von Schein als kommunizierbar und diskutierbar betrachtet wird. Hier geben Kulturzeugen (Respondenten) Auskunft darüber, wie ihrer Ansicht nach bestimmte Merkmale ihrer Kultur sein sollten. Scheins dritte Ebene der Grundüberzeugungen ist im Entwurf der GLOBE-Fragebögen nicht berücksichtigt, da sie als Essenz der Kultur oft unbewusst ist und daher durch direkte Befragungen kaum verlässlich erfasst werden kann. Die psychometrische Differenzierung zwischen kulturellen Praktiken und Werten ist dabei eine Neuerung in der kulturvergleichenden Forschung, die bis dato in der Regel zwar davon ausging, dass Merkmalsausprägungen von berichteten Praktiken und Werten positiv miteinander korrelieren, dies jedoch nie explizit empirisch untersucht haben. Den GLOBE-Untersuchungen zufolge korrelieren gesellschaftskulturelle Praktiken und Werte von sieben der neun Kulturdimensionen signifikant *negativ* miteinander (weiterführend s. ► Kap. 5).

Gesellschafts- und Organisationskultur

Der Zusammenhang zwischen Gesellschafts- und Organisationskultur gehört zu den zentralen Forschungsfragen der zweiten Phase der GLOBE-Studie. Indem bei der Befragung sowohl für kulturelle Werte als auch für Praktiken zwischen Gesellschafts- und Organisationskultur differenziert wurde, konnte dieser Zusammenhang überprüft werden. Das Ergebnis zeigt, dass organisationale Werte und Praktiken in hohem Maße mit den gesellschaftskulturellen Werten und Praktiken des jeweiligen Landes korrespondieren, in dem ein Unternehmen angesiedelt ist – ein Befund, der sich sowohl für (in der GLOBE-Befragung mehrheitlich vertretene) national operierende Unternehmen ergibt als auch für multinationale Organisationen. Durch die gezielte Auswahl von Unternehmen der Branchen Finanzdienstleistung, Telekommunikation und Nahrungsmittelverarbeitung konnte zudem untersucht werden, welchen Einfluss die Branche, in der ein Unternehmen operiert, auf dessen Organisationskultur hat. Selbst in der Finanzdienstleistungsbranche, bei der man unter anderem aufgrund der globalen Orientierung der Finanzmärkte noch am ehesten eine weltweite Organisationskultur erwarten könnte, finden sich noch deutlich ausgeprägte gesellschaftskulturelle Einflüsse. Im Vergleich zwischen den drei vertretenen Branchen sind diese Einflüsse auf die Organisationskultur hier zwar am geringsten ausgeprägt, von einer globalen „Branchenkultur" der Finanzdienstleister werden sie jedoch bestenfalls überlagert (weiterführend s. ▶ Kap. 5).

4.4.2 Kulturabhängige Antworttendenzen

Als kulturvergleichendes Projekt machte GLOBE es erforderlich, kulturabhängige Antworttendenzen (*cultural response bias*) in der Auswertung der Ergebnisse zu berücksichtigen. Aus der kulturvergleichenden Forschung ist bekannt, dass Angehörige verschiedener Kulturen unter Umständen in einer Befragung auf charakteristische Weise unterschiedliches Antwortverhalten zeigen. Dies kann zu Unterschieden in den Ergebnissen führen, die zumindest nicht vollständig auf tatsächliche Unterschiede im interessierenden Befragungsgegenstand zurückgeführt werden können, sondern durch kulturbedingte Unterschiede im generellen Antwortverhalten hervorgerufen werden. So tendieren z. B. Angehörige asiatischer Kulturen dazu, die Extremwerte einer Antwortskala zu meiden, um sich nicht zu weit vom innerhalb dieser Kulturen bedeutsamen Kollektiv abzuheben, während Angehörige mediterraner Kulturen dem entgegengesetzt dazu tendieren, gerade nicht den Mittelpunkt einer Antwortskala zu wählen, um nicht zu unentschlossen zu wirken [17, 18]. In kulturvergleichenden Studien wird üblicherweise ein Korrekturverfahren verwendet, bei dem die erhobenen Rohwerte pro Teilnehmer über alle Einzelfragen hinweg standardisiert und erst anschließend zu Werten auf Kulturebene aggregiert werden. Dieses Vorgehen führt allerdings dazu, dass die so ermittelten Werte nicht länger anhand der ursprünglichen Verankerung der Skalen interpretiert werden können – die Werte erlauben nur noch Aussagen darüber, ob eine Kultur einen höheren oder niedrigeren Wert hat als eine andere. Auch erlaubt das Verfahren keine Rückschlüsse darüber, ob kulturabhängige Antworttendenzen für alle oder nur für eine Auswahl der untersuchten Kulturen aufgetreten sind [19].

Für GLOBE wurde daher ein modifiziertes Korrekturverfahren entwickelt und eingesetzt, das korrigierte Werte reskaliert und somit wieder interpretierbar macht. Außerdem erlaubt das Verfahren die Identifikation von Ausreißern und somit von Kulturen, deren korrigierte Werte sich so stark von den ursprünglichen Rohwerten unterscheiden, dass dies bei der Interpretation der Ergebnisse berücksichtigt werden sollte. Allerdings sollten solche Ausreißer nicht automatisch, nur aufgrund dieser statistischen Prozedur, aus der Studienauswertung ausgeschlossen werden: Neben kulturabhängigen Antworttendenzen können in diesen Ergebnissen auch bisher unberücksichtigte, noch zu erforschende Prozesse zutage treten [19]. Im Rahmen der GLOBE-Studie konnte nur für eine der beteiligten Gesellschaftskulturen, nämlich für Tschechien, eine

□ Tab. 4.3 Kulturabhängige Antworttendenzen: Häufigkeit von Abweichungen [19]

	Praktiken	Werte	Gesamt
Marokko	7	7	14
Frankreich	6	7	13
Katar	8	–	8
Taiwan	6	2	8
Ecuador	–	3	3
Indonesien	1	1	2
Neuseeland	–	2	2
Nigeria	1	1	2
Japan	–	1	1
Philippinen	1	–	1

grobe Verzerrung der Antworten festgestellt werden, die einen Ausschluss der Daten dieses Landes aus den weiteren Analysen notwendig machte. Bei vier weiteren Ländern wirkt sich die Korrektur zwar signifikant darauf aus, welchen Rangplatz sie unter allen untersuchten Kulturen einnehmen: Für Frankreich und Marokko zeigen sich hier Veränderungen sowohl für Kultur- als auch für Führungsdimensionen, für Katar und Taiwan dagegen nur hinsichtlich der Werte für kulturelle Praktiken [20]. Eine genauere Betrachtung der Länderergebnisse sowie Rücksprachen mit den CCIs ließen einen Ausschluss der Länder aus den Analysen oder Ergebnisdarstellungen jedoch nicht gerechtfertigt erscheinen.

Für die übrigen untersuchten Kulturen kann aufgrund der sehr hohen Korrelationen zwischen den korrigierten Werten und den Rohwerten davon ausgegangen werden, dass sich kulturabhängige Antworttendenzen nur in geringem Maß auf die eingesetzten Skalen ausgewirkt haben. Bezüglich kultureller Praktiken liegt die durchschnittliche Korrelation bei 0.95 (Einzelkorrelationen für die Kulturdimensionen von 0.93 bis 0.98), bezüglich kultureller Werte bei 0.93 (Einzelkorrelationen von 0.86 bis 0.98). Bei den Führungsdimensionen ergab sich für die gefundenen primären Führungsdimensionen eine durchschnittliche Korrelation von 0.93 (Einzelkorrelationen von 0.85 bis 0.99), für die globalen Führungsdimensionen lag sie bei 0.95 (Einzelkorrelationen von 0.87 bis 0.98) [21].

□ Tabelle 4.3 gibt eine Übersicht darüber, wie häufig bestimmte Länder bezüglich der Ergebnisse für kulturelle Werte und Praktiken im Rahmen des Korrekturverfahrens als Ausreißer identifiziert wurden. Die Häufigkeit dieser Abweichungen kann als Anhaltspunkt dafür dienen, ob einzelne Länderwerte aufgrund vorhandener Antworttendenzen aus praktischer Sicht in Vergleichen mit anderen Ländern als „unsicherer" zu betrachten sind.

4.4.3 Zusammenhänge mit anderen weltweiten Datensätzen (Kriteriumsvalidität)

GLOBE beschäftigt sich mit Unterschieden in den kulturellen Werten und Praktiken zwischen verschiedenen Ländern rund um den Globus. Diese Länder und ihre Kulturen unterscheiden sich jedoch nicht nur in diesen speziellen Aspekten, und kulturvergleichende Studien wurden und werden auch in anderen gesellschaftlichen und kulturellen Bereichen durchgeführt. Eine Verknüpfung der Ergebnisse des GLOBE-Projekts mit kulturübergreifenden Daten aus anderen Quellen erlaubt es, ein umfangreicheres, detaillierteres Bild der Unterschiede zwischen Kulturen und Ländern zu gewinnen und darüber hinaus auch die Bedeutungstreue der GLOBE-Kulturdimensionen im Sinne einer Kriteriumsvalidität abzuschätzen. Hierfür wurden kulturvergleichende Daten aus verlässlichen Quellen ausgewählt, die sich mit den Ergebnissen der GLOBE-Studie in einen sinnvollen Zusammenhang bringen lassen. Solche Daten können aus zweierlei Arten von Quellen stammen: Zum einen sind hier wissenschaftliche, vorzugsweise psychologische Studien von Bedeutung, wie beispielsweise Arbeiten zur Ausprägung des Leistungs- oder Machtmotivs in verschiedenen Kulturen oder dem sozialwissenschaftlichen World Values Survey (WVS) [22], der seit 1981 in zahlreichen Ländern weltweit den Wandel von Werten und deren gesellschaftlichen Einfluss untersucht. Zum anderen können statistische Datenquellen von Nutzen sein, insbesondere solche, die im Zusammenhang damit stehen, wie sich eine Kultur an äußere Gegebenheiten anpasst (beispielsweise durch den Einsatz von Technologien) und wie sie ihre Mitglieder intern integriert, was sich in kulturspezifischen Einstellungen zum Individuum, zur Institution Familie (als bedeutsamem Sozialisationsumfeld) und zur Regierung als Werte bewahrende Instanz sowie als Handlungsträger zeigt. Zu diesem Zweck wurden mehrere Datenquellen herangezogen, wie der Human Development Report (HDR) des Entwicklungsprogramms der Vereinten Nationen (UNDP), der Global Competitiveness Report (GCR) des Weltwirtschaftsforums sowie die World Development Indicators (WDI) der Weltbank (vgl. [23] sowie Kasten: Statistische Datenquellen).

Statistische Datenquellen

Der Human Development Report (HDR) wird seit 1990 jährlich vom Entwicklungsprogramm der Vereinten Nationen (UNDP) herausgegeben. Als Teil des HDR wird der Human Development Index (HDI) ermittelt, ein Kombinationsmaß, das den allgemeinen Lebensstandard unter Berücksichtigung von Lebenserwartung, Kindersterblichkeit und Gesundheitsfürsorge sowie von Bildung und individuellen Entwicklungsmöglichkeiten erhebt. Anhand der HDI-Werte lassen sich die untersuchten Länder vergleichen und in eine Rangreihe bringen. Für die Analysen im Rahmen von GLOBE wurden Daten zum HDI aus dem HDR 1998 [24] herangezogen, die für 174 Länder vorliegen.

Der Global Competitiveness Report (GCR) wird seit 1979 vom Weltwirtschaftsforum erstellt und erfasst die Wettbewerbsfähigkeit von Nationen bzw. Volkswirtschaften anhand öffentlich zugänglicher statistischer Daten sowie des Executive Opinion Survey (EVS) des Weltwirtschaftsforums, einer Befragung von Führungskräften. Anhand dieser Daten wird der Global Competitiveness Index (GCI) berechnet, der auf verschiedenen Faktoren basiert, unter anderem Aspekten des Arbeitsmarkts, die Verbreitung von Technologien, Einflüsse von Finanzmarkt und Institutionen sowie Managementpraktiken. Für die betrachteten Länder wird anhand des GCI ein Ranking ermittelt. Im GCR für 1998 [25] liegen Daten für 53 Länder vor, die einen großen Teil der GLOBE-Stichprobe abdecken.

Die World Development Indicators (WDI) sind eine seit 1978 von der Weltbank jährlich erstellte Sammlung von Indikatoren für die Entwicklung von Ländern, die von einer Vielzahl international agierender Organisationen (u. a. UN, WHO, Gesellschaft für Technische Zusammenarbeit, WTO) stammen [26].

Auf der Basis der genannten Datenquellen wurden vier konzeptionelle Faktoren erarbeitet, indem relevante Indikatoren ausgewählt und faktorenanalytisch überprüft wurden: ökonomische Gesundheit, wissenschaftlich-technologischer Erfolg, Lebensbedingungen (engl. *human condition*) und gesellschaftliche Einstellungen. Jeder dieser Faktoren hat verschiedene Elemente, die zum Teil aus verschiedenen Datenquellen stammen. Für den Faktor ökonomische Gesundheit sind dies die Elemente wirtschaftlicher Wohlstand, Produktivität, Unterstützung des öffentlichen Sektors für den wirtschaftlichen Wohlstand, gesellschaftliche Unterstützung der Wettbewerbsfähigkeit sowie der Gobal Competitiveness Index. Wissenschaftlich-technologischer Erfolg – als zukunftsorientierte Voraussetzung für wirtschaftlichen Erfolg und Wohlstand – basiert auf Daten zur Wettbewerbsfähigkeit und umfasst die Bereiche der Grundlagen- und der angewandten Forschung. Der Faktor Lebensbedingungen setzt sich aus sechs Elementen zusammen, die soziale, gesundheitliche und psychologische Aspekte des Lebens innerhalb einer Kultur erfassen, wie unter anderem die Lebenserwartung und die allgemeine Zufriedenheit der Einwohner sowie der Human Development Index. Eine Übersicht über die Indikatoren, die für die Beurteilung dieser Elemente herangezogen wurden, findet sich im Anhang in ◘ Tab. A10. Der Faktor Gesellschaftliche Einstellungen basiert auf Daten aus dem World Values Survey, die Einstellungen zu verschiedenen, gesellschaftlich relevanten Themen wiedergeben, insbesondere die Beziehungen zu Familie und Freunden, Leistung, Politik, Religion und Gleichberechtigung.

Ein weiterer Faktor, anhand dessen sich Länder unterscheiden lassen, ist das Bruttosozialprodukt. Im Rahmen von GLOBE wird es – im Hinblick auf die in ▶ Abschn. 2.2 erläuterte Kulturdefinition von Schein – als Widerspiegelung der Ressourcen eines Landes sowie seiner Effektivität in der Anpassung an externe und Integration von internen Herausforderungen [23] betrachtet. Aus dieser Sichtweise heraus ist zu erwarten, dass das Bruttosozialprodukt eines Landes Zusammenhänge mit seiner Kultur aufweist, die allerdings in beide Richtungen wirken können: Bestimmte Ausprägungen von Kultur könnten ein höheres Bruttosozialprodukt begünstigen, während sich dieses umgekehrt auch auf Aspekte der Landeskultur auswirken kann. Bei der Analyse der GLOBE-Daten zeigte sich, dass für vier der Kulturdimensionen

◘ **Tab. 4.4** Korrelationen des Bruttosozialprodukts mit kulturellen Werten und Praktiken [23]

	Korrelation des Bruttosozialprodukts mit …	
	Kulturellen Werten	**Kulturellen Praktiken**
Machtdistanz	–	−0.39
Unsicherheitsvermeidung	−0.82	0.66
Bestimmtheit	–	–
Zukunftsorientierung	−0.65	0.54
Leistungsorientierung	–	0.32
Gruppenbasierter Kollektivismus	−0.38	−0.76
Institutioneller Kollektivismus	−0.37	–
Humanorientierung	0.28	−0.36
Gleichberechtigung	0.44	–
N = 61; – Korrelation nicht signifikant		

(Unsicherheitsvermeidung, Zukunftsorientierung, Humanorientierung, Gruppenbasierter Kollektivismus) sowohl Werte als auch Praktiken signifikant mit dem Bruttosozialprodukt korrelieren (zugrunde gelegt wurde jeweils das Bruttosozialprodukt des Jahres 1998). Nur die Kulturdimension Bestimmtheit weist keinen Zusammenhang auf. Höhe und Richtung der Korrelationen sind in ◘ Tab. 4.4 dargestellt. Aus diesen Korrelationen lassen sich allerdings keine Aussagen über Ursache und Wirkung ableiten – um beispielsweise festzustellen, ob der hohe Zusammenhang zwischen Bruttosozialprodukt und praktizierter Unsicherheitsvermeidung daher rührt, dass aktive Unsicherheitsvermeidung den Wohlstand fördert oder ein hoher Wohlstand zu verstärkter aktiver Unsicherheitsvermeidung führt (oder ein dritter, hier nicht ersichtlicher Faktor beide Werte gleichermaßen in die Höhe treibt oder reduziert), wären umfangreiche Langzeituntersuchungen nötig. Die Korrelationen untermauern jedoch die Annahme, dass das Bruttosozialprodukt deutlich mit der Landeskultur in Verbindung steht.

4.5 Kulturcluster

Trotz aller Unterschiede zwischen Ländern und Regionen finden sich auch Ähnlichkeiten zwischen ihnen, die eine internationale Zusammenarbeit zwischen manchen Nationen leichter und erfolgreicher machen als zwischen anderen. Die Bildung von Kulturclustern ist daher ein naheliegender Schritt, der in der kulturübergreifenden Forschung seit Mitte des letzten Jahrhunderts bereits mehrfach, ausgehend von unterschiedlichen Kulturmerkmalen, unternommen wurde. Trotz der bereits auf diesem Gebiet geleisteten Arbeiten gibt es keine allgemein akzeptierte Unterteilung. Dies ist jedoch zu erwarten, da abhängig von den zugrunde gelegten Merkmalen und der jeweiligen Fragestellung verschiedene Cluster sinnvoll sein können.

Im Rahmen des GLOBE-Projekts wurden die ursprünglich untersuchten Länder anhand verschiedener Faktoren zu zehn Kulturclustern zusammengefasst (◘ Tab. 4.5). Ergebnisse früherer empirischer Studien, insbesondere der Arbeit von Ronen und Shenkar [27], die im Rahmen eines Reviews von acht kulturvergleichenden Studien (darunter auch die bereits vorgestellte Arbeit von Hofstede) Länder anhand von arbeitsbezogenen Variablen zu Clustern zusammenfassten, wurden dabei ebenso berücksichtigt wie bereits in diesen Studien herangezogene geografische, sprachliche und religiöse Faktoren sowie historische Entwicklungen. Das GLOBE-Projekt bot durch seinen Umfang und die breite Auswahl der beteiligten Länder die Möglichkeit, die Ergebnisse der vorangegangenen kulturvergleichenden Forschung hinsichtlich sinnvoller Gruppierungen von Ländern zu Clustern zu replizieren und zu validieren [27, 28].

Die GLOBE-Cluster wurden vorab entworfen und anhand der erhobenen Daten zu kulturellen Werten und Praktiken mittels Diskriminanzanalysen überprüft. Die Ergebnisse zeigen eine weitgehende Bestätigung der gebildeten Cluster: Für acht der Cluster liegt die durchschnittliche Wahrscheinlichkeit, mit der die umfassten Länder im betreffenden Cluster eingeordnet werden, bei über 75 %. Nur für den germanischen und den subsaharischen Cluster war die Zuordnung weniger eindeutig, wobei offenbar die geografische Nähe eine annähernd hohe Wahrscheinlichkeit für eine alternative Einordnung der Länder in den nordischen Cluster bzw. den Cluster Mittlerer Osten verursachte.

Von den im Rahmen der dritten GLOBE-Phase berücksichtigten 24 Ländern waren 8 nicht in der ursprünglichen Auswahl enthalten: Aserbaidschan, Estland, Fidschi, Peru, Rumänien, die Salomonen, das Königreich Tonga sowie die Republik Vanuatu. Die letzteren vier Länder bilden den neuen, elften Kulturcluster Südpazifik. Aserbaidschan, Estland und Rumänien sind dem Cluster Östlich-Europa zugeordnet, Peru dem Cluster Lateinamerika. Die im Folgenden

◻ Tab. 4.5 Übersicht über die zehn Kulturcluster in Phase 2

Germanisch-Europa (*Germanic Europe*)	Deutschland (Ost), Deutschland (West), Niederlande, Österreich, Schweiz (deutschsprachig)
Nordisch-Europa (*Nordic Europe*)	Dänemark, Finnland, Schweden
Anglo (*Anglo*)	Australien, England, Irland, Kanada, Neuseeland, Südafrika (weiß), USA
Romanisch-Europa (*Latin Europe*)	Frankreich, Israel, Italien, Portugal, Schweiz (französischsprachig), Spanien
Östlich-Europa (*Eastern Europe*)	Albanien, Georgien, Griechenland, Kasachstan, Polen, Russland, Slowenien, Ungarn
Mittlerer Osten (*Middle East*)	Ägypten, Kuwait, Marokko, Katar, Türkei
Südasien (*Southern Asia*)	Indien, Indonesien, Iran, Malaysia, Philippinen, Thailand
Konfuzianisch-Asien (*Confucian Asia*)	China, Hongkong, Japan, Republik Korea, Singapur, Taiwan
Lateinamerika (*Latin America*)	Argentinien, Bolivien, Brasilien, Costa Rica, Ecuador, El Salvador, Guatemala, Kolumbien, Mexiko, Venezuela
Subsahara-Afrika (Sub-*Saharan Africa*)	Namibia, Nigeria, Sambia, Südafrika (schwarz), Zimbabwe

dargestellten Ergebnisse zu kulturellen Werten und Praktiken innerhalb der einzelnen Cluster basieren jedoch auf den grundlegenden Untersuchungen aus Phase 1 und 2 und werden deshalb diese neu hinzugekommenen Länder nicht berücksichtigt.

Neben der Replizierung und Validierung früherer Befunde liefert die Clusterbildung auch eine Grundlage dafür, Rückschlüsse auf Länder zu ziehen, für die keine direkten Daten zu kulturellen Werten und Praktiken vorliegen. Die Clusterbildung erlaubt es auch, Kulturähnlichkeit zwischen den untersuchten Ländern darzustellen und die umfangreichen Ergebnisse des GLOBE-Projekts auf sinnvolle Weise zu untergliedern.

4.6   Führungsmerkmale als Untersuchungsgegenstand

Wissenschaftliche Forschung zum Thema Führung ist ein weites Feld. Bedingt durch die vielfältigen Herangehensweisen und Gesichtspunkte existiert – wie bereits in ▶ Abschn. 1.1 erläutert – keine allgemein gültige Definition dessen, was „Führung" ist. Als übergreifender, wesentlicher Aspekt der meisten bisherigen Definitionen lässt sich der Einfluss festhalten, den eine Führungsperson auf andere ausübt, um Ziele zu erreichen, die in der Regel innerhalb einer Gruppe oder Organisation gelten. Viele Definitionen von Führung und entsprechende Forschungsarbeiten gehen von der unausgesprochenen Annahme aus, dass Führungstheorien und -prozesse über Kulturen hinweg Gültigkeit besitzen. Bei der Definition von Führung ist jedoch zu berücksichtigen, dass verschiedene Kulturen unter Umständen verschiedene Vorstellungen und Prozesse mit diesem Begriff verbinden. In einer kulturvergleichenden Studie wie dem GLOBE-Projekt sollten solche Unterschiede berücksichtigt werden, um vergleichbare Daten

Exkurs: Klimazonen und Kulturcluster

Neben der bisher geschilderten, geografisch-historisch basierten Art der Gruppierung ist alternativ auch eine Clusterbildung nach klimatischen Gegebenheiten möglich. Der Einfluss des vorherrschenden Klimas auf die Kultur eines Landes wurde bereits in früheren Forschungsarbeiten thematisiert, unter anderem von Hofstede [8]. Klimatische Gegebenheiten wie insbesondere die Niederschlagsmenge und -häufigkeit sowie die Temperatur und deren Schwankungen können sich demnach auf verschiedene Weise auf sozioökonomische Verhaltensweisen der Bewohner einer Region auswirken, unter anderem durch ihren Einfluss auf die Voraussetzungen und den benötigten Aufwand für die Landwirtschaft oder auf die Gesundheit der Einwohner. So sind beispielsweise in tropischen Regionen parasitäre und infektiöse Erkrankungen durch das Fehlen ausgeprägter Kältephasen begünstigt. Auf klimatische Gegebenheiten abgestimmte Verhaltensweisen können als externe Anpassung im Sinne der Kulturdefinition von Schein (s. ▶ Abschn. 2.2) gesehen werden, und es ist zu erwarten, dass sie sich in der Gesellschaftskultur niederschlagen – insbesondere in extremen Klimazonen, die höhere Anpassungsleistungen erforderlich machen [29]. Im Rahmen des GLOBE-Projekts wurde untersucht, ob ein Zusammenhang zwischen den geografisch-historisch definierten Kulturclustern und den klimatischen Bedingungen in diesen Regionen feststellbar ist. Von besonderem Interesse war dabei, ob die vorherrschende Klimazone die Ausprägung kultureller Werte und Praktiken determiniert.

Die Ergebnisse der durchgeführten Analysen zeigen, dass sich durchaus Zusammenhänge zwischen Kulturclustern und Klimazonen feststellen lassen: Im germanischen und Anglo-Cluster herrscht demnach ein maritimes Klima vor, im nordischen, östlich-europäischen und konfuzianischen Cluster ein kontinentales Klima. Der romanische Cluster hat vorwiegend ein subtropisches Klima, der Mittlere Osten ist von Wüstenklima geprägt. Die Cluster Lateinamerika, Südasien und Subsahara-Afrika schließlich liegen in einer tropischen Klimazone, wobei für die tropische und die subtropische Klimazone jeweils humide und winter- bzw. sommertrockene Zonen zusammengefasst wurden, und die Unterteilung auf den Breitengraden basiert. Trotz dieser Zuordnung zeigt sich jedoch, dass klimatische Gegebenheiten die Ausprägung der Gesellschaftskultur nicht determinieren, da sich nur rund ein Drittel der Variation von kulturellen Praktiken und Werten auf Unterschiede im Klima zurückführen lässt – das Klima übt damit keinen größeren Einfluss auf die Gesellschaftskultur aus als beispielsweise geografisch-historische Faktoren [30].

Zusätzlich wurde für die in der GLOBE-Studie untersuchten Länder eine Kategorisierung in sieben klimatische Cluster vorgenommen, die auf folgenden Kriterien basiert: dem geografischen Breitengrad, der Durchschnittstemperatur, der monatlichen Niederschlagsmenge und -häufigkeit, dem Luftdruck in den Monaten Januar und Juli sowie der Luftfeuchtigkeit (◨ Tab. 4.6). Anhand dieser Kategorisierung konnte für die Kulturdimensionen untersucht werden, ob Zusammenhänge mit bestimmten klimatischen Gegebenheiten vorliegen.

Auswirkungen klimatischer Bedingungen auf die Entwicklung von Gesellschaften und letztlich auf die Verhaltensweisen von deren Mitgliedern konnten bereits empirisch festgestellt werden [30]. Klimatische Bedingungen tragen zwar der GLOBE-Studie zufolge nur zu einem kleinen Teil zur Varianzaufklärung hinsichtlich gesellschaftskultureller Werte und Praktiken bei (vgl. [29]). Dennoch können sie Hinweise für die Einordnung von Ländern und Kulturen geben, für die keine oder nicht ausreichende anderweitige Indikatoren vorliegen.

zu erhalten und durch Ethnozentrismus hervorgerufene Einschränkungen (s. ▶ Abschn. 3.2) zu vermeiden.

Die GLOBE-Definition von Führung wurde 1994 auf der ersten GLOBE-Forschungskonferenz an der University of Calgary, Kanada, von 54 Forschern aus 38 Ländern entwickelt. Man verständigte sich auf eine Definition, die sich mit den unterschiedlichen Blickwinkeln und kulturellen Hintergründen der Beteiligten vereinen ließ.

❯ Führung ist im Rahmen von GLOBE definiert als „die Fähigkeit eines Individuums, andere dazu zu beeinflussen, zu motivieren und zu befähigen, zur Effektivität und zum Erfolg der Organisationen beizutragen, deren Mitglieder sie sind" [31].

◘ Tab. 4.6 Einteilung der GLOBE-Länder in klimatische Cluster

Maritimes Klima	Dänemark, Frankreich, Deutschland (Ost), Deutschland (West), Irland, Neuseeland, Niederlande, Schweiz (deutschsprachig), Schweiz (französischsprachig), England
Kontinentales Klima	Australien, China, Finnland, Georgien, Japan, Kanada, Österreich, Polen, Republik Korea, Russland, Schweden, Ungarn, USA
Mediterranes Klima	Albanien, Griechenland, Italien, Marokko, Portugal, Slowenien, Spanien
Wüstenklima	Ägypten, Iran, Israel, Kasachstan, Katar, Kuwait, Mexiko, Namibia, Südafrika (schwarz), Südafrika (weiß), Türkei
Savannenklima	El Salvador, Guatemala, Nigeria, Sambia, Thailand, Venezuela, Zimbabwe
Subtropisches Klima	Argentinien, Bolivien, Brasilien, Hongkong, Taiwan
Tropisches Klima	Costa Rica, Ecuador, Indien, Indonesien, Kolumbien, Malaysia, Philippinen, Singapur

In der GLOBE-Studie wurde untersucht, durch welche Eigenschaften und Verhaltensweisen sich als hervorragend eingestufte Führungskräfte über Länder, Organisationen und Industriezweige hinweg auszeichnen bzw. anhand welcher Eigenschaften und Verhaltensweisen sie sich miteinander vergleichen lassen.

Die Antwort auf die Frage, welche Formen von Führung einen effektiven Einfluss nicht nur innerhalb von Kulturen, sondern auch über verschiedene Kulturen hinweg ermöglichen, gehört zu den wichtigsten Aspekten des GLOBE-Projekts. Hierbei wurde insbesondere untersucht, inwieweit die entsprechenden Eigenschaften und Verhaltensweisen von Führungskräften auf kulturelle Charakteristika zurückzuführen sind.

Für die Untersuchung von Führungsattributen (Eigenschaften und Verhaltensweisen) wurde im Rahmen des GLOBE-Projekts ein eigenes Messinstrument entwickelt, das *Leader Attributes and Behavior Questionnaire* (LABQ). Bei bereits vorliegenden Fragebögen zum Thema Führung, die zumeist in westlichen Ländern entwickelt worden waren, konnte nicht davon ausgegangen werden, dass sie für den interkulturellen Einsatz geeignet sind. Das neue Messinstrument wurde dagegen gezielt für die kulturübergreifende Verwendung entwickelt. Bei seinem Entwurf wurden verschiedene theoretische Konstrukte berücksichtigt, die in der Führungsforschung vorlagen, und es wurden bewusst sowohl Eigenschaften als auch Verhaltensweisen von Führungskräften aufgenommen. Auf diese Weise wurden ursprünglich 382 Führungsattribute gesammelt, die durch verschiedene Prozeduren (Q-Sort, Itemevaluationen durch die Ländervertreter, d. h. CCIs, sowie den Rückübersetzungsprozess) auf letztlich 112 Einzelaussagen reduziert wurden.

Diese 112 Einzelaussagen wurden sowohl in Version Alpha als auch in Version Beta des GLOBE-Fragebogens aufgenommen, sodass alle Befragten alle Einzelaussagen bearbeiteten. Die Aussagen wurden dabei wie in ◘ Abb. 4.5, die beispielhaft die Erläuterungen zum Führungsteil des Fragebogens sowie einige Einzelaussagen zeigt, ersichtlich ist, auf einer siebenstufigen Antwortskala bewertet.

Im Rahmen der Pilotstudien in GLOBE-Phase 1 wurden mittels exploratorischer Faktorenanalyse 21 primäre Führungsdimensionen ermittelt, die spezifische Eigenschaften und Verhaltensweisen herausragender Führungskräfte beschreiben. Weitere Faktorenanalysen zweiter Ordnung ergaben eine Gruppierung dieser primären Führungsdimensionen zu 6 globalen Füh-

Erläuternde Hinweise

In diesem Teil geht es um Verhaltensweisen und Merkmale von herausragenden Führungskräften. Sie kennen möglicherweise Personen in Ihrer Organisation oder Branche, die außerordentliche Fähigkeiten haben. Diese Personen motivieren, beeinflussen oder befähigen andere Personen oder ganze Gruppen, zur erfolgreichen Aufgabenbewältigung und zum Erfolg der Organisation beizutragen. Solche Personen werden hier als herausragende Führungskräfte bezeichnet.

Auf den folgenden Seiten finden Sie verschiedene Verhaltensweisen und Merkmale, mit denen Führungskräfte beschreibbar sind. Zu jeder Verhaltensweise oder zu jedem Merkmal wird eine kurze Definition angegeben, um klarzulegen, was gemeint ist.

Beim Einschätzen der Verhaltensweisen und Merkmale von Führungskräften auf den folgenden Seiten benutzen Sie bitte die obige Beschreibung herausragender Führungskräfte als Leitfaden. Für die Einschätzung schreiben Sie jeweils jene Ziffer aus der untenstehenden Skala auf die Linie links vor den Verhaltensweisen und Merkmalen, die am besten beschreibt, wie hinderlich respektive förderlich dieses Verhalten oder Merkmal für eine Führungskraft ist, herausragend zu sein.

Skala

1 Dieses Verhalten oder Merkmal hindert stark daran, eine herausragende Führungskraft zu sein.
2 Dieses Verhalten oder Merkmal hindert ziemlich daran, eine herausragende Führungskraft zu sein.
3 Dieses Verhalten oder Merkmal hindert ein wenig daran, eine herausragende Führungskraft zu sein.
4 Dieses Verhalten oder Merkmal hat keinen Einfluss darauf, eine herausragende Führungskraft zu sein.
5 Dieses Verhalten oder Merkmal trägt ein wenig dazu bei, eine herausragende Führungskraft zu sein.
6 Dieses Verhalten oder Merkmal trägt ziemlich dazu bei, eine herausragende Führungskraft zu sein.
7 Dieses Verhalten oder Merkmal trägt stark dazu bei, eine herausragende Führungskraft zu sein.

Merkmal oder Verhalten		Definition
2-1 ____	Diplomatisch	Ist geschickt in zwischenmenschlichen Beziehungen, taktvoll
2-2 ____	Ausweichend	Sieht davon ab, negative Kommentare zu machen, um gute Beziehungen zu erhalten und das Gesicht zu wahren
2-3 ____	Vermittler	Interveniert, um Probleme zwischen Individuen zu lösen
2-4 ____	Herrisch	Sagt MitarbeiterInnen auf gebieterische Weise, was zu tun ist
2-5 ____	Positiv	Im Allgemeinen optimistisch und zuversichtlich
2-6 ____	Wettbewerbs-orientiert	Versucht, die Leistung anderer in seiner oder ihrer Arbeitsruppe zu übertreffen
2-7 ____	Autonom	Handelt selbstständig, verlässt sich nicht auf andere

◼ **Abb. 4.5** Ausschnitt aus dem deutschen GLOBE-Fragebogen zu Führungsmerkmalen und -verhalten

rungsdimensionen, die für Verhaltensmuster bestimmter Arten von Führungskräften stehen [21]. ◼ Tabelle 4.7 führt diese globalen Dimensionen mit ihren wesentlichen Inhalten auf.

Die jeweils von den globalen Führungsdimensionen umfassten Primärdimensionen sowie die darin enthaltenen Einzelaussagen sind im Anhang in ◼ Tab. A4 bis A9 aufgelistet. Sowohl globale als auch primäre Führungsdimensionen werden in ► Kap. 5, bei der Beschreibung der GLOBE-Ergebnisse, eingehend erläutert.

▣ Tab. 4.7 Globale Führungsdimensionen nach GLOBE

Charismatische Führung	Das Ausmaß, in dem Mitarbeiter auf Basis positiver Werte und mit hohen Leistungserwartungen inspiriert und motiviert werden
Teamorientierte Führung	Das Ausmaß, in dem gemeinsame Ziele implementiert und Arbeitseinheiten (Teams) entwickelt werden
Partizipative Führung	Das Ausmaß, in dem andere bei Entscheidungen beteiligt werden
Humanorientierte Führung	Das Ausmaß, in dem zwischenmenschlich unterstützend, fair, höflich und umsichtig agiert wird
Autonomieorientierte Führung	Das Ausmaß, in dem unabhängig von anderen und in individueller Art und Weise agiert wird
Defensive Führung	Das Ausmaß, in dem selbstschützend und statusbewahrend agiert wird

Zusammenfassung

In diesem Kapitel wurde auf die Entstehungsgeschichte und die drei Untersuchungsphasen des GLOBE-Projekts eingegangen sowie auf seine zentralen Fragestellungen, das theoretische Modell, die Untersuchungsmethoden, Stichproben und neu entwickelten Skalen zur kommensurablen Messung von Gesellschafts- und Organisationskulturen (mit jeweils kulturellen Praktiken und Werten) sowie von Führungsmerkmalen und Verhaltensweisen als hervorragend betrachteter Führungskräfte.

In ▶ Kap. 5 werden die in den zwei ersten GLOBE-Phasen ermittelten Ergebnisse dargestellt und um GLOBE-Befunde aus der dritten Phase ergänzt.

Literatur

1. House, R. J., Hanges, P. J., Javidan, M., Dorfman, P. W., & Gupta, V. (Hrsg.). (2004). *Culture, leadership, and organizations: The GLOBE study of 62 societies*. Thousand Oaks, CA: Sage Publications.
2. Chhokar, J. S., Brodbeck, F. C., & House, R. J. (2007). *Culture and leadership around the world: The GLOBE book of in-depth studies of 25 societies*. Mahwah, NJ: LEA Publishers.
3. Brodbeck, F. C., Hanges, P. J., Dickson, M. W., Gupta, V., & Dorfman, P. W. (2004). Societal Culture and Industrial Sector Influences on Organizational Culture. In R. J. House, P. J. Hanges, M. Javidan, P. W. Dorfman, & V. Gupta (Hrsg.), *Culture, Leadership and Organisations. The GLOBE Study of 62 Societies* (S. 654–668). Thousand Oaks, California: Sage Publications.
4. House, R. J., Dorfman, P. W., Javidan, M., Hanges, P. J., & Sully de Luque, M. F. (2014). *Strategic leadership across cultures. The GLOBE study of CEO leadership behavior and effectiveness in 24 countries*. Los Angeles, CA: Sage.
5. http://www.ccl.org/leadership/pdf/assessments/GlobeStudy.pdf; https://www.youtube.com/watch?v=jKY8FhMPLEA; http://en.wikipedia.org/wiki/Global_Leadership
6. http://www.ccl.org/Leadership/index.aspx
7. Brodbeck, F. C., Ruderman, M. N., Eckert, R., Gentry, W. A., & Braddy, P. W. (2012). *The role of cultural universals and cultural contingencies in understanding perceptions of leader effectiveness*. München: LMU München & Center for Creative Leadership.
8. Hofstede, G. (1980, 1984). *Culture's consequences: International differences in work-related values*. Beverly Hills, CA: Sage Publications.
9. Triandis, H. C. (1995). *Individualism and Collectivism*. Boulder, CO: Westview Press.
10. McClelland, D. C. (1985). *Human motivation*. Glenview, IL: Scott, Foresman.
11. Donaldson, L. (1993). *Anti-management theories of organization: A critique of paradigm proliferation*. Cambridge, UK: Cambridge University Press.
12. Hickson, D., Hinings, C. R., McMillan, J., & Schwitter, J. P. (1974). The culture-free context of organization structure: A tri-national comparison. *Sociology, 8*, 59–80.

13. House, R. J., Wright, N. S., & Aditya, R. N. (1997). Cross-cultural research on organizational leadership: A critical analysis and a proposed theory. In P. C. Earley, & M. Erez (Hrsg.), *New perspectives in international industrial organizational psychology* (S. 535–625). San Francisco: New Lexington.

14. House, R. J., & Javidan, M. (2004). Overview of GLOBE. In R. House, P. Hanges, M. Javidan, P. Dorfman, & V. Gupta (Hrsg.), *Culture, leadership, and organizations. The GLOBE study of 62 societies* (S. 9–28). Thousand Oaks: Sage Publications.. "shared motives, values, beliefs, identities, and interpretations or meanings of significant events that result from common experiences of members of collectives and are transmitted across age generations", S. 15

15. Trompenaars, A. (1993). *Riding the waves of culture: Understanding cultural diversity in business*. London, England: Economist Books.

16. Kluckhohn, F. R., & Strodtbeck, F. L. (1961). *Variations in value orientations*. New York: HarperCollins.

17. Hui, C. C., & Triandis, H. C. (1989). Effects of culture and response format on extreme response style. *Journal of Cross-Cultural Psychology*, *20*, 296–309.

18. Stening, B. W., & Everett, J. E. (1984). Response styles in a cross-cultural managerial study. *Journal of Social Psychology*, *122*, 151–156.

19. Hanges, P. J. (2004). Response bias correction procedure used in GLOBE. In R. J. House, P. J. Hanges, M. Javidan, P. W. Dorfman, & V. Gupta (Hrsg.), *Culture, Leadership and Organisations. The GLOBE Study of 62 Societies* (S. 737–751). Thousand Oaks, California: Sage Publications.

20. Hanges, P. J., Dickson, M. W., & Sipe, M. T. (2004). Rationale for GLOBE Statistical Analyses: Societal Rankings and Test of Hypotheses. In R. J. House, P. J. Hanges, M. Javidan, P. W. Dorfman, & V. Gupta (Hrsg.), *Culture, Leadership and Organisations. The GLOBE Study of 62 Societies* (S. 219–234). Thousand Oaks, California: Sage Publications.

21. Hanges, P. J., & Dickson, M. W. (2004). The Development and Validation of the GLOBE Culture and Leadership Scales. In R. J. House, P. J. Hanges, M. Javidan, P. W. Dorfman, & V. Gupta (Hrsg.), *Culture, Leadership and Organisations. The GLOBE Study of 62 Societies* (S. 122–151). Thousand Oaks, California: Sage Publications.

22. www.worldvaluessurvey.org

23. Javidan, M., & Hauser, M. (2004). The Linkage Between GLOBE Findings and Other Cross-Cultural Information. In R. J. House, P. J. Hanges, M. Javidan, P. W. Dorfman, & V. Gupta (Hrsg.), *Culture, Leadership and Organisations. The GLOBE Study of 62 Societies* (S. 102–121). Thousand Oaks, California: Sage Publications.

24. United Nations Development Programme (1998). *Human Development Report 1998*. New York: Oxford University Press.

25. World Economic Forum (1998). *Global Competitiveness Report 1998*. Genf (http://www.weforum.org/reports).

26. The World Bank (2000). *World development indicators*. Washington, DC (http://data.worldbank.org/data-catalog/world-development-indicators).

27. Ronen, S., & Shenkar, O. (1985). Clustering countries on attitudinal dimensions: A review and synthesis. *Academy of Management Review*, *10*(3), 435–454.

28. Brodbeck, F. C., Frese, M., Akerblom, S., Audia, G., Bakacsi, G., Bendova, H., & Wunderer, R. (2000). Cultural variation of leadership prototypes across 22 European countries. *Journal of Occupational and Organizational Psychology*, *73*(1), 1–29. doi:10.1348/096317900166859.

29. Gupta, V., & Hanges, P. J. (2004). Regional and Climate Clustering of Societal Cultures. In R. J. House, P. J. Hanges, M. Javidan, P. W. Dorfman, & V. Gupta (Hrsg.), *Culture, Leadership and Organisations. The GLOBE Study of 62 Societies* (S. 178–218). Thousand Oaks, California: Sage Publications.

30. Van de Vliert, E., Huang, X., & Levine, R. V. (2004). National wealth and thermal climate as predictors of motives for volunteers work. *Journal of Cross-Cultural Psychology*, *35*, 62–73.

31. House, R. J., & Javidan, M. (2004). Overview of GLOBE. In R. House, P. Hanges, M. Javidan, P. Dorfman, & V. Gupta (Hrsg.), *Culture, leadership, and organizations. The GLOBE study of 62 societies* (S. 9–28). Thousand Oaks: Sage Publications.. "the ability of an individual to influence, motivate, and enable others to contribute toward the effectiveness and success of the organizations of which they are members.", S. 15

Ergebnisse der GLOBE-Studie

Felix C. Brodbeck

F.C. Brodbeck, E. Kirchler, R. Woschée (Hrsg.), *Internationale Führung, Die Wirtschaftspsychologie*,
DOI 10.1007/978-3-662-43361-4_5, © Springer-Verlag Berlin Heidelberg 2016

5.1   Zentrale GLOBE-Ergebnisse auf einen Blick

Eine zentrale Fragestellung des GLOBE-Projekts betrachtet, ob und wie sich effektive Führung in verschiedenen Ländern unterscheidet und ob es auch universelle Führungsmerkmale gibt, die weltweit in ähnlicher Weise eine Voraussetzung für effektive Führung bilden. Im Rahmen von GLOBE konnte empirisch belegt werden, dass sich die Erwartungen an effektive Führungskräfte zwischen verschiedenen Kulturen unterscheiden und dass sich die betreffenden Unterschiede auf Unterschiede in gesellschaftskulturellen Werten zurückführen lassen [1]. Dies bestätigt die wesentlichen Annahmen der Theorie kulturgeprägter impliziter Führungsvorstellungen.

◙ Abbildung 5.1 zeigt, wie sich die globalen Führungsdimensionen, die im Rahmen des GLOBE-Projekts entwickelt wurden, über alle untersuchten Gesellschaftskulturen hinweg sowohl in ihrer Bedeutung für effektive Führung unterscheiden als auch darin, wie universell – bzw. einheitlich – die jeweilige Bewertung ist. Die GLOBE-Führungsdimensionen konnten in der Folge nicht nur in weiteren Studien robust validiert, sondern sogar in ihrer Vorhersagekraft für die Führungseffektivität im mittleren Management [2] und Topmanagement (CEOs, [3]) bestätigt werden. Aus den Erwartungen und Wahrnehmungen von Geführten können somit auch Rückschlüsse auf die im Umfeld wahrgenommene Führungsleistung und den Führungserfolg bezüglich der jeweiligen Führungskraft gezogen werden, wobei die Führungskraft die Führungserwartungen der Geführten erfüllen oder übertreffen sollte, um als effektiv eingeschätzt zu werden bzw. erfolgreich zu sein.

Die Ergebnisse der ersten beiden Phasen von GLOBE liefern Erkenntnisse darüber, welche Aspekte des Führungsgeschehens besonders große Unterschiede zwischen bestimmten Ländern und Kulturclustern aufweisen – und damit auch darüber, wo bei der internationalen Zusammenarbeit leichter Schwierigkeiten auftreten können. Die GLOBE-Ergebnisse liefern damit Belege dafür, dass nicht nur kulturelle Unterschiede zwischen Ländern bestehen, sondern dass sich diese auch auf die landesspezifischen Erwartungen an Führungskräfte und damit auch auf die interkulturelle Zusammenarbeit auswirken [4].

Unterschiede in den Erwartungen an Führungskräfte zwischen den untersuchten Ländern bestehen bei allen sechs Führungsdimensionen. Jedoch ist es von besonderer Bedeutung, wie sich die Länderwerte über den gesamten Wertebereich verteilen und ob die Verteilung der Länderwerte den mittleren Wert „4" kreuzt oder nicht. Das ist der neutrale Wert, der besagt, dass das bewertete Einzelmerkmal der Führung im Mittel keinen Einfluss darauf hat, eine herausragende Führungskraft zu sein. Befinden sich die Werte zweier Länder oder Kulturcluster je auf der rechten und der linken Seite dieses neutralen Wertes, zeigt dies an, dass in diesen Ländern gegensätzliche Erwartungen über das beurteilte Führungsmerkmal bzw. die Führungsdimension bestehen. Dies ist in ◙ Abb. 5.1 für die Dimensionen „autonomieorientierte Führung" und „defensive Führung" der Fall. Die Länderwerte der übrigen vier Führungsdimensionen liegen deutlich auf der Seite „fördert herausragende Führung". Weiterhin ist erkennbar, dass bei den beiden Dimensionen charismatische und teamorientierte Führung ca. 75 % der Länderwerte um den Wert 6 (d. h. trägt ziemlich dazu bei, herausragende Führung zu fördern) liegen, wohingegen der Großteil der Länderwerte bei den Dimensionen „partizipative Führung" und „humanorientierte Führung" um den Wert 5 (d. h. trägt etwas dazu bei, herausragende Führung zu fördern) liegt. Bei der Dimension „humanorientierte Führung" gibt es auch einige Länder, in denen die entsprechenden Einzelmerkmale dieser Dimension im Mittel keinen Einfluss darauf haben, eine herausragende Führungskraft zu sein.

Die Unterschiede und Gemeinsamkeiten der Länderwerte hinsichtlich der jeweils dominanten Führungserwartungen lassen sich gut erkennen, wenn, wie in ◙ Abb. 5.2 dargestellt, mit

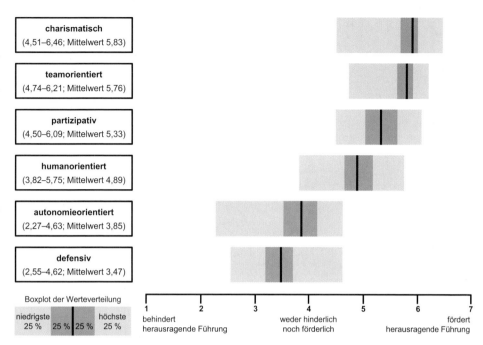

□ **Abb. 5.1** Weltweite Bewertung der sechs GLOBE-Führungsdimensionen. Verteilungen der N = 61 Länderwerte für jede der sechs GLOBE-Führungsdimensionen als Boxplot mit jeweils vier 25-Prozent-Quartilen. Der Median (Zentralwert, der genau in der Mitte einer Datenverteilung liegt) wird durch den *senkrechten schwarzen Balken* in jedem Boxplot angezeigt

Methoden der multidimensionalen Skalierung ein zweidimensionaler Werteraum errechnet werden kann, der die bestmögliche statistische Zusammenfassung aller sechs Führungsdimensionen repräsentiert (in zwei Superdimensionen: charismatisch/teamorientiert versus defensiv/non-partizipativ/autoritär). Die Zugehörigkeiten aller Länder zu den von GLOBE ermittelten zehn Kulturclustern sind in □ Abb. 5.2. ebenfalls verdeutlicht (unterschiedliche Graustufen der Länderpunkte). Nun sind einige GLOBE-Befunde auch unmittelbar erkennbar, die mit komplexen statistischen Verfahren nachgewiesen wurden [5, 6]. Bis auf wenige Ausnahmen (z. B. Frankreich, Georgien, Katar, Singapur) finden sich Länder mit gesellschaftskultureller Ähnlichkeit auch im Fadenkreuz der Führungsdimensionen wieder zu Gruppen zusammen. Der Einfluss der Gesellschaftskultur auf Erwartungen an Führung ist darin deutlich erkennbar. Sieben der insgesamt zehn Kulturcluster sind als Kreise dargestellt, die jeweils zugehörige Länder umschließen. Darüber hinaus ist erkennbar, dass etwa zwischen den Anglo-Ländern und den europäischen Ländern (nordischer, germanischer, romanischer, östlicher Kulturcluster) auf der einen Seite und den asiatischen Ländern (Konfuzianisch- und Südasien) auf der anderen Seite deutliche Unterschiede vor allem bezüglich der waagerechten Dimension (defensiv/non-partizipativ/autoritär) bestehen. Darauf und auf weitere Befunde wird später im Einzelnen noch einzugehen sein.

Auch innerhalb einzelner Cluster sind zum Teil größere Unterschiede erkennbar, wie im nordischen Cluster oder im konfuzianischen Cluster zwischen Japan und China. Für Deutschland lässt sich sogar ein deutlicher Unterschied zwischen ost- und westdeutschen Managern in deren Erwartungen bezüglich defensivem, non-partizipativem bzw. autoritärem Führungsverhaltens ablesen. Hinsichtlich ihrer Erwartungen an charismatisch-teamorientiertes Füh-

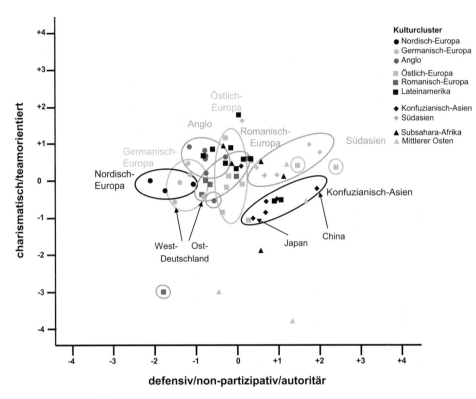

◘ Abb. 5.2 Landkarte der Führungserwartungen

rungsverhalten unterscheiden sich ost- und westdeutsche Manager dagegen nur in geringem Maße. Auch im bereits genannten nordischen Cluster liegen nur geringe Unterschiede zwischen den untersuchten Ländern vor. Dagegen weisen andere Cluster, wie der konfuzianische und insbesondere der östliche, deutliche Unterschiede bezüglich der Erwartungen an charismatisch-teamorientierte Führung auf, die sich im Fall des östlichen Clusters stärker zwischen den Ländern unterscheiden als die Erwartungen hinsichtlich defensiver, non-partizipativer bzw. autoritärer Führung.

Die Grundlage zum Verständnis der Unterschiede in den Führungserwartungen zwischen verschiedenen Ländern liefern die in Phase 1 der GLOBE-Studie entwickelten Kulturdimensionen. Diese Kulturdimensionen konnten durch die Ergebnisse von Phase 2 empirisch abgesichert werden. Neben der Entwicklung der bereits genannten Führungsdimensionen war ein wesentliches Ziel in den Phasen 1 und 2, verschiedene Auswirkungen von Unterschieden zwischen Gesellschaftskulturen zu untersuchen, die sich letztlich auch auf die Effektivität und Akzeptanz von Führungskräften auswirken.

In ◘ Abb. 5.3 ist nochmals das theoretische Zusammenhangsmodell von GLOBE dargestellt. Darin sind die bisher (teils auch repliziert) empirisch bestätigten Annahmen in ihrer Zusammenhangsstruktur hervorgehoben. Neben den Auswirkungen von Gesellschaftskultur auf implizite Führungstheorien (ILT) der Führenden und Geführten [1, 2, 3] sowie auf die Merkmale und Verhaltensweisen von Führungskräften [3] sind hier besonders die Auswirkungen auf die in einer Kultur angesiedelten Organisationen von Bedeutung, auf deren Design sowie kulturellen Praktiken, Normen und Werte. Die Ergebnisse von GLOBE stützen die Annahme,

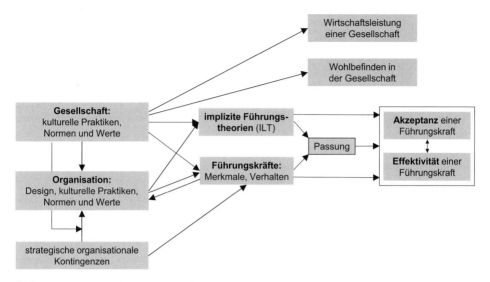

◪ Abb. 5.3 Das theoretische GLOBE-Modell. Nach GLOBE-Buch [3, 5]; ergänzt und modifiziert

dass die Werte und Praktiken der Gesellschaftskultur die Werte und Praktiken der Organisationskultur beeinflussen [7]. Organisationen wiederum beeinflussen Merkmale und Verhalten von Führungskräften, wie auch diese wiederum auf das Design und die Organisationskultur einwirken (s. Doppelpfeil in ◪ Abb. 5.3). Auch haben sich Annahmen darüber bestätigt, dass gesellschaftskulturelle Praktiken sowohl mit der Wirtschaftsleistung einer Gesellschaft als auch mit dem Wohlbefinden in der Gesellschaft Zusammenhänge aufweisen [3, 5]. Kulturelle Werte und Praktiken einer Gesellschaft haben demnach weitreichende Auswirkungen, nicht nur auf Gesellschaftsebene, sondern auch ganz konkret auf die Kultur von Unternehmen und die Erwartungen, die an deren Führungskräfte gestellt werden.

Weiterhin lässt sich dem GLOBE-Modell entnehmen, dass der gesellschaftskulturelle Einfluss auf die Akzeptanz von Führung und die Führungseffektivität nicht unmittelbar wirksam ist, sondern vermittelt über die landeskulturell geprägten Vorstellungen von Führung (ILT) der Geführten und Führenden und über die ebenfalls landeskulturell geprägten Führungsmerkmale und Verhaltensweisen der Führungskräfte. Der Zusammenhang zwischen Landeskultur und Führungseffektivität bzw. Akzeptanz von Führung wird vollständig über kulturgeprägte Führungsvorstellungen und Führungsattribute der Führungskräfte vermittelt. Darüber hinaus ist die Passung zwischen den Führungsvorstellungen der Geführten (ILT) und den Merkmalen und Verhaltensweisen der Führenden von besonderer Bedeutung für die Akzeptanz und Effektivität der Führungskräfte. Entsprechen die Führungsattribute von Vorgesetzten den Erwartungen der Geführten (bzw. werden diese übererfüllt), dann werden Führungskräfte von den Geführten eher akzeptiert, und sie werden als effektiver angesehen bzw. sind auch erfolgreicher. In anderen Worten, die Qualität des Führens liegt „im Auge des Betrachters", und dieses Auge blickt durch eine gesellschaftskulturell eingefärbte Brille.

Die Ergebnisse der GLOBE-Studie für die Praxis zu nutzen, hat bisher ein hohes Lesepensum vorausgesetzt: Mit über 800 Seiten im ersten Buch [5], knapp 1200 Seiten im zweiten Buch [8] und knapp 400 Seiten im neuesten, dritten Buch [3] kann man durchaus einige Abende und Wochenenden zubringen. Hinzu kommen zahlreiche Artikel zu spezifischen Themengebieten und Regionen, wie die Sonderausgabe des *Journal of World Business* zur GLOBE-Studie [6] oder

Beiträge mit europäischem Fokus [9]. Wenngleich eine solch umfassende Auseinandersetzung mit den grundlegenden Publikationen sicherlich die gründlichste Methode wäre, sich in die Ergebnisse von GLOBE einzuarbeiten, ist sie für viele interessierte Anwender in Organisationen doch wenig praktikabel.

Auch die Daten und Informationen, die aktuell auf der Website des Projekts an der University of Victoria [10] zur Verfügung gestellt sind, erschließen sich nicht ohne Weiteres. Sie erlauben zwar eine ganze Reihe eigener Analysen und Überprüfungen, setzen dabei aber voraus, dass der Nutzer die Systematik der Studie kennt und nachvollziehen kann – auch hier muss einiges an Zeit und Arbeit investiert werden, bevor die Ergebnisse von GLOBE für die Praxis anwendbar sind. Zwar sind die Daten hier schon auf Länderebene aggregiert, aber dennoch ergeben sich aus der Berücksichtigung von 62 Gesellschaftskulturen 9 Kulturdimensionen, die jeweils hinsichtlich kultureller Praktiken und kultureller Werte dargestellt sind, und den festgestellten 21 primären und 6 globalen Führungsdimensionen mehrere tausend Datenpunkte, die es zu überblicken gilt. GLOBE ist nicht nur im Hinblick auf die Anzahl der beteiligten Länder, Wissenschaftler und Befragten ein Großprojekt, sondern auch hinsichtlich seiner Fülle an Ergebnissen.

Die Ergebnisse und Erkenntnisse aus dem GLOBE-Projekt können bei verschiedenen wichtigen Fragestellungen der Unternehmens- und Mitarbeiterführung wertvolle Hinweise und Hilfestellungen liefern. Dies setzt jedoch voraus, dass diese Ergebnisse mit vertretbarem Aufwand vom Anwender erschlossen und nach Bedarf herangezogen werden können. Mit diesem Ziel vor Augen wurden die Ergebnisse in diesem Kapitel aus einem praxisorientierten Blickwinkel und in übersichtlicher Form aufbereitet. Insbesondere bei der ersten Lektüre empfiehlt es sich, zunächst so über die folgenden Abschnitte zu gehen, dass Sie einen groben Überblick über die enthaltenen Ergebnisse und ihre Strukturierung gewinnen, ohne sich in Einzelheiten zu verlieren. Der hauptsächliche Zweck dieses Kapitels ist, Ihnen die relevanten Einzelergebnisse zum Nachschlagen zur Verfügung zu stellen, wenn Sie beim Lesen der Praxiskapitel (▶ Kap. 6 bis 9) Näheres wissen möchten und/oder wenn Sie eigene Fragen und Überlegungen mit Hilfe dieser Ergebnisse betrachten wollen.

In diesem Kapitel werden vor allem Ergebnisse aus den ersten beiden GLOBE-Phasen dargestellt, die Aufschluss über die Kultur- und Führungsdimensionen und über Unterschiede und Gemeinsamkeiten zwischen verschiedenen Ländern in Bezug auf kulturelle Werte und Praktiken sowie auf Erwartungen an herausragende Führungskräfte geben. Wie sich diese Ergebnisse im Hinblick auf verschiedene relevante Themen im Unternehmenskontext nutzen lassen, wird ab ▶ Kap. 6 anhand von Beispielen vertieft.

5.2   GLOBE-Kulturdimensionen

In ▶ Abschn. 4.3 wurde bereits erläutert, wie die im GLOBE-Projekt verwendeten Kulturdimensionen (◻ Tab. 4.2) auf der Basis bereits existierender Befunde und theoretischer Überlegungen entwickelt und erhoben wurden. Diese Kulturdimensionen werden im Folgenden zum einen anhand ihrer Definitionen, exemplarischer Beispiele und der im GLOBE-Fragebogen dazu gestellten Fragen dargestellt, damit Sie sich ein Bild davon machen können, was inhaltlich unter der jeweiligen Dimension zu verstehen ist. Zur Veranschaulichung der Kulturdimensionen wird unter anderem beschrieben, wie sich eine hohe bzw. niedrige Ausprägung auf einer Dimension auf Einstellungen und Verhaltensweisen der Mitglieder einer Gesellschaft oder Organisationen auswirken kann. Diese Beschreibungen sind als Idealbilder zu betrachten, die die entgegengesetzten Endpunkte eines Kontinuums markieren, auf dem sich reale Gesellschaften und Organisationen einordnen lassen.

Zum anderen werden die Ergebniswerte der untersuchten Gesellschaftskulturen für jede Dimension dargestellt, und zwar sowohl hinsichtlich der kulturellen Praktiken und Werte als auch im Hinblick auf deren Zusammenhang untereinander, auf die Generalisierbarkeit über die betrachteten Branchen hinweg und nicht zuletzt auf ihre Zusammenhänge mit Daten aus den in ▶ Abschn. 4.4 dargestellten Datenquellen, die weitere Erkenntnisse über die Kulturdimensionen liefern und gleichzeitig deren Bedeutsamkeit für den Vergleich zwischen Ländern und Kulturen belegen. Zur übersichtlicheren Darstellung der Länderergebnisse werden die im Anhang in ◪ Tab. A11 aufgeführten dreistelligen Ländercodes nach ISO 3166-1 verwendet [11].

5.2.1 Leistungsorientierung

Die Kulturdimension Leistungsorientierung ist definiert als das Ausmaß, in dem Einsatz, persönliche Weiterentwicklung und hervorragende Leistungen innerhalb einer Organisation oder Gesellschaft gefördert und belohnt werden (kulturelle Praktiken) bzw. als förderungswürdig und belohnenswert betrachtet werden (kulturelle Werte). Aus theoretischer Sicht wurde das Prinzip der Leistungsorientierung bereits von Max Weber [12] in seiner Analyse der protestantischen Arbeitsethik diskutiert. In der Psychologie wurde Mitte des 20. Jahrhunderts unter der Führung von David C. McClelland das Konzept des Leistungsmotivs eingeführt [13]. Nach McClellands Motivtheorie streben Personen mit hoch ausgeprägtem Leistungsmotiv von sich aus nach fortlaufenden Verbesserungen ihrer Leistungen und nach der Erfüllung hoher, selbst gesetzter Leistungsstandards. Dieses Leistungsmotiv lässt sich mit der protestantischen Arbeitsethik nach Weber in Beziehung setzen, es spiegelt sich aber auch in anderen Kulturtraditionen wie dem Konfuzianismus wider. Kulturvergleichende Untersuchungen haben gezeigt, dass Leistung bzw. das Streben nach Leistung ein universelles, über Kulturen hinweg bedeutsames Konzept ist, in dem sich verschiedene Länder gleichwohl unterscheiden (z. B. [14]).

Kulturen mit einer hohen Ausprägung der Dimension Leistungsorientierung bewerten ihre Mitglieder bevorzugt nach deren Leistungen und Erfolgen. Damit geht die Überzeugung einher, dass herausfordernde Ziele wichtig sind und erreicht werden können, wenn man sich nur genug anstrengt. Aus- und Weiterbildung haben hier eine hohe Bedeutung, ebenso wie Belohnungen für individuelle Leistungen – häufig finanziell in Form von Boni – und persönliches Feedback. Entscheidend sind dabei die Ergebnisse, die erzielt werden. Eine hohe Leistungsorientierung basiert auf der Überzeugung, dass Individuen letztlich die Kontrolle über ihr Leben haben. Sie drückt sich auch in einer direkten, expliziten Kommunikationsweise, in einem monochronen Zeitverständnis (eine Aktivität folgt der anderen, Zeit wird als begrenzte Ressource gesehen und eingeplant) und in einem Sinn für die Dringlichkeit von Handlungen aus [15].

Kulturen mit einer niedrigen Ausprägung von Leistungsorientierung gehen dagegen davon aus, dass Individuen nicht nach Kontrolle streben, sondern in Harmonie mit ihrem Umfeld leben sollten. Soziale Beziehungen, Zugehörigkeit und der Status innerhalb der Gemeinschaft – für den auch die (Lebens-)Erfahrung und damit das Alter zählt – sind hier von größerer Bedeutung als individuelle Leistungen und Erfolge. Wettbewerbsdenken oder das Streben nach finanziellen Gewinnen werden als unangebracht betrachtet. Stattdessen basieren Anreizsysteme und Anerkennung auf Integrität, Loyalität und Gemeinschaftssinn. Direktes Feedback und Leistungsbewertungen werden als Bedrohung des eigenen Status wahrgenommen und sind daher wenig willkommen. Hiermit gehen ein polychrones Zeitverständnis (verschiedene Aktivitäten laufen parallel nebeneinander, Zeit wird flexibel gehandhabt) sowie eine von Mehrdeutigkeit und subtilen Bedeutungen geprägte Kommunikation einher [15].

In der GLOBE-Studie wurde die Dimension Leistungsorientierung mit Fragen erhoben, die die Ausprägung der folgenden Aspekte in kulturellen Praktiken und Werten innerhalb der Organisation bzw. Gesellschaft erfassen:

- das Ausmaß bzw. die Bedeutung der Ermutigung, nach kontinuierlichen Leistungsverbesserungen zu streben,
- die Frage, ob größere Gratifikationen/Ehrungen auf Leistungskriterien oder auf anderen Kriterien wie Seniorität oder politischer Zugehörigkeit basieren (sollten),
- das Ausmaß bzw. die Bedeutung von Belohnung für innovatives Verhalten mit dem Ziel der Leistungsverbesserung,
- das Ausmaß bzw. die Bedeutung davon, sich selbst herausfordernde Ziele zu setzen.

Leistungsorientierung weist in allen untersuchten Gesellschaften hohe Ergebnisse von 4,92 bis 6,58 (Mittelwert: 5,94) hinsichtlich der kulturellen Werte auf und wird demnach im Allgemeinen als erstrebenswert betrachtet. Betrachtet man dagegen die Ergebnisse hinsichtlich der kulturellen Praktiken, zeigt sich ein gemischteres Bild: Die Werte liegen hier zwischen 3,20 und 4,94 um den Skalenmittelpunkt verteilt (Mittelwert: 4,10), was zeigt, dass Leistungsorientierungen in manchen Ländern eher praktiziert wird, in anderen dagegen eher nicht. ◘ Abbildung 5.4 und ◘ Tab. 5.1 stellen die Ergebnisse aller Länder hinsichtlich der kulturellen Werte und Praktiken für Leistungsorientierung dar.

Kulturelle Werte und Praktiken weisen auf Gesellschaftsebene eine signifikante negative Korrelation von $r = -0.28$ ($N = 61$, $p < 0.05$ [15]) auf, bei gering ausgeprägten kulturellen Praktiken der Leistungsorientierung fallen somit die Ergebnisse für kulturelle Werte etwas höher aus und umgekehrt. Innerhalb der einzelnen Branchen werden diese Korrelationen zwar nicht signifikant, sie behalten jedoch ihr negatives Vorzeichen (Nahrungsmittelverarbeitung: $r = -0.17$, Finanzdienstleistung: $r = -0.26$, Telekommunikation: $r = 0.32$; alle n. s.) [15]. Hohe Korrelationen zwischen 0.80 und 0.97 zwischen den Gesamtwerten auf Gesellschaftsebene und den jeweiligen Werten innerhalb der einzelnen Branchen [15] weisen ebenfalls darauf hin, dass sich die Branchenzugehörigkeit nicht in den Ergebniswerten niederschlägt.

Hinsichtlich der Zusammenhänge mit anderen kulturübergreifenden Daten wurden für die Dimension Leistungsorientierung im Rahmen der GLOBE-Studie drei Hypothesen überprüft, die zum Inhalt haben, dass Gesellschaften, die hoch ausgeprägte Praktiken der Leistungsorientierung aufweisen, wirtschaftlich erfolgreicher sind, Wettbewerbsfähigkeit und Konkurrenzdenken gesellschaftlich stärker fördern und einen höheren Entwicklungsstand aufweisen. Hierfür relevante Vergleichsdaten finden sich bei den in ▶ Abschn. 4.4 beschriebenen Faktoren ökonomische Gesundheit und Lebensbedingungen: Im Faktor ökonomische Gesundheit sind dies die Elemente wirtschaftlicher Wohlstand und gesellschaftliche Unterstützung der Wettbewerbsfähigkeit, im Faktor Lebensbedingungen ist der Human Development Index von besonderem Interesse. Die in ◘ Tab. 5.2 aufgeführten Korrelationen zeigen, dass tatsächlich ein signifikanter Zusammenhang zwischen kulturellen Praktiken der Leistungsorientierung und wirtschaftlichem Wohlstand besteht. Noch stärker ist der Zusammenhang zwischen praktizierter Leistungsorientierung und der gesellschaftlichen Unterstützung der Wettbewerbsfähigkeit. Der angenommene Zusammenhang zwischen praktizierter Leistungsorientierung und dem Entwicklungsstand bestätigt sich dagegen im Hinblick auf den Human Development Index

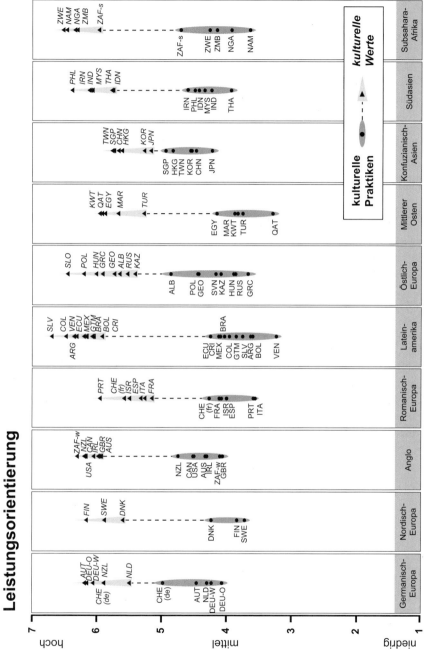

☐ **Abb. 5.4** Leistungsorientierung: Praktiken und Werte. Nach den zehn GLOBE-Kulturclustern gegliederte Länderwerte für Leistungsorientierung (● kulturelle Praktiken, ▲ kulturelle Werte), N = 61 Länder. Länderabkürzungen nach ISO 3166-1, s. Anhang, ☐ Tab. A11

◘ Tab. 5.1 Leistungsorientierung: Länderergebnisse für Praktiken und Werte [16]

	Praktiken	Werte		Praktiken	Werte		Praktiken	Werte
Germanisch-Europa			Romanisch-Europa			Östlich-Europa		
DEU-W	4,25	6,01	FRA	4,11	5,65	ALB	4,81	5,63
DEU-O	4,09	6,09	ISR	4,08	5,75	GEO	3,88	5,69
AUT	4,44	6,10	ITA	3,58	6,07	GRC	3,20	5,81
CHE(de)	4,94	5,82	PRT	3,60	6,40	KAZ	3,57	5,41
NLD	4,32	5,49	CHE(fr)	4,25	5,98	POL	3,89	6,12
Nordisch-Europa			ESP	4,01	5,80	RUS	3,39	5,54
DNK	4,22	5,61	Lateinamerika			SVN	3,66	6,41
FIN	3,81	6,11	ARG	3,65	6,35	HUN	3,43	5,96
SWE	3,72	5,80	BOL	3,61	6,05	Mittlerer Osten		
Anglo			BRA	4,04	6,13	EGY	4,27	5,90
AUS	4,36	5,89	CRI	4,12	5,90	KWT	3,95	6,03
GBR	4,08	5,90	ECU	4,20	6,32	MAR	3,99	5,76
IRL	4,36	5,98	SLV	3,72	6,58	QAT	3,45	5,96
CAN	4,49	6,15	GTM	3,81	6,14	TUR	3,83	5,39
NZL	4,72	5,90	COL	3,94	6,42	Subsahara-Afrika		
ZAF-w	4,11	6,23	MEX	4,10	6,16	NAM	3,67	6,40
USA	4,49	6,14	VEN	3,32	6,35	NGA	3,92	6,27
Konfuzianisch-Asien			Südasien			ZMB	4,16	6,24
CHN	4,45	5,67	IND	4,25	6,05	ZAF-s	4,66	4,92
HKG	4,80	5,64	IDN	4,41	5,73	ZWE	4,24	6,45
JPN	4,22	5,17	IRN	4,58	6,08			
KOR	4,55	5,25	MYS	4,34	6,04			
SGP	4,90	5,72	PHL	4,47	6,31			
TWN	4,56	5,74	THA	3,93	5,74			

Länderabkürzungen nach ISO 3166-1, s. Anhang, ◘ Tab. A11

nicht, hier wurde kein signifikanter Zusammenhang festgestellt. Im Hinblick auf den Faktor Lebensbedingungen finden sich allerdings zwei signifikante Korrelationen mit praktizierter Leistungsorientierung, zum einen mit der gesellschaftlichen Gesundheit, zum anderen mit der allgemeinen Zufriedenheit der Einwohner.

Betrachtet man auf Basis der im Exkurs entwickelten Hypothese die kulturellen Praktiken und Werte der Leistungsorientierung im weltweiten Vergleich, so ist zunächst ein genereller Trend hin zu verstärkter Leistungsorientierung in allen Kulturclustern und Ländern zu ver-

◧ **Tab. 5.2** Zusammenhänge zwischen Leistungsorientierung und anderen kulturübergreifenden Daten [15]

	n	Werte	Praktiken
Ökonomische Gesundheit			
Wirtschaftlicher Wohlstand	57	−0.28*	0.29*
Öffentlicher Sektor: Unterstützung für Wohlstand	40	−0.22	0.50**
Gesellschaftliche Unterstützung der Wettbewerbsfähigkeit	40	0.08	0.58**
Global Competitiveness Index	42/41	−0.44**	0.61**
Lebensbedingungen			
Gesellschaftliche Gesundheit	40	−0.30	0.53**
Lebenserwartung	56	−0.30*	0.10
Allgemeine Zufriedenheit	37	0.11	0.51*
Gesellschaftliche Einstellungen			
Politische Haltung			
Geringschätzung von Demokratie	24	0.34	−0.50*
Aktive Rolle der Regierung	37	0.04	−0.35*

* $p < 0.05$; ** $p < 0.01$. Angegeben sind nur diejenigen der in ▶ **Abschn. 4.4** dargestellten Indikatoren, die signifikanten Korrelationen aufweisen.

zeichnen. In einigen Kulturclustern werden die Praktiken der Leistungsorientierung bereits vergleichsweise hoch bewertet. In Germanisch-Europa, Anglo, Konfuzianisch-Asien und Südasien liegen die Status-quo-Bewertungen der Leistungsorientierung bereits oberhalb des mittleren Skalenwerts, mit jeweils moderat bis gering ausgeprägter Diskrepanz zu dem jeweils höher bewerteten kulturellen Wert der Leistungsorientierung. In diesen Kulturclustern ist mit einem moderaten Anstieg des Status quo zu rechnen.

Interessant ist der Vergleich zwischen Ländern der nordisch- und romanisch-europäischen Kulturcluster, deren Status-quo-Bewertungen leicht über bzw. unter dem mittleren Skalenwert liegen und meist unterhalb der Bewertungen der Länder in Konfuzianisch-Asien. Nun weisen die nordischen Länder jedoch eine größere Diskrepanz zwischen Praktiken und Werten der Leistungsorientierung auf als die romanisch-europäischen Länder, sodass bei Letzteren von einer geringeren positiven Veränderung der Leistungsorientierung auszugehen ist als bei Ersteren.

Etwas anders zu bewerten sind die Diskrepanzen zwischen Leistungsorientierung als Kulturpraktik und als Kulturwert in den Kulturclustern Lateinamerika und Subsahara-Afrika. Hier werden die Kulturwerte der Leistungsorientierung bei den meisten Ländern sehr hoch eingeschätzt (Skalenwert 6 oder mehr von 7), eigentlich zu hoch im Vergleich zu den vergleichsweise niedrigen Bewertungen des jeweiligen Status quo der Leistungsorientierung. Angesichts der wirtschaftlichen und politischen Bedingungen in diesen Ländern ist hier eher von einer kompensatorischen Überbewertung der Leistungsorientierung als kulturellem Wert auszugehen als von einer sich tatsächlich abzeichnenden gesellschaftskulturellen Entwicklung hin zu mehr Leistungsorientierung.

5

Exkurs: Diskrepanz zwischen kultureller Praktik und kulturellem Wert als Indikator für die zukünftige Entwicklung von Gesellschaftskulturen

Wie die negativen Korrelationen zwischen kulturellen Praktiken und kulturellen Werten (nicht nur bei dieser Kulturdimension, sondern auch bei sechs weiteren der insgesamt neun Kulturdimensionen) zu verstehen sind, wird in der kulturvergleichenden Forschung kontrovers diskutiert. In jedem Fall jedoch wird anhand der erfolgreichen Kreuzvalidierungen der kulturellen Praktik der Leistungsorientierung mit „harten Daten" nationaler Leistungen deutlich, dass es sich um eine erfolgsprädiktive, befragungsgestützte Messung des wahrgenommenen Ist-Zustandes der Leistungsorientierung von Gesellschaftskulturen handelt. Dann muss man sich natürlich fragen, was genau unter Leistungsorientierung als kultureller Wert zu verstehen ist, wenn dieser im Gegensatz zur kulturellen Praktik der Leistungsorientierung nur sehr schwach bzw. sogar signifikant negativ mit objektiven Indikatoren gesellschaftskultureller Leistungen korreliert.

Ein Erklärungsansatz besteht darin, dass befragungsgestützte Angaben zu kulturellen Werten (engl. *should be*), die sich stark von den Angaben zu entsprechenden Praktiken (engl. *as is*) unterscheiden, Ausdruck von Unzufriedenheit mit dem Status quo der betreffenden kulturellen Praktik sind. Ist für ein Land eine hohe Diskrepanz zwischen kultureller Praktik und kulturellem Wert identifizierbar, dann deutet die Ausprägung des kulturellen Wertes in jene Richtung, die für die Zukunft gewünscht ist bzw. erwartet wird. Bei Vorliegen geeigneter Bedingungen sollte sich in Zukunft die betreffende kulturelle Praktik in einer Gesellschaftskultur auch dorthin bewegen. Bei Gesellschaften mit niedriger Diskrepanz zwischen bestimmten kulturellen Praktiken und kulturellen Werten ist hingegen nicht mit einer gesellschaftskulturellen Veränderung in Richtung der Werte zu rechnen (weiterführend [17]).

In ▶ Kap. 4 wurde versucht, die von GLOBE getroffene Unterscheidung von kulturellen Praktiken und kulturellen Werten mit Edgar Scheins 3-Ebenen-Modell der Kultur in Beziehung zu setzen (▶ Abschn. 2.6). Allerdings ist Edgar Scheins Modell zufolge für alle drei Messebenen der Kultur von jeweils positiven Korrelationen auszugehen. Das widerspricht den Resultaten von GLOBE, wo sieben der insgesamt neun Kulturdimensionen negative Korrelationen zwischen kommensurablen Praktiken und Werten aufweisen. Die durch GLOBE getroffene Differenzierung zwischen kulturellen Praktiken (Status quo, engl. *as is*) und Werten (Wunschvorstellung, engl. *should be*) ist deshalb als eine diskussions- und untersuchungswürdige Neuerung in der kulturvergleichenden Forschung zu betrachten, die weitere kulturvergleichende Studien rechtfertigt.

Für unsere Zwecke in diesem Buch schlage ich vor, mit der Vorstellung ans Werk zu gehen, dass kulturelle Werte, wenn sie in ausgeprägter (jedoch nicht zu starker) Diskrepanz zu ihren kommensurablen Praktiken stehen, die Richtung gesellschaftskultureller Entwicklungen anzeigen, sofern die Bedingungen dafür günstig sind [17]. Auf derartige Effekte wird in ▶ Kap. 9 eingegangen, wo das Konzept der kulturellen Attraktivität im Zusammenhang mit erfolgreichen Auslandsinvestitionen (FDI) vorgestellt wird.

5.2.2   Zukunftsorientierung

Die Kulturdimension Zukunftsorientierung ist definiert als das Ausmaß, in dem Verhaltensweisen wie z. B. vorausschauendes Planen, Investieren und Verzicht im Interesse des Wachstums gefördert werden (Praktiken) oder gefördert werden sollten (Werte). Zukunftsorientierung steht in enger Verbindung mit dem Zeitbegriff, der sich rings um den Globus in Hochkulturen bis in antike Zeiten zurückverfolgen lässt. Insbesondere durch den Einsatz von Kalendern wurden wichtige zyklisch wiederkehrende Tätigkeiten wie das Säen und Ernten, aber auch kulturelle Ereignisse für die Menschen planbar und die Messung der Zeit eine bedeutsame kulturelle Errungenschaft. Hinsichtlich des Zeitbegriffs lassen sich psychologisch betrachtet drei Perspektiven unterscheiden: Vergangenheits-, Gegenwarts- und Zukunftsorientierung [18, 19]. Kulturen unterscheiden sich darin, welche dieser Zeitperspektiven höher und niedriger unter ihren Mitgliedern ausgeprägt sind, ob sie sich also stärker auf die Zukunft, die Gegenwart oder die Vergangenheit konzentrieren, wie in mehreren bedeutenden, kulturvergleichenden Studien gezeigt wurde, jedoch mit verschiedenartigen Definitionen der untersuchten Zeitbegriffe [20].

Teils wurde bereits in diesen, teils auch in weiteren Studien auf die Bedeutung des Zeitbegriffs für Organisationen hingewiesen, insbesondere auf die Bedeutung der Zukunftsorientierung [20].

In Kulturen mit hoch ausgeprägter Zukunftsorientierung wird eine langfristige Planung geschätzt, was sich sowohl in weitreichenden Unternehmensstrategien als auch in einer Tendenz zur Geldanlage für die Zukunft ausdrückt. Kurzfristige Belohnungen werden zugunsten des langfristigen Erfolgs zurückgestellt (engl. *deffered gratification pattern*), und es wird eine visionäre Führung bevorzugt, die auch in unsicheren Situationen den Weg zum Erfolg erkennen kann. Materieller Erfolg und spirituelle Erfüllung werden als komplementär betrachtet. Typische Mitglieder der Kultur streben nach Ausgeglichenheit und einem hohen Maße an intrinsischer Motivation. Führungskräfte und Unternehmen sorgen in flexibler und anpassungsfähiger Art und Weise für zukünftigen wirtschaftlichen Erfolg [20].

In Kulturen mit niedrig ausgeprägter Zukunftsorientierung wird dagegen die unmittelbare Belohnung geschätzt, Geld wird lieber gleich investiert als angespart. Materieller Erfolg und spirituelle Erfüllung werden als Gegensätze betrachtet, die nicht gleichermaßen zu erreichen sind. Die Mitglieder der Kultur sind weniger ausgeglichen und in geringerem Maße intrinsisch motiviert. Führungskräfte und Unternehmen weisen weniger Anpassungsfähigkeit und Flexibilität auf [20].

Im GLOBE-Fragebogen wurde die Dimension Zukunftsorientierung anhand mehrerer Gegensatzpaare abgefragt, die sowohl hinsichtlich kultureller Praktiken als auch kultureller Werte eine Einordnung bezüglich der Ausrichtung auf die Zukunft oder auf die Gegenwart erlauben:

- Vorausplanung vs. Situationen so nehmen, wie sie sind, als Mittel zum Erfolg,
- für die Zukunft planen vs. den Ist-Zustand akzeptieren als anerkannte Norm,
- lange Vorausplanung (mind. 2 Wochen im Voraus) vs. spontanes Stattfinden (max. 1 Stunde im Voraus) von Meetings oder anderen Zusammenkünften,
- Zukunftsplanung vs. Bewältigung gegenwärtiger Krisen und Probleme,
- für die Zukunft vs. für die Gegenwart leben.

Die Ergebnisse der GLOBE-Studie zeigen, dass Zukunftsorientierung als kultureller Wert in allen untersuchten Gesellschaften hoch bewertet wird, mit Ergebniswerten zwischen 4,33 und 6,20 (Mittelwert: 5,48). Hinsichtlich der praktizierten Zukunftsorientierung ordnen sich die Gesellschaften dagegen um den Skalenmittelpunkt an, mit Werten zwischen 2,88 und 5,07 (◘ Abb. 5.5 und ◘ Tab. 5.3). Der Mittelwert von 3,85 zeigt, dass die Mehrzahl der Länder in ihren Praktiken tendenziell mehr auf die Gegenwart als auf die Zukunft ausgerichtet ist. Dies spiegelt sich auch darin wider, dass auf Gesellschaftsebene ein signifikanter negativer Zusammenhang zwischen Werten und Praktiken der Zukunftsorientierung ($r = -0.41$, $p < 0.01$) festgestellt wurde [20]: Je weniger eine Gesellschaft auf die Zukunft ausgerichtet ist, desto eher wird dies von ihren Mitgliedern als erstrebenswert bewertet. Dasselbe Bild ergibt sich bei einer nach Branchen getrennten Betrachtung der Ergebnisse, wobei der negative Zusammenhang mit $r = -0.68$ ($p < 0.01$, $n = 32$) in der Telekommunikationsbranche am stärksten ausfällt, aber keine signifikanten Unterschiede zwischen den drei Branchen vorliegen [20].

Im Rahmen der GLOBE-Studie wurde anhand entsprechender Hypothesen untersucht, ob Gesellschaften mit hoher Zukunftsorientierung wirtschaftlich produktiver sind und eine höher ausgeprägte gesellschaftliche Gesundheit besitzen. Die in ◘ Tab. 5.4 aufgeführten Korrelationen zeigen deutliche Zusammenhänge der Zukunftsorientierung mit dem wirtschaftlichen Wohlstand und der Wettbewerbsfähigkeit eines Landes, die für gesellschaftliche Werte negativ, für gesellschaftliche Praktiken dagegen positiv ausfallen.

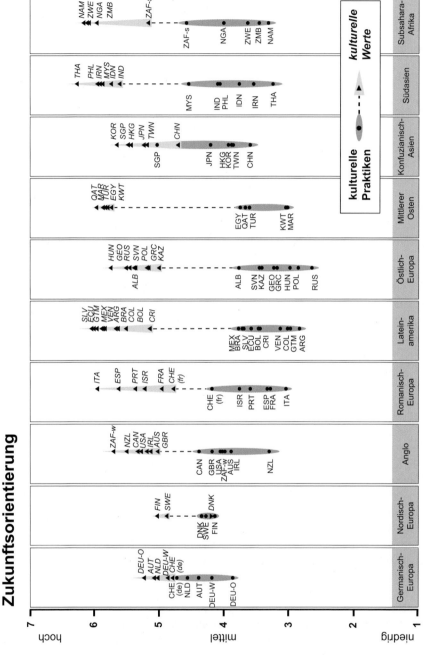

Abb. 5.5 Zukunftsorientierung: Praktiken und Werte. Nach den zehn GLOBE-Kulturclustern gegliederte Länderwerte für Zukunftsorientierung (• kulturelle Praktiken, ▲ kulturelle Werte), N = 61 Länder. Länderabkürzungen nach ISO 3166-1, s. Anhang, ◨ Tab. A11

▢ Tab. 5.3 Zukunftsorientierung: Länderergebnisse für Praktiken und Werte [16]

	Praktiken	Werte		Praktiken	Werte		Praktiken	Werte
Germanisch-Europa			Romanisch-Europa			Östlich-Europa		
DEU-W	4,27	4,85	FRA	3,48	4,96	ALB	3,86	5,42
DEU-O	3,95	5,23	ISR	3,85	5,25	GEO	3,41	5,55
AUT	4,46	5,11	ITA	3,25	5,91	GRC	3,40	5,19
CHE(de)	4,73	4,79	PRT	3,71	5,43	KAZ	3,57	5,05
NLD	4,61	5,07	CHE(fr)	4,27	4,80	POL	3,11	5,20
Nordisch-Europa			ESP	3,51	5,63	RUS	2,88	5,48
DNK	4,44	4,33	Lateinamerika			SVN	3,59	5,42
FIN	4,24	5,07	ARG	3,08	5,78	HUN	3,21	5,70
SWE	4,39	4,89	BOL	3,61	5,63	Mittlerer Osten		
Anglo			BRA	3,81	5,69	EGY	3,86	5,80
AUS	4,09	5,15	CRI	3,60	5,20	KWT	3,26	5,74
GBR	4,28	5,06	ECU	3,74	5,94	MAR	3,26	5,85
IRL	3,98	5,22	SLV	3,80	5,98	QAT	3,78	5,92
CAN	4,44	5,35	GTM	3,24	5,91	TUR	3,74	5,83
NZL	3,47	5,54	COL	3,27	5,68	Subsahara-Afrika		
ZAF-w	4,13	5,66	MEX	3,87	5,86	NAM	3,49	6,12
USA	4,15	5,31	VEN	3,35	5,79	NGA	4,09	6,04
Konfuzianisch-Europa			Südasien			ZMB	3,62	5,90
CHN	3,75	4,73	IND	4,19	5,60	ZAF-s	4,64	5,20
HKG	4,03	5,50	IDN	3,86	5,70	ZWE	3,77	6,07
JPN	4,29	5,25	IRN	3,70	5,84			
KOR	3,97	5,69	MYS	4,58	5,89			
SGP	5,07	5,51	PHL	4,15	5,93			
TWN	3,96	5,20	THA	3,43	6,20			

Länderabkürzungen nach ISO 3166-1, s. Anhang, ▢ Tab. A11

Auch für den Zusammenhang mit der gesellschaftlichen Gesundheit zeigen sich signifikante hohe negative Korrelationen mit gesellschaftlichen Werten und positive Korrelationen mit gesellschaftlichen Praktiken der Zukunftsorientierung.

Außerdem wurde die Hypothese überprüft, dass eine hohe Zukunftsorientierung mit einer höheren Sparrate in Form der gesamtwirtschaftlichen Ersparnisse (GDS: *gross domestic savings*) und einer um Ausgaben für u. a. Bildung, natürliche Ressourcen und Umweltbelastung bereinigten Ersparnis (GDS: *genuine domestic savings*) einhergeht. Für beide Indikatoren ergaben sich keine signifikanten Zusammenhänge mit gesellschaftlichen Werten der Zukunftsorientierung

◘ Tab. 5.4 Zusammenhänge zwischen Zukunftsorientierung und anderen kulturübergreifenden Daten [20]

	n	Werte	Praktiken
Ökonomische Gesundheit			
Wirtschaftlicher Wohlstand	57	−0.62**	0.54**
Öffentlicher Sektor: Unterstützung für Wohlstand	40	0.57**	0.63**
Gesellschaftliche Unterstützung der Wettbewerbsfähigkeit	40	−0.16	0.48**
Global Competitiveness Index	41	−0.41**	0.62**
Wissenschaftlich-technologischer Erfolg			
Grundlagenforschung	40	−0.62**	0.54**
Lebensbedingungen			
Gesellschaftliche Gesundheit	40	−0.54*	0.70**
Lebenserwartung	56	−0.49**	0.20**
Allgemeine Zufriedenheit	38	−0.45**	0.56**
Human Development Index	56	−0.50**	0.20
Gesellschaftliche Einstellungen			
Beziehungen zu Familie und Freunden			
Stärke der Familienbande	38	0.49**	−0.19
Respekt für Familie und Freunde	38	0.61**	−0.48*
Politische Haltung			
Geringschätzung von Demokratie	26	0.22	−0.53**
Passivität	37	0.53**	−0.38*
Fehlendes Mitspracherecht	38	0.43**	−0.42**
Abneigung gegenüber Demokratie	27	0.28	−0.39*
Aktive Rolle der Regierung	38	0.53**	−0.52*
Stabilität	38	0.22	−0.33*
Religion			
Persönliche Bedeutung von Religion	38	0.64**	−0.13
Dogmatische Ansichten	37	0.56**	−0.01
Gleichberechtigung	38	−0.44**	0.40*

* $p < 0.05$; ** $p < 0.01$. Angegeben sind nur diejenigen der in ▶ Abschn. 4.4 dargestellten Indikatoren, die signifikanten Korrelationen aufweisen.

($r = −0.16$ bzw. $−0.23$, n. s., $n = 55$). Mit den gesellschaftlichen Praktiken der Zukunftsorientierung wurden jedoch positive Korrelationen sowohl für die gesamtwirtschaftlichen Ersparnisse ($r = 0.39$, $p < 0.01$, $n = 55$) als auch für die bereinigte Ersparnis ($r = 0.42$, $p < 0.01$, $n = 55$) festgestellt [20].

Wie zuvor, bei der Leistungsorientierung, sind auch bei der Zukunftsorientierung die positiven Korrelationen zwischen kulturellen Praktiken bzw. negativen Korrelationen zwischen kulturellen Werten und objektiven Indikatoren der tatsächlichen Zukunftsorientierung (z. B. ökonomische Gesundheit, wissenschaftlicher technologischer Erfolge, Lebensbedingungen) hervorzuheben. Hinzu kommt ein genau umgekehrtes Korrelationsmuster in Bezug auf Indikatoren gesellschaftlicher Einstellungen (z. B. Passivität, fehlendes Mitspracherecht, Geringschätzung bzw. Abneigung gegenüber Demokratie). Deshalb lohnt sich auch hier der Blick auf die Bewertungen von kulturellen Praktiken und Werten sowie auf die sich abzeichnenden Diskrepanzen.

Erneut ist ein genereller Trend hin zu verstärkter Zukunftsorientierung in allen Kulturclustern und fast allen Ländern zu verzeichnen (Ausnahme Dänemark, DNK). In einigen Kulturclustern werden die Praktiken der Zukunftsorientierung bereits vergleichsweise hoch bewertet und weisen eine recht geringe Diskrepanz zu wiederum vergleichsweise geringen Bewertung der Zukunftsorientierung als gesellschaftskulturellem Wert auf (z. B. Nordisch-Europa, Germanisch-Europa, Konfuzianisch-Asien).

Viele Länder der Kulturcluster Lateinamerika, Östlich-Europa und Mittlerer Osten hingegen zeigen vergleichsweise geringe Bewertungen der zukunftsorientierten Praktiken ihrer Gesellschaftskulturen (unterhalb des mittleren Skalenwertes) bei gleichzeitig sehr hohen Bewertungen der zukunftsorientierten Werte. Angesichts der wirtschaftlichen und politischen Bedingungen in diesen Ländern fragt man sich, wie es wohl zu schaffen sein soll, solche große Diskrepanzen durch nachhaltige, gesellschaftskulturelle Entwicklungen tatsächlich auszugleichen. Viel wahrscheinlicher ist es, dass diese Diskrepanzen von den Kulturmitgliedern einfach ausgehalten werden müssen, was eine entsprechend kompensatorische Überbewertung zukunftsorientierter kultureller Werte wahrscheinlicher macht als eine sich tatsächlich abzeichnende Entwicklung hin zu zukunftsorientierteren gesellschaftskulturellen Praktiken.

5.2.3 Gleichberechtigung

Die Kulturdimension Gleichberechtigung wird definiert durch das Ausmaß, in dem eine Gleichartigkeit von Erwartungen an Männer und Frauen praktiziert wird (Praktiken) oder praktiziert werden sollte (Werte). Die Kulturdimension Gleichberechtigung geht auf die von Hofstede (s. ▶ Abschn. 3.3) ermittelte Kulturdimension Maskulinität-Femininität zurück, in der das Problem der Dualität der Geschlechter aufgriffen wird [21]. Allerdings sind in Hofstedes Dimension zwei Facetten, nämlich die bipolare Facette der Maskulinität-Femininität und die unipolare Facette der Bestimmtheit bzw. des Durchsetzungsvermögens vermengt. Dies führte nach der empirischen Validierung der Hofstede-Skala durch GLOBE mit gängigen Verfahren der Testtheorie und der Skalenkonstruktion zur Entwicklung der von der Dimension Gleichberechtigung klar unterscheidbaren Dimension Bestimmtheit.

In Kulturen mit einer hohen Ausprägung auf der Dimension Gleichberechtigung spielen Frauen eine vergleichbar wichtige Rolle in der Gesellschaft und im Arbeitsleben wie Männer und haben einen vergleichbar hohen Status und Anteil an Entscheidungen, die die Gemeinschaft betreffen, wie Männer. Es gibt weniger Geschlechtertrennung am Arbeitsplatz, und Frauen und Männer haben einen ähnlichen Bildungsstand [22].

In Kulturen mit einer niedrigen Ausprägung der Dimension Gleichberechtigung haben Frauen weniger oder keinen Einfluss und einen geringeren Status in der Gesellschaft. Die Autorität liegt überwiegend in den Händen von Männern, außerdem nehmen weniger Frauen am Arbeitsleben teil. Am Arbeitsplatz gibt es mehr Geschlechtertrennung. Frauen haben einen geringeren Bildungsstand als Männer, und die Analphabetenquote unter Frauen ist höher [22].

Die Kulturdimension Gleichberechtigung wurde in der GLOBE-Studie hinsichtlich kultureller Werte und Praktiken mit Fragen zu den folgenden Inhalten erfasst:

- die Förderung einer besseren Bildung, Aus- und Weiterbildung vorwiegend bei Männern bzw. Jungen,
- die Ausführung körperlich anstrengender Arbeiten von Männern und die Bedeutung sportlicher Aktivitäten von Jungen,
- die Anteile von Männern und Frauen in Führungs- bzw. hochrangigen Positionen,
- die Bewertung der Auswirkung der Anzahl von Frauen in Machtpositionen auf die Effektivität der Arbeitsbewältigung bzw. Leitung der Gesellschaft,
- die Verfügbarkeit von Chancen auf Managementpositionen für Männer vs. Frauen,
- eine höhere Bedeutung des Versagens für Männer bzw. Jungen bei der Arbeit bzw. in der Schule,
- die körperliche Aktivität der Menschen in der Gesellschaft.

Bei der Interpretation der Ergebnisse für die Kulturdimension Gleichberechtigung ist zu beachten, dass die Verankerung der Skalen hier nicht exakt mit den übrigen Kulturdimensionen vergleichbar ist: Während üblicherweise ein hoher Wert eine hohe Ausprägung auf der betreffenden Dimension anzeigt, steht bei Gleichberechtigung der Skalenmittelpunkt, also der Wert 4, für die höchstmögliche Ausprägung. Diese Abweichung entsteht durch die Verwendung von Fragebogenitems, in deren Skalierung der Wert 1 eine Bevorzugung von Männern, der Wert 7 dagegen eine Bevorzugung von Frauen anzeigt [22].

Die Ergebnisse der GLOBE-Studie zeigen, dass hinsichtlich der kulturellen Praktiken der Gleichberechtigung nahezu keine der untersuchten Gesellschaften Ergebniswerte oberhalb des Skalenmittelpunkts erreicht, also in keiner Gesellschaft eine Bevorzugung von Frauen praktiziert wird. Die Ergebniswerte der praktizierten Gleichberechtigung reichen dabei von 2,50 bis 4,08 (◘ Abb. 5.6 und ◘ Tab. 5.5), mit einem Mittelwert von 3,37 (nur in Russland und Polen sind kulturelle Praktiken der Gleichberechtigung höher als „4" bewertet). Hinsichtlich der kulturellen Werte zeigt sich dagegen in vielen Ländern ein Wunsch nach einer stärkeren Bevorzugung von Frauen, mit Ergebniswerten zwischen 3,18 und 5,17 und einem Mittelwert von 4,51. Für Gleichberechtigung zeigt sich auf Gesellschaftsebene eine signifikante positive Korrelation in moderater Stärke zwischen Werten und Praktiken ($r = 0.32$, $p < 0.05$, $N = 61$) [22]. Bei getrennter Betrachtung der drei untersuchten Branchen ist dieser Zusammenhang allerdings nur innerhalb der Nahrungsmittelverarbeitung signifikant ($r = 0.31$, $p < 0.05$), nicht aber in der Finanzdienstleistung ($r = 0.20$, n.s.) oder Telekommunikation ($r = 0.29$, n.s.) [22]. Hohe Korrelationen zwischen den jeweiligen branchenspezifischen Ergebnissen zeigen jedoch an, dass sich die Einschätzungen der kulturellen Praktiken und Werte nicht wesentlich zwischen den drei Branchen unterscheiden [22].

Bezüglich der Kulturdimension Gleichberechtigung wurde im Rahmen der GLOBE-Studie anhand anderer kulturübergreifender Daten hypothesengeleitet überprüft, ob Gesellschaften mit mehr Gleichberechtigung mehr wirtschaftlichen Wohlstand, einen höheren Entwicklungsstand und mehr psychologische Gesundheit aufweisen. Als Indikator für wirtschaftlichen Wohlstand wurde neben den in ▶ Abschn. 4.4 beschriebenen Indikatoren auch das Bruttonationaleinkommen pro Kopf herangezogen, das eine signifikante positive Korrelation mit gesellschaftlichen Werten der Gleichberechtigung ($r = 0.44$, $N = 61$, $p < 0.01$), nicht aber mit den entsprechenden Praktiken aufweist [22]. Auch für wirtschaftlichen Wohlstand und für Indikatoren des Entwicklungszustandes wird nur die Korrelation mit den kulturellen Werten, nicht aber den entsprechenden Praktiken signifikant, mit Ausnahme des Human Development

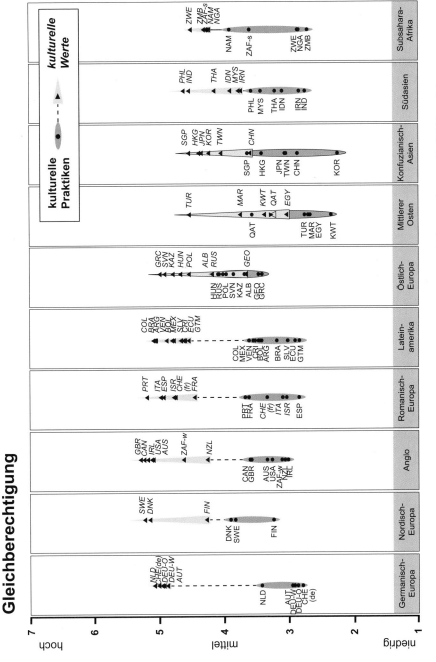

Abb. 5.6 Gleichberechtigung: Praktiken und Werte. Nach den zehn GLOBE-Kulturclustern gegliederte Länderwerte für Gleichberechtigung (● kulturelle Praktiken, ▲ kulturelle Werte), N=61 Länder. Länderabkürzungen nach ISO 3166-1, s. Anhang, ◘ Tab. A11

▢ Tab. 5.5 Gleichberechtigung: Länderergebnisse für Praktiken und Werte [16]

	Praktiken	Werte		Praktiken	Werte		Praktiken	Werte
Germanisch-Europa			Romanisch-Europa			Östlich-Europa		
DEU-W	3,10	4,89	FRA	3,64	4,40	ALB	3,71	4,19
DEU-O	3,06	4,90	ISR	3,19	4,71	GEO	3,55	3,73
AUT	3,09	4,83	ITA	3,24	4,88	GRC	3,48	4,89
CHE(de)	2,97	4,92	PRT	3,66	5,13	KAZ	3,84	4,75
NLD	3,50	4,99	CHE(fr)	3,42	4,69	POL	4,02	4,52
Nordisch-Europa			ESP	3,01	4,82	RUS	4,07	4,18
DNK	3,93	5,08	Lateinamerika			SVN	3,96	4,83
FIN	3,35	4,24	ARG	3,49	4,98	HUN	4,08	4,63
SWE	3,84	5,15	BOL	3,55	4,75	Mittlerer Osten		
Anglo			BRA	3,31	4,99	EGY	2,81	3,18
AUS	3,40	5,02	CRI	3,56	4,64	KWT	2,58	3,45
GBR	3,67	5,17	ECU	3,07	4,59	MAR	2,84	3,74
IRL	3,21	5,14	SLV	3,16	4,66	QAT	3,63	3,38
CAN	3,70	5,11	GTM	3,02	4,53	TUR	2,89	4,50
NZL	3,22	4,23	COL	3,67	5,00	Subsahara-Afrika		
ZAF-w	3,27	4,60	MEX	3,64	4,73	NAM	3,88	4,25
USA	3,34	5,06	VEN	3,62	4,82	NGA	3,01	4,24
Konfuzianisch-Asien			Südasien			ZMB	2,86	4,31
CHN	3,05	3,68	IND	2,90	4,51	ZAF-s	3,66	4,26
HKG	3,47	4,35	IDN	3,26	3,89	ZWE	3,04	4,46
JPN	3,19	4,33	IRN	2,99	3,75			
KOR	2,50	4,22	MYS	3,51	3,78			
SGP	3,70	4,51	PHL	3,64	4,58			
TWN	3,18	4,06	THA	3,35	4,16			

Länderabkürzungen nach ISO 3166-1, s. Anhang, ▢ Tab. A11

Index, der auch einen signifikanten Zusammenhang mit praktizierter Gleichberechtigung aufweist (▢ Tab. 5.6).

Da, wie oben erläutert, die höchstmögliche Ausprägung der Dimension, im Sinne der Gleichberechtigung der Geschlechter in einer Gesellschaft, auf dem mittleren Skalenwert von „4" liegt, und nicht auf dem höchsten Skalenwert von „7", wie bei den übrigen Dimensionen, sehen wir davon ab, die berichteten Bewertungen der kulturellen Werte in Bezug auf Gleichberechtigung sowie deren Diskrepanzen zu den kulturellen Praktiken und entsprechende Korrelationen, in identischer Art und Weise zu interpretieren, wie es für die anderen Dimensionen erfolgte.

◨ **Tab. 5.6** Zusammenhänge zwischen Gleichberechtigung und anderen kulturübergreifenden Daten [22]

	N	Werte	Praktiken
Ökonomische Gesundheit			
Wirtschaftlicher Wohlstand	57	0.36**	0.10
Lebensbedingungen			
Lebenserwartung	56	0.28*	0.21
Allgemeine Zufriedenheit	38	0.59**	−0.11
Human Development Index	56	0.43**	0.29*
Gesellschaftliche Einstellungen			
Politische Haltung			
Geringschätzung von Demokratie	26	−0.00	0.59**
Passivität	37	−0.41*	0.08
Fehlendes Mitspracherecht	38	−0.62**	−0.08
Abneigung gegenüber Demokratie	27	−0.30	0.44*
Aktive Rolle der Regierung	38	−0.60**	−0.01
Stabilität	38	−0.56**	0.06

* $p < 0.05$; ** $p < 0.01$. Angegeben sind nur diejenigen der in ▶ Abschn. 4.4 dargestellten Indikatoren, die signifikanten Korrelationen aufweisen.

Theoretisch betrachtet sollte die höchste Bewertung des Kultur*wertes* der Gleichberechtigung ebenso wenig über dem Skalenwert von „4" liegen können, wie es für die entsprechende Kultur*praktik* der Fall ist. Da deutlich höhere Bewertungen (als „4") der Kulturwerte der Dimension Gleichberechtigung zu verzeichnen sind, ist davon auszugehen, dass die Respondenten systematische Überbewertungen in Richtung des weiblichen Geschlechts vorgenommen haben (also scheinbar für eine Bevorzugung von Frauen gegenüber Männern plädieren), um dem Umstand Rechnung zu tragen, dass ihrer Ansicht nach der Status quo der Gleichberechtigung in ihrer Gesellschaft nicht in hinreichendem Maße das Maximum der Gleichberechtigung (den Skalenwert von „4") erreicht hat. Es ist nicht anzunehmen, dass die Respondenten zum Ausdruck bringen wollten, dass ihrer Ansicht nach in ihrer Gesellschaft Frauen gegenüber Männern der Vorzug gegeben werden sollte. Darin wäre im Übrigen auch keine maximale Gleichberechtigung zu sehen, weder als Kulturpraktik noch als Kulturwert. Diesen Überlegungen zufolge sind metrische Vergleiche und Korrelationen zwischen den Kulturpraktiken und Kulturwerten der Dimension Gleichberechtigung mit Vorsicht zu interpretieren.

Vor dem Hintergrund dieser Überlegungen lässt sich jedoch sagen, dass in den meisten Ländern und Kulturclustern (GermanischEuropa, Nordisch-Europa, Anglo, Romanisch-Europa, Lateinamerika und Östlich-Europa) davon auszugehen ist, dass ein gesellschaftskultureller Trend hin zur Gleichberechtigung zwischen Mann und Frau vorliegt. Interessant ist, dass in besonders starkem Maße in Schweden (SWE) und Dänemark (DNK), aber auch gut erkennbar in Polen (POL), Russland (RUS) oder Namibia (NAM), trotz deutlicher Nähe der Bewertungen des Status quo der Gleichberechtigung (Kulturpraktik) zum maximalen Skalenwert von „4", eine deutliche Bevorzugung von Frauen gegenüber Männern als anzustrebender Kulturwert zum Ausdruck gebracht wird.

Bei den bisher genannten Kulturclustern zeigt sich eine in etwa symmetrische Distanz zwischen der Kulturpraktik (unterhalb des Skalenwerts von „4") und dem Kulturwert (oberhalb des Skalenwerts von „4"), sodass unter Berücksichtigung der zuvor angemahnten Vorsicht bei der Interpretation von Diskrepanzen dieser Dimension für die Länder der bisher genannten Kulturcluster davon ausgegangen werden kann, dass Gleichberechtigung von Mann und Frau angestrebt wird.

Analog, jedoch nicht identisch in der Ausprägung des Trends, ist für die Kulturcluster Konfuzianisch-Asien, Südasien und Subsahara-Afrika ein Trend hin zu „mehr" Gleichberechtigung für Frauen erkennbar, wiewohl kein kultureller Should-be-Wert erkennbar ist, der der maximal möglichen Gleichberechtigung von Mann und Frau gleichkäme. Männer sollen demnach in diesen Kulturclustern auch weiterhin gegenüber Frauen, wenn auch etwas weniger gravierend als bisher, bevorzugt werden. Am interessantesten sind die Kulturentwicklungen, die sich für den Kulturcluster Mittlerer Osten (mit Ausnahme der Türkei, TUR) erkennen lassen. Die Bewertungen der kulturellen Praktiken und vor allem der kulturellen Werte der Dimension Gleichberechtigung liegen so deutlich unterhalb des Skalenwertes von „4", dass keine deutliche Verbesserung der Gleichberechtigung von Mann und Frau in diesen Ländern in Zukunft zu erwarten ist. Noch gravierender ist der Befund für Katar (QAT), wonach der Status quo der Gleichberechtigung, der etwas unterhalb des Skalenwertes von „4" bewertet ist, durch eine negative Diskrepanz, also eine Verringerung der Gleichberechtigung in Richtung Bevorzugung von Männern, in Aussicht steht. Interessanterweise liegen beide Bewertungen, für die Kulturpraktik und den Kulturwert der Gleichberechtigung noch oberhalb der Bewertung des Status quo der Gleichberechtigung in Deutschland.

5.2.4 Bestimmtheit

Die Kulturdimension Bestimmtheit definiert sich durch das Ausmaß, in dem Nachhaltigkeit, Aggression oder Direktheit bei der Interaktion mit anderen gezeigt wird (Praktiken) oder gezeigt werden sollte (Werte). Auch diese Kulturdimension lässt sich auf Hofstedes Dimension Maskulinität-Femininität zurückführen, wurde im Rahmen von GLOBE, wie oben bereits angemerkt, jedoch weiterentwickelt. In der Psychologie existiert bereits frühere Forschung zu bestimmtem Auftreten als Verhaltensstil oder zu Bestimmtheit als Persönlichkeitseigenschaft, besonders im Zusammenhang mit Extraversion [23]. Als Kulturdimension wurde Bestimmtheit dagegen vor GLOBE noch nicht untersucht, wenngleich Studien, die die Kontrolle über das interne und externe Umfeld, Aggressivität oder Direktheit in der Kommunikation berücksichtigen, in eine ähnliche Richtung weisen und ähnliche Hinweise auf Unterschiede zwischen Kulturen geliefert haben [23].

In Kulturen mit hoher Ausprägung von Bestimmtheit wird ein bestimmendes, dominantes Auftreten mit hoher Ausdrucksstärke geschätzt, bei dem die Kommunikation – auch von Gedanken und Gefühlen – direkt, eindeutig und explizit verläuft. Stärke und Wettbewerb werden geschätzt, und der Begriff Aggression ist vergleichsweise positiv besetzt. Stärke, Leistung und Ergebnisse sind ebenso von Bedeutung wie die Überzeugung, dass das Individuum Kontrolle über seine Umgebung erlangen kann und Stärke und Anstrengung zum Erfolg führen. Vertrauen basiert auf Abwägung und der Einschätzung der eigenen Fähigkeiten, und andere Personen werden hingegen eher als opportunistisch betrachtet [23].

Kulturen mit einer geringen Ausprägung von Bestimmtheit schätzen dagegen Bescheidenheit und Feinfühligkeit, die Harmonie mit dem Umfeld ist hier wichtiger als die Kontrolle darüber. In der Kommunikation herrschen Subtilität und Uneindeutigkeit vor, es wird indirekt und mit Rücksicht auf Würde und Ansehen kommuniziert. Sympathie für Schwächere geht einher mit dem Glauben an eine ungerechte Welt, und Wettbewerb sowie der Begriff Aggression sind vorwiegend negativ konnotiert. Selbstbeherrschung, Ausgeglichenheit und Kooperation sind ebenso von Bedeutung wie Solidarität, Tradition, Erfahrung und Integrität. Vertrauen basiert auf Vorhersagbarkeit, wobei andere Personen prinzipiell als vertrauenswürdig betrachtet werden [23].

Die Ausprägung der Kulturdimension Bestimmtheit wurde in der GLOBE-Studie mit Fragen zu den folgenden Inhalten erhoben:

- das Ausmaß und die Bedeutung von Aggressivität,
- das Ausmaß von durch Bestimmtheit geprägtem Auftreten in der Organisation bzw. Gesellschaft,
- das Ausmaß und die Bedeutung von dominantem Verhalten,
- die Bedeutung von „hartem", kein Gefühl zulassendem vs. „weichem", gefühlvollem Verhalten.

In der GLOBE-Studie zeigten sich für kulturelle Praktiken der Bestimmtheit vorwiegend Ergebniswerte im mittleren Skalenbereich, mit einem Wertebereich von 3,38 bis 4,89 (□ Abb. 5.7) und dem Mittelwert 4,14. Bezüglich der kulturellen Werte herrscht dagegen eine größere Varianz, mit Werten zwischen 2,66 und 5,56 (Mittelwert 3,82). Dabei wurde auf Gesellschaftsebene ein zwar nur moderater, aber signifikanter negativer Zusammenhang zwischen kulturellen Werten und Praktiken festgestellt (r = −0,26, p < 0,05, N = 61). Bei der getrennten Betrachtung nach Branchenzugehörigkeit fiel dieser Zusammenhang zwar nur für die Finanzdienstleistung signifikant aus (r = −0,28, p < 0,05), doch auch für die Nahrungsmittelverarbeitung (mit einem entsprechenden Trend: r = −0,26, p < 0,10) und für die Telekommunikation (r = −0,21, n. s.) [23] bleibt das negative Vorzeichen erhalten. Auf Gesellschaftsebene scheint somit die Tendenz vorzuherrschen, dass in Ländern mit relativ hoher praktizierter Bestimmtheit weniger davon als wünschenswert betrachtet wird, während in manchen Ländern mit relativ geringer praktizierter Bestimmtheit mehr davon als erstrebenswert erscheint. In □ Abb. 5.7 lässt sich erkennen, dass Letzteres vor allem auf Länder aus dem Südasien-Cluster und für einige Länder des Konfuzianisch-Asien-Cluster zutrifft. Die Ergebniswerte der einzelnen Länder sind in □ Tab. 5.7 angegeben.

Auf Organisationsebene wurde dagegen ein positiver Zusammenhang zwischen Werten und Praktiken festgestellt (r = 0,38, p < 0,01, N = 276), wobei sich keine signifikanten Unterschiede zwischen den betrachteten Branchen zeigten [23].

In der GLOBE-Studie wurde im Zusammenhang mit anderen kulturübergreifenden Daten (s. ▶ Abschn. 4.4) anhand entsprechender Hypothesen überprüft, ob Gesellschaften mit hoch ausgeprägter Bestimmtheit über eine höhere Wettbewerbsfähigkeit und mehr wirtschaftlichen Wohlstand verfügen, und ob ihre Mitglieder ein geringeres Maß an psychologischer Gesundheit aufweisen. Es fanden sich jedoch keine belastbaren Hinweise dafür, dass diese Annahmen zutreffen. Die einzigen statistisch signifikanten Korrelationen fanden sich zwischen Bestimmtheit als kulturellem Wert und dem Faktor wissenschaftlich-technologischer Erfolg sowie zur Subfacette Respekt für Familie und Freunde des Faktors gesellschaftliche Einstellungen (□ Tab. 5.8). Auch zwischen Bestimmtheit und dem Bruttonationaleinkommen pro Kopf konnte kein signifikanter Zusammenhang festgestellt werden, weder für kulturelle Praktiken (r = −0.02, n. s., N = 61) noch für kulturelle Werte (r = −0.12, n. s., N = 61) [23].

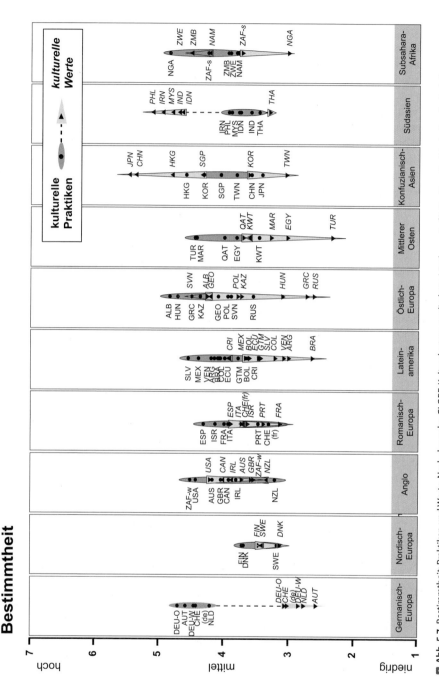

☐ **Abb. 5.7** Bestimmtheit: Praktiken und Werte. Nach den zehn GLOBE-Kulturclustern gegliederte Länderwerte für Bestimmtheit (● kulturelle Praktiken, ▲ kulturelle Werte), N = 61 Länder. Länderabkürzungen nach ISO 3166-1, s. Anhang, ☐ Tab. A11

◻ Tab. 5.7 Bestimmtheit: Länderergebnisse für Praktiken und Werte [16]

	Praktiken	Werte		Praktiken	Werte		Praktiken	Werte
Germanisch-Europa			Romanisch-Europa			Östlich-Europa		
DEU-W	4,55	3,09	FRA	4,13	3,38	ALB	4,89	4,41
DEU-O	4,73	3,23	ISR	4,23	3,76	GEO	4,18	4,35
AUT	4,62	2,81	ITA	4,07	3,82	GRC	4,58	2,96
CHE(de)	4,51	3,21	PRT	3,65	3,58	KAZ	4,46	3,84
NLD	4,32	3,02	CHE(fr)	3,47	3,78	POL	4,06	3,90
Nordisch-Europa			ESP	4,42	4,00	RUS	3,68	2,83
DNK	3,80	3,39	Lateinamerika			SVN	4,00	4,59
FIN	3,81	3,68	ARG	4,22	3,25	HUN	4,79	3,35
SWE	3,38	3,61	BOL	3,79	3,73	Mittlerer Osten		
Anglo			BRA	4,20	2,91	EGY	3,91	3,28
AUS	4,28	3,81	CRI	3,75	4,05	KWT	3,63	3,76
GBR	4,15	3,70	ECU	4,09	3,65	MAR	4,52	3,44
IRL	3,92	3,99	SLV	4,62	3,62	QAT	4,11	3,80
CAN	4,05	4,15	GTM	3,89	3,64	TUR	4,53	2,66
NZL	3,42	3,54	COL	4,20	3,43	Subsahara-Afrika		
ZAF-w	4,60	3,69	MEX	4,45	3,79	NAM	3,91	3,91
USA	4,55	4,32	VEN	4,33	3,33	NGA	4,79	3,23
Konfuzianisch-Asien			Südasien			ZMB	4,07	4,38
CHN	3,76	5,44	IND	3,73	4,76	ZAF-s	4,36	3,82
HKG	4,67	4,81	IDN	3,86	4,72	ZWE	4,06	4,60
JPN	3,59	5,56	IRN	4,04	4,99			
KOR	4,40	3,75	MYS	3,87	4,81			
SGP	4,17	4,41	PHL	4,01	5,14			
TWN	3,92	3,28	THA	3,64	3,48			

Länderabkürzungen nach ISO 3166-1, s. Anhang, ◻ Tab. A11

Zwischen kulturellen Praktiken bzw. Werten der Dimension Bestimmtheit und objektiven Indikatoren gesellschaftlicher Leistungen sind kaum signifikante Korrelationen festzustellen. Negative Korrelationen zwischen kulturellen Praktiken und Werten liegen in moderater Ausprägung vor.

In nahezu allen Kulturclustern (Ausnahmen sind Germanisch-Europa, Nordisch-Europa, Südasien) streuen die Bewertungen der Dimension Bestimmtheit bzw. ihrer kulturellen Praktiken und Werte eng um den mittleren Skalenwert „4" – die Bewertungsbereiche der kulturellen Praktiken und Werte überlagern sich sogar. Das deutet für diese Kulturcluster und Länder auf

◘ Tab. 5.8 Zusammenhänge zwischen Bestimmtheit und anderen kulturübergreifenden Daten [23]

	n	Werte	Praktiken
Wissenschaftlich-technologischer Erfolg	40	0.34*	−0.13
Respekt für Familie und Freunde	38	0.36*	−0.07

* $p < 0.05$; ** $p < 0.01$. Angegeben sind nur diejenigen der in ▶ **Abschn. 4.4** dargestellten Indikatoren, die signifikanten Korrelationen aufweisen.

eine gewisse Stabilität der gesellschaftskulturellen Entwicklungen hinsichtlich der Dimension Bestimmtheit hin. Das scheint auch in Nordisch-Europa der Fall zu sein, wiewohl die Bewertungen sich an einem Skalenwert einpendeln, der deutlich unterhalb des mittleren Skalenwertes von „4" liegt. In Germanisch-Europa ist ein deutlicher Trend in Richtung einer geringeren Ausprägung der gesellschaftskulturellen Werte von Bestimmtheit erkennbar. Hingegen verläuft der Trend in Südasien in die entgegengesetzte Richtung, hin zu höheren Bewertungen der Kulturdimension Bestimmtheit, weit oberhalb des Skalenmittelwerts von „4".

Für Deutschland könnte diese Befundlage bedeuten, dass die vielfach beschriebene germanische Arbeitsmentalität einer hohen Bestimmtheit im Umgang mit Kollegen und Mitarbeitern, die international als „hart in der Sache und hart im Umgang mit anderen" („tough in the issue, tough on the person", vgl. [24]) bezeichnet wird, im Rückzug begriffen ist. Es scheint so, dass sowohl in der deutschen Gesellschaft als auch in der Arbeitswelt und im Führungsgeschehen ein kultureller Nährboden im Entstehen ist, der ein bescheideneres und feinfühligeres Auftreten, ein gewisses Streben nach Harmonie mit weniger Kontrollzwang favorisiert, wobei das Primat des Wettbewerbs und der Aggression im Umgang mit anderen negativer konnotiert wird als früher. Eine solche Interpretation wird häufig in Zusammenhang mit einer ebenfalls feststellbaren, zunehmend positiver bewerteten Gleichberechtigung von Frauen und Männern in der Gesellschaft und im Arbeitsleben gesehen (s. ▶ Abschn. 5.2.3).

5.2.5 Gruppenbasierter Kollektivismus

Gruppenbasierter Kollektivismus als Kulturdimension ist definiert durch das Ausmaß, in dem einzelne Personen weniger für sich selbst als für Gruppen, denen sie sich zugehörig fühlen (insbesondere ihre Familie), einstehen (Praktiken) bzw. einstehen sollten (Werte). Die Unterscheidung zwischen Individualismus und Kollektivismus bzw. zwischen Kulturen mit unterschiedlichen Ausprägungen in diesen Konstrukten war in der Soziologie, der Anthropologie und in der Psychologie im 20. Jahrhundert Grundlage zahlreicher theoretischer Diskussionen und empirischer Studien und wurde unter anderem in den in ▶ Abschn. 3.3 genannten Arbeiten von Hofstede, Schwartz oder Trompenaars aufgegriffen. Individualismus und Kollektivismus sind multidimensionale Konstrukte, und hinsichtlich des Kollektivismus kann der Fokus sowohl auf dem familiären Zusammenhalt beruhen, der im Rahmen der GLOBE-Untersuchung der Kulturdimension gruppenbasierter Kollektivismus zugrunde liegt als auch auf institutionellen, nicht mit Verwandtschaft assoziierten Aspekten, wie sie in der anschließend beschriebenen Kulturdimension institutioneller Kollektivismus (▶ Abschn. 5.2.6) thematisiert werden [25].

In Kulturen mit stark ausgeprägtem gruppenbasiertem Kollektivismus betrachten sich Individuen als Teil einer eng zusammenhaltenden Gruppe, wobei die Familienzugehörigkeit in der Regel die Gruppenzugehörigkeit mit der größten Bedeutung darstellt. Zwischen Mitgliedern und Nichtmitgliedern der eigenen Gruppe wird streng unterschieden, und die Ziele der Gruppe sind von größerer Bedeutung als die individuellen Ziele. Die Verbundenheit mit der Gruppe und die Teilnahme an Gruppenaktivitäten spielen eine wichtige Rolle, ebenso wie aus der Gruppenzugehörigkeit resultierende Pflichten und Verpflichtungen. Es herrscht eine indirekte Kommunikation vor, und Interaktionen zwischen Gruppenmitgliedern sind ausgedehnt und eng, finden allerdings in eher geringer Zahl statt [25].

In Kulturen mit gering ausgeprägtem gruppenbasiertem Kollektivismus überwiegt der Individualismus. Das Individuum wird als unabhängig und selbstbestimmt betrachtet, und es wird weniger zwischen Mitgliedern und Nichtmitgliedern der Gruppe unterschieden. Die Kommunikation ist direkt, und es wird auf Rationalität Wert gelegt. Persönliche Bedürfnisse und Einstellungen bestimmen das individuelle Verhalten, man kümmert sich vorwiegend um sich selbst und ggf. den engsten Familienkreis. Soziale Interaktionen finden dabei in größerer Zahl statt, sind jedoch tendenziell kürzer und oberflächlicher [25].

Gruppenbasierter Kollektivismus wurde im Fragebogen der GLOBE-Studie anhand von Fragen zu den folgenden Themen erfasst:
- Stolz von Mitarbeitern bzw. Kindern auf das, was ihre Gruppenleiter bzw. Eltern erreicht haben,
- Stolz von Gruppenleitern bzw. Eltern auf die individuellen Leistungen von Mitarbeitern bzw. Kindern,
- wechselseitige Loyalität zwischen Mitarbeitern und ihrer Organisation,
- Stolz über die Zugehörigkeit zu dieser Organisation bzw. Gesellschaft,
- Bedeutung eines positiven Bildes der Organisation bzw. Gesellschaft bei Außenstehenden für ihre Mitarbeiter bzw. Mitglieder,
- Wohnort unverheirateter Kinder bei ihren Eltern und betagter Eltern bei ihren Kindern.

Die Ergebnisse der GLOBE-Studie zeigen, dass gruppenbasierter Kollektivismus als kultureller Wert in allen untersuchten Gesellschaften sehr erwünscht ist, die Ergebniswerte liegen zwischen 4,94 und 6,52, mit einem Mittelwert von 5,66. Hinsichtlich der kulturellen Praktiken streuen die Ergebnisse dagegen stärker. Zwar sind der Mittelwert mit 5,13 und der Maximalwert von 6,36 ebenfalls hoch, aber insbesondere im nordischen und im germanischen Cluster finden sich auch Länder, deren kulturellen Praktiken mit Ergebniswerten bis zum Minimum von 3,53 unterhalb des Skalenmittelpunkts liegen (◘ Abb. 5.8). Die Ergebniswerte der einzelnen Länder sind in ◘ Tab. 5.9 aufgeführt.

Anhand der Ergebnisse der GLOBE-Studie lässt sich kein signifikanter Zusammenhang zwischen kulturellen Werten und Praktiken auf Gesellschaftsebene für gruppenbasierten Kollektivismus feststellen ($r = 0.21$, n.s.). Was sich dagegen zeigt, sind signifikante Zusammenhänge mit kulturellen Werten bezüglich der Kulturdimension Institutioneller Kollektivismus: Sie weisen sowohl einen positiven Zusammenhang mit Werten ($r = 0.29$, $p < 0.05$) als auch mit Praktiken ($r = 0.43$, $p < 0.01$) des gruppenbasierten Kollektivismus auf [25].

Im Zusammenhang mit anderen kulturübergreifenden Daten (s. ▶ Abschn. 4.4) wurde für die Kulturdimension gruppenbasierter Kollektivismus überprüft, ob eine hohe Ausprägung auf dieser Dimension mit einem besseren Gesundheitsniveau und einem höheren Entwicklungsstand einhergeht. Zu beachten ist hierbei, dass sich für praktizierten gruppenbasierten

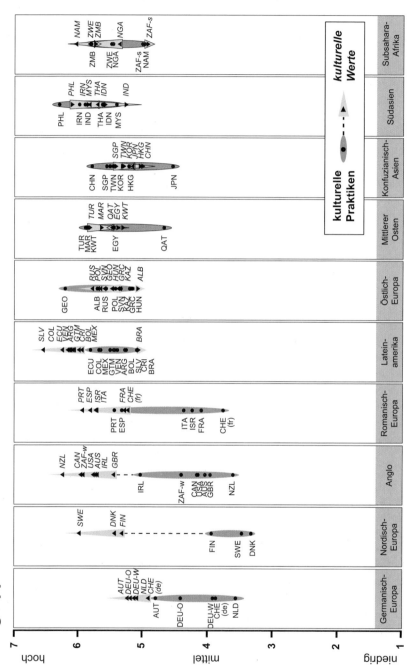

gruppenbasierter Kollektivismus

□ **Abb. 5.8** Gruppenbasierter Kollektivismus: Praktiken und Werte. Nach den zehn GLOBE-Kulturclustern gegliederte Länderwerte für gruppenbasierten Kollektivismus (● kulturelle Praktiken, ▲ kulturelle Werte), N = 61 Länder. Länderabkürzungen nach ISO 3166-1, s. Anhang, □ Tab. A11

◻ Tab. 5.9 Gruppenbasierter Kollektivismus: Länderergebnisse für Praktiken und Werte [16]

	Praktiken	Werte		Praktiken	Werte		Praktiken	Werte
Germanisch-Europa			Romanisch-Europa			Östlich-Europa		
DEU-W	4,02	5,18	FRA	4,37	5,42	ALB	5,74	5,22
DEU-O	4,52	5,22	ISR	4,70	5,75	GEO	6,19	5,66
AUT	4,85	5,27	ITA	4,94	5,72	GRC	5,27	5,46
CHE(de)	3,97	4,94	PRT	5,51	5,94	KAZ	5,26	5,44
NLD	3,70	5,17	CHE(fr)	3,85	5,35	POL	5,52	5,74
Nordisch-Europa			ESP	5,45	5,79	RUS	5,63	5,79
DNK	3,53	5,50	Lateinamerika			SVN	5,43	5,71
FIN	4,07	5,42	ARG	5,51	6,15	HUN	5,25	5,54
SWE	3,66	6,04	BOL	5,47	6,00	Mittlerer Osten		
Anglo			BRA	5,18	5,15	EGY	5,64	5,56
AUS	4,17	5,75	CRI	5,32	6,08	KWT	5,80	5,43
GBR	408	5,55	ECU	5,81	6,17	MAR	5,87	5,68
IRL	5,14	5,74	SLV	5,35	6,52	QAT	4,71	5,60
CAN	4,26	5,97	GTM	5,63	6,14	TUR	5,88	5,77
NZL	3,67	6,21	COL	5,73	6,25	Subsahara-Afrika		
ZAF-w	4,50	5,91	MEX	5,71	5,95	NAM	4,52	6,07
USA	4,25	5,77	VEN	5,53	6,17	NGA	5,55	5,48
Konfuzianisch-Asien			Südasien			ZMB	5,84	5,77
CHN	5,80	5,09	IND	5,92	5,32	ZAF-s	5,09	4,99
HKG	5,32	5,11	IDN	5,68	5,67	ZWE	5,57	5,85
JPN	4,63	5,26	IRN	6,03	5,86			
KOR	5,54	5,41	MYS	5,51	5,85			
SGP	5,64	5,50	PHL	6,36	6,18			
TWN	5,59	5,45	THA	5,70	5,76			

Länderabkürzungen nach ISO 3166-1, s. Anhang, ◻ Tab. A11

Kollektivismus eine hohe negative Korrelation mit dem Bruttonationaleinkommen pro Kopf zeigte ($r = -0.76$, $p < 0.01$), sodass keine sichere Aussage darüber getroffen werden kann, ob die gefundenen Zusammenhänge ohne dessen Einfluss zustande kämen. Entgegen den Vorhersagen fallen die Zusammenhänge zwischen praktiziertem gruppenbasiertem Kollektivismus und Indikatoren für das Gesundheitsniveau oder den Entwicklungsstand zwar signifikant aus, aber mit negativem Vorzeichen: Hoch ausgeprägter gruppenbasierter Kollektivismus geht demnach wie in ◻ Tab. 5.10 dargestellt mit einer schlechteren gesellschaftlichen Gesundheit und einem niedrigeren Entwicklungsstand einher.

◨ Tab. 5.10 Zusammenhänge zwischen gruppenbasiertem Kollektivismus und anderen kulturübergreifenden Daten [25]

	n	Werte	Praktiken
Ökonomische Gesundheit			
Wirtschaftlicher Wohlstand	57	−0.29*	−0.78**
Öffentlicher Sektor: Unterstützung für Wohlstand	40	−0.27	−0.67**
Global Competitiveness Index	41	−0.27	−0.45**
Wissenschaftlich-technologischer Erfolg			
Grundlagenforschung	40	−0.44**	−0.45**
Lebensbedingungen			
Gesellschaftliche Gesundheit	40	−0.39*	−0.60**
Lebenserwartung	56	−0.14	−0.45**
Allgemeine Zufriedenheit	38	−0.06	−0.69**
Human Development Index	56	−0.12	−0.56**
Gesellschaftliche Einstellungen			
Beziehungen zu Familie und Freunden			
Stärke der Familienbande	38	0.39*	0.48**
Respekt für Familie und Freunde	38	0.09	0.76**
Leistung			
Erzielen von Ergebnissen	38	0.35*	−0.27
Politische Haltung			
Passivität	37	0.28	0.66**
Fehlendes Mitspracherecht	38	0.03	0.75**
Aktive Rolle der Regierung	38	0.06	0.79**
Stabilität	38	0.05	0.51**
Religion			
Persönliche Bedeutung von Religion	38	0.38*	0.49**
Dogmatische Ansichten	37	0.35*	0.49**
Gleichberechtigung	38	0.05	−0.69**

* $p < 0.05$; ** $p < 0.01$. Angegeben sind nur diejenigen der in ▶ Abschn. 4.4 dargestellten Indikatoren, die signifikanten Korrelationen aufweisen. Wenn das Bruttonationaleinkommen pro Kopf als Kontrollvariable aufgenommen wurde, blieben nur die Korrelationen für die Elemente Beziehungen zu Familie und Freunden und politische Haltung (mit Ausnahme von Stabilität) signifikant.

Zwischen kulturellen Praktiken bzw. Werten der Dimension gruppenbasierter Kollektivismus und objektiven Indikatoren gesellschaftlicher Leistungen in wirtschaftlichen Bereichen sind die Korrelationen jeweils schwach bis stark negativ ausgeprägt, im sozialen, politischen, familiären Bereich hingegen jeweils schwach bis stark positiv. Zwischen kulturellen Praktiken und Werten liegen positive Korrelationen in schwacher Ausprägung vor, was damit zu tun haben kann, dass sich bei sechs der zehn Kulturcluster (Lateinamerika, Östlich-Europa, Mittlerer Osten, Konfuzianisch-Asien, Südasien, Subsahara-Afrika) die gesellschaftskulturellen Praktiken und Werte der Dimension gruppenbasierter Kollektivismus stark überlagern (im positiven Wertebereich von 4,5 bis 6,5). In den Ländern dieser Kulturcluster ist nicht davon auszugehen, dass sich bedeutende Trends hin zu weniger gruppenbasiertem Kollektivismus (bzw. mehr Individualismus) ausprägen werden.

Für die Kulturcluster Germanisch-Europa, Nordisch-Europa, Anglo und Romanisch-Europa sind anhand der recht deutlich ausgeprägten Diskrepanzen zwischen kulturellen Praktiken (im mittleren Wertebereich um „4" bzw. „5") und Werten (jeweils um ca. eine Skaleneinheit nach oben verschoben) Trends hin zu mehr gruppenbasiertem Kollektivismus erkennbar. Im Kulturcluster Lateinamerika, wo kulturelle Praktiken des gruppenbasierten Kollektivismus ohnehin bereits sehr hoch bewertet werden, deutet sich ein Trend hin zu noch einmal verstärkten Werten auf dieser Dimension an. Ähnliches ist für Portugal (POR) und Spanien (ESP) erkennbar, die dem Romanisch-Europa-Cluster zugeordnet werden, obwohl sie als kulturelle Wiege der meisten Länder des lateinamerikanischen Kulturclusters gelten.

5.2.6 Institutioneller Kollektivismus

Die Kulturdimension institutioneller Kollektivismus definiert sich durch das Ausmaß, in dem die kollektive Verteilung von Gütern und Leistungen durch institutionelle Regeln und Praktiken festgelegt wird (Praktiken) bzw. werden sollte (Werte). Wie bereits in ▶ Abschn. 5.2.5 zur Kulturdimension gruppenbasierter Kollektivismus beschrieben, ist auch diese Kulturdimension aus der unter anderem von Hofstede [26] untersuchten Dimension Individualismus-Kollektivismus hervorgegangen. Dabei thematisiert sie jedoch Aspekte des Kollektivismus, die nicht auf Verwandtschaftsbeziehungen basieren und in früheren Forschungsarbeiten nicht immer explizit berücksichtigt wurden.

In Kulturen mit stark ausgeprägtem institutionellen Kollektivismus ist – ähnlich wie bei der Kulturdimension gruppenbasierter Kollektivismus – die Gemeinschaft von besonderer Bedeutung, allerdings tritt hier ein anderer Aspekt von Kollektivismus auf: Im Zentrum steht die Wahrung von kollektiven Interessen, die durch Institutionen und Regelungen getragen wird, nicht wie beim gruppenbasierten Kollektivismus durch enge, familiäre Beziehungen. Die Loyalität gegenüber der Gruppe und die Akzeptanz durch andere Mitglieder spielen dennoch eine wichtige Rolle.

Kulturen mit gering ausgeprägtem institutionellem Kollektivismus stellen dagegen individuelle Interessen in den Mittelpunkt. Ihre Mitglieder betrachten sich als unabhängig und selbstständig, und man kümmert sich vorrangig um sich selbst.

Die Kulturdimension institutioneller Kollektivismus wurde in der GLOBE-Studie mit Fragen erfasst, die die folgenden Inhalte und Gegensätze thematisieren:

- die Förderung der Gruppenloyalität durch Führungspersonen, sogar wenn individuelle Ziele darunter leiden,
- die Ausrichtung des Gehalts- und Prämienschemas bzw. des Wirtschaftssystems auf die Maximierung von kollektiven vs. individuellen Interessen,
- die Wertschätzung von Gruppenzusammenhalt vs. Einzelkämpfertum,
- das Vorherrschen von Individualprojekten oder -sportarten vs. Teamprojekten oder -sportarten,
- die Bedeutung der Akzeptanz durch andere Gruppenmitglieder.

Die Ergebnisse der GLOBE-Studie für kulturelle Praktiken des institutionellem Kollektivismus bewegen sich mit Werten zwischen 3,25 und 5,22 (Mittelwert: 4,25) um den Skalenmittelpunkt. Hinsichtlich der entsprechenden kulturellen Werte liegen die Ergebnisse meist oberhalb des Skalenmittelpunkts, sie reichen von 3,83 bis 5,65 mit dem Mittelwert 4,73. ◘ Abbildung 5.9 und ◘ Tab. 5.11 geben einen grafischen Überblick und zeigen die einzelnen Länderwerte an. Für institutionellen Kollektivismus hat die GLOBE-Studie auf Gesellschaftsebene einen signifikanten, hohen negativen Zusammenhang zwischen kulturellen Werten und Praktiken ergeben (r = −0.61, p < 0.01), während die Werte dieser Kulturdimension einen signifikanten positiven Zusammenhang mit den Praktiken der Kulturdimension gruppenbasierter Kollektivismus (r = 0.43, p < 0.01) sowie in geringerem Ausmaß auch mit deren Werten (r = 0.29, p < 0.05) aufweisen [25]. In Gesellschaften mit einem höheren Maß an praktiziertem institutionellem Kollektivismus wird demnach weniger davon gewünscht und umgekehrt. Gleichzeitig scheint in Gesellschaften, in denen institutioneller Kollektivismus als erstrebenswerter bewertet wird, ein höheres Maß an gruppenbasiertem Kollektivismus sowohl praktiziert zu werden als auch erwünscht zu sein.

Auch für institutionellen Kollektivismus wurde – wie auch für gruppenbasierten Kollektivismus – im Rahmen der GLOBE-Studie anhand von anderen kulturübergreifenden Daten hypothesengeleitet überprüft, ob Gesellschaften mit hoher Ausprägung auf dieser Kulturdimension einen besseren Gesundheitszustand und einen höheren Entwicklungszustand aufweisen. Wie in ◘ Tab. 5.12 ersichtlich, ergaben sich hinsichtlich der kulturellen Praktiken nur signifikante positive Zusammenhänge mit Indikatoren der ökonomischen Gesundheit sowie mit wissenschaftlich-technologischem Erfolg. Kulturelle Werte des institutionellen Kollektivismus weisen zu diesen Daten dagegen negative Korrelationen auf, ebenso wie zum Indikator gesellschaftliche Gesundheit. Die angenommenen Zusammenhänge konnten somit nicht bestätigt werden.

Zwischen kulturellen Praktiken der Dimension institutioneller Kollektivismus und objektiven Indikatoren gesellschaftlicher Leistungen in ökonomisch, technologischen und Gesundheitsbereichen sind die Korrelationen jeweils moderat positiv, in sozialen, politischen, familiären Bereichen hingegen gar nicht oder schwach negativ ausgeprägt. Für die entsprechenden kulturellen Werte ergibt sich ein genau umgekehrtes Bild, das außerdem von stärkeren Korrelationen in die entgegengesetzten Richtungen getragen ist. Die Korrelationen zwischen kulturellen Werten und Praktiken dieser Dimensionen sind stark negativ ausgeprägt. Damit geht der generelle Trend einher, dass in Gesellschaften mit einem höheren Maß an praktiziertem institutionellem Kollektivismus weniger davon gewünscht wird und umgekehrt. Deutlichstes Beispiel ist hier der nordische Kulturcluster, der auf dieser Dimension die höchsten Bewertungen kultureller Praktiken gegenüber allen anderen Kulturclustern aufweist und einen deutlichen Trend in Richtung weniger institutionellem Kollektivismus (kulturelle Werte) erkennen lässt. Die nordischen Länder, insbesondere Schweden, gelten als für institutionellen Kollektivismus prototypische Gesellschaften (vgl. [27]).

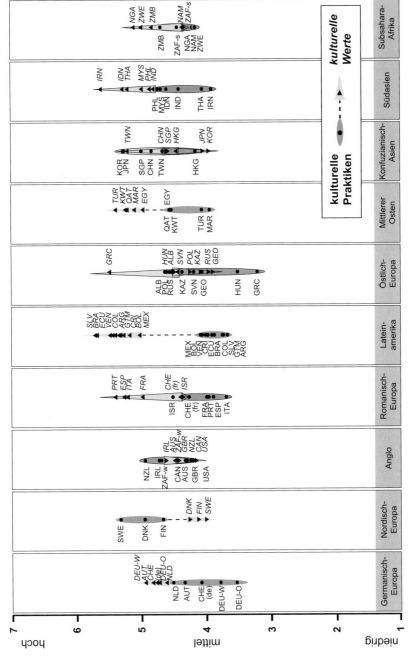

◻ Abb. 5.9 Institutioneller Kollektivismus: Praktiken und Werte. Nach den zehn GLOBE-Kulturclustern gegliederte Länderwerte für institutionellen Kollektivismus (● kulturelle Praktiken, ▲ kulturelle Werte), N = 61 Länder. Länderabkürzungen nach ISO 3166-1, s. Anhang, ◻ Tab. A11

◘ Tab. 5.11 Institutioneller Kollektivismus: Länderergebnisse für Praktiken und Werte [16]

	Praktiken	Werte		Praktiken	Werte		Praktiken	Werte
Germanisch-Europa			Romanisch-Europa			Östlich-Europa		
DEU-W	3,79	4,82	FRA	3,93	4,86	ALB	4,54	4,44
DEU-O	3,56	4,68	ISR	4,46	4,27	GEO	4,03	3,83
AUT	4,30	4,73	ITA	3,68	5,13	GRC	3,25	5,40
CHE(de)	4,06	4,69	PRT	3,92	5,30	KAZ	4,29	4,04
NLD	4,46	4,55	CHE(fr)	4,22	4,31	POL	4,53	4,22
Nordisch-Europa			ESP	3,85	5,20	RUS	4,50	3,89
DNK	4,80	4,19	Lateinamerika			SVN	4,13	4,38
FIN	4,63	4,11	ARG	3,66	5,32	HUN	3,53	4,50
SWE	5,22	3,94	BOL	4,04	5,10	Mittlerer Osten		
Anglo			BRA	3,83	5,62	EGY	4,50	4,85
AUS	4,29	4,40	CRI	3,93	5,18	KWT	4,49	5,15
GBR	4,27	4,31	ECU	3,90	5,41	MAR	3,87	5,00
IRL	4,63	4,59	SLV	3,71	5,65	QAT	4,50	5,13
CAN	4,38	4,17	GTM	3,70	5,23	TUR	4,03	5,26
NZL	4,81	4,20	COL	3,81	5,38	Subsahara-Afrika		
ZAF-w	4,62	4,38	MEX	4,06	4,92	NAM	4,13	4,38
USA	4,20	4,17	VEN	3,96	5,39	NGA	4,14	5,03
Konfuzianisch-Asien			Südasien			ZMB	4,61	4,74
CHN	4,77	4,56	IND	4,38	4,71	ZAF-s	4,39	4,30
HKG	4,13	4,43	IDN	4,54	5,18	ZWE	4,12	4,87
JPN	5,19	3,99	IRN	3,88	5,54			
KOR	5,20	3,90	MYS	4,61	4,87			
SGP	4,90	4,55	PHL	4,65	4,78			
TWN	4,59	5,15	THA	4,03	5,10			

Länderabkürzungen nach ISO 3166-1, s. Anhang, ◘ Tab. A11

Tab. 5.12 Zusammenhänge zwischen Institutionellem Kollektivismus und anderen kulturübergreifenden Daten [25]

	n	Werte	Praktiken
Ökonomische Gesundheit			
Wirtschaftlicher Wohlstand	57	−0.48**	0.33*
Öffentlicher Sektor: Unterstützung für Wohlstand	40	−0.46**	0.36*
Global Competitiveness Index	41	−0.47**	0.40**
Wissenschaftlich-technologischer Erfolg			
Grundlagenforschung	40	−0.53**	0.39*
Lebensbedingungen			
Gesellschaftliche Gesundheit	40	−0.33*	0.26
Gesellschaftliche Einstellungen			
Beziehungen zu Familie und Freunden			
Stärke der Familienbande	38	0.52**	−0.29
Leistung			
Initiative	38	0.38*	−0.18
Politische Haltung			
Passivität	37	0.34*	−0.23
Religion			
persönliche Bedeutung von Religion	38	0.38*	−0.24

* $p < 0.05$; ** $p < 0.01$. Angegeben sind nur diejenigen der in ▶ Abschn. 4.4 dargestellten Indikatoren, die signifikanten Korrelationen aufweisen. Alle Korrelationen blieben signifikant, wenn das Bruttonationaleinkommen pro Kopf als Kontrollvariable aufgenommen wurde, außer für die Indikatoren öffentlicher Sektor: Unterstützung für Wohlstand, Passivität sowie persönliche Bedeutung von Religion.

5.2.7 Machtdistanz

Die Kulturdimension Machtdistanz ist definiert als das Ausmaß, in dem auf ungleichmäßige Machtverteilung in der Gesellschaft/Organisation Wert gelegt wird (Praktiken) bzw. Wert gelegt werden sollte (Werte). Der Kulturdimension liegt der Umgang mit dem Thema Macht zugrunde, das in der Psychologie insbesondere hinsichtlich der Quellen von Macht [28], aber auch des Bedürfnisses nach Machtausübung im Sinne des Machtmotivs [29] (entsprechend dem in ▶ Abschn. 5.2.1 genannten Leistungsmotiv) vielfältig erforscht ist. Gesellschaften und Kulturen lassen sich danach unterscheiden, wie viel Ungleichheit diese zwischen ihren Mitgliedern im Hinblick auf deren Macht zulassen.

In Kulturen mit einer hohen Ausprägung von Machtdistanz teilt sich die Gesellschaft in unterschiedliche Klassen auf, mit eingeschränkten Möglichkeiten für einen sozialen Aufstieg ihrer Mitglieder. Der Zugang zu Ressourcen und zu Bildung ist eingeschränkt. Macht basiert auf stabilen, begrenzten Ressourcen wie Landbesitz, und es sind nicht alle Bevölkerungsgruppen gleichermaßen in der Regierung vertreten. Gleichzeitig wird Macht positiv, als Grundlage der sozialen Ordnung, Stabilität und Harmonie, gesehen. Die Bürgerrechte sind schwach ausgeprägt, bei einem hohen Ausmaß an Korruption und eingeschränkter Informationsfreiheit [30].

Kulturen mit einer niedrigen Ausprägung von Machtdistanz sind von einer großen Mittelklasse geprägt, mit hoher Aufwärtsmobilität innerhalb der Gesellschaft. Ein breiter Zugang zu Bildungsmöglichkeiten, Ressourcen und Mitteln für unternehmerische Aktivitäten und ein freier Informationsfluss gehen damit einher, dass alle Bevölkerungsgruppen gleichermaßen in der Regierung vertreten und gleiche (Entwicklungs-)Möglichkeiten für alle gewährleistet sind. Macht kann erworben und geteilt werden und basiert unter anderem auf Fähigkeiten und Wissen, wird allerdings als Ursprung von Korruption, der Ausübung von Zwang und der Vorherrschaft Einzelner betrachtet. Die Einwohner verfügen über eine hohe Kaufkraft, Wachstumsraten im Konsumsektor sind stabil, und es besteht Nachfrage nach spezialisierten, individualisierten Technologien [30].

Im Fragebogen der GLOBE-Studie wurde Machtdistanz vor allem anhand der Bedeutung von bzw. Präferenzen bezüglich verschiedener Gegensatzpaare erhoben:

- Fähigkeiten und Beiträge einer Person vs. die Autorität ihrer Position als primäre Basis von Einfluss,
- unhinterfragter Gehorsam gegenüber Vorgesetzten bzw. Führungspersonen vs. Infragestellen ihrer Meinung bei Meinungsverschiedenheiten,
- Konzentration von Macht auf die Spitze vs. gleichmäßige Verteilung auf die gesamte Gesellschaft,
- Vergrößerung vs. Verringerung des sozialen Abstands von Personen in Machtpositionen zu weniger mächtigen Personen.
- Darüber hinaus wurde die Zustimmung dazu abgefragt, dass bei Meinungsverschiedenheiten die untergeordneten Personen nachgeben sollten und dass eine hohe gesellschaftliche Stellung mit besonderen Privilegien einhergeht.

Die Ergebnisse der GLOBE-Studie zeigen, dass Machtdistanz im Sinne kultureller Praktiken in den meisten untersuchten Gesellschaften eher höher ausgeprägt ist, mit einem Mittelwert von 5,17 und Werten zwischen 3,89 und 5,80 auf der siebenstufigen Skala. Hinsichtlich der kulturellen Werte dagegen weisen alle Gesellschaften Werte unterhalb des Skalenmittelpunkts auf, mit einem Mittelwert von 2,75 und einem Wertebereich von 2,04 bis 3,65 (◘ Abb. 5.10) – es wird in der Gesamtbetrachtung also ein geringeres Ausmaß an Machtdistanz gewünscht.

Passend dazu lässt sich für Machtdistanz eine deutliche negative Korrelation zwischen Praktiken und Werten feststellen (r = −0.43, p < 0.01) [30], je höher die Machtdistanz innerhalb einer Gesellschaft ausgeprägt ist, desto geringer ist der Wunsch danach. Dieses Bild zeigt sich auch bei einer getrennten Betrachtung der Ergebnisse für die drei untersuchten Branchen Finanzdienstleistung, Telekommunikation und Nahrungsmittelverarbeitung, einzig bei Befragten aus der Telekommunikationsbranche fällt die Korrelation dabei nicht signifikant aus. Signifikante Unterschiede zwischen den Branchen in den Ergebnissen zur Kulturdimension Machtdistanz lassen sich allerdings nicht feststellen [30], die Bewertungen kultureller Werte und Praktiken scheinen somit nicht wesentlich durch die Branchenzugehörigkeit der Befragten beeinflusst zu sein.

◘ Abbildung 5.10 stellt die Ergebniswerte der untersuchten Gesellschaften für kulturelle Praktiken und Werte der Machtdistanz dar, unter Berücksichtigung der in GLOBE zugrunde gelegten Kulturcluster (siehe auch ▶ Abschn. 4.5). In ◘ Tab. 5.13 sind die jeweiligen Ergebniswerte für die einzelnen Länder angegeben.

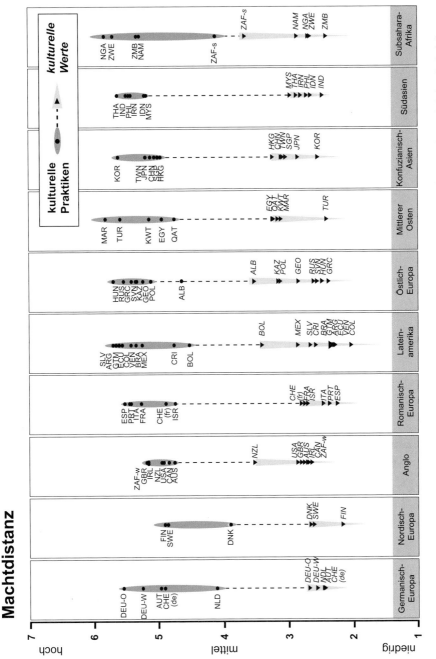

Abb. 5.10 Machtdistanz: Praktiken und Werte. Nach den zehn GLOBE-Kulturclustern gegliederte Länderwerte für Machtdistanz (● kulturelle Praktiken, ▲ kulturelle Werte), N = 61 Länder. Länderabkürzungen nach ISO 3166-1, s. Anhang, ▣ Tab. A11

◻ Tab. 5.13 Machtdistanz: Länderergebnisse für Praktiken und Werte [16]

	Praktiken	Werte		Praktiken	Werte		Praktiken	Werte
Germanisch-Europa			Romanisch-Europa			Östlich-Europa		
DEU-W	5,25	2,54	FRA	5,28	2,76	ALB	4,62	3,52
DEU-O	5,54	2,69	ISR	4,73	2,72	GEO	5,22	2,84
AUT	4,95	2,44	ITA	5,43	2,47	GRC	5,40	2,39
CHE(de)	4,90	2,44	PRT	5,44	2,38	KAZ	5,31	3,15
NLD	4,11	2,45	CHE(fr)	4,86	2,80	POL	5,10	3,12
Nordisch-Europa			ESP	5,52	2,26	RUS	5,52	2,62
DNK	3,89	2,76	Lateinamerika			SVN	5,33	2,57
FIN	4,89	2,19	ARG	5,64	2,33	HUN	5,56	2,49
SWE	4,85	2,70	BOL	4,51	3,41	Mittlerer Osten		
Anglo			BRA	5,33	2,35	EGY	4,92	3,24
AUS	4,74	2,78	CRI	4,74	2,58	KWT	5,12	3,17
GBR	5,15	2,80	ECU	5,60	2,30	MAR	5,80	3,11
IRL	5,15	2,71	SLV	5,68	2,68	QAT	4,73	3,23
CAN	4,82	2,70	GTM	5,60	2,35	TUR	5,57	2,41
NZL	4,89	3,53	COL	5,56	2,04	Subsahara-Afrika		
ZAF-w	5,16	2,64	MEX	5,22	2,85	NAM	5,29	2,86
USA	4,88	2,85	VEN	5,40	2,29	NGA	5,80	2,69
Konfuzianisch-Asien			Südasien			ZMB	5,31	2,43
CHN	5,04	3,10	IND	5,47	2,64	ZAF-s	4,11	3,65
HKG	4,96	3,24	IDN	5,18	2,69	ZWE	5,67	2,67
JPN	5,11	2,86	IRN	5,43	2,80			
KOR	5,61	2,55	MYS	5,17	2,97			
SGP	4,99	3,04	PHL	5,44	2,72			
TWN	5,18	3,09	THA	5,63	2,86			

Länderabkürzungen nach ISO 3166-1, s. Anhang, ◻ Tab. A11

Unter Verwendung der in ▶ Abschn. 4.4 genannten kulturübergreifenden Daten aus anderen Quellen wurde in der GLOBE-Studie überprüft, ob eine niedrige Ausprägung kultureller Praktiken und Werte der Machtdistanz in einer Gesellschaft mit mehr wirtschaftlichem Wohlstand und höherer Wettbewerbsfähigkeit, mit einer höheren gesellschaftlichen Gesundheit sowie mit einem höheren Entwicklungsstand einhergeht. Relevante Vergleichsdaten für diese Hypothesen finden sich bei den in ▶ Abschn. 4.4 beschriebenen Faktoren ökonomische Gesundheit und Lebensbedingungen. Die in ◻ Tab. 5.14 aufgeführten Korrelationen zeigen, dass tatsächlich ein negativer Zusammenhang zwischen kulturellen Praktiken der Machtdistanz und Indikatoren für wirtschaft-

◻ Tab. 5.14 Zusammenhänge zwischen Machtdistanz und anderen kulturübergreifenden Daten [30]

	n	Werte	Praktiken
Ökonomische Gesundheit			
Wirtschaftlicher Wohlstand	57	−0.03	−0.53**
Öffentlicher Sektor: Unterstützung für Wohlstand	40	0.24	−0.65**
Gesellschaftliche Unterstützung der Wettbewerbsfähigkeit	40	0.47**	−0.47**
Global Competitiveness Index	41	0.38*	−0.53**
Wissenschaftlich-technologischer Erfolg			
Grundlagenforschung	40	0.30	−0.52**
Lebensbedingungen			
Gesellschaftliche Gesundheit	40	0.18	−0.62**
Lebenserwartung	56	−0.01	−0.33**
Allgemeine Zufriedenheit	38	−0.11	−0.48**
Gesellschaftliche Einstellungen			
Beziehungen zu Familie und Freunden			
Respekt für Familie und Freunde	38	0.21	0.52**
Politische Haltung			
Passivität	37	−0.09	0.36*
Fehlendes Mitspracherecht	38	0.26	0.45**
Aktive Rolle der Regierung	38	0.15	0.47**
Gleichberechtigung	38	−0.24	−0.39*

* $p < 0.05$; ** $p < 0.01$. Angegeben sind nur diejenigen der in ▶ Abschn. 4.4 dargestellten Indikatoren, die signifikanten Korrelationen aufweisen. Alle Korrelationen blieben signifikant, wenn das Bruttonationaleinkommen pro Kopf als Kontrollvariable aufgenommen wurde, außer für die Stärke familiärer Bindungen, die Subfacetten der politischen Haltung und Gleichberechtigung.

lichen Wohlstand und Wettbewerbsfähigkeit besteht – in Gesellschaften mit wenig praktizierter Machtdistanz fallen Wohlstand und Wettbewerbsfähigkeit demnach höher aus und umgekehrt. Für gesellschaftliche Werte der Machtdistanz lässt sich dieser Zusammenhang dagegen nicht herstellen, hier finden sich mit zwei Ausnahmen keine signifikanten Korrelationen, und diese (die gesellschaftliche Unterstützung der Wettbewerbsfähigkeit und der Global Competitiveness Index) weisen sogar positive Korrelationen auf. Ein ähnliches Bild ergibt sich für den Zusammenhang mit gesellschaftlicher Gesundheit, die signifikant und hoch negativ mit praktizierter Machtdistanz korreliert, während die Korrelation mit gesellschaftlichen Werten der Machtdistanz geringer und nicht signifikant ausfällt. Für die gesellschaftlich praktizierte Machtdistanz zeigen sich außerdem signifikante negative Zusammenhänge mit der Lebenserwartung und dem Human Development Index (HDI), zwei wichtigen Indikatoren für den Entwicklungsstand. Die Korrelationen dieser Elemente mit gesellschaftlichen Werten der Machtdistanz sind dagegen nicht signifikant.

Das Korrelationsmuster, das zwischen Praktiken bzw. Werten und objektiven Indikatoren gesellschaftlicher Leistungen erkennbar ist, stellt sich so dar, dass gesellschaftskulturelle Praktiken der Machtdistanz in hohen bis sehr hohen negativen Zusammenhängen mit Indikatoren der ökonomischen Gesundheit, des wissenschaftlich-technologisches Erfolgs, den Lebensbedingungen und der Gleichberechtigung von Gesellschaftskulturen stehen, wohingegen sie in moderat positiven Zusammenhängen mit sozialen, familiären sowie politischen Haltungen (z. B. fehlende Mitspracherechte) stehen.

Umso interessanter ist der Befund, dass über ausnahmslos alle Kulturcluster hinweg deutliche Trends von vergleichsweise hohen Bewertungen des Status quo der Machtdistanz hin zu einem wesentlich niedrigeren Should-be-Kulturwert der Machtdistanz erkennbar sind. In vielen Ländern und Kulturclustern ist die Diskrepanz so stark ausgeprägt (z. B. Östlich-Europa, Mittelamerika, Mittlerer Osten, Konfuzianisch-Asien, Südasien), dass, angesichts der wirtschaftlichen und politischen Bedingungen in diesen Ländern, eher von einer kompensatorischen Überbewertung einer niedrigen Machtdistanz als kulturellem Wert auszugehen ist als von einer sich tatsächlich abzeichnenden gesellschaftskulturellen Entwicklung hin zu weniger Machtdistanz.

Bei genauerer Betrachtung ist eine Überbewertung der Diskrepanzen zwischen Praktiken und Werten dieser Dimension auch für die Länder der germanisch-europäischen, romanisch-europäischen und Anglo-Cluster feststellbar, und dies, obwohl hier die wirtschaftlichen und politischen Bedingungen eigentlich vergleichbar zu jenen Ländern sind, die sich bereits durch einen vergleichsweise niedrigen Status quo der Machtdistanz auszeichnen (Niederlande, NLD; Dänemark, DNL; Neuseeland, NZL). Für Länder der bezeichneten Kulturcluster mit vergleichsweise hohen Bewertungen der Machtdistanz als kulturellem Wert (vor allem z. B. Deutschland, DEU) wären aufgrund dieser Befundlage gesellschaftskulturelle Trends in Richtung geringere Machtdistanz zu postulieren. Absehbar oder bereits erlebbar ist eine solche Entwicklung, zumindest in Deutschland, meines Erachtens bis zum heutigen Tage jedoch nicht.

5.2.8 Humanorientierung

Humanorientierung als Kulturdimension ist definiert durch das Ausmaß, in dem Fairness, Altruismus, Großzügigkeit, Fürsorge und Höflichkeit in einer Gemeinschaft gefördert und belohnt werden (Praktiken) bzw. gefördert und belohnt werden sollten (Werte). Diese Kulturdimension basiert auf der Arbeit von Kluckhohn und Strodtbeck [18] sowie auf dem psychologischen Konstrukt des Affiliationsmotivs aus der Motivtheorie von McClelland [13].

In Kulturen mit einer hohen Ausprägung von Humanorientierung werden Altruismus, Freundlichkeit, Großzügigkeit, Liebe und Wohlwollen geschätzt, die Mitglieder sind durch das Bedürfnis nach Zugehörigkeit motiviert. Dabei haben andere Personen ungeachtet ihrer Gruppenzugehörigkeit eine hohe Bedeutung, es wird erwartet, soziale Unterstützung zu leisten, andere zu fördern und keine Diskriminierung zuzulassen. Soziale Beziehungen dienen sowohl dem Schutz als auch der Unterstützung, während der Staat keine aktive Verantwortung für das individuelle Wohlbefinden übernimmt. In der Familie wird von den Kindern Gehorsam erwartet, von den Eltern dagegen, dass sie ihre Kinder kontrollieren [31].

Bei einer geringen Ausprägung von Humanorientierung zählen dagegen vorwiegend hedonistische Werte wie Komfort, Vergnügen und Wohlbefinden, wobei der Staat für soziale und wirtschaftliche Unterstützung und für Schutz sorgt. Eigeninteressen sind von Bedeutung, als Motivator wirkt das Streben nach Macht und Besitz, und es wird erwartet, dass individuelle Probleme selbstständig gelöst werden. Dies drückt sich auch darin aus, dass Familienmitglieder als unabhängige Individuen betrachtet werden und von Kindern Selbstständigkeit erwartet wird [31].

Im Fragebogen der GLOBE-Studie wurde Humanorientierung als Kulturdimension hinsichtlich kultureller Praktiken und Werte durch Fragen erfasst, die das Ausmaß bzw. die Bedeutung der folgenden Aspekte zum Inhalt haben:

- die Besorgnis um andere,
- die Feinfühligkeit gegenüber anderen,
- Freundlichkeit,
- Großzügigkeit,
- die Toleranz gegenüber Fehlern.

Bei der Betrachtung der Ergebnisse der GLOBE-Studie zeigt sich, dass Humanorientierung als kultureller Wert in nahezu allen betrachteten Gesellschaften sehr hoch bewertet wurde, mit einem Mittelwert von 5,42 und Werten zwischen 4,49 und 6,09 (◻ Abb. 5.11). Hinsichtlich der praktizierten Humanorientierung bewegen sich die Einschätzungen dagegen im Bereich von 3,18 bis 5,23 um den Skalenmittelpunkt, mit dem Mittelwert 4,09. Dabei zeigte sich auf Gesellschaftsebene ein moderater, aber signifikanter negativer Zusammenhang zwischen Werten und Praktiken der Humanorientierung ($r = -0.32$, $p < 0.05$) [31]. Dieser lässt sich bei einer nach Branchen getrennten Betrachtung auch für die Branchen Nahrungsmittelverarbeitung ($r = -0.30$, $p < 0.05$) und Telekommunikation ($r = -0.46$, $p < 0.01$) feststellen, nur für die Finanzdienstleistung fiel er nicht signifikant und geringer aus ($r = -0.16$, n. s.), allerdings auch mit negativem Vorzeichen [31]. Die Korrelationen zwischen den branchenspezifischen Ergebniswerten fallen zwar signifikant aus, mit Werten zwischen $r = 0.48$ und $r = 0.76$ [31] sind sie allerdings teils deutlich niedriger als bei anderen Kulturdimensionen, was ein Hinweis auf branchenspezifische Einflüsse und Unterschiede sein könnte (◻ Tab. 5.15).

Durch weitere empirische Untersuchungen an den GLOBE-Daten ließ sich die These unterstützten, dass die Finanzbranche mithin als die globalste der untersuchten Branchen betrachtet werden kann. Sie hat nachweisbare Auswirkungen auf organisationskulturelle Merkmale der betreffenden Unternehmen. Auch wirken sich gesellschaftskulturelle Unterschiede in Praktiken und Werten in geringerem Maße auf die Unternehmenskulturen dieser Branche aus. Die Finanzdienstleistungsbranche hat offenbar eine eigenständige, weltumspannende Kultur entwickelt, die über die bestehenden gesellschaftskulturellen Einflüsse auf Organisationen hinausgehend die Kulturen von Finanzunternehmen weltweit gleichartig prägt (vgl. [7]).

Im Rahmen der GLOBE-Studie wurden anhand von Zusammenhängen mit anderen Datenquellen die Hypothesen überprüft, dass Länder mit hoher Humanorientierung bessere Lebensbedingungen, eine höhere Zufriedenheit und mehr wirtschaftlichen Wohlstand aufweisen. Signifikante Korrelationen wurden dabei nur für den Zusammenhang von gesellschaftlichen Praktiken der Humanorientierung mit der Lebenserwartung und dem Human Development Index festgestellt (◻ Tab. 5.16), und diese Korrelationen fallen negativ aus – eine höhere praktizierte Humanorientierung geht demnach mit einer geringeren Lebenserwartung und einem geringeren Entwicklungsstand einher [31]. Auch hinsichtlich der Indikatoren für ökonomischen Wohlstand zeigten sich keine signifikanten Korrelationen, festgestellt wurde allerdings ein signifikanter negativer Zusammenhang mit dem Pro-Kopf-Bruttonationaleinkommen ($r = -0.36$, $n = 54$, $p < 0.01$) [31].

Zwischen kulturellen Praktiken bzw. Werten der Dimension Humanorientierung und objektiven Indikatoren gesellschaftlicher Leistungen sind kaum signifikante Korrelationen festzustellen. Humanorientierung, ob als gesellschaftskulturelle Praktiken oder Werte gemessen, scheint kaum systemrelevant zu sein im Hinblick auf gesellschaftliche Leistungen ökonomi-

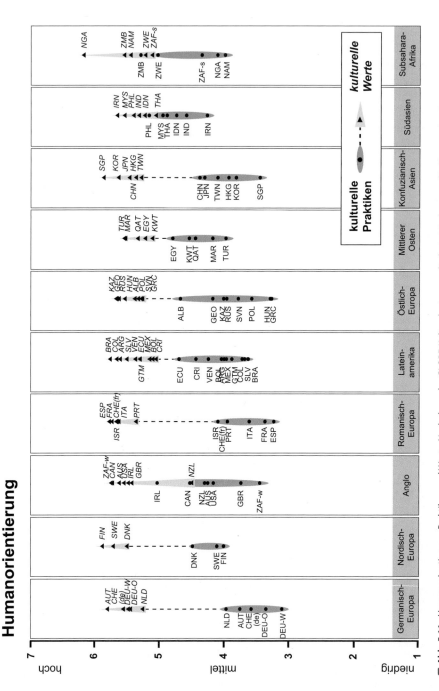

◻ **Abb. 5.11** Humanorientierung: Praktiken und Werte. Nach den zehn GLOBE-Kulturclustern gegliederte Länderwerte für Humanorientierung (● kulturelle Praktiken, ▲ kulturelle Werte), N = 61 Länder. Länderabkürzungen nach ISO 3166-1, s. Anhang, ◻ Tab. A11

◨ **Tab. 5.15** Humanorientierung: Länderergebnisse für Praktiken und Werte [16]

	Praktiken	Werte		Praktiken	Werte		Praktiken	Werte
Germanisch-Europa			Romanisch-Europa			Östlich-Europa		
DEU-W	3,18	5,46	FRA	3,40	5,67	ALB	4,64	5,34
DEU-O	3,40	5,44	ISR	4,10	5,62	GEO	4,18	5,60
AUT	3,72	5,76	ITA	3,63	5,58	GRC	3,34	5,23
CHE(de)	3,60	5,54	PRT	3,91	5,31	KAZ	3,99	5,62
NLD	3,86	5,20	CHE(fr)	3,93	5,62	POL	3,61	5,30
Nordisch-Europa			ESP	3,32	5,69	RUS	3,94	5,59
DNK	4,44	5,45	Lateinamerika			SVN	3,79	5,25
FIN	3,96	5,81	ARG	3,99	5,58	HUN	3,35	5,48
SWE	4,10	5,65	BOL	4,05	5,07	Mittlerer Osten		
Anglo			BRA	3,66	5,68	EGY	4,73	5,17
AUS	4,28	5,58	CRI	4,39	4,99	KWT	4,52	5,06
GBR	3,72	5,43	ECU	4,65	5,26	MAR	4,19	5,51
IRL	4,96	5,47	SLV	3,71	5,46	QAT	4,42	5,30
CAN	4,49	5,64	GTM	3,89	5,26	TUR	3,94	5,52
NZL	4,32	4,49	COL	3,72	5,61	Subsahara-Afrika		
ZAF-w	3,49	5,65	MEX	3,98	5,10	NAM	3,96	5,40
USA	4,17	5,53	VEN	4,25	5,31	NGA	4,10	6,09
Konfuzianisch-Asien			Südasien			ZMB	5,23	5,53
CHN	4,36	5,32	IND	4,57	5,28	ZAF-s	4,34	5,07
HKG	3,90	5,32	IDN	4,69	5,16	ZWE	4,45	5,19
JPN	4,30	5,41	IRN	4,23	5,61			
KOR	3,81	5,60	MYS	4,87	5,51			
SGP	3,49	5,79	PHL	5,12	5,36			
TWN	4,11	5,26	THA	4,81	5,01			

Länderabkürzungen nach ISO 3166-1, s. Anhang, ◨ Tab. A11

scher, technisch-wissenschaftlicher, sozialer oder politischer Art. Wie in den meisten anderen Dimensionen liegen auch bei Humanorientierung negative Korrelationen zwischen kulturellen Praktiken und Werten in moderater Ausprägung vor.

Erwähnenswert ist die insgesamt niedrigste Bewertung des Status quo der Humanorientierung in Deutschland bzw. Westdeutschland (DEU-W). Zur Interpretation dieser Befundlage ist auf die besondere Art und Weise, in der die Dimension der Humanorientierung gemessen wurde, hinzuweisen. Die abgefragten Einzelaussagen beziehen sich stets auf direkte sozial-interaktive Kontexte des Zusammenlebens oder der Zusammenarbeit, wo Besorgnis, Feinfühligkeit,

Tab. 5.16 Zusammenhänge zwischen Humanorientierung und anderen kulturübergreifenden Daten [31, S. 577]

	n	Werte	Praktiken
Lebensbedingungen			
Lebenserwartung	56		−0.35**
Human Development Index	56		−0.38**

* p < 0.05; ** p < 0.01. Angegeben sind nur diejenigen der in ▶ Abschn. 4.4 dargestellten Indikatoren, die signifikanten Korrelationen aufweisen.

Freundlichkeit, Großzügigkeit und Toleranz gegenüber Fehlern anderer (also Humanorientierung) gezeigt werden kann. Vernachlässigt wurden institutionalisierte Formen der Humanorientierung, wie sie gerade in Deutschland durch hochentwickelte soziale Sicherungssysteme (z. B. Arbeitslosenversicherung, Rentenversicherung, Sozialversicherung, Krankenversicherung) sowie die gesetzlich geregelte Mittbestimmung in Organisationen (Betriebsräte, Personalräte, Streikrechte) implementiert ist, was in vielen der stärker humanorientierten Gesellschaftskulturen (z. B. Anglo, Mittlerer Osten) so nicht der Fall ist (s. vertiefend [32]).

5.2.9   Unsicherheitsvermeidung

Die Kulturdimension Unsicherheitsvermeidung ist definiert als das Ausmaß, in dem traditionelle Verhaltensweisen (wie z. B. Ordnung, Beständigkeit) und soziale Kontrolle (wie z. B. durch detaillierte Vorgaben) auf Kosten von Variation, Innovation und Experimentieren eingesetzt werden, um Ambiguitäten, die mit der Unvorhersehbarkeit zukünftiger Ereignisse verbunden sind, abzuschwächen (Praktiken), bzw. in dem sie zu diesem Zweck eingesetzt werden sollten (Werte). Unsicherheitsvermeidung als Kulturdimension wurde bereits von Hofstede [26] untersucht (s. ▶ Abschnitt 3.3). Die Reduzierung von Unsicherheit wird häufig als fundamentales Bedürfnis genannt und auch auf Individual- und Organisationsebene unter verschiedenen Gesichtspunkten wie Kommunikation, Feedback- oder Planungsprozessen untersucht [33].

In Kulturen mit einer hohen Ausprägung von Unsicherheitsvermeidung lässt sich eine hohe Affinität zu Regelungen feststellen, die das Verhalten vorhersehbar machen, mit einer geringen Toleranz gegenüber Regelverstößen. Zwischenmenschliche Interaktionen, Abläufe und Strategien sind durch Formalität geprägt, Kommunikation wird bevorzugt schriftlich festgehalten, insbesondere Absprachen in rechtlich bindenden Verträgen. Ein planmäßiges, ordnungsliebendes Vorgehen drückt sich unter anderem in exakten Dokumentationen aus. Risiken werden ungern bzw. nur kalkuliert eingegangen, was die Entwicklung von Neuerungen behindert, gleichzeitig aber zu einer besseren, kontrollierten Umsetzung führt, und es zeigt sich ein höherer Widerstand gegenüber Veränderungen [33].

In Kulturen mit niedrig ausgeprägter Unsicherheitsvermeidung ist die Einführung von Verhaltensregeln dagegen weniger erwünscht, und Regelverstöße werden eher toleriert. Zwischenmenschliche Begegnungen sind informell geprägt, was sich auch in einem weniger planmäßigen Vorgehen und einer fehlenden Dokumentation bei Besprechungen und Beschlüssen niederschlägt. Man traut lieber dem Wort des Gegenübers, als einen Vertrag aufzusetzen, und verlässt sich auf informelle Normen und Interaktionen. Ein geringer Widerstand gegenüber Veränderungen geht mit einer höheren Risikobereitschaft einher, was die Entwicklung neuer Produkte fördert, wenngleich es ihre Umsetzung aufgrund geringer Planung und Kontrolle gefährden kann [33].

Unsicherheitsvermeidung wurde im Rahmen der GLOBE-Studie mit Fragen erfasst, die die folgenden Aspekte kultureller Praktiken und Werte thematisieren:

- die Betonung von Ordnung und Beständigkeit, sogar auf Kosten des Experimentierens und der Innovation,
- die detaillierte Festlegung von Anforderungen und Vorgaben, damit die Beschäftigten bzw. Bürger wissen, was von ihnen erwartet wird,
- die Bedeutung von stark strukturierter Arbeit bzw. einem geordneten Leben mit wenigen unerwarteten Ereignissen,
- die Präferenz für detaillierte Anleitungen zur Erfüllung von Aufgaben durch Führungspersonen vs. die Selbstbestimmung von Bürgern/Mitarbeitern bezüglich der Art der Aufgabenerfüllung,
- den Umfang der durch Regeln und Gesetze abgedeckten Situationen.

Den Ergebnissen der GLOBE-Studie zufolge ist die Kulturdimension Unsicherheitsvermeidung in den untersuchten Gesellschaften in durchaus unterschiedlichem Ausmaß von Bedeutung. Dies gilt sowohl hinsichtlich der praktizierten Unsicherheitsvermeidung, die mit einem Wertebereich von 2,88 bis 5,37 (Mittelwert: 4,16) sehr unterschiedlich ausfällt, als auch hinsichtlich der entsprechenden kulturellen Werte, mit einem Mittelwert von 4,62 und Ergebniswerten zwischen 3,16 und 5,61. Auffällig ist der deutliche negative Zusammenhang zwischen Praktiken und Werten ($r = -0,62$, $p < 0,01$, N = 61) [33], der auch in ◘ Abb. 5.12 erkennbar ist: Ein hohes Ausmaß an praktizierter Unsicherheitsvermeidung geht demnach mit einem geringen Wunsch danach einher und umgekehrt. Es finden sich jedoch auch Ausnahmen von diesem Zusammenhang, wie beispielsweise die Ergebnisse für China zeigen: Hier wurde trotz vergleichsweise hoch ausgeprägter kultureller Praktiken (4,94) auch ein hoher Wunsch nach Unsicherheitsvermeidung (5,28) geäußert (vgl. [33]). Bezüglich der Branchenzugehörigkeit der Befragten zeigen hohe signifikante Korrelationen zwischen den Ergebniswerten der einzelnen Branchen, dass für Unsicherheitsvermeidung branchenübergreifend eine hohe Übereinstimmung besteht [33].

◘ Abbildung 5.12 lässt erkennen, dass die Unterschiede in den Bewertungen von Unsicherheitsvermeidung einen Zusammenhang mit den GLOBE-Kulturclustern und damit mit regionalen und kulturhistorischen Gegebenheiten aufweisen. Während insbesondere der germanische und der nordische Cluster eine hohe praktizierte Unsicherheitsvermeidung mit einem gleichzeitigen Wunsch nach weniger davon aufweisen, geben die Länder des südamerikanischen und des östlichen Clusters mehrheitlich ein geringes Maß an praktizierter Unsicherheitsvermeidung, gleichzeitig aber einen hohen Wunsch danach an. Teils lassen sich jedoch auch innerhalb von Kulturclustern deutliche Unterschiede zwischen den betreffenden Ländern feststellen, wie im Fall des romanischen Clusters, dessen Länder sowohl bei Praktiken als auch bei kulturellen Werten teils oberhalb und teils unterhalb des Skalenmittelpunkts liegen. Die jeweiligen Ergebniswerte der einzelnen Länder finden sich in ◘ Tab. 5.17.

Für die Kulturdimension Unsicherheitsvermeidung wurde im Zusammenhang mit anderen kulturvergleichenden Daten (s. ▶ Abschn. 4.4) hypothesengeleitet überprüft, ob Gesellschaften mit einer hohen Ausprägung von Unsicherheitsvermeidung über mehr Wohlbefinden berichten, mehr wissenschaftlichen Fortschritt aufweisen und Regierungen haben, die wirtschaftliche Aktivitäten fördern. Die in ◘ Tab. 5.18 aufgeführten Zusammenhänge sprechen hinsichtlich der Ausprägung kultureller Praktiken für diese Hypothesen. Darüber hinaus wurde festgestellt, dass Unsicherheitsvermeidung signifikante Korrelationen mit dem Ausmaß an Bürgerrechten

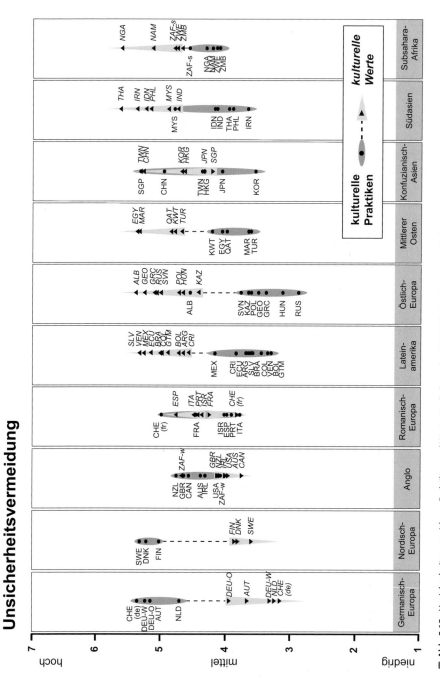

Abb. 5.12 Unsicherheitsvermeidung: Praktiken und Werte. Nach den zehn GLOBE-Kulturclustern gegliederte Länderwerte für Unsicherheitsvermeidung (● kulturelle Praktiken, ▲ kulturelle Werte), N = 61 Länder. Länderabkürzungen nach ISO 3166-1, s. Anhang, ■ Tab. A11

◻ Tab. 5.17 Unsicherheitsvermeidung: Länderergebnisse für Praktiken und Werte [16]

	Praktiken	Werte		Praktiken	Werte		Praktiken	Werte
Germanisch-Europa			Romanisch-Europa			Östlich-Europa		
DEU-W	5,22	3,32	FRA	4,43	4,26	ALB	4,57	5,37
DEU-O	5,16	3,94	ISR	4,01	4,38	GEO	3,50	5,24
AUT	5,16	3,66	ITA	3,79	4,47	GRC	3,39	5,09
CHE(de)	5,37	3,16	PRT	3,91	4,43	KAZ	3,66	4,42
NLD	4,70	3,24	CHE(fr)	4,98	3,83	POL	3,62	4,71
Nordisch-Europa			ESP	3,97	4,76	RUS	2,88	5,07
DNK	5,22	3,82	Lateinamerika			SVN	3,78	4,99
FIN	5,02	3,85	ARG	3,65	4,66	HUN	3,12	4,66
SWE	5,32	3,60	BOL	3,35	4,70	Mittlerer Osten		
Anglo			BRA	3,60	4,99	EGY	4,06	5,36
AUS	4,39	3,98	CRI	3,82	4,58	KWT	4,21	4,77
GBR	4,65	4,11	ECU	3,68	5,16	MAR	3,65	5,32
IRL	4,30	4,02	SLV	3,62	5,32	QAT	3,99	4,82
CAN	4,58	3,75	GTM	3,30	4,88	TUR	3,63	4,67
NZL	4,75	4,10	COL	3,57	4,98	Subsahara-Afrika		
ZAF-w	4,09	4,67	MEX	4,18	5,26	NAM	4,20	5,13
USA	4,15	4,00	VEN	3,44	5,26	NGA	4,29	5,60
Konfuzianisch-Asien			Südasien			ZMB	4,10	4,67
CHN	4,94	5,28	IND	4,15	4,73	ZAF-s	4,59	4,79
HKG	4,32	4,63	IDN	4,17	5,23	ZWE	4,15	4,73
JPN	4,07	4,33	IRN	3,67	5,36			
KOR	3,55	4,67	MYS	4,78	4,88			
SGP	5,31	4,22	PHL	3,89	5,14			
TWN	4,34	5,31	THA	3,93	5,61			

Länderabkürzungen nach ISO 3166-1, s. Anhang, ◻ Tab. A11

innerhalb einer Gesellschaft (Civil Liberties Index) aufweist, wobei hohe Werte des Civil Liberties Index ein geringes Maß an Freiheiten für die Bürger anzeigen. Die moderate negative Korrelation mit gesellschaftlichen Praktiken der Unsicherheitsvermeidung lässt erkennen, dass ein hoher Grad an Regelungen und Strukturierung innerhalb der Gesellschaft mit höheren individuellen Freiheiten der Bürger einhergeht. Dagegen zeigt sich hinsichtlich der gesellschaftlichen Werte der Unsicherheitsvermeidung ein starker positiver Zusammenhang mit dem Civil Liberties Index: Der Wunsch nach mehr Unsicherheitsvermeidung tritt somit im Zusammenhang mit eingeschränkten Bürgerrechten bzw. geringeren Freiheiten der Bürger auf [33].

◻ Tab. 5.18 Zusammenhänge zwischen Unsicherheitsvermeidung und anderen kulturübergreifenden Daten [33]

	n	Werte	Praktiken
Ökonomische Gesundheit			
Wirtschaftlicher Wohlstand	57	−0.80**	0.60**
Öffentlicher Sektor: Unterstützung für Wohlstand	40	−0.75**	0.74**
Gesellschaftliche Unterstützung der Wettbewerbsfähigkeit	40	−0.24	0.44**
Global Competitiveness Index	41	−0.49**	0.60**
Wissenschaftlich-technologischer Erfolg			
Grundlagenforschung	40	−0.58**	0.59**
Lebensbedingungen			
Gesellschaftliche Gesundheit	40	−0.74**	0.76**
Lebenserwartung	56	−0.44**	0.28*
Allgemeine Zufriedenheit	38	−0.66*	0.63**
Human Development Index	56	−0.59**	0.28*
Gesellschaftliche Einstellungen			
Politische Haltung			
Geringschätzung von Demokratie	26	0.40*	−0.51*
Passivität	37	0.60**	−0.52**
Fehlendes Mitspracherecht	38	0.75**	−0.53**
Abneigung gegenüber Demokratie	27	0.38*	−0.49**
Aktive Rolle der Regierung	38	0.81**	−0.62**
Stabilität	38	0.56**	−0.29

* $p < 0.05$; ** $p < 0.01$. Angegeben sind nur diejenigen der in ► Abschn. 4.4 dargestellten Indikatoren, die signifikanten Korrelationen aufweisen.

Das Korrelationsmuster, das zwischen Praktiken und objektiven Indikatoren gesellschaftlicher Leistungen zu finden ist, zeigt, dass gesellschaftskulturelle Praktiken der Unsicherheitsvermeidung in hohen bis sehr hohen positiven Zusammenhängen mit Indikatoren der ökonomischen Gesundheit, des wissenschaftlich-technologisches Erfolgs, der Lebensbedingungen, der Wertschätzung und Befürwortung von Demokratie, der Mitspracherechte und einer passiven Rolle der Regierung stehen (hierbei ist zu beachten, dass durch entsprechendes Umformulieren der letztgenannten Einstellungen dem Umstand Rechnung getragen wurde, dass die in ◻ Tab. 5.18 gelisteten Korrelationen jeweils negativ ausgeprägt sind). Beim gesellschaftskulturellen Wert der Unsicherheitsvermeidung findet sich exakt das gegenteilige Korrelationsmuster. Vor diesem Hintergrund ist der sehr hohe negative Zusammenhang zwischen kulturellen Praktiken und Werten der Dimension Unsicherheitsvermeidung hervorzuheben.

Im germanisch-europäischen und nordisch-europäischen Kulturcluster zeichnen sich Trends hin zu weniger Unsicherheitsvermeidung ab, denn eine hohe Bewertung des Status quo der Unsicherheitsvermeidung geht mit einer geringen Bewertung des kulturellen Wertes der Unsicherheitsvermeidung einher. Im Anglo-, Romanisch-Europa- und Konfuzianisch-Asien-Cluster liegen die kulturellen Praktiken und Werte der Unsicherheitsvermeidung dagegen sehr nahe beieinander, sodass nicht damit zu rechnen ist, dass sich insgesamt an der Unsicherheitsvermeidung in diesen Kulturclustern etwas bedeutend ändern sollte. In einzelnen Ländern dieser Kulturcluster können Trends dennoch gegeben sein, in Abhängigkeit von der Stärke der Diskrepanz zwischen den gesellschaftskulturellen Praktiken und Werten der Unsicherheitsvermeidung (z. B. Korea, KOR, mit positivem Trend im Konfuzianisch-Asien-Kulturcluster, Spanien, ESP, mit negativem Trend im romanisch-europäischen Cluster). Auf ein konkretes Beispiel zur Bedeutung von gesellschaftskulturellen Trends bei der Dimension Unsicherheitsvermeidung und dem Erfolg von Markteintritten in Länder mit positivem Trend wird anhand des Konstrukts der gesellschaftskulturellen Attraktivität in ▶ Kap. 9 näher eingegangen (s. auch Exkurs: Trends kultureller Entwicklung).

Trends kultureller Entwicklung

Gesellschaftliche Werte und Praktiken hängen entgegen bisheriger Annahmen nicht immer positiv zusammen, sondern sind ganz im Gegenteil sogar häufig negativ korreliert: Das übliche Vorgehen vor Ort steht demnach in einem negativen Zusammenhang mit dem, was eigentlich ebendort als ideale Vorgehensweise betrachtet wird [34]. Dies zeigt sich vor allem im Hinblick auf die Dimension Machtdistanz, die in vielen Ländern als stark ausgeprägt (im Sinne kultureller Praktiken) bewertet wurde, obwohl wesentlich weniger Machtdistanz als erstrebenswert (im Sinne kultureller Werte) angegeben wurde. Ähnliche Diskrepanzen gibt es für die Dimension Unsicherheitsvermeidung: In Ländern, in denen auf der Ebene kultureller Praktiken eine hohe Unsicherheitsvermeidung berichtet wurde, zeigen die Befunde für die kulturellen Werte an, dass wesentlich weniger Unsicherheitsvermeidung als wünschenswert betrachtet wird. Die Unterscheidung von kulturellen Praktiken und Werten in der GLOBE-Studie bringt den Vorteil mit sich, dass aus dem Vergleich der betreffenden Werte auf Trends kultureller Entwicklungen geschlossen werden kann. So ist beispielsweise in ◘ Abb. 5.6 für alle Ländercluster ein Trend hin zu mehr Gleichberechtigung zwischen Mann und Frau erkennbar, wenngleich dieser nicht überall so stark ausgeprägt ist wie in den deutschsprachigen Ländern. Ebenfalls erkennbar ist hier, dass ost- und westdeutsche Manager in Bezug auf Gleichberechtigung die kulturellen Praktiken und Werte sehr ähnlich bewerten, was für einen in beiden Teilen Deutschlands gleichartig ausgeprägten kulturellen Trend spricht. Wie sich solche Trends in der Praxis auswirken und nutzbar gemacht werden können, wird in ▶ Kap. 9 erläutert.
Eine empirische Überprüfung dieses sowie ähnlicher Trends, die anhand der Ergebnisse der GLOBE-Studie festgestellt werden können, steht momentan noch aus. Die hohen Korrelationen der GLOBE-Daten mit Daten aus früheren Studien – wie Hofstedes Untersuchung aus den 60er- und 70er-Jahren (s. ▶ Abschn. 3.3) und teils noch älteren Datensätzen – zeigen auch, dass sich grundlegende gesellschaftskulturelle Praktiken und Werte bis auf sehr wenige Ausnahmen nicht so leicht ändern (lassen). Innerhalb einer Generation, also in Zeiträumen von Dekaden, ist bestenfalls mit Änderungen von Nuancen einer Gesellschaftskultur zu rechnen. Für weiterreichende, grundlegende Änderungen muss dagegen von Zeiträumen von 50 bis 100 Jahren und mehr ausgegangen werden. Gesellschaftskulturen erneuern sich daher nur sehr langsam von Grund auf, wohingegen Organisationskulturen innerhalb deutlich kürzerer Zeiträume einen kulturellen Wandel erfahren können [35].

▫ Tab. 5.19 Globale und primäre Führungsdimensionen [35]

Globale Dimension	Definition	Primäre Dimensionen
Charismatisch	Das Ausmaß, in dem Mitarbeiter auf Basis positiver Werte und mit hohen Leistungserwartungen inspiriert und motiviert werden	Leistungsorientiert Visionär Inspirierend Integer Selbstaufopfernd Bestimmt
Teamorientiert	Das Ausmaß, in dem gemeinsame Ziele implementiert und Arbeitseinheiten (Teams) entwickelt werden	Teamintegrierend Kollaborativ Administrativ kompetent Diplomatisch Böswillig (recodiert)
Partizipativ	Das Ausmaß, in dem andere bei Entscheidungen beteiligt werden	Autokratisch (recodiert) Non-partizipativ (recodiert)
Humanorientiert	Das Ausmaß, in dem zwischenmenschlich unterstützend, fair, höflich und umsichtig agiert wird	Humanorientiert Bescheiden
Autonomieorientiert	Das Ausmaß, in dem unabhängig von anderen und in individueller Art und Weise agiert wird	Autonomieorientiert
Defensiv	Das Ausmaß, in dem selbstschützend und statusbewahrend agiert wird	Selbstbezogen Statusorientiert Konfliktorientiert Gesicht wahrend Bürokratisch

5.3   GLOBE-Führungsdimensionen

Im Rahmen von GLOBE ließ sich unter anderem feststellen, welche Eigenschaften und Verhaltensweisen Führungskräfte kennzeichnen, die als hervorragend eingestuft werden. Es konnten sechs globale Führungsdimensionen identifiziert werden, die die Abbildung von landeskulturellen Unterschieden und Gemeinsamkeiten erlauben: charismatisch, teamorientiert, partizipativ, humanorientiert, autonomieorientiert sowie defensiv. Wie bereits in ▶ Abschn. 4.6 beschrieben, setzen sich diese globalen Führungsdimensionen aus 21 primären Führungsdimensionen zusammen, die wiederum auf den 112 Einzelaussagen des GLOBE-Fragebogens basieren. ▫ Tabelle 5.19 gibt einen Überblick über die sechs globalen Führungsdimensionen mit den primären Führungsdimensionen, die diese jeweils umfassen. Die Dimension autonomieorientiert ist dabei ein Sonderfall, da die primäre Führungsdimension hier der globalen entspricht. Von den 112 Einzelaussagen des GLOBE-Fragebogens ergab sich für 13 Aussagen keine faktorenanalytische Zuordnung zu einer bestimmten Führungsdimension. Da diese Aussagen jedoch anhand von durch Theorie und Empirie geleiteten Überlegungen ausgewählt wurden (s. ▶ Abschn. 4.6), erscheint es nicht angezeigt, sie aus der weiteren Auswertung und der Darstellung der Ergebnisse auszuschließen, zumal sich unter ihnen einige universelle und kulturspezifische Führungsmerkmale finden, die für die Anwendung von besonderem Interesse sind (mehr dazu in ▶ Abschn. 5.3.1).

Die 21 primären Führungsdimensionen (▫ Abb. 5.13) wie auch die sechs globalen Führungsdimensionen (▫ Abb. 5.1) unterscheiden sich darin, als wie hinderlich oder förderlich diese für

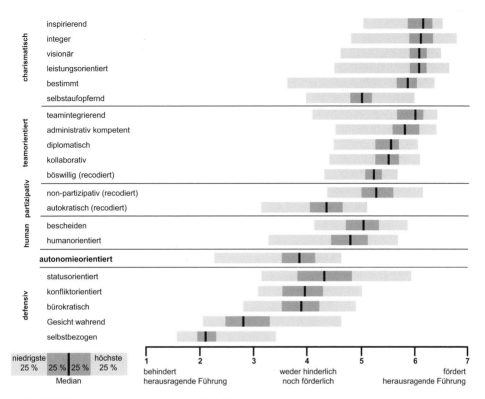

Abb. 5.13 Weltweite Bewertung der 21 primären Führungsdimensionen

herausragende Führung betrachtet werden. Gleichzeitig eignen sie sich dafür, zwischen den Ländern wie auch zwischen den beteiligten Kulturclustern der GLOBE-Studie zu differenzieren.

5.3.1 Universelle und kulturspezifische Führungsattribute

Wie geschildert basieren die 6 globalen Führungsdimensionen auf den insgesamt 21 primären Führungsdimensionen, die auf statistischem Wege aus den Daten der GLOBE-Studie gewonnen wurden. Diese primären Führungsdimensionen setzen sich aus den Führungsattributen zusammen, die in der kulturübergreifenden Zusammenarbeit der an GLOBE beteiligten Wissenschaftlern zusammengestellt und den Teilnehmern der Studie zur Bewertung hinsichtlich ihres Beitrags zu herausragender Führung vorgelegt wurden. Gesucht wurde dabei einerseits nach Führungsdimensionen, die Vergleiche zwischen verschiedenen Ländern erlauben, also Aussagen darüber, welche Führungsattribute – Eigenschaften oder Verhaltensweisen von Führungskräften – in welchem Land als mehr oder weniger kennzeichnend für herausragende Führung eingeschätzt werden. Andererseits sollte auch festgestellt werden, ob manche Führungsattribute über alle untersuchten Länder hinweg als kennzeichnende Attribute für herausragende Führung betrachtet werden.

Wie angenommen erwiesen sich bestimmte Führungsdimensionen als universell, also als weltweit bedeutsam für herausragende Führung, und zwar sowohl auf der Ebene der globalen Führungsdimensionen als auch unter den 21 primären Führungsdimensionen, aus denen sich diese zusammensetzen. Für die Entwicklung eines Führungsleitbildes zum Beispiel, kann es

◘ Tab. 5.20 Universelle Führungsattribute [1]

Universell positiv bewertet		Universell negativ bewertet
Administrationstalent	Intelligent	Diktatorisch
An exzellenter Leistung orientiert	Kommunikativ	Egozentrisch
Dynamisch	Koordinator	Einzelgänger
Effektiver Verhandlungsführer	Motivierend	Nicht direkt
Ehrlich	Plant im Voraus	Nicht kooperativ
Entscheidungsfreudig	Positiv	Reizbar
Ermutigend	Schafft Vertrauen	Rücksichtslos
Gerecht	Spornt an	Ungesellig
Gewinn/Gewinn-Problemlöser	Teambildner	
Informiert	Verlässlich	
	Vertrauenswürdig	
	Voraussichtig	

noch informativer sein, noch eine Ebene tiefer zu gehen und die einzelnen Führungsattribute mit ihren genauen Definitionen zu betrachten, die im Fragebogen zur GLOBE-Studie enthalten sind: Auch hier lässt sich feststellen, dass manche Attribute universell, also über alle betrachteten Kulturen hinweg, als bedeutsam für herausragende Führung eingestuft wurden – und zwar teils im positiven, teils im negativen Sinn.

Nach GLOBE wird ein Führungsattribut als universell in positiver Hinsicht eingestuft, wenn mindestens 95 % der Mittelwerte auf Landesebene den Wert 5 auf der siebenstufigen Antwortskala übersteigen und gleichzeitig der Mittelwert der weltweiten Bewertung höher als 6 liegt. Für eine Einstufung als universell in negativer Hinsicht müssen 95 % der Ländermittelwerte sowie gleichzeitig der Mittelwert der weltweiten Bewertung niedriger als 3 liegen [1]. Diese Attribute eignen sich gut, um Führung kulturübergreifend zu definieren (◘ Tab. 5.20).

Gleichzeitig bestätigte sich auch die Vorhersage, dass andere Führungsdimensionen – und damit auch konkrete Führungsattribute – kulturspezifische Unterschiede in ihrer Bedeutung für herausragende Führung aufweisen. Sie ermöglichen zunächst einmal Vergleiche zwischen Kulturen, denn in manchen Kulturen werden sie als wichtige Voraussetzung für herausragende Führung eingeschätzt, während sie in anderen Kulturen sogar als Hindernis für diese gelten können. Darüber hinaus stellen sie jedoch auch häufig Stolpersteine in der interkulturellen und globalen Führung dar, weil sie Anlass für Missverständnisse und Konflikte bieten – bezüglich dieser Führungsattribute kann ein Verhalten, das im Herkunftsland einer Führungskraft toleriert oder sogar geschätzt wird, an ihrem Einsatzort in einem Land mit entsprechend unterschiedlichen Werten als äußerst unpassend empfunden werden und zu entsprechend negativen Reaktionen führen. In ◘ Abb. 5.14 sind diese kulturspezifischen Führungsattribute mit ihren jeweiligen Wertebereichen aufgeführt.

5.3.2 Charismatische Führung

Seit das Konzept der charismatischen Führung von Weber (1947) [36] erstmals beschrieben wurde, wurde es von einer ganzen Reihe von Führungstheorien aufgegriffen und in unzähligen Studien untersucht. Die Definition des Konzepts stimmt dabei nicht immer genau überein, doch im Wesentlichen umfasst es stets eine Einflussnahme, die auf der Identifikation mit einer als etwas Besonderes wahrgenommenen Führungsperson basiert und die emotionale Wirkung betrachtet, die Führungskräfte durch die Verbreitung von Zuversicht und Optimismus, durch

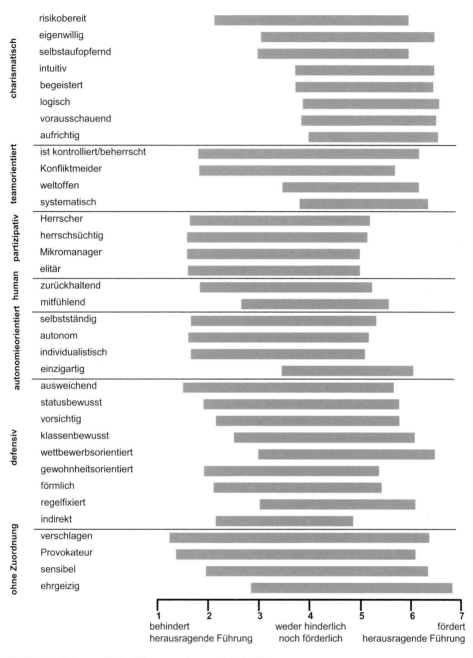

Abb. 5.14 Kulturspezifische Führungsattribute nach GLOBE [1]

eine gewisse Selbstaufopferung und nicht zuletzt durch die von ihnen vermittelte Vision erzielen. Das im Rahmen von GLOBE entwickelte Konzept charismatischer Führung umfasst neben solchen Merkmalen von Vision, Inspiration und Selbstaufopferung außerdem die Aspekte der Integrität, der Entschlossenheit und der Leistungsorientierung und ist im aktuellsten Buch zu Phase 3 des GLOBE-Projekts [3] wie folgt definiert:

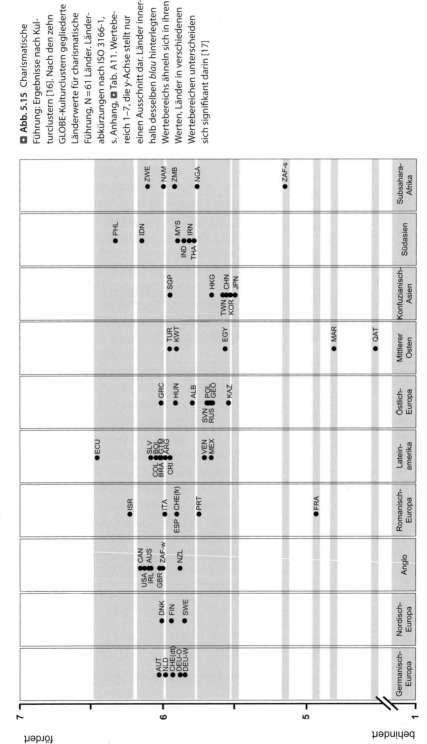

◻ Abb. 5.15 Charismatische Führung: Ergebnisse nach Kulturclustern [16]. Nach den zehn GLOBE-Kulturclustern gegliederte Länderwerte für charismatische Führung, N = 61 Länder. Länderabkürzungen nach ISO 3166-1, s. Anhang, ◻ Tab. A11. Wertebereich 1–7, die y-Achse stellt nur einen Ausschnitt dar. Länder innerhalb desselben *blau* hinterlegten Wertebereichs ähneln sich in ihren Werten, Länder in verschiedenen Wertebereichen unterscheiden sich signifikant darin [17]

◻ Tab. 5.21 Universell positive Merkmale charismatischer Führung

Primäre Dimension	Attribut	Beschreibung
Visionär	Voraussichtig	Antizipiert zukünftige Ereignisse
	Plant im Voraus	Antizipiert und trifft Vorkehrungen im Voraus
Inspirierend	Schafft Vertrauen	Erweckt Vertrauen bei anderen durch starkes Vertrauen in andere
	Dynamisch	Stark engagiert, tatkräftig, voller Begeisterung, motiviert
	Ermutigend	Macht Mut, gibt Zuversicht und Hoffnung durch Bestätigung und Ratschläge
	Motivierend	Spornt andere dazu an, sich über ihre normale Pflicht hinaus anzustrengen und persönliche Opfer zu bringen
	Spornt an	Mobilisiert und aktiviert eine Gefolgschaft
	Positiv	Im Allgemeinen optimistisch und zuversichtlich
Entscheidungs-freudig	Entscheidungsfreudig	Trifft Entscheidungen entschlossen und schnell
Integer	Ehrlich	Spricht und handelt aufrichtig
	Gerecht	Handelt danach, was richtig und fair ist
	Vertrauenswürdig	Hat Vertrauen verdient, man kann ihm/ihr glauben und seinem/ihrem Wort trauen
Leistungsorientiert	An exzellenter Leistung orientiert	Bemüht sich um hervorragende Leistungen bei sich selbst und bei anderen

» Charismatische Führungskräfte inspirieren die von ihnen Geführten durch eine erstrebenswerte, realistische Vision, die auf einer zweckdienlichen Analyse und hohen Leistungserwartungen basiert. Sie werden aufgrund ihrer Integrität und ihrer Bereitschaft, eigene Interessen zurückzustellen, als aufrichtig, entschlussfreudig und glaubwürdig betrachtet ([3], S. 57).

Die globale Führungsdimension charismatische Führung setzt sich – wie bereits in ◻ Tab. 5.20 dargestellt – aus 6 primären Führungsdimensionen zusammen, die 31 Führungsattribute umfassen. Eine Übersicht über diese Attribute findet sich im Anhang in ◻ Tab. A4.

Die Dimension charismatische Führung wurde in allen untersuchten Ländern als sehr förderlich für herausragende Führung bewertet, mit einem Mittelwert von 5,83 (dem höchsten unter den globalen Führungsdimensionen) und Werten zwischen 4,51 und 6,46 [16]. In ◻ Abb. 5.15 sind die Ergebnisse der untersuchten Länder gruppiert nach Kulturclustern dargestellt.

Mit 13 von 31 Führungsattributen umfasst die globale Führungsdimension charismatisch den höchsten Anteil an universell positiv bewerteten Führungsattributen. Insbesondere die primären Führungsdimensionen inspirierend und integer setzen sich nahezu vollständig aus universell positiv bewerteten Merkmalen zusammen (◻ Tab. 5.21). Gleichzeitig umfasst charismatische Führung acht kulturspezifische Führungsattribute, die in verschiedenen Ländern deutlich unterschiedlich bewertet werden (◻ Abb. 5.14).

Auf Gesellschaftsebene erwiesen sich in der GLOBE-Studie die Kulturdimensionen gruppenbasierter Kollektivismus und Gleichberechtigung – als kulturelle Werte – als wichtige Prädiktoren für charismatische Führung. Auf Organisationsebene sind Leistungsorientierung und gruppenbasierter Kollektivismus die bedeutsamsten Prädiktoren für diese Führungsdimension, Zukunftsorientierung und Humanorientierung spielen ebenfalls eine Rolle (betrachtet wurden auch hier nur die kulturellen Werte). Insgesamt werden durch die fünf für diese Führungsdimension relevanten Kulturdimensionen 14 % der Varianz von charismatischer Führung aufgeklärt, wobei 52,5 % dieses Anteils auf den Einfluss der Kulturdimensionen auf Gesellschaftsebene und die restlichen 47,5 % auf den Einfluss auf Organisationsebene zurückgeführt werden können. Länder und Organisationen mit hoch ausgeprägten kulturellen Werten von Leistungsorientierung, gruppenbasiertem Kollektivismus und Gleichberechtigung scheinen demnach dazu zu tendieren, besonderen Wert auf charismatische Führung – wie sie in GLOBE definiert ist – zu legen [1].

5.3.3 Teamorientierte Führung

Im Rahmen der umfangreichen Forschung zu Teams finden sich auch zahlreiche Arbeiten zur Führung von Teams. Teamorientierte Führung wird im Rahmen der GLOBE-Studie insbesondere im Hinblick auf die effektive Entwicklung von Teams verstanden, zu der auch die Einführung eines gemeinsamen Ziels bei den Teammitgliedern gehört. Im Kern geht es darum, wie Führungspersonen in Teams mit Gruppenprozessen umgehen und die Zusammenarbeit fördern. Dies kommt in der Definition teamorientierter Führung zum Ausdruck:

» Teamorientierte Führungskräfte sind loyal gegenüber ihren Teams und sorgen für das Wohlergehen der Mitarbeiter in den Teams. Sie setzen ihre administrativen und sozialen Fertigkeiten ein, um die interne Dynamik des Teams zu lenken und eine Arbeitsgruppe zu formen, die zusammenhält ([3], S. 65).

Die globale Führungsdimension teamorientiert umfasst fünf primäre Führungsdimensionen mit insgesamt 31 Führungsattributen, wobei die primäre Dimension böswillig recodiert in die globale Führungsdimension eingeht, dabei aber zwei Attribute umfasst, die positiv formuliert sind und selbst recodiert in die primäre Dimension eingehen (s. Anhang, ◼ Tab. A5).

Die Dimension teamorientierte Führung weist unter den globalen Führungsdimensionen mit einem Wertebereich von 4,74 bis 6,21 die geringste Varianz auf, und mit 5,76 den zweithöchsten Mittelwert – auch sie wird (wie charismatische Führung) also in allen betrachteten Ländern als sehr förderlich für herausragende Führung bewertet (◼ Abb. 5.16) [16].

Teamorientierte Führung umfasst mit 9 von 31 Merkmalen ebenfalls einen hohen Anteil universell als positiv bewerteter Führungsattribute (◼ Tab. 5.22). Hinzu kommen zwei universell als negativ bewertete Führungsattribute, die jedoch recodiert in die Dimension eingehen: reizbar („launisch, leicht aufgebracht") und nicht kooperativ („nicht bereit, gemeinschaftlich mit anderen zu arbeiten"). Mit vier kulturspezifischen Führungsattributen (s. auch ◼ Abb. 5.14) ist der Anteil von Merkmalen teamorientierter Führung, der im Ländervergleich deutlich unterschiedlich bewertet wird, dagegen vergleichsweise klein.

Bei der Untersuchung, welche kulturellen Werte eine Rolle als Prädiktoren für teamorientierte Führung spielen, erwies sich auf Gesellschaftsebene nur Unsicherheitsvermeidung als relevant. Diese Kulturdimension zeigte sich auch auf Organisationsebene als wichtiger Prädiktor, ebenso wie gruppenbasierter Kollektivismus. Als weitere Prädiktoren auf Organisationsebene konnten Humanorientierung, Leistungsorientierung und Zukunftsorientierung identifiziert werden. Diese fünf Kulturdimensionen klären gemeinsam einen Anteil von 13,1 % der Varianz

teamorientierte Führung

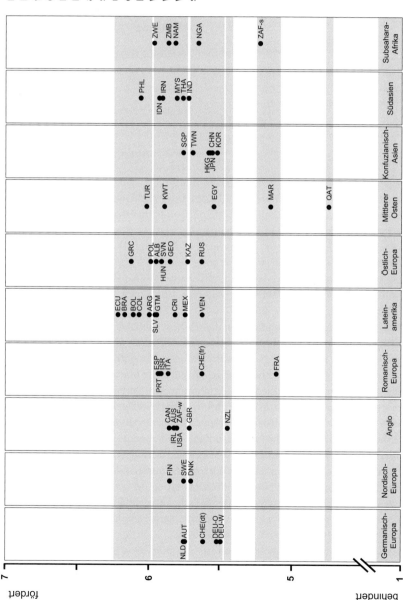

Abb. 5.16 Teamorientierte Führung: Ergebnisse nach Kulturclustern [16]. Nach den zehn GLOBE-Kulturclustern gegliederte Länderwerte für teamorientierte Führung, N = 61 Länder. Länderabkürzungen nach ISO 3166-1, s. Anhang, Tab. A11. Wertebereich 1–7, die y-Achse stellt nur einen Ausschnitt dar. Länder innerhalb desselben *blau* hinterlegten Wertebereichs ähneln sich in ihren Werten, Länder in verschiedenen Wertebereichen unterscheiden sich signifikant darin [17]

◘ Tab. 5.22 Universell positive Merkmale teamorientierter Führung

Primäre Dimension	Attribut	Beschreibung
Administrativ kompetent	Administrationstalent	Kann die Arbeit einer großen Anzahl von Personen (mehr als 75) planen, organisieren, koordinieren und kontrollieren
Diplomatisch	Effektiver Verhandlungsführer	Kann wirksam verhandeln, kann Geschäfte mit anderen zu günstigen Bedingungen abschließen
	Gewinn/Gewinn-Problemlöser	Kann Lösungen ausfindig machen, die Individuen mit verschiedenen und widersprechenden Interessen befriedigen
Böswillig	Verlässlich	Zuverlässig
	Intelligent	Klug, lernt und versteht schnell
Teamintegrierend	Kommunikativ	Kommuniziert gern häufig mit anderen
	Koordinator	Integriert und organisiert die Arbeit der Mitarbeiter
	Informiert	Gebildet, gut unterrichtet, weiß Bescheid
	Teambildner	Kann Gruppenmitglieder zur Zusammenarbeit bewegen

der Führungsdimension auf, wobei 65,5 % dieses Anteils auf Organisationsebene wirksam sind, die übrigen 34,5 % auf Gesellschaftsebene. Länder und Organisationen mit hoch ausgeprägten kulturellen Werten der Unsicherheitsvermeidung und des gruppenbasierten Kollektivismus legen demnach auch viel Wert auf teamorientierte Führung [1].

5.3.4   Partizipative Führung

Partizipative Führung als Konzept wird in der wissenschaftlichen Literatur zum Teil sehr unterschiedlich definiert. Ähnlich wie für charismatische Führung gibt es eine Vielzahl von Studien, die die Umsetzung und vor allem die Auswirkungen von partizipativer Führung untersucht haben, mit teils auch widersprüchlichen Ergebnissen. Diese unklare Befundlage lässt sich jedoch in vielen Fällen durch Unterschiede in den verwendeten Definitionen erklären, insbesondere hinsichtlich der Frage, wie partizipative Führung in der jeweiligen Sichtweise der verschiedenen Kulturen umgesetzt wird: Aspekte wie Delegation, Partizipation und verschiedene Arten der Entscheidungsfindung werden hier oft in unterschiedlichem Ausmaß berücksichtigt.

Im Verständnis von GLOBE basiert partizipative Führung im Wesentlichen auf der Ansicht, dass Geführte einen Beitrag zum Prozess der Entscheidungsfindung leisten können und dürfen und dass sie in diesen Prozess sowie in die Umsetzung der getroffenen Entscheidungen eingebunden werden sollten. Zum Prozess der Entscheidungsfindung dürfen auch Uneinigkeiten und Diskussionen gehören [3]. Die daraus resultierende Definition gibt diese Ansicht wieder:

>> Partizipative Führungskräfte gehen davon aus, dass Geführte zu Entscheidungen beitragen können und in den Prozess der Entscheidungsfindung wie auch die Umsetzung eingebunden werden sollten. Sie betrachten Auseinandersetzung, Diskussion und Uneinigkeit als normale Bestandteile eines guten Entscheidungsprozesses, die nicht unterdrückt werden sollten ([3], S. 69).

Die globale Führungsdimension umfasst die beiden primären Dimensionen autokratisch und non-partizipativ. Deren Bezeichnungen deuten schon darauf hin, dass beide primären Dimensionen – und damit auch die insgesamt zehn Führungsattribute, die diesen zugrunde liegen – recodiert in die globale Führungsdimension eingehen (s. Anhang, ◘ Tab. A6). Partizipative Führung bezieht sich als globale Führungsdimension somit eher darauf, dass *keine* Nichtpartizipation erwünscht ist. Zu berücksichtigen ist hierbei, dass sich die Art und Weise, *wie* Partizipation umgesetzt wird, von Land zu Land teils deutlich unterscheiden kann (s. Exkurs: Spielarten partizipativer Führung) – entscheidend für herausragende Führung ist, *dass* Partizipation erlebt wird.

Die Dimension partizipative Führung wird in den untersuchten Gesellschaftskulturen durchwegs als für herausragende Führung förderlich bewertet, mit einem Wertebereich von 4,50 bis 6,09 (◘ Abb. 5.17). Ihr Mittelwert von 5,33 liegt allerdings niedriger als bei charismatischer und partizipativer Führung und weist auf eine im Vergleich zu diesen weniger positive Bewertung hin [16].

Da sich die globale Führungsdimension partizipative Führung durchweg aus recodierten Führungsattributen zusammensetzt, weist sie keine universell als positiv bewerteten Merkmale auf. Mit diktatorisch („zwingt seine/ihre Werte und Ansichten anderen auf") findet sich jedoch ein universell als negativ bewertetes Führungsmerkmal, das aufgrund der Recodierung darauf hinweist, dass es in den untersuchten Ländern als wichtig für herausragende Führung betrachtet wird, dass eine Führungskraft sich eben nicht diktatorisch verhält. Mit vier von zehn Führungsattributen weist partizipative Führung einen relativ hohen Anteil kulturspezifischer Merkmale auf (◘ Abb. 5.14). Auch hier ist zu beachten, dass die Bewertungen der einzelnen Führungsattribute bei der Zusammenfassung zu den primären und zur globalen Führungsdimension recodiert werden, die einzelnen Merkmale stellen somit Aussagen dazu dar, was im Hinblick auf herausragende Führung unerwünscht ist.

Hinsichtlich der Bedeutung kultureller Werte als Prädiktoren für die Bewertung von partizipativer Führung stellten sich auf Gesellschaftsebene zwei Kulturdimensionen als wichtig heraus: Gleichberechtigung weist einen positiven Zusammenhang mit partizipativer Führung auf, Unsicherheitsvermeidung dagegen einen negativen. Beide Kulturdimensionen wirken sich auf Organisationsebene in derselben Weise aus, hinzu kommt als wichtiger Prädiktor in positiver Hinsicht noch Leistungsorientierung, und Bestimmtheit spielt eine gewisse Rolle in negativer Hinsicht. Diese vier Kulturdimensionen klären gemeinsam 15,5 % der Varianz der Führungsdimension auf, wobei 13,1 % auf die organisationale Ebene entfallen, die restlichen 86,9 % auf die Gesellschaftsebene. In Gesellschaften und Organisationen mit ausgeprägten kulturellen Werten der Leistungsorientierung und Gleichberechtigung sowie mit gleichzeitig niedrig ausgeprägter Unsicherheitsvermeidung sollte demnach eine Tendenz zur Favorisierung partizipativer Führung bestehen [1].

Spielarten partizipativer Führung

Am Beispiel der globalen Dimension partizipative Führung lässt sich gut erkennen, dass beim Vergleich verschiedener Länder trotz sehr ähnlicher Ergebniswerte in der GLOBE-Studie merklich unterschiedliche Führungspraktiken vorliegen können. So drückt sich die Präferenz für partizipative Führung in Deutschland, Österreich und der deutschsprachigen Schweiz insbesondere in rechtlichen Regularien für die Beziehungen zwischen Arbeitgebern und Arbeitnehmern aus, die sich in organisationalen Praktiken und Werten sowie in Institutionen niederschlagen. In den USA dagegen kommt die Präferenz für partizipative Führung vor allem im persönlichen Umgang zwischen Führungskraft und Geführten zum Ausdruck, wobei die

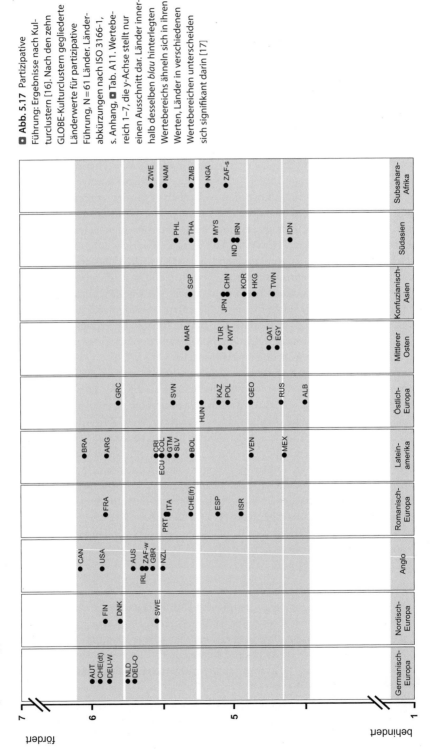

Abb. 5.17 Partizipative Führung: Ergebnisse nach Kulturclustern [16]. Nach den zehn GLOBE-Kulturclustern gegliederte Länderwerte für partizipative Führung, N = 61 Länder. Länderabkürzungen nach ISO 3166-1, s. Anhang, Tab. A11. Wertebereich 1–7, die y-Achse stellt nur einen Ausschnitt dar. Länder innerhalb desselben *blau* hinterlegten Wertebereichs ähneln sich in ihren Werten, Länder in verschiedenen Wertebereichen unterscheiden sich signifikant darin [17]

Führungskraft informell, auf Augenhöhe und wenig selbstbezogen agieren sollte. Eine weitere Spielart partizipativer Führung lässt sich in Griechenland feststellen, wo eine Abneigung gegen formelle Regeln mit einer Präferenz für offenen Austausch einhergeht und Partizipation sich insbesondere im Kommunikationsverhalten durch Zuhören und Offenheit für Vorschläge zeigt. Während die bisher genannten Beispiele verschiedene Spielarten partizipativer Führung in verschiedenen Kulturclustern demonstrieren, gibt es auch Gemeinsamkeiten zwischen Ländern mit unterschiedlichen Clusterzugehörigkeiten: So geht beispielsweise die Präferenz für partizipative Führung in Argentinien, Finnland und Frankreich mit einer Abneigung gegenüber non-partizipativem, autokratischem und direktivem Führungsverhalten einher, ohne sich in *bestimmten* Verhaltensweisen der Führung zu manifestieren [17].

5.3.5 Humanorientierte Führung

Aus der statistischen Analyse der GLOBE-Daten ergab sich das Konzept der humanorientierten Führung, das die beiden primären Aspekte Humanorientierung und Bescheidenheit umfasst. Zu Bescheidenheit im Kontext von Führung gibt es bisher kaum Forschung, und die bestehende Forschung zu Humanorientierung bzw. zu ähnlichen Konzepten wie mitarbeiterzentrierter oder empathischer Führung deckt sich in den zugrunde gelegten Definitionen nicht immer mit der Definition des GLOBE-Projekts. Diese lautet wie folgt:

» Humanorientierte Führungskräfte sind bodenständig, bescheiden und abgeneigt gegenüber Prahlereien. Sie sind empathisch und neigen dazu, den von ihnen Geführten in menschenfreundlicher Weise zu helfen und sie zu fördern, indem sie ihnen Ressourcen und andere Arten von Unterstützung anbieten ([3], S. 76).

Die globale Führungsdimension umfasst mit humanorientiert und bescheiden nur zwei primäre Führungsdimensionen, die sich aus insgesamt sechs Einzelaussagen des GLOBE-Fragebogens zusammensetzen.

Humanorientierte Führung als globale Führungsdimension wird in den untersuchten Ländern vorwiegend, aber nicht durchgehend als förderlich für herausragende Führung betrachtet, wie der Wertebereich von 3,82 bis 5,75 und der Mittelwert von 4,89 zeigen (◘ Abb. 5.18) [16].

Keines der Führungsattribute, die in der globalen Führungsdimension humanorientiert zusammengefasst sind, wird universell als positiv oder negativ bewertet. Als kulturspezifisch haben sich im Rahmen der GLOBE-Studie dagegen zwei ihrer sechs Führungsattribute erwiesen (◘ Abb. 5.14).

Auf Gesellschaftsebene zeigt sich nur Unsicherheitsvermeidung als kultureller Wert als wichtiger Prädiktor für humanorientierte Führung, ebenso wie auf Organisationsebene. Die Kulturdimension Humanorientierung, die als Prädiktor zu erwarten wäre, spielt dagegen nur auf Organisationsebene eine immerhin bedeutende Rolle. Weitere Zusammenhänge auf Organisationsebene zeigten sich mit den Kulturdimensionen Leistungsorientierung und Zukunftsorientierung. Diese vier Kulturdimensionen klären insgesamt 12,7 % der Varianz der Führungsdimension auf, wobei 45,2 % dieses Anteils auf den Einfluss auf Organisationsebene und die restlichen 54,8 % auf den Einfluss auf Gesellschaftsebene zurückzuführen sind. Länder und Organisationen, die einen hohen Wert auf Humanorientierung und Unsicherheitsvermeidung legen, sollten demnach auch zu einer positiven Bewertung von humanorientierter Führung tendieren [1].

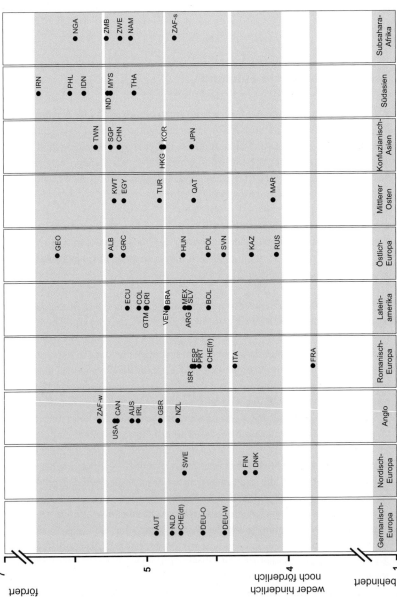

humanorientierte Führung

◻ **Abb. 5.18** Humanorientierte Führung: Ergebnisse nach Kulturclustern [16]. Nach den zehn GLOBE-Kulturclustern gegliederte Länderwerte für humanorientierte Führung, N=61 Länder. Länderabkürzungen nach ISO 3166-1, s. Anhang, ◻ Tab. A11. Wertebereich 1–7, die y-Achse stellt nur einen Ausschnitt dar. Länder innerhalb desselben *blau* hinterlegten Wertebereichs ähneln sich in ihren Werten, Länder in verschiedenen Wertebereichen unterscheiden sich signifikant darin [17]

5.3.6 Autonomieorientierte Führung

Autonomieorientierte Führung als Konzept wurde erstmalig im Rahmen des GLOBE-Projekts definiert und beschreibt eine Art der Führung, die in ihrem Kern von Unabhängigkeit und Individualismus geprägt ist. Die für GLOBE entworfene Definition dieser Führungsdimension lautet wie folgt:

» Autonomieorientierte Führungskräfte verlassen sich in extremem Ausmaß auf ihre eigenen Fähigkeiten und zeigen wenig Respekt für die Fähigkeiten und Ideen anderer Personen. Sie betrachten sich als einzigartig und anderen überlegen, weshalb sie es bevorzugen, unabhängig von und in geringer Zusammenarbeit mit Kollegen und direkten Untergebenen zu arbeiten ([3], S. 79).

Die globale Führungsdimension entspricht bei autonomieorientierter Führung einer einzigen primären Führungsdimension mit vier Führungsattributen, die im Anhang in ◘ Tab. A8 aufgeführt sind.

Mit Ergebniswerten zwischen 2,27 und 4,63 weist autonomieorientierte Führung die höchste Varianz unter allen globalen Führungsdimensionen auf (◘ Abb. 5.19). Insgesamt wird sie dabei häufiger als hinderlich für herausragende Führung bewertet, wie auch ihr Mittelwert von 3,85 zeigt [16].

Die vier Führungsattribute, aus denen sich die Dimension autonomieorientierte Führung zusammensetzt, wurden im Rahmen der GLOBE-Studie in allen untersuchten Ländern so unterschiedlich bewertet, dass sie als kulturspezifisch zu betrachten sind, ebenso wie die Dimension als Ganzes. Die Wertebereiche für diese Führungsattribute sind in ◘ Abb. 5.14 dargestellt.

Hinsichtlich kultureller Werte als Prädiktoren für diese Führungsdimension erwiesen sich zwei Kulturdimensionen als relevant: Leistungsorientierung weist auf Organisationsebene einen positiven Zusammenhang mit autonomieorientierter Führung auf, institutioneller Kollektivismus dagegen sowohl auf Organisations- als auch auf Gesellschaftsebene einen negativen Zusammenhang. Die beiden Kulturdimensionen klären dabei einen Varianzanteil von 3,9 % auf, wovon 37,2 % auf die Organisationsebene entfallen, die restlichen 62,8 % auf die Gesellschaftsebene. Aufgrund dieser Ergebnisse ist anzunehmen, dass Länder und Organisationen, die einen hohen Wert auf Leistungsorientierung und gleichzeitig wenig Wert auf institutionellen Kollektivismus legen, eine höhere Präferenz für autonomieorientierte Führung aufweisen [1].

5.3.7 Defensive Führung

Das Konzept der defensiven Führung beschreibt eine statusorientierte, selbstbezogene Art der Führung, die in der Regel wenig positiv bewertet wird. In der Definition defensiver Führung kommen außerdem die bürokratischen und kompetitiven Züge dieser Führungsdimension zum Ausdruck:

» Defensive Führungskräfte haben ein ausgeprägtes Verlangen danach, gegenüber einer Gruppe von Kollegen und direkten Untergebenen, die sich als Wettbewerber um ihre Position und Erfolge erweisen könnten, erfolgreich zu sein. Um sich selbst zu schützen, fügen sie sich Personen in Machtpositionen, halten Informationen zurück, die möglichen Konkurrenten nützen könnten, befolgen Regeln und Richtlinien, um Risiken zu vermeiden, und nehmen sich im Umgang mit anderen in Acht, um sicherzustellen, dass sie einen positiven Eindruck hinterlassen ([3], S. 80).

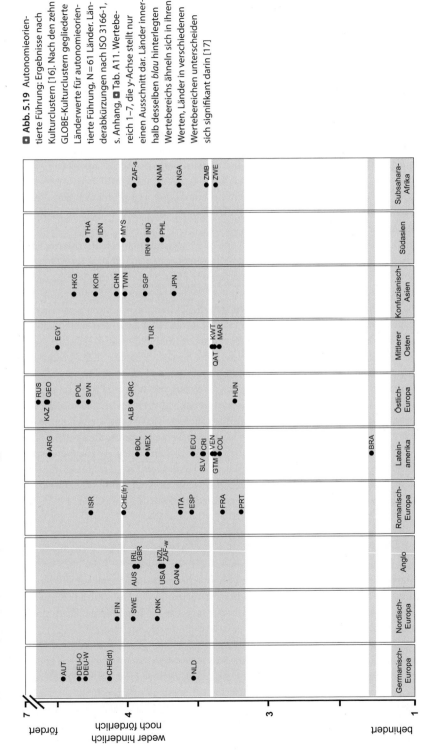

◘ Abb. 5.19 Autonomieorientierte Führung: Ergebnisse nach Kulturclustern [16]. Nach den zehn GLOBE-Kulturclustern gegliederte Länderwerte für autonomieorientierte Führung, N = 61 Länder. Länderabkürzungen nach ISO 3166-1, s. Anhang, ◘ Tab. A11. Wertebereich 1–7, die y-Achse stellt nur einen Ausschnitt dar. Länder innerhalb desselben *blau* hinterlegten Wertebereichs ähneln sich in ihren Werten, Länder in verschiedenen Wertebereichen unterscheiden sich signifikant darin [17]

Die globale Führungsdimension defensive Führung ergibt sich aus der Kombination von fünf primären Führungsdimensionen, in denen 17 Führungsmerkmale zusammengefasst sind. Eine Übersicht über die primären Führungsdimensionen und Führungsattribute findet sich im Anhang in ◘ Tab. A9.

Die globale Dimension defensive Führung hat mit 3,47 den niedrigsten Mittelwert unter den globalen Führungsdimensionen und wird mit einem Wertebereich von 2,55 bis 4,62 insgesamt eher als hinderlich für herausragende Führung bewertet (◘ Abb. 5.20) [16].

Die globale Führungsdimension defensive Führung weist keine universell als positiv bewerteten Merkmale auf. Sie umfasst jedoch zwei Führungsattribute, die universell als negativ bewertet werden: ungesellig („meidet Menschen und Gruppen, bevorzugt das Alleinsein") und Einzelgänger („arbeitet und agiert getrennt von anderen"). Der eher kulturspezifische Charakter der Führungsdimension zeigt sich darin, dass sich 9 der 17 darin enthaltenen Führungsmerkmale durch ihre unterschiedliche Bewertung in den verschiedenen Ländern als kulturspezifisch erwiesen haben (◘ Abb. 5.14).

Hinsichtlich der Bedeutung kultureller Werte als Prädiktoren für defensive Führung erwiesen sich die Kulturdimensionen Machtdistanz und Unsicherheitsvermeidung sowohl auf Gesellschafts- als auch auf Organisationsebene als wichtige Einflussgrößen. Weitere, allerdings negative Zusammenhänge zeigten sich auf Gesellschaftsebene mit gruppenbasiertem Kollektivismus und auf Organisationsebene mit Leistungsorientierung. Durch diese vier Kulturdimensionen wurden insgesamt 33,1 % der Varianz der Führungsdimension aufgeklärt. Hiervon entfielen nur rund 8,2 % auf Einflüsse auf Organisationsebene, die übrigen 91,8 % dagegen standen im Zusammenhang mit Einflüssen auf Gesellschaftsebene. Demzufolge ist zu erwarten, dass in Gesellschaften und Organisationen, die einen hohen Wert auf Machtdistanz und Unsicherheitsvermeidung legen, auch diese Führungsdimension als bedeutsam eingeschätzt wird [1].

5.3.8 Führungskulturen in 10 Kulturclustern mit 25 Ländern

Statistische Analysen unter Zuhilfenahme von Skalenwerten, Mittelwerten, Differenzmaßen, Cluster- und Länderprofilen hinterlassen immer auch etwas Ratlosigkeit darüber, wie man sich die Qualität der Führung in den einzelnen Ländern und Kulturregionen genau vorzustellen habe. Nicht zuletzt deshalb wurden in GLOBE-Phase 2 auch viele qualitative Studien über Führung in den untersuchten Ländern angeregt. In 25 der insgesamt 62 GLOBE-Länder wurden umfangreiche, qualitative Untersuchungen durchgeführt, ausgewertet und vor dem Hintergrund der quantitativen GLOBE-Ergebnisse detailliert erörtert [8].

Im vorliegenden Buch ist nicht der Raum, um auf die reichhaltigen Beschreibungen sowie auf die vielen Beispiele landestypischer Führung und führender Persönlichkeiten und die anregenden Überlegungen der jeweiligen Ländervertreter über ihre eigene Gesellschafts- und Führungskultur eingehen zu können. Jedoch soll im letzten Teil dieses Kapitels über die Ergebnisse von GLOBE zumindest ein kleiner Ausschnitt jener Eindrücke über Führungskulturen wiedergegeben werden, die die Herausgeber des betreffenden GLOBE-Bandes im letzten Buchkapitel zusammenfassend schildern [17].

Es folgen nun Einzelbeschreibungen über die unterschiedlichen Führungskulturen in den Kulturclustern und jeweils einigen der ihnen zugeordneten Länder, zum einen mit den Gemeinsamkeiten, die die Länder eines Kulturclusters miteinander verbinden, und zum anderen mit typischen Unterschieden, die zwischen den jeweiligen Ländern eines Clusters erkennbar

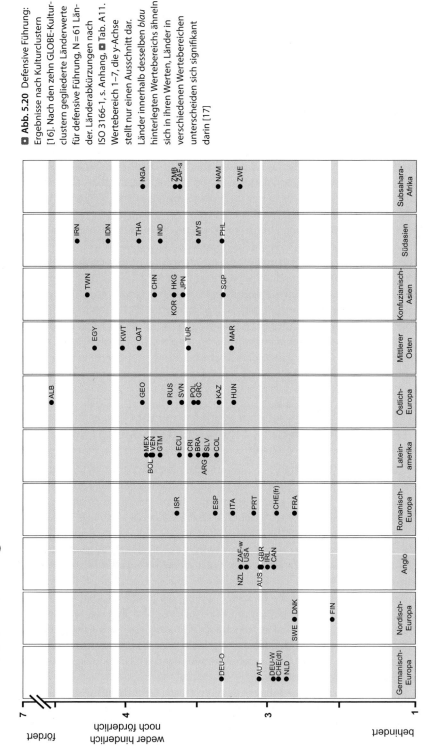

■ Abb. 5.20 Defensive Führung: Ergebnisse nach Kulturclustern [16]. Nach den zehn GLOBE-Kulturclustern gegliederte Länderwerte für defensive Führung, N = 61 Länder. Länderabkürzungen nach ISO 3166-1, s. Anhang, ■ Tab. A11. Wertebereich 1–7, die y-Achse stellt nur einen Ausschnitt dar. Länder innerhalb desselben *blau* hinterlegten Wertebereichs ähneln sich in ihren Werten, Länder in verschiedenen Wertebereichen unterscheiden sich signifikant darin [17]

sind, und zwar nicht nur anhand der zuvor geschilderten quantitativen Ergebnisse, sondern stellenweise auch auf Basis der reichhaltigen, qualitativen Befunde und Analysen, die die Ländervertreter von GLOBE in ihren Texten wiedergegeben haben.

Zum quantitativ-vergleichenden Einstieg in diesen letzten Teil des vorliegenden Kapitels sei an dieser Stelle auf die durchschnittlichen Bewertungen der Führungsdimensionen in den 10 Kulturclustern hingewiesen (◘ Abb. 5.21).

Germanisch-Europa

Aus allen 10 Kulturclustern hat partizipative Führung im germanischen Cluster den höchsten Wert. Auch autonomieorientierte Führung wird – mit Ausnahme der Niederlande – vorwiegend positiv gesehen. Defensive Führung dagegen wird hier als hinderlicher für gute Führung betrachtet als in allen anderen Clustern, und auch „heroische" Führung wird nicht akzeptiert [17].

Österreich. Partizipative Führung ist in Österreich bei effektiven Führungskräften hoch ausgeprägt (insbesondere das Treffen von Entscheidungen, der Umgang mit Konflikt, das Beachten der institutionalisierten Systeme sozialer Partnerschaft und Mitbestimmung). Auch charismatische Führungskräfte werden positiv wahrgenommen (insbesondere als visionär mit hoher Integrität, „eine Person mit Handschlagqualitäten", entscheidungsfreudig). Teamorientierte Führung ist weniger stark ausgeprägt. Von Führungskräften wird erwartet, dass sie auf Konsens und langfristigen Nutzen für alle ausgerichtet sind, indem sie den Fokus auf Kommunikation legen („reden bringt die Leute zusammen") und ein Konzept von Teamarbeit haben, das auch eigenverantwortliches Arbeiten (Supervision mit „langer Leine") ermöglicht.

Deutschland. Partizipative Führung ist in Deutschland ein Grundprinzip, kombiniert mit Toleranz für Autonomie, während defensive Führung stark abgelehnt wird (beides gilt in Ostdeutschland weniger). Die kulturgeprägten Vorstellungen von Führung (CLT) von Ost- und Westdeutschen überschneiden sich stark in Bezug auf charismatische Führung (insbesondere visionär, leistungsorientiert, inspirierend) in Kombination mit Teamorientierung (insbesondere administrative Kompetenz und teamintegrierendes Verhalten), technischer Kompetenz und klarem Aufgabenfokus. Humanorientierung ist nur schwach ausgeprägt. Stattdessen ist Führung institutionalisiert und depersonalisiert, und der Einfluss der Führungskraft als Person wird heruntergespielt.

Schweiz (deutschsprachig). Für eine Schweizer Führungskraft ist partizipative Führung ein Grundprinzip, neben niedrig ausgeprägter Bestimmtheit. Am zweitwichtigsten ist charismatische Führung (insbesondere sollte die Führungskraft integer, visionär, inspirierend, selbstaufopfernd, leistungsorientiert und entscheidungsfreudig sein), kombiniert mit team- und humanorientierten Formen der Führung (diplomatisch, administrativ kompetent, teamintegrierend, kooperationsbereit und bescheiden). Führungskräfte sollten es vermeiden, sich selbst ins Zentrum der Aufmerksamkeit zu stellen.

Niederlande. Als effektive Führungskraft wird in den Niederlanden wahrgenommen, wer charismatische (insbesondere inspirierend, visionär, leistungsorientiert, innovativ, vertrauenswürdig), teamorientierte (insbesondere als guter Kommunikator und Teamplayer) und partizipative Führung mit Beratung, Konsenssuche, Integration verschiedener Meinungen („Poldermodell"), Flexibilität und der Bereitschaft, Macht zu teilen, in sich vereint. Eine starke Führung durch die Einzelperson wird nicht begrüßt, was im Einklang damit steht, dass autonomieorientierte Führung als hinderlich für effektive Führung betrachtet wird (s. Exkurs: Niederländische Führungskultur).

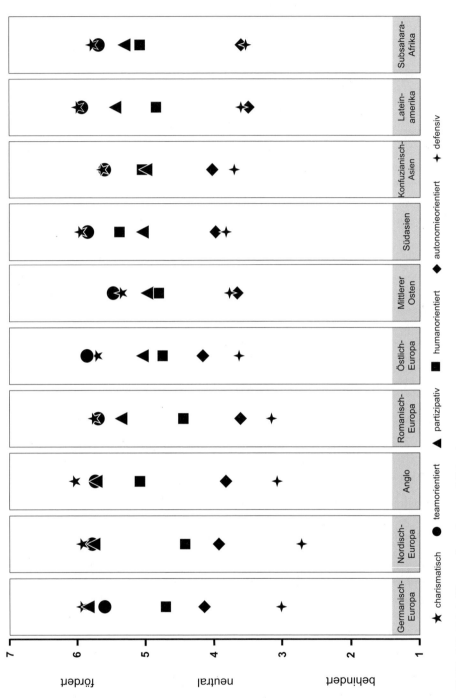

□ **Abb. 5.21** Globale Führungsdimensionen nach Kulturclustern

> **Exkurs: Niederländische Führungskultur**
>
> Anekdotisch sei hier am Beispiel der holländischen Führungskultur kurz beschrieben, wie sich Befunde aus qualitativen Untersuchungen zu einem recht deutlichen Bild der Führung in einem Land verdichten lassen. Im Jahre 1990, als Robert J. House Gastprofessor an der Vrije Universiteit Amsterdam war, wurde ihm gegenüber mehrfach erwähnt, dass die Niederländer vom Konzept der Führung durch Individuen, die ihre eigenen Vorstellungen durchzusetzen versuchen, nicht angezogen werden. Dies wurde bestätigt durch die Abwesenheit öffentlicher Erinnerungszeichen wie Denkmäler, Straßen- oder Gebäudenamen oder Bilder früherer Führungspersönlichkeiten. House konnte nur drei Statuen früherer Führungspersönlichkeiten in drei der größten niederländischen Städte finden.
>
> Obwohl die Niederländer charismatische und teamorientierte Führung befürworten, bevorzugen sie es, wenn Vorgesetzte im Konsens mit den Untergebenen führen und Visionen und Strategien für ihre Organisationen von den Ansichten der Geführten ableiten.
>
> Mehrere Interviews, die später im Rahmen der qualitativen Analysen von GLOBE durchgeführt wurden, bestätigten, dass die Niederländer extrem viel Wert auf Glaubwürdigkeit und Verlässlichkeit legen und dass Geführte ein beträchtliches Maß an Unabhängigkeit bei ihrer Arbeit bevorzugen, folglich genaue Überwachung durch Autoritäten stark ablehnen. Sie mögen Führungskräfte, die persönliche Beispiele geben, Coaching und Arbeitserleichterung bieten und vollständige Aufgaben an Mitarbeiter delegieren.

Gemeinsamkeiten und Unterschiede. Den germanischen Ländern ist gemeinsam, dass Partizipation beim Führen als Grundprinzip betrachtet wird, das zusammen mit charismatischer und teamorientierter Führung für herausragende Führung wesentlich ist – dies unterscheidet die Länder dieses Clusters von den übrigen Ländern der GLOBE-Studie. Die Länder unterscheiden sich deutlich darin, wie partizipative Führung umgesetzt wird. In Österreich und Deutschland ist Partizipation institutionalisiert. Dabei wird in Deutschland die Führungskraft als Person heruntergespielt, während in Österreich prinzipiell einer Führungskraft vertraut wird, die die Menschen zusammenbringt. In der Schweiz wird auf Basis von Konsensprinzipien gearbeitet, und Führungskräfte, die sich ins Zentrum der Aufmerksamkeit rücken, werden abgelehnt. In den Niederlanden wird auf der Basis von Beratung und Integration gearbeitet, mit gleichzeitiger Ablehnung eines starken Einzelpersonenführungsstils [17].

Nordisch-Europa

In Nordisch-Europa ist eine Mischung aus hoher charismatischer und teamorientierter Führung gefragt, die von bedeutsamen Elementen partizipativer Führung geprägt ist. Autonomieorientierte Führung wird dabei toleriert, defensive Führung stark abgelehnt.

Finnland. Effektive Führungskräfte sind in Finnland nicht nur inspirierende Repräsentanten an der Unternehmensspitze, die die Organisation energetisieren (charismatisch), sondern sie schaffen außerdem ein kreatives Arbeitsklima, arbeiten mit den Geführten zusammen, sind ungewöhnlich kommunikativ (teamorientiert) und unterstützen Mitarbeiter aktiv in ihrer Entwicklung (humanorientiert). Defensive Führung wird sehr stark abgelehnt.

Schweden. Effektive Führungskräfte werden nicht nur als charismatisch (insbesondere sichtbar, inspirierend, visionär, leistungsorientiert, entscheidungsfreudig, integer) und teamorientiert (insbesondere egalitär, teamintegrierend und kooperationsbereit) mit einem starken Glauben an die Kraft des Teams beschrieben, sondern auch als partizipativ, weil sie individuelle Autonomie und Beteiligung zulassen und nachfragen. Sie werden akzeptiert als rationale und pragmatische Führungskräfte, die keine regelfixierten, konfliktauslösenden, administrativen oder statusbewussten Verhaltensweisen zeigen.

Gemeinsamkeiten und Unterschiede. Die Gemeinsamkeit von Finnland und Schweden, die die beiden Länder von allen anderen der GLOBE-Studie unterscheidet, ist, dass charismatische und teamorientierte Führung mit einer sehr starken Abneigung gegenüber defensiver und nonpartizipativer Führung kombiniert sind. Finnland und Schweden scheinen sich insbesondere darin zu unterscheiden, wie humanorientierte Führung ausgeübt wird: In Finnland wird sie durch persönliches Feingefühl und Förderung der Entwicklung ausgeübt, in Schweden durch egalitäre Herangehensweisen, die auch individuelle Autonomie gewährleisten.

Anglo

Charismatische Führung ist im Anglocluster am stärksten unter allen Kulturclustern ausgeprägt, in Verbindung mit teamorientierter Führung (weniger in Neuseeland) und Elementen partizipativer Führung, die in einer humanorientierten Art und Weise umgesetzt wird. Defensive Verhaltensweisen werden negativ bewertet.

Australien. Effektive Führungskräfte werden als vorwiegend leistungsorientiert, visionär, inspirierend, entscheidungsfreudig (charismatisch) und egalitär wahrgenommen, sodass sie stets als team- und humanorientiert gesehen werden können („einer der Jungs", „ein Kumpel"). Führungskräfte, die als Überperformer, arrogant oder statusbewusst (defensive Führung) eingeschätzt werden, finden sich leicht in der Position der sogenannten „großen Nummer" (engl. *great number*) wieder – reif zum Zurechtstutzen.

England. Effektive Führungskräfte in England werden als entscheidungsfreudig, inspirierend, visionär, leistungsorientiert, integer (charismatisch) und diplomatisch wahrgenommen. Sie verlassen sich nicht auf die Loyalität der Geführten, sondern verdienen diese vielmehr mit einer konsultativen und informierten Herangehensweise (team- und humanorientierte Führung), wobei sie verlässlich und ehrlich sind. Kaufmännische Abenteurer (ichbezogen, individualistisch, intelligent, geltungsbedürftig, diskriminierend, rücksichtslos, verschlagen) werden am wenigsten gemocht, sind aber durchaus vereinzelt zu finden – etwa in Form erfolgreicher Selfmademillionäre.

Irland. Charismatische Führungskräfte (insbesondere visionär, leistungsorientiert, auf die Zukunft fokussiert, selbstaufopfernd im Interesse der eigenen Organisation) werden gern gesehen. Effektive Führungskräfte haben eine „Hubschrauberperspektive" und inspirieren Geführte, indem sie sie dazu bringen, „an ihre Vision zu glauben". Dies erreichen sie durch Integrität, Vertrauen, Loyalität und einvernehmliche Entscheidungsfindung, indem sie ihre Autorität nicht zur Schau stellen (partizipative und teamorientierte Führung), was manchmal dazu führen kann, dass sie im Hintergrund bleiben und durch ihre Beziehungen Einfluss nehmen. Führungskräfte sollten sich freundlich und bescheiden verhalten (humanorientiert).

Neuseeland. Vorrangig für eine Führungskraft sind Leistungsorientierung, aktives Handeln und das Liefern von Resultaten. Sie sollte die Geführten außerdem durch persönliches Commitment, Durchhaltevermögen und als Vorbild begeistern und inspirieren, dies aber durch eine bescheidene, selbstironische Einstellung (Humanorientierung) in Verbindung mit einer starken egalitären Betonung ausgleichen – „große Nummern" sind wie in Australien dazu bestimmt, zurechtgestutzt zu werden. Die flexible Handhabung von Regeln (Fehlen von Bürokratie) und ein gutes Verständnis des „Clans" (Teamorientierung, Partizipation) helfen Führungskräften dabei, akzeptiert zu werden. Der Archetyp der „Kiwi"-Kultur ist praktisch – „kann alles mit einem Stück Draht reparieren" – mit einer Abneigung gegenüber autokratischen Führern.

Weiße Bevölkerung Südafrikas. Effektive Führungskräfte werden wahrgenommen als Personen, die Risiken eingehen, vertrauenswürdig, ausdauernd und motivierend sind, andere inspirieren können, bereit sind, einer Vision zu folgen (charismatisch) sowie starkes und direktes, gerechtes und beständiges, aber auch demokratisches, befähigendes und Autorität delegierendes Führungsverhalten zeigen (partizipativ). Tendenzen zu bürokratischer Führung werden toleriert. Effektive Führungskräfte bewirken, dass Geführte mehr Selbstvertrauen haben und an sich, ihre Fähigkeiten und ihren Wert glauben (humanorientiert).

USA. Charismatische Führung (insbesondere inspirieren, Rückendeckung geben, Anstrengungen fokussieren, nach Exzellenz streben, Veränderung suchen, schnell handeln) ist in den USA am stärksten ausgeprägt. Effektive Führungskräfte werden oft als „Helden" gesehen, sollten aber auch partizipativ sein (egalitär, zwanglos, offen für Anregungen, delegieren, Geführte einbeziehen), teamorientiert (z. B. Teamgeist fördern) und humanorientiert (offen, freundlich, die Würde jeder Person respektieren, anderen helfen zu wachsen, Mentor für sie sein). Schließlich wird von herausragenden Führungskräften erwartet, dass sie ihre eigenen persönlichen Stärken, Verpflichtungen und Schwachstellen verstehen und sich selbst nicht zu ernst nehmen (niedrige Ausprägung in defensiver Führung).

Gemeinsamkeiten und Unterschiede. Was den Anglo-Ländern gemeinsam ist und sie von anderen Ländern in der GLOBE-Studie unterscheidet, ist die überragende Rolle charismatischer Führung, gefolgt von teamorientierter und partizipativer Führung. In allen Anglo-Ländern wird ein personenorientiertes Führungskonzept befürwortet, da von Führungskräften erwartet wird, dass sie die gewünschten Resultate liefern, indem sie als Teil des „Teams" oder „Clans" vorgehen, anstatt als Teil der „bürokratischen Ordnung" oder der „Institution" (wie beispielsweise in Deutschland oder Frankreich).

Auf welche Art und Weise Anglo-Führungskräfte charismatische, personen- und teamorientierte Führung umsetzen sollen, unterscheidet sich deutlich: In England wird von Führungskräften erwartet, dass sie sich die Loyalität ihrer Mitarbeiter mit einer konsultativen und informierten Herangehensweise verdienen. In Irland sollten Führungskräfte ihre Autorität nicht zur Schau stellen und Mitarbeiter mit Integrität, Loyalität und einvernehmlicher Entscheidungsfindung dazu inspirieren, an ihre Vision zu glauben. In Australien ist es für Führungskräfte nötig, als „einer der Jungs" gesehen zu werden, hohe egalitäre Standards zu haben, und sich nicht als Überperformer oder durch Arroganz (eine „große Nummer") hervorzutun. In Neuseeland werden „große Nummern" ebenfalls zurechtgestutzt. Dort wird der Archetyp der „Kiwi"-Kultur (flexibel und pragmatisch) bevorzugt. Unter der weißen Bevölkerung Südafrikas wird von Führungskräften erwartet, stark und direkt, gerecht und beständig zu sein, aber es scheint auch die Hoffnung zu bestehen, dass Wirtschaftsführer mehr Demokratie etablieren.

Romanisch-Europa

In diesem Cluster gibt es auf allen Führungsdimensionen große Schwankungen zwischen den Ländern (zum Teil aufgrund der abweichenden Position von Frankreich). Von einer effektiven Führungskraft wird in Romanisch-Europa erwartet, dass sie teamorientierte Führung mit Elementen charismatischer Führung zeigt (außer in Frankreich, wo partizipative Führung am stärksten ausgeprägt ist). Autonomieorientierte Führung wird als neutral gesehen oder abgelehnt, und humanorientierte Führung scheint keine besonders wichtige Rolle zu spielen (in Frankreich wird sie sogar als hinderlich für effektive Führung betrachtet). Defensive Führung wird insgesamt nicht befürwortet.

Frankreich. Partizipative Führung ist am stärksten ausgeprägt, und defensive Führung wird stark abgelehnt. Charismatische und teamorientierte Führung tragen zu herausragender Führung bei (obwohl Frankreich diesbezüglich den niedrigsten Rangplatz aller GLOBE-Länder einnimmt), während autonomieorientierte und humanorientierte Führung diese behindern. Wenn die Handlungen einer Führungskraft als persönliche Erwägungen interpretiert werden, anstatt als Dienst „am Ganzen" leidet ihre Glaubwürdigkeit. Außerdem werden Intellektualismus, Planung und Abstraktionsfähigkeit als wichtig für eine herausragende Führungskraft genannt. Eine effektive Führungskraft in Frankreich muss auch „gemäß französischer Standards" handeln.

Portugal. Effektive Führungskräfte werden als vorwiegend teamorientiert (interpersonale Fähigkeiten, Überzeugungskraft, Gerechtigkeit, Rücksichtnahme, Anschlussmotive sind stärker als Machtmotive) wahrgenommen. Charismatisches (insbesondere visionär, einfallsreich, mutig, hart arbeitend, ehrlich) und partizipatives Führungsverhalten (insbesondere erreichbar, kommunikativ, demokratisch) sind ebenfalls von Bedeutung, aber zweitrangig im Vergleich zur Teamorientierung. Humanorientierte Führung (insbesondere Freundlichkeit, Toleranz, großzügig, behutsam) wird positiv beurteilt. Hilfreich sind außerdem diagnostische und technische Fähigkeiten, ebenso wie ein Talent zur Improvisation („sich durchwursteln"). Ein Misstrauen gegenüber Macht scheint immer noch im kollektiven Gedächtnis der Portugiesen fortzubestehen.

Spanien. In Spanien zeichnet sich eine effektive Führungskraft durch teamorientiertes (insbesondere kooperationsbereit) und charismatisches Führungsverhalten aus (insbesondere leistungsorientiert, inspirierend, entscheidungsfreudig, visionär, integer), mit Elementen partizipativer und humanorientierter Führung. Autonomieorientierte und defensive Führung werden als Hindernisse für herausragende Führung wahrgenommen, obwohl die Toleranz für defensives Verhalten signifikant höher ist als in anderen romanischen Ländern. Spanische Führungskräfte sollten außerdem effizient, pragmatisch und flexibel sein und die Dichotomie von „sanftem und fürsorglichem" bei gleichzeitig „starkem und selbstbewusstem" Verhalten beherrschen.

Gemeinsamkeiten und Unterschiede. Es ist schwierig, ein Thema effektiver Führung zu identifizieren, das die drei beschriebenen romanischen Länder vereint. Die Varianz zwischen den Ländern ist beträchtlich. Bei den Franzosen ist teamorientierte Führung nicht so ausgeprägt wie in den anderen romanischen Ländern. Stattdessen zeigen sie unter den romanischen Ländern die größte Vorliebe für partizipative Führung. Zudem ist in Frankreich unter allen GLOBE-Ländern humanorientierte Führung am wenigsten von Bedeutung für die Effektivität einer Führungskraft. Teamorientierte Führung ist am stärksten in Spanien und Portugal ausgeprägt. Beide Länder befürworten außerdem „Improvisation" als Attribut effektiver Führung, trotz geringer Unterschiede in der Konnotation: „effizient, flexibel und pragmatisch" in Spanien und „sich durchwursteln" in Portugal. Schließlich scheinen die Spanier, ähnlich wie die meisten lateinamerikanischen Länder, defensive Führung in höherem Ausmaß zu tolerieren als die meisten Länder des romanischen Clusters, einschließlich Portugal und Frankreich.

Lateinamerika

In Lateinamerika wird von Führungskräften erwartet, charismatisch und teamorientiert zu führen, während defensive Führung mit Nachsicht betrachtet wird. Humanorientierte und partizipative Führung sind stark ausgeprägt, obwohl es für Letztere hohe und für Erstere niedrige Schwankungen zwischen den Ländern gibt. Autonomieorientierte Führung wird negativ (z. B. in Kolumbien), neutral (z. B. in Mexiko) oder positiv gesehen (z. B. in Argentinien).

Argentinien. Charismatische, teamorientierte und partizipative Führung sind gleich stark ausgeprägt. Autonomieorientierte Führung wird vergleichsweise häufig angewandt, und einige Elemente defensiver Führung (insbesondere statusorientiertes und konfliktauslösendes Verhalten) werden positiv gesehen. In Argentinien identifiziert man sich eher mit den Führenden als Person, denn mit ihren Zielen oder Programmen. Das „Regieren" und „Als-starker-Mann-Herrschen" liegen selten weit voneinander entfernt. Die Vision einer Führungskraft kann die Geführten faszinieren, obwohl sie wissen, dass viele Führungskräfte manipulativ sein können. Skeptizismus überwiegt unter argentinischen Befragten, die es für unwahrscheinlich halten, dass charismatische Führung in ihrer Gesellschaft tatsächlich existiert.

Kolumbien. Charismatische Führung (insbesondere Zukunfts- und Leistungsorientierung, Vision, Integrität, Entscheidungsfreudigkeit) und teamorientierte Führung (insbesondere Teamintegration, administrative Kompetenz, Diplomatie) wirken zusammen mit Flexibilität, Kreativität und einer langfristigen Vision für Innovation. Humanorientiertes Führungsverhalten (im Sinne von „mit Menschen gut auskommen", „gut mit den Leuten arbeiten", bescheiden sein) und partizipatives Führungsverhalten (insbesondere non-elitär und nicht autokratisch) sind in Kolumbien positiv bewertet. Autonomieorientierte Führung wird als hinderlich für herausragende Führung betrachtet, aber eine gewisse Akzeptanz defensiver Führung (konfliktauslösend und statusbewusst) ist erkennbar.

Mexiko. Charismatische Führung mit großer Betonung auf Leistungsorientierung, ein Machismo-Image und teamorientierte Führung (die persönliche Netzwerke hervorhebt, denen mehr vertraut wird als Kosten und Profiten) tragen am meisten zu effektiver Führung in Mexiko bei. Humanorientierte Führungskräfte erscheinen paternalistisch, zeigen aber Sensibilität für die Würde und den Wert von Individuen, indem sie sympathisch sind. Dies trägt in geringem Maß zu effektiver Führung bei, ebenso wie manche Elemente defensiver Führung, wie Statusbewusstsein und Regelfixiertheit. Partizipative Führung wird als nahezu neutral gesehen, aber autonomieorientierte Führung erscheint weniger wünschenswert. Starke paternalistische Einstellungen in Mexiko tragen zu den Erwartungen von Angestellten bei, als „Teil der erweiterten Familie" behandelt zu werden.

Gemeinsamkeiten und Unterschiede. Was den drei beschriebenen lateinamerikanischen Ländern gemeinsam ist und sie von anderen Ländern der GLOBE-Studie unterscheidet, ist die Ausprägung von teamorientierter und charismatischer Führung in Kombination mit einer relativ hohen Toleranz für defensive Führung. Statusbewusstsein und konfliktauslösende Verhaltensweisen scheinen akzeptierte Führungsattribute zu sein. In allen drei Ländern scheinen die Leute sich mit einzelnen Führungskräften zu identifizieren, die innerhalb paternalistischer sozialer Strukturen operieren. Einige deutliche Unterschiede sind ebenfalls offenkundig: In Argentinien wird eine vergleichsweise hohe Autonomie von Führungskräften toleriert, und ein „starker Mann an der Macht" wird im Allgemeinen geduldet. Im Gegensatz dazu wird in Kolumbien Autonomie von Führungskräften nicht akzeptiert. Stattdessen wird von Führungskräften erwartet, zugänglich und nicht autokratisch zu sein sowie gut mit Menschen zu arbeiten. In Mexiko wird von Führungskräften erwartet, Geführte „als Teil der erweiterten Familie" zu behandeln, Machismo zu zeigen und sich sympathisch zu verhalten, aber auch leistungsorientiert.

Östlich-Europa

Eine für das Cluster Östlich-Europa typische effektive Führungskraft wäre eine Person, die teamorientierte mit charismatischer Führung kombiniert, vergleichsweise hohe Werte in autonomieorientierter Führung aufweist und nicht zögert, defensive Verhaltensweisen an den Tag zu legen. Es gibt beträchtliche Schwankungen zwischen den Ländern dieses Clusters hinsichtlich partizipativer Führung (von leicht positiver bis stark negativer Bewertung) und humanorientierter Führung (von neutraler bis positiver Prägung).

Griechenland. Bei einer effektiven Führungskraft in Griechenland ist teamorientierte Führung (insbesondere kooperationsbereit, administrativ kompetent, diplomatisch und entscheidungsfreudig) mit charismatischer Führung (insbesondere visionär, inspirierend, integer, selbstaufopfernd) kombiniert. Der ebenfalls positiv geprägte partizipative Führungsansatz definiert eine Reihe kommunikativer Verhaltensweisen (z. B. zuhören, zu Anregungen auffordern, offener Meinungsaustausch), die einhergehen mit einer Abneigung gegenüber förmlichen Regeln und einer Präferenz für offenen Austausch, die in der griechischen Gesellschaft offensichtlich ist. Humanorientierte Führung ist positiv geprägt, wobei persönliche Verbindungen mit Kollegen und Untergebenen die Arbeit beschleunigen. Statusbewusstsein, Ichbezogenheit (defensive Führung) und Verhaltensweisen autonomieorientierter Führung, die dem „Ego" einer Führungskraft zu dienen scheinen, werden offenbar in der griechischen Gesellschaft toleriert. Im Gegensatz dazu werden non-partizipative und autokratische Führungsverhaltensweisen stark abgelehnt.

Russland. Für effektive Führungskräfte in Russland ist autonomieorientierte Führung (insbesondere individualistisch, unabhängig und einzigartig) vorrangig. Sie hängt mit „handlungsorientierter" Führung zusammen, die in Russland ebenfalls stark befürwortet wird (d. h. nicht zögern, ein echter Kämpfer sein, hart arbeitend, ausdauernd, selbstaufopfernd) und genauso stark ausgeprägt ist wie charismatische (insbesondere visionär, entscheidungsfreudig, inspirierend) und teamorientierte Führungsverhaltensweisen. Letztere bedeuten hauptsächlich, administrativ kompetent und an der Gemeinschaft orientiert zu sein. Autokratisches Führen scheint toleriert zu werden. Was zählt, sind ein gutes „Image" (das mit Erfolg, Kompetenz, beruflicher und sozialer Anerkennung zusammenhängt) und ein „vermittelndes" Verhalten (die Leute an sich ziehen, Streitigkeiten beilegen, die Situation kontrollieren), das die russische Manifestation partizipativer Führung zu sein scheint. Humanorientierung wird als neutral für effektive Führung betrachtet, während Statusbewusstsein und konfliktauslösende Verhaltensweisen (defensive Führung) positiv bewertet werden.

Gemeinsamkeiten und Unterschiede. Mit Ausnahme der ähnlichen Ausprägung defensiver Führungsattribute (hohes Statusbewusstsein) könnten die Führungsvorstellungen in Russland und Griechenland, die den östlichen Kulturcluster repräsentieren, nicht unterschiedlicher sein. Griechenland und Russland finden sich bei nahezu allen Führungsdimensionen an entgegengesetzten Enden der Verteilung von Länderwerten im östlichen Cluster.

Mittlerer Osten

Es gibt beträchtliche Schwankungen zwischen den Ländern des Mittleren Ostens, insbesondere für charismatische und teamorientierte Führung, die allgemein als förderlich für effektive Führung betrachtet werden. Humanorientierte Führung wird als fördernd oder neutral betrachtet, autonomieorientierte Führung als fördernd, neutral oder hinderlich und defensive Führung als neutral oder hinderlich für effektive Führung. Eine mittelmäßige Ausprägung partizipativer Führung scheint allen Ländern des Mittleren Ostens gemeinsam zu sein.

Türkei. Effektive Führungskräfte in der Türkei sollten eine hohe Ausprägung in teamorientierter (insbesondere teamintegrierend, administrativ kompetent, diplomatisch) und charismatischer

Führung (insbesondere entscheidungsfreudig, visionär, integer, inspirierend) zeigen, was die Türkei von den meisten anderen Ländern des Mittleren Ostens unterscheidet. Es zeigt sich eine Betonung partizipativer Führung, die offen für Feedback, Kritik und die Akzeptanz eigener Fehler ist, sowie humanorientierter Führung. Letztere erscheint allerdings paternalistisch, weil von Führungskräften erwartet wird, eine familienähnliche Atmosphäre zu schaffen, sich bei privaten Probleme der Mitarbeiter zuständig zu fühlen und einzugreifen sowie sozialen Ereignissen wie den Hochzeitszeremonien der Kinder beizuwohnen. Autonomieorientierte Führung wird toleriert. Mehrere Aspekte defensiver Führung sind positiv geprägt (Statusbewusstsein) oder neutral (konfliktauslösend, regelfixiert) für effektive Führung.

Konfuzianisch-Asien

Charismatische und teamorientierte Führung sind unter den Gesellschaften dieser Region im Vergleich zu allen anderen Dimensionen am stärksten ausgeprägt. Allerdings sind die Ausprägungen auf diesen beiden Dimensionen niedriger als bei den meisten anderen Länderclustern. Humanorientierte Führung ist positiv geprägt, mit einer Ausprägung, die dem Anglo-Cluster ähnelt. Partizipative Führung ist einigermaßen positiv geprägt, aber nicht so deutlich wie in nordischen, germanischen, Anglo-, romanischen und lateinamerikanischen Ländern. Defensive Führung wird zwar als neutral oder hinderlich für herausragende Führung gesehen, hat aber die höchste Ausprägung innerhalb aller Ländercluster, neben Südasien und dem Mittleren Osten.

China. Bei einer effektiven Führungskraft in China sollten die Qualitäten teamorientierter Führung (insbesondere administrative Fähigkeiten, integrierend, kooperationsbereit), charismatischer (insbesondere integer, inspirierend, visionär) und humanorientierter Führung zusammenwirken. Die chinesische Version humanorientierter Führung ist ausgerichtet an konfuzianischen Prinzipien der Mäßigung und Menschenliebe, oder *ren*, was bedeutet, gütig und freundlich zu sein und die Harmonie durch *renqing*, Wechselseitigkeit, aufrechtzuerhalten. Partizipative Führung, die geringfügig positiv geprägt ist, scheint sich in einer speziellen chinesischen Art und Weise zu manifestieren: Neben Bescheidenheit sollten Führungskräfte offen für neue Informationen und gut „in Beziehungen vernetzt" (*guanxi*) sein und dadurch ständig versuchen, sich selbst zu verbessern. Dieses System gewährleistet Input aus allen relevanten Quellen, aber auf eine andere Weise als die egalitär-demokratischen Prinzipien der Partizipation, die in Kulturclustern westlicher Prägung vertreten werden und auf einem individualistischen Konzept des „Selbst" basieren. Das konfuzianische Konzept des „Selbst" ist kollektiver Natur, und so kann das Kollektiv als Ganzes davon profitieren, wenn Führungskräfte gut vernetzt sind und sich dadurch weiterentwickeln. Defensive Führung in Form der Sicherung von Würde und Ansehen (das Gesicht wahren) und regelfixierten Verhaltensweisen wird als neutral betrachtet, ebenso wie autonomieorientierte Führung, aber in Form von statusbewussten und konfliktauslösenden Verhaltensweisen wird sie als förderlich für herausragende Führung gesehen.

Hongkong. Teamorientierte Führung (insbesondere kooperationsbereit, administrative Fähigkeiten, diplomatisch) und charismatische Führung (insbesondere inspirierend, visionär, leistungsorientiert, Resultate liefernd) tragen wesentlich zu effektiver Führung in Hongkong bei. Humanorientierte und partizipative Führung haben eine gewisse Bedeutung. Echtes Empowerment wird dagegen nicht akzeptiert. Im Einklang mit konfuzianischen Werten sollten Führungskräfte respektiert werden. Man sollte ihnen gehorchen und sie nicht infrage stellen, was zu einem autokratischen Führungsverhalten führt. Dies erklärt auch die positive Akzeptanz von Attributen defensiver Führung wie Statusbewusstsein und konfliktauslösendem Verhalten.

Autonomieorientierte Führung, im Sinne von Unternehmergeist, Gelassenheit, Ruhe, individualistisch bei der Arbeit – kollektivistisch bei Familie und Freunden, wird positiv wahrgenommen. Diese Sichtweise autonomieorientierter Führung unterscheidet Hongkong nicht nur von allen Ländern des konfuzianischen, sondern auch von denen des Anglo-Clusters – trotz seiner kolonialen Vergangenheit und der wirtschaftlichen Entwicklung bis 1996, die durch Repräsentanten der Anglo-Kultur geformt wurden.

Singapur. Effektive Führung steht im Zusammenhang mit charismatischen (insbesondere leistungsorientiert, visionär, integer) und teamorientierten Attributen (insbesondere kooperationsbereit, talentiert für Administration, diplomatisch). Die Werte für charismatische und partizipative Führung liegen in einem signifikant höheren Bereich als die Werte aller anderen konfuzianischen Länder (s. ◨ Abb. 5.15 und 5.16). Die relativ hohe Ausprägung humanorientierter Führung steht teilweise im Einklang mit konfuzianischen Prinzipien der Mäßigung und der Aufrechterhaltung harmonischer sozialer Beziehungen.

Gemeinsamkeiten und Unterschiede. Was den drei hier beschriebenen Ländern des konfuzianischen Clusters gemeinsam ist und sie von anderen Ländern der GLOBE-Studie unterscheidet, ist ihre konfuzianische Mischung aus teamorientierter Führung, die sich in der Befürwortung vorwiegend kooperationsbezogener und administrativer Kompetenzen manifestiert, und humanorientierter Führung, die sich in Mäßigung und Menschenliebe zeigt.
In China und Hongkong werden die gemeinsamen konfuzianischen Themen im asiatischen Cluster durch die Akzeptanz von konfliktauslösenden Verhaltensweisen und Statusbewusstsein ergänzt, was ein traditionelles, hierarchisch-paternalistisches Führungskonzept anspricht: Führungskräfte fördern, sorgen sich und zeigen Sympathie im Austausch für eine nicht zu hinterfragende Loyalität, Hingabe und Folgsamkeit der Geführten. Diese traditionelle Sichtweise von Führung erscheint in Singapur weniger ausgeprägt, wo sich eine demokratischere Herangehensweise an Führung herausgebildet hat, die sich in den höchsten Ausprägungen von Partizipation und der Akzeptanz von Prinzipien des Empowerments zeigt.

Südasien

In den Ländern dieses Clusters werden charismatische und teamorientierte Führung als am stärksten förderlich für effektive Führung betrachtet. Partizipative Führung wird positiv gesehen, ebenso wie humanorientierte Führung, für die der südasiatische Cluster die höchste Ausprägung unter allen Länderclustern aufweist. Autonomieorientierte Führung wird für neutral befunden, ebenso wie defensive Führung, für die der südasiatische Cluster ebenfalls (neben dem konfuzianischen Cluster und dem mittleren Osten) die höchste Ausprägung aufweist.

Indien. Für effektive Führung werden charismatisches Führungsverhalten (insbesondere inspirierend, integer, leistungsorientiert, visionär, entscheidungsfreudig) und teamorientiertes Führungsverhalten (insbesondere administrativ kompetent, teamintegrierend, kooperationsbereit) am stärksten befürwortet. Humanorientiertes Führungsverhalten wird als nächst wichtigster Faktor betrachtet. Indien ist eines der Länder mit den höchsten Ausprägungen auf dieser Dimension. Partizipative Führung wird einigermaßen positiv gesehen und autonomieorientierte Führung wird als leicht hinderlich für herausragende Führung beurteilt. Für defensive Führung sind Attribute des Gesichtwahrens und der Ichbezogenheit negativ bewertet, hingegen werden konfliktauslösende Verhaltensweisen und Statusbewusstsein toleriert, mit einer geringen positiven Bewertung. Insgesamt scheint die Beziehungsorientierung eine wichtige Eigenschaft herausragender Führungskräfte in Indien zu sein, die besonders positiv gesehen wird, wenn sie mit charismatischem und handlungsorientiertem Verhalten zusammenwirkt, aber auch noch toleriert wird, wenn sie mit paternalistischem und bürokratischem Verhalten einhergeht. Indien liegt sehr nahe am Median der Verteilung aller Länder des südasiatischen Clusters, mit Ausnahme einer geringeren Ausprägung für teamorientierte Führung. Indien kann daher einen ersten Einblick in grundlegenden Konzepte der Gesellschaftskultur und des Führungsverhaltens in der südasiatischen Region geben.

Subsahara-Afrika

Charismatisches, teamorientiertes und partizipatives Führungsverhalten leistet den Bewertungen zufolge einen positiven Beitrag zu effektiver Führung in Subsahara-Afrika. Humanorientierte Führung ist im Vergleich zu allen anderen Länderclustern am stärksten ausgeprägt. Autonomieorientierte und defensive Führung werden als in geringem Maß hinderlich für effektive Führung betrachtet.

Schwarze Bevölkerung in Südafrika. Da die Ländervertreter dieser Gesellschaftskultur von den GLOBE-Vorgaben hinsichtlich der quantitativen und qualitativen Datenerhebung in vielen Punkten abgewichen sind, kann nicht über Zusammenhänge zwischen Ausprägungen auf den Führungsdimensionen und qualitativen Befunden berichtet werden. Stattdessen sollen hier einige Beispiele aus den qualitativen Befunden genannt werden, in denen die Stichproben der schwarzen und weißen Bevölkerung Südafrikas direkt verglichen wurden: „Schwarze sind nicht so ergebnisorientiert wie Weiße", „Schwarze legen den Fokus auf Personen, anstatt auf Fähigkeiten", „Weiße sind eher aufgabenbezogen als personenorientiert", „Schwarze teilen Verantwortung (auf), um Personen zu schützen, die keine Leistung bringen", „Schwarze heben das Team stärker hervor als das Individuum". Auf der Basis dieser und weiterer qualitativer und quantitativer Befunde lässt sich eine kulturelle Kluft zwischen der weißen und der schwarzen Bevölkerung Südafrikas im Hinblick darauf, was effektive Führung ausmacht, annehmen: Für die weiße Stichprobe wird ein eurozentrischer, an Leistung und Individualismus orientierter Führungsstil geschildert, der sich auch in den entsprechenden GLOBE-Daten widerspiegelt, während in der schwarzen Stichprobe ein an Menschen und am Kollektivismus orientierter Führungsstil bevorzugt wird.

Zusammenfassung

So länderspezifisch unterschiedlich sich die Erwartungen an effektive Führungskräfte im vorangehenden Abschnitt auch lesen mögen: Die Erkenntnisse aus dem Projekt GLOBE erlauben es, Unterschiede wie auch Gemeinsamkeiten zwischen Kulturen anhand von sinnvollen Führungsdimensionen kulturübergreifend festzustellen. Die daraus resultierende Landkarte der Führungsdimensionen kann für viele praktisch relevante Herausforderungen in der interkulturellen Zusammenarbeit wertvolle Hinweise und Einsichten bieten. Das Gleiche gilt für die GLOBE-Kulturdimensionen, die aussagekräftige Unterschiede zwischen Ländern und Kulturclustern aufzeigen und anhand weiterer, kulturübergreifend vorliegender Daten durch GLOBE empirisch überprüft und mit relevanten Hintergründen verknüpft wurden. Die vorangehenden Ergebnisdarstellungen sollen die grundlegenden Erkenntnisse aus dem Projekt GLOBE greifbar und für Praktiker nutzbar machen. Sie eignen sich außerdem als Ausgangsbasis dafür, bei einem vertieften Interesse an speziellen Fragen weitergehende Informationen, ausführliche Erläuterungen der Hintergründe und Methoden oder umfassende Beschreibungen zu verschiedenen Ländern in den zum Projekt GLOBE publizierten Büchern und Fachartikeln gezielt nachzuschlagen.

In den nun folgenden ▶ Kap. 6 bis 9 werden praktische Fragestellungen mit Lösungsmöglichkeiten erörtert. Dort wird auch jeweils auf bestimmte GLOBE Ergebnisse Bezug genommen, die in diesem Kapitel detailliert beschrieben sind und in ▶ Kap. 10, dem Anhang, mit Zahlen, Daten und Fakten unterlegt sind, so dass Sie gegebenenfalls die eine oder andre Berechnung durchführen und grafische Darstellungen selber anfertigen können. Anregungen für aussagekräftige grafische Darstellungen finden Sie in den ▶ Kap. 4 und 5 sowie in den ▶ Kap. 6 bis 9.

Literatur

1. Dorfman, P., Hanges, P., & Brodbeck, F. C. (2004). Leadership and cultural variation. The identification of culturally endorsed leadership profiles. In R. House, P. Hanges, M. Javidan, P. Dorfman, & V. Gupta (Hrsg.), *Culture, leadership, and organizations. The GLOBE study of 62 societies* (S. 669–719). Thousand Oaks: Sage.
2. Ruderman, M. N., Brodbeck, F. C., Eckert, R., Gentry, W. A., & Braddy, P. W. (2011). *The role of fit in understanding leader effectiveness across cultures.* Chicago. Paper presented at the Society of Industrial and Organizational Psychology (SIOP) annual conference
3. House, R. J., Dorfman, P. W., Javidan, M., Hanges, P. J., & Sully de Luque, M. F. (2014). *Strategic leadership across cultures. The GLOBE study of CEO leadership behavior and effectiveness in 24 countries.* Los Angeles, CA: Sage.
4. Brodbeck, F. C. (2008). Die Suche nach universellen Führungsstandards: Herausforderungen im globalen Dorf. *Wirtschaftspsychologie aktuell, 1,* 19–22.
5. House, R. J., Hanges, P. J., Javidan, M., Dorfman, P. W., & Gupta, V. (Hrsg.). (2004). *Culture, leadership, and organizations: The GLOBE study of 62 societies.* Thousand Oaks, CA: Sage Publications.
6. Javidan, M., & House, R. J. (2002). Leadership and Cultures Around the World: Findings from GLOBE [Special issue]. *Journal of World Business, 37*(1), 1–90.
7. Brodbeck, F. C., Hanges, P. J., Dickson, M. W., Gupta, V., & Dorfman, P. W. (2004). Societal Culture and Industrial Sector Influences on Organizational Culture. In R. J. House, P. J. Hanges, M. Javidan, P. W. Dorfman, & V. G. (Hrsg.), *Culture, Leadership and Organisations. The GLOBE Study of 62 Societies* (S. 654–668). Thousand Oaks, California: Sage Publications.
8. Chhokar, J. S., Brodbeck, F. C., & House, R. J. (Hrsg.). (2007). *Culture and leadership around the world: The GLOBE book of in-depth studies of 25 societies.* Mahwah, NJ: LEA Publishers.
9. Brodbeck, F. C., Frese, M., Akerblom, S., Audia, G., Bakacsi, G., Bendova, H., & Wunderer, R. (2000). Cultural variation of leadership prototypes across 22 European countries. *Journal of Occupational and Organizational Psychology, 73*(1), 1–29. doi:10.1348/096317900166859.
10. http://www.uvic.ca/gustavson/globe/index.php.
11. ISO alpha-3 Ländercodes wie von der United Nations Statistics Division verwendet, http://unstats.un.org/unsd/methods/m49/m49alpha.htm.
12. Weber, M. (1904/1905). Die protestantische Ethik und der Geist des Kapitalismus. *Archiv für Sozialwissenschaft und Sozialpolitik, 20/21.*
13. McClelland, D. C. (1985). *Human motivation.* Glenview, IL: Scott, Foresman.
14. Fyans Jr., L. J., Salili, F., Maehr, M. L., & Desai, K. A. (1983). A cross-cultural exploration into the meaning of achievement. *Journal of Personality and Social Psychology, 44*(5), 1000–1013.
15. Javidan, M. (2004). Performance Orientation. In R. J. House, P. J. Hanges, M. Javidan, P. W. Dorfman, & V. Gupta (Hrsg.), *Culture, Leadership and Organisations. The GLOBE Study of 62 Societies.* Thousand Oaks, California: Sage Publications.
16. http://www.uvic.ca/gustavson/globe/research/instruments/index.php.
17. Brodbeck, F. C., Chhokar, J. S., & House, R. J. (2007). Culture and Leadership in 25 Societies: Integration, Conclusions, and Future Directions. In J. S. Chhokar, F. C. Brodbeck, & R. J. House (Hrsg.), *Culture and Leadership Across the World: The GLOBE Book of In-Depth Studies of 25 Societies* (S. 1023–1084). New York: Taylor & Francis.
18. Kluckhohn, F. R., & Strodtbeck, F. L. (1961). *Variations in value orientations.* New York: HarperCollins.
19. Lewin, K. (1942). Time perspective and morale. In G. Watson (Hrsg.), *Civilian morale* (S. 48–70). Boston: Houghton Mifflin.
20. Ashkanasy, N., Gupta, V., Mayfield, M. S., & Trevor-Roberts, E. (2004). Future Orientation. In R. J. House, P. J. Hanges, M. Javidan, P. W. Dorfman, & V. Gupta (Hrsg.), *Culture, Leadership and Organisations. The GLOBE Study of 62 Societies* (S. 282–342). Thousand Oaks, California: Sage Publications.

21. Hofstede, G. (1998). *Masculinity and femininity: The taboo dimension of national cultures*. Thousand Oaks, CA: Sage.

22. Emrich, C. G., Denmark, F. L., & Den Hartog, D. N. (2004). Cross-Cultural Differences in Gender Egalitarianism: Implications for Societies, Organisations, and Leaders. In R. J. House, P. J. Hanges, M. Javidan, P. W. Dorfman, & V. Gupta (Hrsg.), *Culture, Leadership and Organisations. The GLOBE Study of 62 Societies* (S. 343–394). Thousand Oaks, California: Sage Publications.

23. Den Hartog, D. N. (2004). Assertiveness. In R. J. House, P. J. Hanges, M. Javidan, P. W. Dorfman, & V. Gupta (Hrsg.), *Culture, Leadership and Organisations. The GLOBE Study of 62 Societies* (S. 395–436). Thousand Oaks, California: Sage Publications.

24. Brodbeck, F. C., Frese, M., & Javidan, M. (2002). Leadership made in Germany: Low on compassion, high on performance. *Academy of Management Executive, 16*(1), 16–29.

25. Gelfand, M. J., Bhawuk, D. P. S., Nishii, L. H., & Bechtold, D. J. (2004). Individualism and Collectivism. In R. J. House, P. J. Hanges, M. Javidan, P. W. Dorfman, & V. Gupta (Hrsg.), *Culture, Leadership and Organisations. The GLOBE Study of 62 Societies* (S. 437–512). Thousand Oaks, California: Sage Publications.

26. Hofstede, G. (1980, 1984). *Culture's consequences: International differences in work-related values*. Beverly Hills, CA: Sage Publications.

27. Holmberg, I., & Akerblom, S. (2007). "Primus Inter Pares": Leadership and Culture in Sweden. In J. S. Chhokar, F. C. Brodbeck, & R. J. House (Hrsg.), *Culture and Leadership Across the World: The GLOBE Book of In-Depth Studies of 25 Societies* (S. 33–74). New York: Taylor & Francis.

28. French, J. R. P. Jr., & Raven, B. (1959). The bases of social power. In D. Cartwright (Hrsg.), *Studies in social power* (S. 150–167). Oxford, England: University Michigan.

29. McClelland, D. C. (1975). *Power: The inner experience*. New York: Free Press.

30. Carl, D., Gupta, V., & Javidan, M. (2004). Power Distance. In R. J. House, P. J. Hanges, M. Javidan, P. W. Dorfman, & V. Gupta (Hrsg.), *Culture, Leadership and Organisations. The GLOBE Study of 62 Societies* (S. 513–563). Thousand Oaks, California: Sage Publications.

31. Kabasakal, H., & Bodur, M. (2004). Humane Orientation in Societies, Organizations, and Leadership Attributes. In R. J. House, P. J. Hanges, M. Javidan, P. W. Dorfman, & V. Gupta (Hrsg.), *Culture, Leadership and Organisations. The GLOBE Study of 62 Societies* (S. 564–601). Thousand Oaks, California: Sage Publications.

32. Brodbeck, F. C., & Frese, M. (2007). Societal Culture and Leadership in Germany. In J. S. Chhokar, F. C. Brodbeck, & R. J. House (Hrsg.), *Culture and Leadership Across the World: The GLOBE Book of In-Depth Studies of 25 Societies* (S. 147–214). New York: Taylor & Francis.

33. Sully de Luque, M., & Javidan, M. (2004). Uncertainty Avoidance. In R. J. House, P. J. Hanges, M. Javidan, P. W. Dorfman, & V. Gupta (Hrsg.), *Culture, Leadership and Organisations. The GLOBE Study of 62 Societies* (S. 602–653). Thousand Oaks, California: Sage Publications.

34. Triandis, H. C. (2004). Foreword. In R. J. House, P. J. Hanges, M. Javidan, P. W. Dorfman, & V. Gupta (Hrsg.), *Culture, Leadership and Organisations. The GLOBE Study of 62 Societies*. Thousand Oaks, California: Sage Publications.

35. Brodbeck, F. C. (2006). Navigationshilfe für internationales Change Management. Erkenntnisse aus dem GLOBE-Projekt. *Organisationsentwicklung, 25*(3), 16–31.

36. Weber, M. (1947). *The Theory of Social and Economic Organization* (Übersetzt von A.M. Henderson & T. Parsons). New York: The Free Press/Falcon's Bring Press.

Entwicklung internationaler bzw. globaler Führungsleitbilder

Felix C. Brodbeck

F.C. Brodbeck, E. Kirchler, R. Woschée (Hrsg.), *Internationale Führung,* Die Wirtschaftspsychologie,
DOI 10.1007/978-3-662-43361-4_6, © Springer-Verlag Berlin Heidelberg 2016

Führungsleitbild bei einem Global Player

Als ich vor einiger Zeit bei einem weltweit agierenden deutschen Unternehmen im produzierenden Bereich einen Vortrag über globale Führung hielt, kamen wir auf dessen Führungsleitbild zu sprechen. Ein Leitsatz darin war „offen sein für Kritik und offen kritisieren". Denn mit Kritik nicht hinterm Berg zu halten, helfe, Fehler bei der Arbeit zu entdecken und diese effektiv zu korrigieren. Aus meiner langjährigen Beratungs- und Forschungspraxis im In- und Ausland war mir die Einschätzung bekannt, dass der offene Umgang mit Kritik, die sogenannte „German straightforwardness", mit der hohen Produktivität und Innovationskraft deutscher Unternehmen zu tun habe. Gleichzeitig gab es aber auch die Wahrnehmung im Ausland, dass deutsche Führungskräfte sehr hart im Umgang mit ihren Mitarbeitern und Kollegen seien. So wird der deutsche Manager im Ausland gerne als „tough on the issue, tough on the person" bezeichnet. Zu fragen ist daher, ob ein Führungsleitbild, das „German straightforwardness" in allen Kulturkreisen propagiert, in denen ein globales Unternehmen mit Hauptsitz in Deutschland tätig ist, überall auch positiv aufgenommen würde oder eher mit zeitraubenden und kostspieligen Konflikten verbunden wäre.

Mit dieser und vielen weiteren Fragen, die für Führung in internationalen Unternehmen von Bedeutung sind, beschäftigt sich die interkulturelle Führungsforschung (s. ▶ Kap. 3). Das ist jenes Forschungsfeld, in dem das GLOBE-Projekt, das in ▶ Kap. 4 und 5 ausführlich beschrieben ist, einen weltweit anerkannten Platz gefunden hat. Die nun folgenden Kapitel gehen auf konkrete Lösungsansätze ein, die aus den GLOBE-Ergebnissen für verschiedene Problemlagen der internationalen Unternehmenspraxis abgeleitet werden können. So informiert das vorliegende Kapitel über weiterführende Fragestellungen und konkrete Maßnahmen im Zusammenhang mit der Entwicklung eines globalen Führungsleitbilds und darüber, welche Optimierungen mithilfe von GLOBE-Ergebnissen möglich sind.

6.1 Unternehmens- und Führungsleitbilder

Leitbilder dokumentieren das Selbstverständnis einer Organisation in prägnanten Aussagen. Viele Unternehmen verfügen über ein Unternehmensleitbild und ein Führungsleitbild, die sie nach innen und nach außen publik machen. Nach innen vermitteln Leitbilder den Mitarbeitern und Führungskräften Orientierung und Identität, nach außen erlauben sie den Kunden und der Öffentlichkeit einen Einblick in die Unternehmensphilosophie. Die in Leitbildern formulierten Aussagen verweisen auf die in einer Organisation für maßgeblich erachteten Normen, Werte und Grundüberzeugungen. Leitbilder haben deshalb mit der Kultur und der Kulturentwicklung in Organisationen zu tun (s. ▶ Kap. 2).

Ein *Unternehmensleitbild* formuliert den Auftrag der Organisation (engl. *mission*), deren strategische Ziele (engl. *vision*) sowie jene Normen und Werte, die beim Anstreben der Ziele und bei der Auftragserfüllung zu beachten sind (engl. *values*).

Ein *Führungsleitbild* formuliert Prinzipien des Führens und der Zusammenarbeit, die sich an den jeweiligen Vorgaben des Unternehmensleitbildes orientieren. Für viele Unternehmen ist das Führungsleitbild ein zentraler Bestandteil des Unternehmensleitbildes.

Mithilfe von Leitbildern soll den Organisationsmitgliedern Orientierung gegeben werden, zum einen durch Formulieren der Richtung (Vision, Mission, Ziele): „Was streben wir an?", zum anderen durch Formulieren der Art und Weise, wie dabei vorzugehen ist (Regeln, Normen, Werte): „Wie streben wir es an?" Auch die Identifikation des Einzelnen mit der gesamten Organisation soll durch Leitbilder unterstützt werden. Dies alles funktioniert umso besser, je stärker die Leitbildvorgaben sozial geteilt sind und von den Mitgliedern einer Organisation als handlungsleitend, verbindlich und „richtig" erachtet werden, so wie es in Gruppen und Gesellschaften für kulturprägende Normen, Werte und Grundüberzeugungen auch der Fall ist (s. ► Kap. 2).

Typische Anlässe für die Entwicklung oder Überarbeitung von Leitbildern sind:

- markterforderliche Strategieveränderungen,
- Fusionen, Aufkäufe größerer Unternehmensteile, Restrukturierungen,
- Suche nach einem neuen gemeinsamen Selbstverständnis, da das bisherige durch Krisen erschüttert oder durch Wachstum infrage gestellt wird,
- Bedürfnis nach neuer Positionierung am Markt oder stärkerer Differenzierung von Wettbewerbern,
- Forderungen nach besserer Führung und Zusammenarbeit oder besseren Arbeitsbedingungen, was z. B. durch interne Mitarbeiterbefragungen und Imageanalysen am Arbeitnehmermarkt zum Ausdruck kommen kann,
- beginnende oder zu erweiternde Internationalisierung des Unternehmens.

6.1.1 Leitbildentwicklung ist Teil der Kulturentwicklung im Unternehmen

Umfassende Einigkeit über explizite Leitbildvorgaben kann es kaum geben. Und bei konkreten Anlässen zur Überarbeitung von Leitbildern, wie den oben genannten, ist es besonders wahrscheinlich, dass die Antworten auf die Fragen „Was streben wir an?" und „Wie streben wir es an?" nicht einheitlich ausfallen, je nachdem, welche Interessengruppe sie formuliert und welche Blickrichtung dabei eingenommen wird (z. B. wertekonservativ vs. werteprogressiv). Die Diversität der Auffassungen über das zukünftige „Wohin" und „Wie" der Organisation ist die Basis einer lebendigen Kulturentwicklung im Unternehmen. Kulturentwicklung ist eine auf die Zukunft gerichtete, kollektive Anstrengung, bei der existierende und gewünschte Ziele und kulturelle Normen, Werte und Grundüberzeugungen auf dem Prüfstand stehen und zu fragen ist, welche abgeschafft, neu eingeführt, reformiert oder bewahrt werden sollen. Die damit verbundenen Auseinandersetzungen machen das Wesen einer lebendigen Kulturentwicklung im Unternehmen aus.

Vergegenwärtigen wir uns an dieser Stelle noch einmal die generelle Kulturdefinition von Edgar Schein (s. ► Abschn. 2.2):

» Kultur [...] ist ein Muster gemeinsamer Grundprämissen, das die Gruppe bei der Bewältigung ihrer Probleme externer Anpassung und interner Integration erlernt hat, das sich gut genug bewährt hat, um als gültig betrachtet zu werden; und das daher an neue Mitglieder als die richtige Art der Betrachtung, des Denkens und des Fühlens im Umgang mit diesen Problemen weitergegeben wird.

Neu entwickelte oder überarbeitete Leitbilder sind immer auch auf die Zukunft gerichtet, zumindest aber auf das Hier und Jetzt. Einige ihrer Vorgaben unterscheiden sich deshalb von althergebrachten Merkmalen der Unternehmenskultur, die der Definition von Edgar Schein zufolge das Resultat *vergangener* Anpassungs- und Integrationsprozesse der Unternehmenskultur sind.

> ❯ Leitbilder enthalten durch ihre Ausrichtung auf das Hier und Jetzt und auf die Zukunft stets auch Elemente einer kulturellen Neuausrichtung, von denen man überzeugt ist, dass sie die externe Anpassung und interne Integration einer Organisation heute und in Zukunft besser gewährleisten können.

Demnach enthalten Leitbilder auch Wunschvorstellungen über die zukünftige Unternehmenskultur. Und so manches althergebrachte Kulturmerkmal gilt nicht mehr als passend für die heutige Zeit oder für die Zukunft und findet deshalb keine Aufnahme mehr im neuen Leitbild.

Das Dilemma des immerwährenden Ringens um angemessene Normen, Werte und Grundüberzeugungen, das dem Wesen der Kulturentwicklung entspricht, liegt auf der Hand, denn wer kann schon behaupten, die Zukunft genau zu kennen und zu wissen, wohin die Reise gehen muss, um externe Anpassung und interne Integration zu fördern. Es ist legitim, dass viele Impulse zur Veränderung der gegenwärtigen Unternehmenskultur von der Unternehmensleitung und den Führungskräften ausgehen, denn von ihnen wird erwartet, dass sie für den Weitblick nach außen und nach innen sorgen. Ebenso ist es legitim, wenn die Belegschaft kulturellen Wandel vorantreibt, gestützt etwa auf die Ergebnisse von Mitarbeiterbefragungen oder Aktivitäten des Betriebs- oder Personalrats, wonach bestimmte kulturelle Wandlungsprozesse für notwendig erachtet werden. In diesem Fall tut die Unternehmensleitung gut daran, diese Bestrebungen der Belegschaft nicht voreilig beiseitezuschieben, denn auch ihr Blick, nach außen und nach innen, birgt Erkenntnisse, die für die externe Anpassungsfähigkeit und interne Integration einer Organisation von Bedeutung sind. Sicher, solche Auseinandersetzungen über Leitbilder können aufwendig und kostenintensiv sein, jedoch sorgen sie auch dafür, dass die Kulturentwicklung im Unternehmen lebendig bleibt, und eine lebendige Kultur erhöht die Anpassungsfähigkeit einer Organisation.

So findet kulturelle Entwicklung im Unternehmen kontinuierlich statt. Sie ist ein stetiger evolutionärer Prozess in kleinen Schritten, der sich manchmal in turbulenten Eruptionen äußern kann, ähnlich der plattentektonischen Dynamik, der die Erdkruste unterliegt. Aus der evolutionären Kulturperspektive Edgar Scheins betrachtet, hängt es nicht von der Kultur alleine ab, ob diese gut oder schlecht, funktional oder dysfunktional, effektiv oder ineffektiv ist, sondern von der Qualität der Beziehung zwischen einer Kultur und ihrer maßgeblichen Umwelt. So ist die Funktion der Kulturentwicklung für ein Unternehmen darin zu sehen, dass sie die Qualität der Beziehung zwischen dem Unternehmen und seiner Umwelt stetig hinterfragt und verbessert, um dessen externe Anpassung und interne Integration zu optimieren. Das dazu notwendige soziale Lernen in Gruppen, das Schein zufolge ein zentraler Mechanismus der Kulturentwicklung ist, wird u. a. durch die Auseinandersetzungen über Unternehmens- und Führungsleitbilder im Unternehmen getragen.

6.1.2 Sinn und Nutzen von Leitbildern im Unternehmen

In vielen Unternehmen werden angesichts der Kosten und Aufwände, die mit der Entwicklung von Leitbildern verbunden sind, folgende Fragen gestellt: „Brauchen wir ein Leitbild?", „Was spricht dagegen, was dafür?" und auch „Ist ein kostengünstiges ‚Leitbild light' zu haben?". Kritiker verweisen auf die wissenschaftlich ungesicherte Befundlage zur Wirksamkeit von Leitbildern, ihre oft austauschbaren und von Allgemeinplätzen getragenen Inhalte, ihre mangelnde Übereinstimmung mit der tatsächlich gelebten Unternehmenskultur und ihr häufig tragisches Schicksal. Denn ein Großteil der Investitionen in Leitbilder fließt in die Propaganda und das Erstellen von Hochglanzbroschüren und Internetseiten, die nach kurzer Zeit in der Schublade verschwinden oder durch neue Leitbilder ersetzt werden [1].

Befürworter der Leitbildentwicklung im Unternehmen verweisen auf die Impulswirkung, die der Prozess der Auseinandersetzung mit sich bringt, z. B. bei der Entwicklung und Implementierung eines Führungsleitbilds. Die Erörterung von Fragen der Führung und Zusammenarbeit im Dialog mit anderen fördert das sozial geteilte Verständnis von Führen und Geführtwerden (s. ▶ Kap. 1). Ein explizites Führungsleitbild setzt einen Orientierungsrahmen der Führung und Zusammenarbeit im Unternehmen und fördert die Standardisierung des Führungsgeschehens. Auch die Signalwirkung nach innen und nach außen wird positiv vermerkt. Wie in einem Unternehmen geführt wird, das interessiert jeden Mitarbeiter, insbesondere auch jene, die überlegen, ob sie in Zukunft Mitarbeiter im Unternehmen bleiben oder werden wollen.

Ein direkter empirischer Zusammenhang zwischen der Existenz oder Einführung von Leitbildern im Unternehmen und dem Unternehmenserfolg ist nicht leicht nachweisbar. Wie bereits angesprochen, schätzen Kritiker die wissenschaftliche Befundlage als unsicher und heterogen ein. Ein Grund dafür besteht darin, dass es wenige empirische Untersuchungen gibt, die die Qualität der Leitbildeinführung und deren Wirkungen auf Arbeitsverhalten und Produktivität systematisch einbeziehen. Indirekte Belege gibt es hingegen schon, sofern man bereit ist, Leitbilder und deren Entwicklung als Teil der Kulturentwicklung im Unternehmen zu betrachten.

So zeigen viele Studien, dass es positive Zusammenhänge zwischen Merkmalen der Unternehmenskultur und dem Unternehmenserfolg sowie weiterer Kennzahlen der Prosperität von Unternehmen gibt [2]. Eine eigene Metaanalyse solcher Studien, die ihm Rahmen einer Dissertation am Lehrstuhl für Wirtschafts- und Organisationspsychologie der Ludwig-Maximilians-Universität München durchgeführt wurde und insgesamt fast 3 Mio. Befragte aus über 10.000 Organisationen weltweit einschließt, zeigt deutlich ausgeprägte Zusammenhänge zwischen Merkmalen der Organisationskultur und sowohl subjektiven Indikatoren der Leistungsfähigkeit als auch objektiven Indikatoren der Produktivität von Unternehmen (s. Exkurs).

Was häufig als Kritik daherkommt, nämlich der Verweis auf den Umstand, dass Leitbilder „nur" Wunschvorstellungen der Unternehmenskultur formulieren und mit der gelebten Kultur nicht in Übereinstimmung zu bringen sind, entpuppt sich bei näherer Betrachtung als ihre eigentliche Funktion. Wie zuvor beschrieben, enthalten Leitbilder per se auch Wunschvorstellungen über zukunftsfähige Kulturelemente. Diese sind zu diskutieren und auszuprobieren, ggf. zu verändern oder zurückzunehmen, solange bis erkennbar ist, ob und wie gut sie die externe Anpassung und interne Integration einer Organisation unterstützen. Es geht dabei um ein ständiges Ausprobieren, Reflektieren und Implementieren von Kulturelementen, mit Augenmaß und ohne blinden Aktionismus. Leitbilder können diesen Prozess unterstützen und damit eine reflektierte Kulturentwicklung des Unternehmens fördern.

Ob Leitbilder tatsächlich das Arbeits- und Führungsverhalten beeinflussen und verändern können – was Kritiker im Übrigen in der Regel verneinen – ist eine offene Frage. Sicher ist jedoch, dass ein sorgloser Umgang mit der Leitbildentwicklung im Unternehmen, nach dem Motto „So etwas hat man halt als modernes Unternehmen, also machen wir ein ‚Leitbild light'", den Kritikern recht geben wird. Denn folgt darauf nichts Weiteres, dann kann die Kulturentwicklung im Unternehmen auch nicht davon profitieren, und die angesichts der Umweltver-

> **Exkurs: Zusammenhänge zwischen Organisationskultur, Mitarbeitereffektivität und organisationaler Produktivität**
>
> Zu den Zusammenhängen zwischen Merkmalen der Unternehmenskultur und dem Erfolg sowie der an wirtschaftlichen Kennzahlen festgemachten Prosperität von Unternehmen wurde eine umfassende Meta-Metaanalyse durchgeführt, in der, unter Verwendung der weltweit verfügbaren Metaanalysen (mehr als 150) und weiterer aktueller Einzelstudien (mehr als 200), die Ergebnisse von rund 7500 empirischen Originalarbeiten systematisiert und bewertet wurden [3]. Die auf den Ergebnissen dieser Originalarbeiten erstellte Datenbank umfasst eine Gesamtstichprobe von nahezu 3 Mio. Studienteilnehmern aus mehr als 10.000 Organisationen weltweit. Der Fokus der Studie lag dabei u. a. auf drei Gruppen von Variablen:
> 1. Merkmale der Organisationskultur: z. B. Klarheit der Vision, Mission, strategischen Ziele sowie Qualität der Arbeitsbedingungen, der Führung und Zusammenarbeit sowie von Normen und Werten,
> 2. subjektive Indikatoren der Leistungsfähigkeit: z. B. Arbeitszufriedenheit, Engagement, Gesundheit, Loyalität zum Unternehmen,
> 3. objektive Indikatoren der Produktivität von Unternehmen: z. B. Innovationen, ROI, Entwicklung am Markt, Fehlerraten, Kosteneffizienz, Fehlzeiten, Krankenstand.
>
> Es zeigten sich signifikante, positive Zusammenhänge zwischen Merkmalen der Organisationskultur und sowohl subjektiven Kriterien der Mitarbeitereffektivität als auch objektiven Kriterien der Prosperität und Anpassungsfähigkeit von Unternehmen (weiterführend [4]).

änderungen notwendigen Veränderungen des Arbeitshandelns, der Normen, Werte und des Organisierens im Unternehmen finden nicht statt.

6.1.3 Entwicklung und Einführung von Leitbildern

Das Unternehmensleitbild soll die Mission, Vision und maßgeblichen Werte des Unternehmens für alle Organisationsmitglieder verbindlich formulieren. Seine Entwicklung und Einführung ist eine der wichtigsten strategischen Entscheidungen im Unternehmen. Deshalb muss sich das Topmanagement dazu bekennen und bei seiner Entwicklung und Umsetzung kontinuierliches Engagement zeigen. Das Führungsleitbild muss dabei mit dem Unternehmensleitbild in Einklang stehen, z. B. dadurch, dass es sich auf den Rahmen bezieht, der durch das Unternehmensleitbild gesetzt wird. Nicht selten werden Unternehmens- und Führungsleitbilder gemeinsam entwickelt, überarbeitet und eingeführt.

Gemeinhin werden zwei grundsätzliche Stoßrichtungen bei der Entwicklung und Umsetzung von Leitbildern unterschieden. Der „demokratische" Bottom-up-Prozess ist eher aufwendig, und er ist häufig von Euphorie begleitet, die sich im Tagesgeschäft nicht selten in Ernüchterung umwandelt. Der an den strategischen Zielvorgaben des Unternehmens ausgerichtete „hierarchische" Top-down-Prozess ist in der Regel recht effizient, kann jedoch auf Akzeptanzprobleme stoßen, vor allem, wenn er ohne partizipative Elemente, etwa bei der Operationalisierung der Vorgaben im Tagesgeschäft, stattfindet. In der Praxis findet man häufig eine Kombination dieser beiden Ansätze, mit unterschiedlich ausgeprägten Verhältnissen zwischen Top-down- und Bottom-up-Prozessen, je nachdem, welche Normen und Werte in der aktuell gelebten Unternehmenskultur überwiegen.

Auch das konkrete Vorgehen bei der Einführung oder Weiterentwicklung eines Unternehmens- und/oder Führungsleitbildes trägt dazu bei, wie erfolgreich und wirkungsvoll diese Maßnahme sein kann. Eine Übersicht über wichtige Erfolgsfaktoren in diesem Prozess findet sich im Kasten „Erfolgsfaktoren der Leitbildentwicklung und -umsetzung".

Erfolgsfaktoren der Leitbildentwicklung und -umsetzung

Als Erfolgsfaktoren einer wirkungsvollen Leitbildentwicklung und -umsetzung werden oft folgende Punkte genannt:

- bestehende Unternehmens- und Führungsleitbilder einbeziehen,
- Ist-Zustand vergegenwärtigen, Soll-Zustand anhand der Strategie definieren,
- Führungskräfte, Mitarbeiter und relevante Interessengruppen beteiligen,
- Vision, Mission und Werte im Unternehmensleitbild klar formulieren,
- Führungsleitsätze konkret formulieren (z. B. mit Kompetenzfeldern, beobachtbaren Verhaltensmerkmalen),
- wenige (N = 5 ± 2), dafür akzeptierte und umsetzbare Leitsätze formulieren,
- in Auswahl-, Beurteilungs-, Entwicklungs- und Zielvereinbarungssystemen von Mitarbeitern und Führungskräften einbeziehen,
- Inhalte unternehmensweit verbreiten und im Dialog lebendig halten,
- Umsetzung regelmäßig überprüfen (z. B. bei Vorgesetztenbeurteilung, 360-Grad-Feedback, Mitarbeiterbefragungen, Klein- und Großgruppenveranstaltungen),
- sich kontinuierlich mit dem Leitbildthema als Teil einer reflektierten Kulturentwicklung im Unternehmen beschäftigen,
- Leitbildentwicklung als Beitrag zur Kulturentwicklung im Unternehmen sehen.

6.2   Herausforderungen bei der Leitbildentwicklung in internationalen bzw. globalen Unternehmen

Führungsleitbilder erfüllen in der Regel die Funktion, die Strategieentwicklung und -umsetzung im Unternehmen zu unterstützen. Dies lässt sich dadurch erreichen, dass die Inhalte von Unternehmens- und Führungsleitbildern gemeinsam als Grundlage für die Konzeption globaler Management-Development-Programme (MD-Programme) herangezogen werden. Dazu werden, teilweise mit sehr hohem internem Entwicklungsaufwand, Erkenntnisse aus der Führungsforschung über Schlüsselkompetenzen erfolgreichen Führens mit Vorgaben des Unternehmensleitbilds kombiniert. Die so definierten Kompetenzprofile werden in Anforderungskriterien mit konkreten Lernzielen und Beschreibungen beobachtbarer Verhaltensweisen des Führens und der Zusammenarbeit überführt. Sie bilden damit auch eine objektivierbare Grundlage für die Potenzialerkennung und Leistungsbeurteilung von Führungskräften verschiedener Hierarchieebenen. Dabei ist darauf zu achten, dass insbesondere jene Fähigkeiten und Fertigkeiten des Führens wirksam verbessert werden, die den strategischen Vorgaben des Unternehmensleitbilds dienlich sind.

Nachfolgend gehen wir auf zentrale Herausforderungen bei der Leitbildentwicklung in internationalen Unternehmen ein. Hier ist zunächst die kulturübergreifende Standardisierung an den Standorten zu nennen, was häufig mit Spannungen zwischen der Zentrale und den Standorten verbunden ist. Weiterhin sollte man sich vergegenwärtigen, dass die globale Umsetzung von standardisierten Leitbildern im Prinzip den „Export" von strategischen Kernelementen der zentralen Organisationskultur bedeutet, was mit Anpassungsprozessen verbunden ist und auch eine gewisse Flexibilität voraussetzt, bis hin zum „Import" geeigneter Kulturmerkmale aus den Standorten in die Zentrale. Schließlich geht es um den Aufbau und die Entwicklung von MD-Programmen, die die kulturelle Integration einer internationalen Organisation fördern und die Funktion der internationalen Kulturentwicklung in der globalen Organisation effektiv unterstützen können.

6.2.1 Kulturübergreifende Standardisierung und Flexibilisierung

Eine besondere Herausforderung für internationale Unternehmen besteht darin, ein Führungsleitbild zu entwickeln, das an allen Standorten die Umsetzung der globalen Unternehmensstrategie unterstützt. Ein solch globales Führungsleitbild muss im Kontext der jeweils unterschiedlichen Landeskulturen die Umsetzung der globalen Unternehmensstrategie sicherstellen. In diesem Sinne muss es kulturübergreifende Gültigkeit beanspruchen. Die im globalen Leitbild formulierten Anforderungen an Führung im Unternehmen müssen durch globale MD-Programme umgesetzt werden, d. h., Führungskräfte verschiedener Nationalitäten müssen motiviert und befähigt werden, das geforderte Führungsverhalten bei ihrer täglichen Arbeit zu zeigen bzw. zu erlernen. Weiterhin ist die globale Umsetzung des unternehmensweiten Führungsleitbilds durch vergleichbare Inhalte und Methoden der Potenzialerkennung und Leistungsbeurteilung zu gewährleisten. Häufig ist dabei feststellbar, dass Kernelemente einer unternehmensweit anzustrebenden Führungskultur zu regional geprägten Kulturmerkmalen des Führens und Organisierens im Widerspruch stehen.

❯ Bei der Entwicklung und Umsetzung standardisierter Grundprinzipien des Führens in globalen MD-Programmen zeigt sich häufig, dass Kernelemente der weltweit anzustrebenden Führungskultur im Widerspruch zu regional geprägten Merkmalen der Führungskultur stehen.

Von den globalen HR-Verantwortlichen und dem Topmanagement in der Zentrale und vor Ort ist im Vorfeld, also bereits bei der Entwicklung des unternehmensweiten Führungsleitbilds, mit entsprechenden Inhalten und Kompetenzprofilen sicherzustellen, dass diese den spezifischen landeskulturellen Normen, Werten und Grundüberzeugungen der verschiedenen Standortkulturen nicht allzu gravierend zuwiderlaufen. Dabei kann es nicht um 100-prozentige Deckungsgleichheit gehen (s. ▶ Kap. 3), jedoch um eine für effektives Arbeiten, Führen und Organisieren hinreichende Kompatibilität der unternehmenskulturellen Vorgaben mit den jeweils landeskulturell geprägten Merkmalen der Arbeits- und Führungskultur.

In manchen globalen Unternehmen wird, zur Sicherung der wirtschaftlichen und kulturellen Flexibilität vor Ort, den einzelnen Standorten und Unternehmensbereichen ein gewisses Maß an Autonomie bei der Formulierung der Anforderungskriterien auf Basis des globalen Führungsleitbilds gegeben, z. B. für Potenzialdiagnostik, Führungskräftebeurteilung oder 360-Grad-Feedback. Dabei besteht nicht der Anspruch, ein für global gültig erachtetes Kompetenzmodell der Führung vollständig umzusetzen. Eine solche „lose" Form eines globalen Führungsleitbilds ist sinnvoll, wenn den Unternehmensstandorten ohnehin bei der Umsetzung der strategischen Leitlinien des globalen Unternehmens mehr Autonomie gegeben wurde, beispielsweise aus Gründen der Markerfordernisse, gesetzlicher Bestimmungen oder unüberwindbarer kultureller Hürden. Die Kerngrundsätze und die flexiblen Bereiche des Führens und der Zusammenarbeit sind dann zwischen dem Topmanagement der jeweiligen Ländervertretungen und der Zentrale abzustimmen. Das globale Führungsleitbild sollte jedoch weiterhin einen einheitlichen Orientierungsrahmen setzen, dessen konkrete Umsetzung je nach Land bzw. Standort variiert werden kann. Solche Variationen können beispielsweise in

Kompetenzmodellen, in der Potenzialdiagnostik, aber auch in Beurteilungssystemen zutage treten.

Damit auch langfristig für eine effektive Anpassung und Übertragung der globalen Leitbildvorgaben an den Standorten gesorgt ist, müssen HR-Verantwortliche und Führungskräfte interkulturelle „Übertragungsleistungen" erbringen. Voraussetzung dafür ist eine gute Kenntnis der Landessprache und der kulturellen Besonderheiten an den jeweiligen Standorten. Schließlich geht es darum, relevante Besonderheiten der Landeskultur mit den Kernelementen der globalen Unternehmens- und Führungskultur zu verknüpfen. Es hilft dabei, die lokale Sprache zu beherrschen, um die in der Regel auf Englisch verfassten globalen Leitbildvorgaben möglichst sinnbewahrend zu übertragen. Hilfreich sind auch fundierte Kenntnisse der arbeitsrechtlichen, wirtschaftspolitischen und gesellschaftlichen Gegebenheiten vor Ort.

Unter Hinzuziehen von Erkenntnissen aus der interkulturellen Führungsforschung (s. ▶ Kap. 3) sowie aus dem GLOBE-Projekt (s. ▶ Kap. 4 und 5) kann die interkulturelle Kompatibilität eines globalen Führungsleitbilds sowie des entsprechenden Kompetenzprofils optimiert werden. Zum einen lassen sich mithilfe der GLOBE-Ergebnisse kulturuniverselle Kerngrundsätze des Führens identifizieren, zum anderen auch kulturspezifische Führungsmerkmale, bei denen mit stärkeren Kulturunterschieden zu rechnen ist. Auf konkrete Beispiele, wie die Entwicklung und die Implementierung eines globalen Führungsleitbilds durch die Ergebnisse des GLOBE-Programms unterstützt werden können, wird in ▶ Abschn. 6.3 näher eingegangen.

6.2.2   „Export" und „Import" von Kulturmerkmalen

Im Grunde genommen sind globale Unternehmen daran interessiert, ihre Unternehmens- und Führungskultur weltweit zu „exportieren", um die Zuverlässigkeit und Effizienz ihrer Organisationsprozesse überall auf der Welt zu gewährleisten. Jedoch wird so mancher interkulturelle Widerspruch im Führungsleitbild eines globalen Unternehmens spätestens beim internationalen „Rollout" nicht zu vermeiden sein. Dies ist insbesondere dann der Fall, wenn bestimmte kulturelle Normen, Werte und Grundüberzeugungen von der Zentrale als essenziell für die Umsetzung der globalen Unternehmensstrategie und die Prosperität des gesamten Unternehmens betrachtet werden, wie beispielsweise eine hohe Kundenorientierung oder der Qualitätsanspruch des Unternehmens. Auch in Fragen der Kosteneffizienz, der Corporate Responsibility, des korruptionsfreien Agierens oder der Innovations-, Fehler- und Lernkultur gibt es oft interkulturelles Konfliktpotenzial.

Die zentralen Merkmale einer Organisationskultur, die die Prosperität des Unternehmens garantieren, sollten nicht verhandelbar sein, da anzunehmen ist, dass ihre Missachtung oder Verwässerung den Erfolg des gesamten Unternehmens gefährdet. Ob international konfliktträchtige Kulturmerkmale zu den essenziellen, letztlich weltweit zu „exportierenden" Unternehmens- und Führungskulturmerkmalen gehören, darauf kann bereits bei der Entwicklung des globalen Führungsleitbilds geachtet werde (weiterführend s. ▶ Abschn. 6.3).

Vor dem Hintergrund der Kulturentwicklungstheorie von Edgar Schein (s. ▶ Kap. 2) ist der globale „Rollout" von international verbindlichen Unternehmens- und Führungsleitbildern als spezifischer Kulturentwicklungsprozess am jeweiligen Standort zu sehen. Damit sind auch spezifische Auseinandersetzungen über Fragen des „Wohin" und „Wie" der Unternehmens- und Führungskultur an den Standorten zu erwarten – und in der Folge auch in der Zentrale. Das für die Kulturentwicklung essenzielle soziale Lernen im jeweiligen landeskulturellen Kollektiv (also pro Standort) sowie auch in der Zentrale eines globalen Unternehmens ist letztlich jener

Mechanismus, durch den globale Unternehmens- und Führungsleitbilder über alle Standorte hinweg kontinuierlich implementiert, angepasst, weiterentwickelt und optimiert werden können. Die sozialen Lernprozesse an den Standorten sind aufwendig, jedoch notwendig, da die damit verbundenen Auseinandersetzungen insgesamt eine flächendeckende Entwicklung der Unternehmens- und Führungskultur, die einer effektiven Steuerung durch globale Leitbilder unterliegt, überhaupt erst ermöglichen.

Der beschriebene Kulturentwicklungsprozess schließt auch Rückkopplungen von den Standorten zur Zentrale mit ein. Man denke hier etwa an die Übernahme von angloamerikanischen Management-, Kommunikations- und Marketingpraktiken durch globale Unternehmen mit Stammsitz in Deutschland. Die betreffenden Praktiken haben sich durch jahrelange Erfahrungen in den entsprechenden Standorten als zielführend und effektiv für die externe Anpassung und interne Integration der Organisationseinheiten erwiesen und wurden daher auch in der Zentrale dieser globalen Unternehmen daraufhin begutachtet, ob sie sich als globale Kernelemente der Organisations- und Führungskultur eignen. Falls dies der Fall war, wurde versucht, sie weltweit zu implementieren, teilweise mit großem Erfolg (z. B. US-amerikanische Managementpraktiken). Auch darüber, welche Führungspraktiken für Kulturimporte infrage kommen und welche sich für den globalen oder auch regionalen Kulturexport eignen, lassen sich einige Hinweise aus den GLOBE-Ergebnissen ableiten (s. ► Abschn. 6.3 sowie ► Kap. 5).

6.2.3 MD-Programme als Instrument der Kulturentwicklung internationaler Unternehmen

Wie in ► Kap. 2 beschrieben, sind Arbeitshandeln, Führen und Organisieren in einem Unternehmen in verschiedene, sich überlagernde, kulturelle Kontexte eingebettet: zum einen in die Organisationskultur selbst und zum anderen in die jeweilige Landes- bzw. Gesellschaftskultur, in der die Organisation mit ihren Standorten tätig ist (◧ Abb. 6.1). Die Organisationskultur hat die Funktion, das Unternehmen als Ganzes für die Bewältigung veränderlicher Anforderungen aus der Umwelt fit zu machen. Ihr kultureller Einfluss auf das Denken, Empfinden und Handeln der Organisationsmitglieder betrifft vor allem Fragen der, im Sinne der Unternehmensziele, funktionalen Problemlösung, Entscheidungsfindung, Kommunikation, Zusammenarbeit, Konfliktbewältigung, Führung und motivierenden Arbeitsbedingungen. Hingegen wirken Landes- bzw. Gesellschaftskulturen umfassender auf das Denken, Empfinden und Handeln von Organisationsmitgliedern ein. Ihr Einfluss betrifft alle Bereiche der sozialen Interaktion, ist durch gesellschaftliche Institutionen (z. B. politisches System, Gesetze, Religion, Ausbildung, Familie etc.) getragen und basiert auf Jahrhunderte alten Denk-, Empfindungs- und Handlungsmustern, die in der Psyche der Kulturmitglieder von Kindheit an tief verankert werden.

In globalen Unternehmen müssen individuelles Arbeitshandeln und interkulturelle Zusammenarbeit organisiert werden, und zwar trotz der verschiedenen, teils tief verankerten, gesellschaftskulturellen Denk-, Empfindungs- und Handlungsmuster seitens der Organisationsmitglieder. So besteht in vielen globalen Unternehmen der Anspruch, global koordiniert und vor dem Hintergrund einer einheitlichen Organisationskultur zu agieren. Zudem müssen zentrale Merkmale der Organisationskultur, die für die globale Funktionsfähigkeit der Organisation als essenziell erachtet werden, in die Standorte exportierbar sein. Dazu kann ein globales MD-Programm durch Umsetzung globaler Führungsleitbilder entscheidend beitragen. Ihm kommt dabei jedoch auch die Funktion zu, für einen Ausgleich der kulturellen Spannungen zu

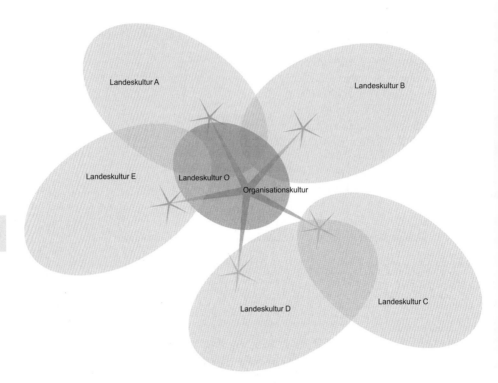

□ Abb. 6.1 Einbettung der Organisationskultur in die eigene Landeskultur und in andere Landeskulturen

sorgen, die zwischen der Zentrale, die in der Regel einer bestimmten landeskultureller Prägung unterliegt, und ihren jeweils andersartig landeskulturell geprägten Standorten bzw. Ländervertretungen auftreten können.

> ❯ **Ein globales MD-Programm dient nicht nur der Umsetzung des Führungsleitbildes, sondern kann auch kulturell bedingte Spannungen ausgleichen.**

Globale Organisationskulturen müssen sich in flexiblen globalen Umwelten bewähren. Es ist dabei kein Nachteil, dass sie in der Regel nur auf Jahrzehnte (sehr selten auf Jahrhunderte) alte organisationskulturelle Traditionen zurückblicken können, die in der Psyche der Organisationsmitglieder nicht so tief verankert sind, wie das für viele Merkmale von Gesellschaftskulturen der Fall ist: Dieser Umstand macht Organisations- und Führungskulturen flexibler und anpassungsfähiger an veränderliche Umweltbedingungen, als es für Gesellschaftskulturen der Fall ist. Und genau darin liegt eines der Erfolgsgeheimnisse globaler Unternehmen begründet.

Auf potenzielle Spannungen zwischen zentraler Steuerung und dezentraler bzw. lokaler Anpassung kann bereits bei der Ausrichtung und Entwicklung globaler MD-Programme eingegangen werden. Dazu ist es von Vorteil, wenn man vorab, soweit als möglich, die spannungsgeladenen kulturellen Merkmalsbereiche identifizieren kann (s. ▶ Abschn. 6.3). Insbesondere bietet es sich an, zu ermitteln, in welcher Art und in welchem Ausmaß unterschiedliche kulturelle Präferenzen bei den Vorstellungen über effektive Führung, Zusammenarbeit und Entscheidungsfindung berücksichtigt werden sollten, welche Kompetenzbereiche bei der Rekrutierung und Entwicklung von Führungskräften einheitlich gefordert werden sollten und welche Bereiche für länderspezifische Vorgehensweisen offen gehalten werden können.

Interkulturelle Kompetenzen sollten in der Führungskräfteentwicklung nicht nur auf sprachliche Schwerpunkte (z. B. Englisch als globale Konzernsprache, Kenntnis der jeweiligen Landessprache) begrenzt sein. Interkulturelle Kompetenz bedeutet mehr als Informationsaustausch in einer allgemeinverständlichen Sprache. Sie ist stets auch eine Form von Kooperation. Und diese setzt voraus, dass kulturelle Unterschiede im Wahrnehmen, Denken, Empfinden und Handeln von Menschen erkannt werden können und bei der Zusammenarbeit auch berücksichtigt werden. Dazu sind Kenntnisse kultureller Eigenarten und Unterschiede (zur eigenen Kultur) hilfreich, die erkennen lassen, worin Unterschiede (und auch Gemeinsamkeiten) bei der Art und Weise der Entscheidungsfindung, Kommunikation, Zusammenarbeit und Konfliktbewältigung zu sehen sind. Investitionen in eine gezielte Entsendung an Standorte mit anderer Landeskultur – und aus diesen in die Zentrale – fördern diesbezüglich einen sensiblen Kulturexport aus der Zentrale in die Landesvertretungen sowie auch ggf. den Import funktionaler Kulturmerkmale von den Landesvertretungen in die Zentrale.

Weiterhin ist es hilfreich, HR-Verantwortlichen und Führungskräften globaler Unternehmen, die mit interkulturellen Aufgaben betraut werden, ein Verständnis von Dimensionen der Gesellschafts-, Organisations- und Führungskultur zu vermitteln, wie es etwa anhand der GLOBE-Ergebnisse (s. ▶ Kap. 5) sowie auch anderer Programme interkultureller Forschung (s. ▶ Kap. 2 und 3) möglich ist, um ihnen Orientierungs- und Strukturierungshilfen für die Einordnung ihrer interkulturellen Erfahrungen zu geben.

Zwischenfazit

Leitbilder sind wichtige Manifestationen der Unternehmens- und Führungskultur einer Organisation. Gleichzeitig wirken sich die Prozesse von Entwurf, Entwicklung und Implementierung von Leitbildern wiederum auf die Kulturentwicklung im Unternehmen aus. Internationale Organisationen stehen vor besonderen Herausforderungen bei der Leitbildentwicklung, die durch die im Hintergrund wirksamen Gesellschaftskulturen bedingt sind. Ein Verständnis dieser kulturellen Besonderheiten kann dazu beitragen, die Anpassungs- und damit auch die Wettbewerbsfähigkeit dieser Organisationen zu stärken. Eine sinnvolle, empirisch fundierte Grundlage für dieses Verständnis bieten beispielsweise die Erkenntnisse aus dem GLOBE-Projekt.

6.3 Anwendung der GLOBE-Ergebnisse bei der Leitbildentwicklung und Umsetzung

In den vorangehenden Abschnitten wurde mehrfach darauf verwiesen, dass die Entwicklung eines globalen Führungsleitbilds durch Erkenntnisse aus der interkulturellen Führungsforschung sowie aus dem GLOBE-Projekt optimiert werden kann. So lassen sich anhand der GLOBE-Ergebnisse auf der einen Seite *kulturuniverselle* Merkmale des Führens identifizieren (s. ▶ Kap. 5, ◙ Tab. 5.21). Diese sind für den „Export" in unterschiedlich kulturgeprägte Standorte besonders geeignet, da sie in allen untersuchten Ländern als Merkmale effektiver Führung angesehen werden. Auf der anderen Seite gibt es eine Reihe *kulturspezifischer* Führungsmerkmale, die einer starken landeskulturellen Prägung unterliegen. Bei diesen Führungsmerkmalen und Verhaltensweisen unterscheiden sich die Bewertungen in den untersuchten GLOBE-Ländern deutlich, häufig sogar so, dass das jeweilige Führungsmerkmal in einem Land als dem effektiven Führen förderlich, in einem anderen Land dagegen als hinderlich betrachtet wird (s. ▶ Kap. 5, ◙ Abb. 5.14). Bei kulturspezifischen Merkmalen des Führens ist davon auszugehen, dass sie, sofern sie dem Kanon globaler Führungsgrund-

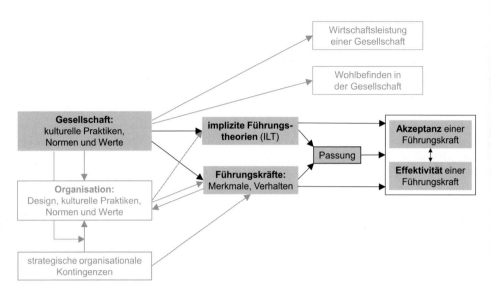

◘ Abb. 6.2 Für die Führungsleitbildentwicklung unmittelbar relevante Variablen im GLOBE-Modell. Nach GLOBE-Buch [5, 6]; ergänzt und modifiziert

sätze zugerechnet und weltweit exportiert werden, mit interkulturellen Spannungen an den Standorten verbunden sind.

6.3.1 GLOBE-Modell der Zusammenhänge zwischen Landeskultur, Führungsmerkmalen und Führungseffektivität

Zum besseren Verständnis der vermittelnden Prozesse betrachten wir das in mehreren weltweiten Untersuchungen empirisch gestützte GLOBE-Modell der Zusammenhänge zwischen Landeskultur, Führungsmerkmalen und der Effektivität von Führung, das in ► Kap. 5 bereits beschrieben wurde. Es ist hier in ◘ Abb. 6.2 erneut dargestellt, jedoch mit Fokus auf die im vorliegenden Zusammenhang diskutierten relevanten Variablen.

Der in ◘ Abb. 6.2 hervorgehobene Ausschnitt des GLOBE-Modells besagt, dass die individuellen Vorstellungen von Führungskräften und Mitarbeitern über Führung (implizite Führungstheorien, ILT) auf der einen Seite und die Merkmale und Verhaltensweisen von Führungskräften auf der anderen Seite durch die jeweilige Landeskultur geprägt sind, in der Mitarbeiter und Führungskräfte vorwiegend sozialisiert wurden. Die den Führungskräften entgegengebrachte Akzeptanz und ihre Effektivität werden durch diese kulturgeprägten Führungsvorstellungen, Führungsmerkmale und Verhaltensweisen beeinflusst. Somit wird der landeskulturelle Einfluss auf das Führungsgeschehen und die Führungseffektivität nicht unmittelbar wirksam, sondern vermittelt über die landeskulturell geprägten Vorstellungen von Führung (CLT) der Geführten und Führenden und über die landeskulturell geprägten Führungsmerkmale und Verhaltensweisen der Führungskräfte.

Ein direkter Zusammenhang zwischen Landeskultur und Führungseffektivität bzw. -akzeptanz ist empirisch nicht nachweisbar. Damit sind kulturgeprägte Vorstellungen von Führung sowie kulturgeprägte Merkmale und Verhaltensweisen von Führungskräften zentrale Dreh- und Angelpunkte des Führungsgeschehens und der Führungseffektivität, die bei personaler Führung in internationalen Führungskontexten kulturelle Einflüsse übertragen.

Darüber hinaus ist die Passung zwischen den Führungsvorstellungen der Geführten (ILT) und den Merkmalen und Verhaltensweisen der Führenden von besonderer Bedeutung für die Akzeptanz und Effektivität der Führungskräfte. Wird den Führungsvorstellungen der Geführten entsprochen bzw. werden diese in Bezug auf die universellen Merkmale der charismatischen und teamorientierten Führung (s. ▶ Abschn. 5.3.2 und 5.2.3) übertroffen, dann werden Führungskräfte von den Geführten eher akzeptiert sowie als effektiver angesehen und sind dann auch erfolgreicher. Die Qualität des Führens liegt im gewissen Sinne „im Auge des Betrachters". Und dieses unterliegt vorwiegend landeskulturellen Einflüssen, die insbesondere in interkulturellen Führungskontexten, in denen sich unterschiedliche kulturgeprägte Betrachtungsweisen begegnen, zutage treten.

Natürlich haben auch Merkmale des Organisationsdesigns, der Organisationskultur und strategisch-organisationale Faktoren Einfluss auf das beschriebene Führungsgeschehen (◘ Abb. 6.2, graue Kästen sowie graue Pfeile), und die Entwicklung von globalen Unternehmens- und Führungsleitbildern zielt auch auf diese Einflussmöglichkeiten ab.

6.3.2 Kulturuniverselle Merkmale und Verhaltensweisen der Führung

Vor dem Hintergrund der im GLOBE-Modell dargestellten Zusammenhänge zwischen Landeskultur, Führungsmerkmalen und Effektivität der Führung ist es sinnvoll, bei der Entwicklung von globalen Führungsleitbildern auf ein Mindestmaß an kultureller Universalität der darin formulierten Führungsmerkmale und Verhaltensweisen zu achten. Zu beachten ist auch, dass die global zu praktizierenden Grundprinzipien der Führung, die von der Unternehmenszentrale für den „weltweiten Kulturexport" vorgesehen sind, zu den kulturgeprägten Führungsvorstellungen an den Standorten passen. Hier können die GLOBE-Ergebnisse wertvolle Hinweise liefern.

Betrachten wir dazu ◘ Abb. 6.3, die bereits zu Beginn von ▶ Abschn. 5.3 dargestellt wurde. In der linken Spalte sind die 6 GLOBE-Führungsdimensionen mit den jeweils dazugehörigen Primärdimensionen der Führung aufgelistet. Für jede der insgesamt 21 Primärdimension ist die Verteilung der Ländermittelwerte in Form von Boxplots wiedergegeben, mit jeweils unterschiedlich lang gestreckten Boxen, die vier Bereiche der Länderverteilung markieren. In jedem Bereich sind jeweils 25 % (Quartile) der Länderwerte vertreten. Bei einer Werteverteilung für N = 61 Länder sind pro 25-Prozent-Quartile ca. 15 Länderwerte repräsentiert. Der Median bzw. der Zentralwert (50-Prozent-Marke) wird durch einen senkrechten schwarzer Balken in jeder Zeile angezeigt.

Nach GLOBE [7] gelten jene der insgesamt N = 112 untersuchten Einzelmerkmale und Verhaltensweisen der Führung als kulturuniversell, die in allen Landeskulturen einen Mittelwert von < 3 (behindert effektive Führung) bzw. > 6 (fördert effektive Führung) auf der Skala (1–7) aufweisen und bei denen mindestens 95 % der Ländermittelwerte den betreffenden Wert von 3 unterschreiten bzw. den Wert von 5 überschreiten. Diese Werte sind zur Orientierung in ◘ Abb. 6.3 als gestrichelte Linien eingezeichnet. Die durchgezogene Linie über dem Wert 4 markiert die Mitte der Skala, auf deren linken Seite von mehr oder weniger starker Behinderung und auf deren rechten Seite von mehr oder weniger starker Förderung effektiver Führung durch ein bestimmtes Führungsmerkmal auszugehen ist.

Von GLOBE wurden insgesamt 22 kulturuniversell förderliche Einzelmerkmale und Verhaltensweisen effektiver Führung ermittelt (s. auch ◘ Tab. 5.21). Diese sind entweder der Di-

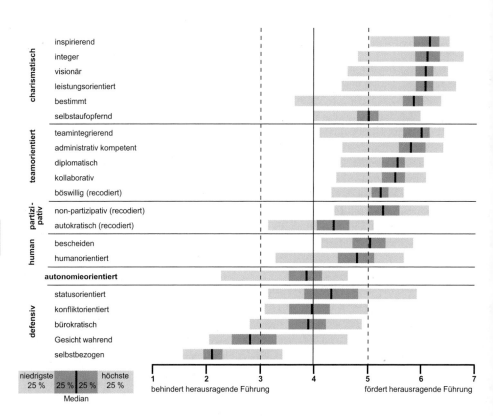

Abb. 6.3 GLOBE-Führungsdimensionen mit Boxplotverteilungen der N = 61 Länderwerte pro Primärdimension

mension charismatische Führung bzw. deren Primärdimensionen *inspirierend, integer, visionär, leistungsorientiert* und teilweise auch *bestimmt,* nicht jedoch *selbstaufopfernd* zuzuordnen oder der Dimension teamorientierte Führung bzw. deren Primärdimensionen *teamintegrierend, administrativ kompetent, diplomatisch, böswillig* (recodiert), nicht jedoch *kollaborativ.* Diese Verteilung universeller Führungsmerkmale auf die Primärdimensionen lässt sich auch anhand der Darstellung in ◘ Abb. 6.3 nachvollziehen.

Auch 8 kulturuniversell hinderliche Merkmale und Verhaltensweisen der Führung wurden ermittelt. Davon waren 2 keiner Dimension zuzuordnen (*egozentrisch, rücksichtslos*) und die übrigen der Dimension defensiv (bzw. deren Primärdimensionen *Gesicht wahrend, selbstbezogen*), dem Gegenpol der Dimension teamorientierte Führung (bzw. deren Primärdimension *böswillig,* nicht recodiert) und dem Gegenpol der Dimension partizipative Führung (bzw. der Primärdimension *autokratisch,* nicht recodiert). Aufgrund der geringeren Anzahl dieser Führungsmerkmale wirken sich diese nicht so deutlich auf die Verteilung der Primärdimensionen aus, mit Ausnahme der Primärdimension *selbstbezogen.*

Weltweit empfehlenswerte bzw. zu vermeidende Führungsattribute auf einen Blick
Anhand der kulturuniversell für sehr förderlich bzw. sehr hinderlich erachteten Führungsmerkmale und Verhaltensweisen ergibt sich ein erstes Bild dessen, was GLOBE zufolge weltweit als akzeptable und effektive bzw. als inakzeptable und ineffektive Führung gelten kann, nämlich:

Weltweit akzeptable und effektive Führung
- Integrität, die sich in vertrauenswürdigem, gerechtem, ehrlichem und zuverlässigem Verhalten äußert,
- visionäres Verhalten, das durch Voraussichtigkeit und planendes Handeln gekennzeichnet ist,
- inspirierendes Verhalten, das ermutigt, motiviert, anspornt sowie eine positive, dynamische Haltung und Vertrauen schafft, und ein
- teambildendes Verhalten, das mit Informiertheit sowie koordinativer und administrativer Kompetenz einhergeht;
- dies alles gepaart mit einem hohen Grad an diplomatischem Geschick, Bestimmtheit, Entscheidungsfreude und einer starken Orientierung an exzellenter Leistung.

Weltweit inakzeptable und ineffektive Führung
Hingegen sind Merkmale und Verhaltensweisen zu vermeiden, die kulturübergreifend als der effektiven Führung sehr abträglich gelten, nämlich:
- Reizbarkeit und Rücksichtslosigkeit,
- diktatorisches, egozentrisches, ungeselliges, einzelgängerisches Verhalten sowie
- zweideutiges und unkooperatives Verhalten.

(Eine detaillierte Beschreibungen der Einzelmerkmale und Verhaltensweisen wird im Anhang gegeben (s. ▶ Abschn. 10.1.3).

Nun kann man sich auch noch fragen, wer denn dieser kulturuniversellen Liste effektiver und ineffektiver Führungsmerkmale und Verhaltensweisen widersprechen wolle, wo sie doch aufgrund weltweiter empirischer Untersuchungen ermittelt wurde. Jedoch könnte der eine oder andere argumentieren, dass diese Liste nicht vollständig sei, denn einige Merkmale und Verhaltensweisen würden gewiss noch fehlen. Dem Vollständigkeitsargument ist entgegenzusetzen, dass die Mitglieder des GLOBE-Projekts alles daran gesetzt haben, eine vollständige Liste von Merkmalen und Verhaltensweisen effektiver und akzeptierter Führung zu erstellen, und diese auch weltweit empirisch überprüft haben, z. B. auch im Hinblick darauf, welche Einzelmerkmale dieser Liste als kulturuniversell gelten können und welche nicht. Jene, die nicht als kulturuniversell gelten können, wurden dann daraufhin überprüft, ob sie als kulturspezifische Merkmale und Verhaltensweisen infrage kommen, die in einigen Ländern als förderlich für Führung betrachtet werden, in anderen Ländern hingegen als hinderlich.

Eine solche Liste kulturspezifischer Merkmale und Verhaltensweisen der Führung dürfte durchaus das eine oder andere Führungsattribut enthalten, das z. B. aus deutscher Sicht für weltweit gültig erachtet würde, jedoch empirisch betrachtet eben *nur* in Deutschland oder im deutschsprachigen Raum als sehr effektiv und akzeptiert gilt, in anderen Ländern hingegen nicht. Und genau da liegt der springende Punkt bei der Entwicklung eines globalen Führungsleitbildes: Es muss auch die kulturelle Prägung bzw. der Ethnozentrismus eines globalen Unternehmens, das in der Regel einem bestimmten Kulturraum entstammt, berücksichtigt werden. Eine Möglichkeit, hier etwas vorzubauen, besteht darin, jene Gremien, die über die Inhalte globaler Führungsleitbilder entscheiden, nach Möglichkeit international zu besetzen, in etwa entsprechend jener Kulturregionen, in denen das globale Unternehmen tätig ist (vgl. GLOBE-Kulturcluster, ▶ Abschn. 5.3.8).

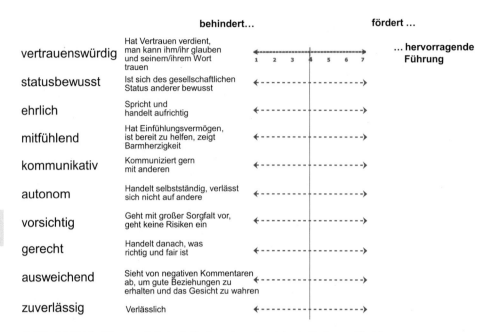

□ **Abb. 6.4** Welche Führungsattribute sind kulturuniversell, welche sind kulturspezifisch?

6.3.3 Kulturspezifische Merkmale und Verhaltensweisen der Führung

In meinen Vorträgen über internationale Führung zeige ich gelegentlich eine Liste von einigen der insgesamt 112 Merkmale und Verhaltensweisen der Führung, die von GLOBE ermittelt und untersucht wurden (□ Abb. 6.4). Ich bitte die Zuhörer, einzuschätzen, welche Merkmale kulturuniversell und welche kulturspezifisch sind. Dabei gibt es stets einige Merkmale, bei denen eine große Mehrheit, wenn nicht das gesamte Auditorium, eine Fehleinschätzung abgibt. Noch interessanter ist, dass je nachdem, welchem Kulturkreis die überwiegende Mehrheit des Auditoriums zugehörig ist, jene Merkmale und Verhaltensweisen fälschlicherweise für universell erachtet werden, die den GLOBE-Daten zufolge in dem jeweiligen Kulturkreis als förderlich für effektive Führung gelten, nicht jedoch unbedingt auch weltweit. Diese Erfahrung habe ich in mehreren europäischen, angloamerikanischen und asiatischen Ländern gemacht. Ich denke, man irrt bei der Einschätzung, woran man weltweit effektive und ineffektive Führung erkennt, häufig aufgrund seiner eigenen gesellschaftskulturellen Prägung. Versuchen Sie doch selbst einmal, jene Führungsattribute in □ Abb. 6.4 zu markieren, die Sie für kulturuniversell (positiv, zwischen den Skalenwerten 6 bis 7, oder negativ, zwischen den Skalenwerten 1 und 3) halten, und jene, die Sie als kulturspezifisch (zwischen den Skalenwerten 1 und 7) erachten (Auflösung in □ Abb. 6.6 am Ende des Kapitels).

Nach GLOBE [7] gelten jene der insgesamt N = 112 untersuchten Einzelmerkmale und Verhaltensweisen der Führung als kulturspezifisch, deren Länderwerte sowohl oberhalb als auch unterhalb des mittleren Skalenwertes von 4 (weder hinderlich noch förderlich für effektive Führung) verteilt sind. Zur klareren Abgrenzung fassen wir diese Grenze etwas deutlicher, d. h., die Verteilung der Länderwerte muss sich von unterhalb des Wertes 3,5 bis oberhalb des Wertes 4,5 erstrecken. Ab Ländermittelwerten von unter 3,5 und über 4,5 ist für bestimmte

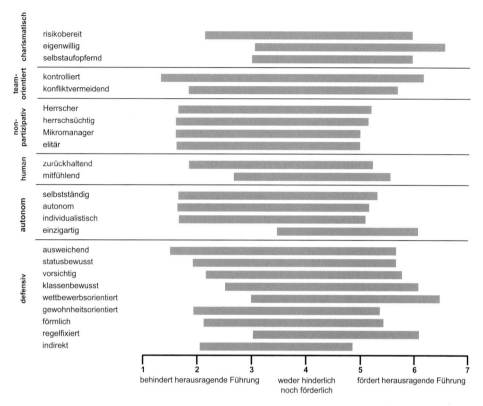

◻ Abb. 6.5 Kulturspezifische Führungsmerkmale und -verhaltensweisen sortiert nach Führungsdimensionen

Einzelmerkmale der Führung von einer deutlich kulturgeprägten Förderung oder Behinderung effektiven Führens auszugehen. Auf diese Art und Weise lassen sich insgesamt 24 kulturspezifische Einzelmerkmale und Verhaltensweisen effektiver Führung ermitteln (s. ◻ Abb. 6.5 sowie ◻ Tab. 6.1 mit Definitionen der Einzelmerkmale).

Die kulturspezifischen Einzelmerkmale *risikobereit, eigenwillig* und *selbstaufopfernd* sind der Dimension charismatische Führung zuzuordnen, die Einzelmerkmale *kontrolliert* und *konfliktvermeidend* (jeweils nicht recodiert) dem Gegenpol der Dimension teamorientierte Führung, die Einzelmerkmale *Herrscher, herrschsüchtig, Mikromanager* und *elitär* (jeweils nicht recodiert) dem Gegenpol der Dimension partizipative Führung, die Einzelmerkmale *zurückhaltend* und *mitfühlend* der Dimension humanorientierte Führung, die Einzelmerkmale *selbstständig, autonom, individualistisch* und *einzigartig* der Dimension autonome Führung und insgesamt 9 Einzelmerkmale, nämlich *ausweichend, statusbewusst, vorsichtig, klassenbewusst, wettbewerbsorientiert, gewohnheitsorientiert, förmlich, regelfixiert* und *indirekt* sind der Dimension defensive Führung zuzuordnen.

Betrachtet man nun jene Merkmale und Verhaltensweisen der Führung, die im Heimatland der Zentrale noch als akzeptiert und effektiv gelten (für Deutschland etwa die Einzelmerkmale selbstständig, autonom, mitfühlend, wettbewerbsorientiert und vorsichtig), in vielen anderen Ländern hingegen nicht, dann wird deutlich, dass solchen kulturspezifischen Merkmalen der Führung in globalen Führungsleitbildern nicht unbedingt eine zentrale Position eingeräumt werden sollte, um Missverständnisse und kulturelle Spannungen zu vermeiden. Für jedes Land,

◘ Tab. 6.1 Kulturspezifische Führungsmerkmale und -verhaltensweisen mit Definitionen

GLOBE-Dimension	Attribut	Beschreibung
Charismatische Führung	Risikobereit	Ist gewillt, größere Ressourcen in Bemühungen zu investieren, die keine große Erfolgswahrscheinlichkeit haben
	Eigenwillig	Willensstark, entschlossen, resolut, hartnäckig
	Selbstaufopfernd	Übergeht Eigeninteressen und bringt persönliche Opfer im Interesse eines Zieles oder einer Vision
Teamorientierte Führung (Gegenpol)	Kontrolliert	Hält an sich, ruhig
	Konfliktvermeidend	Weicht Auseinandersetzungen mit anderen Mitgliedern seiner Gruppe aus
Partizipative Führung (Gegenpol)	Herrscher	Hat das Sagen und toleriert Widerspruch oder Nachfragen nicht, erteilt Befehle
	Herrschsüchtig	Ist bestrebt, andere zu beherrschen
	Mikromanager	Extrem detaillierte Supervision; jemand, der darauf besteht, alle Entscheidungen zu treffen
	Elitär	Glaubt, dass eine kleine Zahl von Leuten mit ähnlichem Hintergrund höherwertig ist und Privilegien genießen sollte
Humanorientierte Führung	Zurückhaltend	Präsentiert sich auf zurückhaltende Art und Weise
	Mitfühlend	Hat Einfühlungsvermögen, ist bereit zu helfen, zeigt Barmherzigkeit
Autonome Führung	Selbstständig	Verlässt sich nicht auf andere, ist autonom
	Autonom	Handelt selbstständig, verlässt sich nicht auf andere
	Individualistisch	Verhält sich anders als vergleichbare Personen
	Einzigartig	Eine ungewöhnliche Person, hat Verhaltensmerkmale, die sich von den meisten anderen unterscheiden
Defensive Führung	Ausweichend	Sieht davon ab, negative Kommentare zu machen, um gute Beziehungen zu erhalten und das Gesicht zu wahren
	Statusbewusst	Ist sich des gesellschaftlichen Status anderer bewusst
	Vorsichtig	Geht mit großer Sorgfalt vor, geht keine Risiken ein
	Klassenbewusst	Ist sich Klassenunterschieden und Statusgrenzen bewusst und handelt entsprechend
	Wettbewerbsorientiert	Versucht, die Leistung anderer in seiner oder ihrer Arbeitsgruppe zu übertreffen
	Gewohnheitsorientiert	Neigt zu gleichbleibender, fahrplanmäßiger Routine
	Förmlich	Handelt gemäß Regeln, Konventionen und Zeremonien
	Regelfixiert	Folgt etablierten Regeln und Richtlinien
	Indirekt	Kommt nicht direkt zum Punkt, benutzt Metaphern und Beispiele beim Kommunizieren

das als Heimatland einer globalen Konzernzentrale infrage kommt, lassen sich charakteristische „spannungsgeladene" Dimensionen und Einzelmerkmale der effektiven Führung identifizieren und bei der Entwicklung eines globalen Führungsleitbildes entsprechend überdenken.

6.3.4 Umgang mit Spannungen zwischen globalem Führungsleitbild und lokaler Führungskultur

Wie in ▶ Kap. 2 zu lesen war, ist ein gutes Verständnis von Kultur und Kulturentwicklung sowohl in Gesellschaften als auch in Organisationen eine wichtige Führungskompetenz. Denn eine zentrale Aufgabe von Führungskräften besteht darin, die Kulturentwicklung ihrer Organisation anzuführen, sie in Bewegung zu setzten und ihr eine strategisch bedeutsame Richtung zu verleihen, ganz im Sinne der externen Anpassung und internen Integration der Organisation und ihrer Mitglieder.

In internationalen bzw. globalen Organisationen kommt hinzu, dass Führungskräfte und Mitarbeiter auch in interkulturellen Kontexten, die von teils widersprüchlichen Normen, Werten und Grundüberzeugungen geprägt sind, im Sinne der Unternehmensstrategie zielgerichtet agieren sollen. Personale Führung in diesen Kontexten erfordert nicht nur ein tiefergehendes Verständnis der Wirkungen von kulturgeprägten Erwartungen auf die Wahrnehmung des Führungsgeschehens von Führenden und Geführten, sondern auch Wissen, Kompetenzen und Erfahrungen über den Umgang mit Vertretern verschiedener Gesellschaftskulturen. Hierzu versucht GLOBE mit theoretischen Modellen, dimensionalen Konzepten der Führung sowie den empirischen Ergebnissen über viele Länder hinweg einen Beiträge zu leisten, der u. a. in internationalen MD-Programmen integriert werden kann.

In internationalen und globalen MD-Programmen geht es primär um die Umsetzung des unternehmensweit standardisierten Führungsleitbilds, dessen Integration in die bestehenden Personalentwicklungssysteme und dessen Evaluation an allen Standorten. Darüber hinaus müssen sie auch zur Förderung der kulturellen Integration und Kompetenz beitragen durch entsprechende Trainingsinhalte und strukturelle Gestaltungselemente, in denen z. B. der erfolgreiche Umgang mit jenen Spannungen erlernt und vertieft werden kann, die bei der Auseinandersetzung mit Vorgaben der Unternehmens- und Führungsleitbilder auf der einen Seite und den regionalen Kulturmerkmalen an den Standorten auf der anderen Seite auftreten.

Tipps für den Umgang mit kulturbedingten Spannungen

Durch Workshopangebote und in interkulturellen Erlebnisräumen kann man an potenziell spannungsgeladenen Merkmalen der Leitbilder arbeiten und einen angemessenen Umgang damit einüben. Dazu sind etwa besondere Erlebnisräume der interkulturellen Begegnung in Kleingruppen mit gemeinsamen Aufgaben und Zielsetzungen (z. B. Strategiereflexion, Zukunfts- oder Innovationsworkshops) geeignet, wo Unternehmensvertreter aus unterschiedlichen Kulturregionen zusammengebracht werden. Weiterführend lassen sich Übungen mit spannungsgeladenen Dimensionen (zwischen Zentrale und bestimmten Standorten) nach dem Kulturstandardansatz von Alexander Thomas [8] durchführen. Ergänzend können auch interkulturelle Trainingsmodule vorgeschaltet sein, die interkulturelle Kompetenzen, kognitive und sozialkommunikative Fähigkeiten vermittelt, was sich u. a. auch positiv auf die persönliche Einstellung der Teilnehmer gegenüber kultureller Diversität auswirkt. Dass eine positive

Einstellung gegenüber kultureller Diversität in interkulturellen Arbeitsgruppen mit höherer Gruppenkohäsion und besseren Leistungen verbunden ist, wurde vor kurzem auch empirisch bestätigt [9]. Hilfreich ist auch, auf die kulturelle Prägung des Denkens und Handelns im Kontext der Führenden-Geführten-Beziehung (personale Führung) einzugehen. Dabei kann auch erlernt werden, wie fremde Denk- und Erlebniswelten im Führungsgeschehen zu durchschauen sind, was bei der konstruktiven Lösung von Konflikten in interkulturellen Situationen sehr hilfreich sein kann.

6.3.5   Umgang mit der Frage, welche Führungsmerkmale zum „Kulturexport" geeignet sind

Zentralen Merkmale einer Organisationskultur, die als notwendige Voraussetzungen für die Prosperität des Unternehmens gelten, sind auch in interkulturellen Konflikten kaum verhandelbar, da ihre Missachtung den Erfolg des gesamten Unternehmens gefährden kann. Solche Kulturmerkmale sind quasi ein Teil der Geschäftsgrundlage des internationalen Unternehmenserfolgs. Ob international konfliktträchtige Kulturmerkmale zu den essenziellen, letztlich weltweit zu „exportierenden" Unternehmens- und Führungskulturmerkmalen gehören sollen oder nicht, ist nach Möglichkeit im Vorfeld der Unternehmens- und Führungsleitbildumsetzung zu klären. Es bietet sich hier an, die konfliktträchtigen, kulturspezifischen Kultur- und Führungsmerkmale, in zentrale und periphere kulturelle Erfolgsfaktoren zu unterteilen.

So wäre nach dem eingangs erwähnten Beispiel die Frage zu stellen, ob die typisch deutsche „straightforwardness", die in Mitteleuropa als Garant für hohe Qualität und Innovationskraft gilt und daher zum Kanon des globalen Führungsleitbilds gehört, dementsprechend auch „exportiert" werden sollte. Oder, ob sie als peripheres Merkmal der Führungskultur nur in bestimmten Bereichen, auf bestimmten Führungsebenen, in bestimmten Kulturregionen oder nur in ganz bestimmten Arbeitskontexten (z. B. Entscheidungsfindung) weltweit angewandt werden sollte.

Mit der Idee des Kulturexports vor Augen kann man auch noch einen Schritt weiter gehen und die GLOBE-Kulturdimensionen (Ist und Soll, s. ▶ Kap. 5) daraufhin betrachten, welche Zukunftsentwicklungen sich durch den Vergleich von Ist-Kultur und Soll-Kultur in verschiedenen Ländergruppen abzeichnen (s. dazu auch ▶ Kap. 9). Beispielsweise ist, parallel zur globalen Demokratisierungsbewegung (auch wenn diese derzeit durch fundamentalistische, kriegerische Turbulenzen überschattet ist), ein weltweiter Trend von hoher (Ist-) zu niedriger (Soll-)Machtdistanz zu verzeichnen (s. ◘ Abb. 5.10). Darin kann sich eine besondere kulturelle Offenheit bestimmter Länder für Grundprinzipien teamorientierter und partizipativer Führung erkennen lassen. Dies hätte Konsequenzen für die Entwicklung entsprechender Inhalte globaler bzw. regionaler MD-Programme. Natürlich wäre bei Kulturexporten entsprechender Führungsprinzipien mithilfe von MD-Programmen auf ihre Akzeptanz und Wirksamkeit besonders zu achten. Ein iteratives Vorgehen mit sorgfältiger Evaluation von Erfolgskriterien ist daher zu empfehlen. Mittel- und langfristig ist den GLOBE-Erkenntnissen zufolge damit zu rechnen, dass sich Schritt für Schritt die Führungskultur und die Organisationskultur auf diese Weise nicht nur ändern lassen, sondern diese Veränderung auch mit einer höheren Effektivität des Führungsgeschehens einhergeht.

Schließlich kann man auch noch die Frage stellen, ob die globalen Ländergruppen, mit denen es ein internationales Unternehmen im Besonderen zu tun hat, gemeinsame Besonderheiten aufweisen, die in einem globalen Führungsleitbild ebenfalls zu berücksichtigen wären.

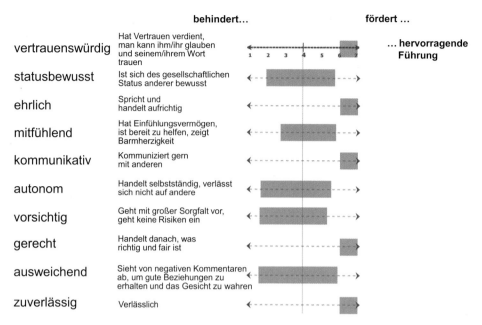

□ Abb. 6.6 Kulturuniverselle und kulturspezifische Führungsattribute (Auflösung von □ Abb. 6.4)

Beispielsweise sind globale Unternehmen mit Zentrale in Deutschland damit konfrontiert, dass an Standorten in süd- und osteuropäischen sowie asiatischen Kulturclustern ein deutlich direktiverer, autokratischerer, statusorientierterer, elitärerer und indirekterer Führungsstil favorisiert wird (z. B. □ Abb. 5.2).

Zusammenfassung

Leitbilder sind sowohl Manifestationen von Unternehmens- und Führungskulturen als auch Steuerungsinstrumente für eine proaktive Kulturentwicklung, die die externe Anpassung und interne Integration eines Unternehmens fördert. Insbesondere gilt dies in internationalen und globalen Organisationen, die sich bestimmten Herausforderungen stellen müssen, wie etwa der kulturübergreifende Standardisierung und Flexibilisierung ihrer Führungskultur und dem damit verbundenen „Export" von vitalen Merkmalen der Unternehmenskultur. Dementsprechend sind MD-Programme nicht mehr nur als reine Instrumente der Personalentwicklung zu sehen, sondern auch als Stütze einer internationalen bzw. globalen Organisations- und Kulturentwicklung. Mit diesem Anspruch verbindet sich u. a. der Auftrag, den Umgang mit den unvermeidlichen Spannungen zwischen globalem Führungsleitbild und lokalen Führungskulturen zu verbessern und die vitalen von den peripheren Kulturmerkmalen zu unterscheiden, um diese dem weltweiten sozialen Lernen in der Organisation zuzuführen (Stichwort ‚Kulturexport'), und jene in einer lebendigen Auseinandersetzung um zukunftsträchtige Wege der Organisations- und Kulturentwicklung zu halten (quasi als Kandidaten für zukünftige Kulturimporte).

Im letzten Teil des Kapitels wurden konkrete Maßnahmen und Wege aufgezeigt, wie man mithilfe des durch GLOBE entwickelten theoretischem Modells und der weltweit identifizierten, universellen und kulturspezifischen Merkmale effektiver Führung und weiterer Befunden diese Prozesse unterstützen kann.

Zu guter Letzt sei noch auf □ Abb. 6.6 verwiesen, der die Antworten zu der Frage zu entnehmen sind, welche der in □ Abb. 6.4 gezeigten Führungsattribute kulturspezifisch und welche universell sind.

Literatur

1. Steinmann, H., Schreyögg, G., & Koch, J. (2013). Management. Grundlagen der Unternehmensführung. Konzepte – Funktionen – Fallstudien (7. Aufl.). Wiesbaden: Springer Gabler.
2. Kotter, K. P., & Heskett, J. L. (1992). Corporate Culture and Performance. New York: Free Press.
3. Mauersberger, S. (2013). Development of a Measurement Model for International Employee Surveys. (Dissertation), Ludwig-Maximilians-Universität, München.
4. Fernsehaufzeichnung des Vortrags „Wandel in internationalen Gefilden: Chancen und Risiken" von Felix Brodbeck, gehalten im Rahmen der LMU Veranstaltung "Leadership meets University"- Link: http://www.br.de/fernsehen/ard-alpha/sendungen/alpha-campus/auditorium/leadership-meets-university-wandel-100.html.
5. House, R. J., Hanges, P. J., Javidan, M., Dorfman, P. W., & Gupta, V. (Hrsg.). (2004). Culture, leadership, and organizations: The GLOBE study of 62 societies. Thousand Oaks, CA: Sage Publications.
6. House, R. J., Dorfman, P. W., Javidan, M., Hanges, P. J., & Sully de Luque, M. F. (2014). Strategic leadership across cultures. The GLOBE study of CEO leadership behavior and effectiveness in 24 countrie. Los Angeles, CA: Sage.
7. Dorfman, P., Hanges, P., & Brodbeck, F. (2004). Leadership and cultural variation. The identification of culturally endorsed leadership profiles. In R. House, P. Hanges, M. Javidan, P. Dorfman, R. Gupta, & GLOBE Associates (Hrsg.), Culture, leadership, and organizations. The GLOBE study of 62 societies (S. 669–719). Thousand Oaks: Sage. kulturuniverselle Führungsattribute: S. 677; kulturspezifische Führungsattribute: S. 679.
8. Thomas, A. (1996). Psychologie interkulturellen Handelns. Göttingen: Hogrefe.
9. van Dick, R., van Knippenberg, D., Hägele, S., Guillaume, Y. R. F., & Brodbeck, F. C. (2008). Group diversity and group identification: The moderating role of diversity beliefs. Human Relations, 61(10), 1463–1492.

Internationale Führungskräfteentwicklung mit 360-Grad-Feedback

Felix C. Brodbeck

F. C. Brodbeck, E. Kirchler, R. Woschée (Hrsg.), *Internationale Führung,* Die Wirtschaftspsychologie,
DOI 10.1007/978-3-662-43361-4_7, © Springer-Verlag Berlin Heidelberg 2016

Nicht nur bei der *internationalen* Zusammenarbeit in Organisationen, aber dort in besonderem Maße, treffen häufig unterschiedliche Vorstellungen aufeinander, z. B. darüber, wie die Dinge zu erledigen sind und wie darüber kommuniziert wird, wie effektiv geführt wird und wie auf Führung reagiert werden sollte. Prallen unterschiedliche Arbeitskulturen aufeinander, kommt es so manches Mal zu unverständlichen Reaktionen und Handlungsweisen des Gegenübers. An einer Begebenheit, die mir im Bereich der internationalen Softwareentwicklung bekannt geworden ist, lässt sich dies für den Kontext der 360-Grad-Führungskräfteentwicklung gut veranschaulichen.

Herr Smith führt als Projektleiter eines australischen, multinationalen Softwareherstellers ein internationales Team von Softwareentwicklern. Einige seiner Teilprojektleiter, zuständig für das Testen der Software und die Beseitigung von Fehlern, sind in asiatischen Ländern ansässig (Indien, Malaysia, Philippinen). Von seinem Vorgesetzten auf den drohenden Verzug bei der Softwaretestung eines Entwicklungsprojektes angesprochen, kontaktiert Herr Smith per E-Mail seinen indischen Teilprojektleiter und verweist darauf, dass die Testphase zügig zu beenden sei, damit das Projekt termingerecht abgeschlossen werden kann. Er wiederholt dies, erhält aber innerhalb von zwei Wochen keine Antwort Im Unternehmen wird seit Kurzem 360-Grad-Feedback zur Führungskräfteentwicklung eingesetzt. Herr Smith war als Projektleiter aufgefordert, seinen Projektmitarbeitern und Teilprojektleitern Feedback zu geben, u. a. auch seinem indischen Teilprojektleiter. So übermittelte er diesem sowie auch dessen Funktionsvorgesetzten in Indien sein Feedback. Darin wird der indische Teilprojektleiter hinsichtlich seiner fachlichen Projektleistungen sehr positiv beurteilt, jedoch wird auch auf verbesserungswürdige Verhaltensweisen hingewiesen (u. a. arbeitsbezogene Kommunikation, Terminkoordination). Herr Smith, überzeugt davon, im Sinne der Firmenstandards ein faires und transparentes Feedback gegeben zu haben, reist anschließend nach Indien, um das jährliche Mitarbeiter- und Feedbackgespräch mit seinem indischen Teilprojektleiter zu führen. Dieser ist bei dem Treffen sehr still und hört im Wesentlichen nur zu. Zwei Wochen später, wieder zurück in Australien, wird Herr Smith bekannt, dass sein indischer Teilprojektleiter bei seinem Funktionsvorgesetzten in Indien um Versetzung in ein anderes Projektteam gebeten hat, was diesem auch gewährt wurde. Herr Smith ist verblüfft, denn er hat seiner Auffassung nach den HR-Standards seiner australischen Firma entsprechend gehandelt, sowohl bei der Projektarbeit als auch beim Führungsverhalten, und ein den Firmenstandards entsprechendes, faires, transparentes und konstruktives Feedbackverhalten gezeigt.

Viele Führungskräfte sind angesichts solcher und vergleichbarer interkultureller Begegnungen verblüfft und fragen sich, wie es zu erklären ist, dass z. B. ein asiatischer Mitarbeiter auf gutgemeintes Feedback westlicher Führungskräfte unverständlich reagiert, bis hin zum Abbruch der Arbeitsbeziehung. Gibt es zwischen westlichen und asiatischen Kulturen möglicherweise gravierende Unterschiede in den Vorstellungen darüber, wie Rückmeldung zu geben sei, wie konstruktiv-kritisch und wie transparent Rückmeldung zwischen Führungskräften und Mitarbeiter sein darf?

Mit solchen und vergleichbaren Fragen, die für die kulturübergreifende Zusammenarbeit zwischen Führungskräften und Mitarbeitern in internationalen Unternehmen von Bedeutung sind, beschäftigt sich die empirische Forschung über 360-Grad-Feedback erst seit Kurzem. Das vorliegende Kapitel geht zunächst auf die wesentlichen Merkmale und evidenzbasierte Best Practices von 360-Grad-Feedback ein. Danach werden besondere Problemstellungen bei

360-Grad-Feedback in internationalen Organisationen beschrieben und empirisch fundierte Lösungsansätze behandelt. Anhand eines interkulturell validierten 360-Grad-Feedbackverfahrens (Global6™), das ich gemeinsam mit dem *Center for Creative Leadership* (CCL) in den vergangenen Jahren entwickelt habe, wird darauf eingegangen, wie sich Ergebnisse und Instrumente des GLOBE-Projekts, die in den ▶ Kap. 4 und 5 ausführlich beschrieben sind, zur Optimierung von 360-Grad-Feedbackverfahren für internationale Kontexte der Führungskräfteentwicklung einsetzen lassen.

7.1   360-Grad-Feedback

Unter 360-Grad-Feedback wird ein Verfahren zur Bewertung der Leistungen und des Verhaltens von Führungskräften aus Sicht verschiedener Beurteiler verstanden. Die Führungskraft steht als Rückmeldungsempfänger im Zentrum der Bewertungen von verschiedenen Personengruppen, die mit der Führungskraft direkt zu tun haben (Selbstbewertung, Vorgesetzte, Kollegen, Mitarbeiter, ggf. auch interne/externe Kunden, Lieferanten). Bei einer solch umfassenden Rundumbeurteilung spricht man von 360-Grad-Feedback. Bei einer geringeren Anzahl befragter Gruppen wird häufig auch von 270-Grad-Feedback (Selbstbewertung, Vorgesetzte, Kollegen) bzw. 180-Grad-Feedback (Selbstbewertung, Vorgesetzte) gesprochen.

> ❯ Bewertet werden im 360-Grad-Feedback in der Regel Beschreibungen von fachlichen, sozialen und Managementkompetenzen, die sich an objektiv beobachtbaren Verhaltensweisen und Leistungen der Führungskräfte orientieren sollten und nicht an subjektiven Vermutungen der Beurteiler über persönliche Motive, Persönlichkeitseigenschaften oder Einstellungen der Zielperson.

Das Instrument des 360-Grad-Feedback gehört, wie das Assessment-Center auch, zu den multiperspektivischen Beurteilungsverfahren, deren historische Entwicklung von einigen Autoren auf das „Rundgespräch" zur Auswahl von Offiziersanwärtern, das erstmals 1926 in der deutsche Wehrmacht Verwendung fand, zurückgeführt wird [1, 2]. Bei multiperspektivischer Beurteilung macht man sich den Umstand zunutze, dass die unterschiedlichen Perspektiven und Beobachtungen verschiedener Personengruppen im Arbeitsumfeld der zu beurteilenden Zielperson zusammengenommen ein umfassenderes Bild ergeben als die Beurteilung durch eine Person (in der Regel durch den Vorgesetzten). Einseitig subjektive „Lesarten" des Verhaltens und der Leistungen einer Zielperson lassen sich dadurch in Grenzen halten.

Gegenüber dem Assessment-Center kommt beim 360-Grad-Feedback noch die Eigenperspektive der Zielperson (Selbstbeurteilung) als bedeutende Größe hinzu. Der Abgleich von Selbst- und Fremdwahrnehmung spielt in der Führungskräfteentwicklung auf Basis von 360-Grad-Feedback eine zentrale Rolle. Je nach Aufwand und Sorgfalt, die bei der Entwicklung der Einzelaussagen und Dimensionen sowie bei der Durchführung (z. B. Wahrung der Anonymität) und Interpretation der Ergebnisse eines 360-Grad Feedback-Instruments investiert wurden, können sich konkrete Verfahren in der Erfüllung der klassischen Testgütekriterien, z. B. Objektivität, Reliabilität (Zuverlässigkeit), Validität (Gültigkeit, Vorhersagekraft), stark unterscheiden [3].

Die Hauptfunktion von 360-Grad-Feedback ist übrigens nicht unbedingt in der zuverlässigen Messung der Führungskompetenzen einer Person zu sehen, z. B. für Potenzialanalyse, Eignungsdiagnostik oder Personalauswahl – andere Verfahren, wie etwa gute Assessment-

Center [4], sind dazu besser geeignet. Stattdessen wird 360-Grad-Feedback weltweit in der Regel als Instrument der Führungskräfte*entwicklung* durch multiperspektivisches Feedback eingesetzt. Dabei setzt man auf die motivierende und informierende Funktion von vielfältiger Rückmeldung für das eigenständige Erlernen und Weiterentwickeln von Kompetenzen durch die Führungskräfte selbst [3, 5].

Die positiven, motivationalen und informativen Prozesse, die durch 360-Grad-Feedback unterstützt werden sollen, können auftreten, tun es aber häufig nicht, und wenn sie auftreten, sind ihre Wirkungen in der Regel nur schwach bis moderat ausgeprägt. Weiterhin weiß man aus der gegenwärtigen, internationalen Forschung zu 360-Grad-Feedback, dass schlecht vorbereitete und durchgeführte Instrumente sogar in signifikanten Motivations- und Leistungsverlusten resultieren können [6]. Die Motivations- und Lerneffekte von 360-Grad-Feedback lassen sich durch geeignetes Coaching und weitere organisationale Maßnehmen entscheidend verbessern. Einige Auszüge aus einer aktuellen Zusammenstellung wissenschaftlich fundierter Antworten auf jene Fragen, denen sich der Praktiker bei der Durchführung und Begleitung von 360-Grad-Feedback bei der Führungskräfteentwicklung stellen muss, sind im Exkurs „360-Grad-Feedback in der praktischen Anwendung" exemplarisch beschrieben.

7.2   Kulturelle Unterschiede und Gemeinsamkeiten bei 360-Grad-Feedback

In ▶ Kap. 6 wurde beschrieben, wie man bei der Entwicklung von globalen Unternehmens- und Führungsleitbildern in multinationalen Unternehmen mithilfe kulturvergleichender Forschungsergebnisse, wie jenen von GLOBE, interkulturelle Unterschiede und Gemeinsamkeiten systematisch berücksichtigen kann. Auch das im vorliegenden Kapitel im Fokus stehende 360-Grad-Feedback wird von multinationalen Organisationen in zunehmendem Maße für internationale Führungskräfteentwicklung eingesetzt.

Wie bei der internationalen Leitbildentwicklung ist auch bei 360-Grad-Feedback zu berücksichtigen, dass die Wahrnehmungen, Bewertungen und Interpretationen von Führungsverhalten kulturbedingt unterschiedlich ausfallen können.

❯ Einschätzungen von Führungsverhalten werden vor dem Hintergrund unterschiedlicher kultureller Normen und Werte vorgenommen und können sich bei interkulturellem 360-Grad-Feedback allein dadurch bereits unterscheiden.

Wichtig sind natürlich die Fragen, ob durch 360-Grad-Feedback Führungskräfte in verschiedenen Kulturen gleichermaßen zum Erlernen und Weiterentwickeln ihrer Kompetenzen motiviert und befähigt werden können und ob sich auf Basis von Diskrepanzen zwischen Selbst- und Fremdeinschätzungen über verschiedene Länder und Ländervertreter hinweg gleichermaßen effektive Maßnahmen für die Führungskräfteentwicklung ableiten lassen.

Die Forschung über international eingesetzte 360-Grad-Feedbackinstrumente ist noch in den Anfängen begriffen. Es gibt bisher wenige internationale Studien, und die Ergebnisse sind teilweise widersprüchlich [7]. So ist für den US-amerikanischen Kulturraum [9, 10] und einige Länder des asiatischen Kulturraums (China, Südkorea, Japan, Indien, Thailand, [11]) empirisch nachweisbar, dass mit zunehmender Diskrepanz zwischen Selbst- und Fremdwahrnehmung auch die Effektivität und Leistung von Führungskräften abnimmt. Dies konnte jedoch für einige europäische Länder nicht gezeigt werden (Deutschland, Dänemark, Italien, Frankreich).

Exkurs: 360-Grad-Feedback: Fragen der praktischen Anwendung

Vor Kurzem haben Kenneth Nowack und Sandra Mashihi im *Consulting Psychology Journal* [7] eine Zusammenstellung der 15 wichtigsten Fragen präsentiert, denen sich der Praktiker beim Einsatz von 360-Grad-Feedback stellen muss. Sie beantworten jede dieser Fragen anhand der dazu verfügbaren empirischen Evidenz, die in mehreren Studien, teils auch in Metaanalysen, als gesichert gelten kann. Nachfolgend sind zusammenfassende Antworten auf fünf dieser Fragen beschrieben.

1. *Verursacht 360-Grad-Feedback unter Umständen mehr Schaden als Nutzen?*

   360-Grad-Feedback kann erwiesenermaßen auch zu einer Leistungsverschlechterung führen [8], und negative Reaktionen wie Frustration oder emotionaler Stress treten insbesondere dann auf, wenn das Feedback negativ oder zumindest schlechter als vom Beurteilten erwartet ausfällt. Von Bedeutung ist dabei offenbar das Verhältnis zwischen positiven und negativen Rückmeldungen, wobei auf jede negative Rückmeldung möglichst drei positive kommen sollten.

2. *Unter welchen Bedingungen und für wen erweist sich 360-Grad-Feedback als förderlich?*

   Zu den Bedingungen für eine förderliche Wirkung (Verhaltensänderung, Leistungsverbesserung) von 360-Grad-Feedback zählen die Art der Rückmeldung (positiv vs. negativ) und der konkrete Inhalt des Feedbacks (Informationsfunktion), das Umwandeln von bloßen Zielintentionen in konkrete Umsetzungspläne, das Aufrechterhalten der Veränderungsanstrengungen und das Antizipieren von möglichen Rückschritten. Seitens des Beurteilten ist die Wirkung u. a. abhängig von dessen emotionaler Reaktion und seiner Interpretation des Feedbacks sowie seiner Persönlichkeit (z. B. Veränderungsbereitschaft, Selbstwert, Selbstwirksamkeitserwartung). In Berücksichtigung dieser Faktoren sollte man 360-Grad-Feedback und Coaching individuell anpassen.

3. *Wie ist mit abweichenden Beurteilungen innerhalb von Beurteilergruppen umzugehen?*

   Auch innerhalb von Beurteilergruppen wie Untergebenen, Kollegen oder Vorgesetzten kann es zu deutlich abweichenden Beurteilungen kommen, beispielsweise weil sich einzelne Beurteiler nur auf bestimmte Aspekte der Fragestellung konzentrieren oder ihre Beobachtungen bei unterschiedlichen Gelegenheiten zustande kommen. Bei der Entwicklung von 360-Grad-Feedbackverfahren sollte daher sowohl bei der Gestaltung von Fragen auf Eindeutigkeit geachtet, als auch der Umgang mit Abweichungen in der Rückmeldung vorausgeplant werden, wozu auch die Angabe von Maßzahlen zur Beurteilerübereinstimmung gehört.

4. *Können offene Fragen emotional belastend für den Klienten sein?*

   In vielen 360-Grad-Feedbackverfahren wird auch eine Anzahl offener Fragen integriert, wobei die Gefahr besteht, dass sich negative oder kritisierende Antworten ungünstig auf die Akzeptanz und Förderlichkeit des Feedbacks auswirken. Entscheidend scheint auch hier das Verhältnis von positiven zu negativen Rückmeldungen zu sein: Während eine im Verhältnis geringe Anzahl verhaltensbasierter negativer Anmerkungen zu Verbesserungen führen kann, können überwiegend negative Anmerkungen zu einem Leistungsabfall führen und so belastend für den Beurteilten sein, dass auch aus ethischen Gründen ein Mehraufwand für eine Aufbereitung und Präsentation dieser qualitativen Rückmeldungen, sodass sie in eine für den Beurteilten annehmbare Form gebracht werden, angemessen ist.

5. *Macht 360-Grad-Feedback eine Nachbereitung erforderlich?*

   Verschiedene Studien legen nahe, dass eine Nachbereitung der Feedbackergebnisse durch ein Coaching zu besseren Ergebnissen führt, was sie aus Sicht eines Best-Practices-Ansatzes empfehlenswert macht. Die Interpretation der Ergebnisse, die Anregung zu konkreten Aktivitäten und die Professionalität des Coaches scheinen hierfür aus Managersicht besonders hilfreich zu sein.

In diesen Ländern sagen allein die Fremdeinschätzungen die Führungseffektivität am besten vorher [9, 12].

Einer der weltweit umfassendsten Studien zu 360-Grad-Feedback (N = 31 Länder) zufolge [13] ist die Diskrepanz zwischen Selbst- und Fremdeinschätzung auf mehreren Kompetenzdimensionen in Ländern mit hoher Machtdistanz (z. B. asiatischen Ländern) jeweils stärker ausgeprägt als in Ländern mit niedriger Machtdistanz (z. B. USA). Und betrachtet man das Scheitern bzw. Entgleisen (engl. *derailment*) von Führungskräften, dann zeigen sich in den

USA wesentlich stärkere Diskrepanzen zwischen Selbst- und Fremdwahrnehmung als in europäischen Ländern [14].

Für eine abschließende Bewertung der empirischen Befundlage über interkulturelle Unterschiede und Gemeinsamkeiten bei 360-Grad-Feedback ist es noch zu früh. Mehr internationale Forschung ist demnach notwendig. Für den Praktiker lässt sich zu diesem Zeitpunkt festhalten, dass bedeutsame kulturgeprägte Unterschiede bei der Wahrnehmung, Einschätzung und Interpretation von Führungsleistungen und Verhaltensweisen bei 360-Grad-Feedback existieren. Und diese Unterschiede gehen mit dimensionalen Merkmalsunterschieden zwischen Gesellschaftskulturen (z. B. Machtdistanz) einher. Weiterhin lässt sich sagen, dass 360-Grad-Feedback in vielen verschiedenen Kulturen für gleichermaßen relevant bei der Führungskräfteentwicklung erachtet wird und in Ländern mit niedriger Machtdistanz (z. B. USA) besonders wirksam für die Entwicklung der Führungseffektivität ist [15]. Schließlich sei noch erwähnt, dass in einer Studie mit 17 Ländern gezeigt werden konnte, dass es einige in 360-Grad-Feedback typischerweise abgefragte Kompetenzbereiche gibt, die über alle untersuchten Länder hinweg mit Führungseffektivität in Zusammenhang stehen, wie z. B. die Fähigkeit, komplexe Probleme zu lösen, eine schnelle Auffassungsgabe und Lernfähigkeit [16].

7.3   Führung liegt im kulturgeprägten Auge des Betrachters

Die Ergebnisse der GLOBE-Studie zeigen, dass individuelle Erwartungen an Führende durch kulturelle Werte stark geprägt werden. Demnach gilt in interkulturellen Kontexten das Motto „Führung liegt im *kulturgeprägten* Auge des Betrachters". Wie in ▶ Abschn. 1.3. dieses Buches beschrieben, berücksichtigen neuere Führungstheorien den starken Einfluss, der von kulturellen Normen, Werten und Grundüberzeugungen auf das Führungsgeschehen ausgehen kann. Je nachdem, in welchen gesellschaftskulturellen Wertegefügen die impliziten Führungstheorien von der Kindheit an sozialisiert wurden, können sich – weltweit betrachtet – sehr unterschiedliche Vorstellungen über Führen und Geführtwerden im Individuum einprägen. Diese kulturgeprägten Führungsvorstellungen wirken darauf ein, unter welchen Bedingungen eine Person einer anderen Person die Qualität „führt" bzw. „führt gut" zuerkennt, sie als führende Person wahrnimmt und sich selbst, in der sozialen Führenden-Geführten-Beziehung, als „geführt" bzw. „gut geführt" erlebt und das Führungsverhalten des anderen dementsprechend auch akzeptiert und positiv beurteilen kann.

Die Theorie kulturgeprägter, impliziter Führungstheorien (CLT, s. ▶ Abschn. 1.3.4) erklärt, warum in interkulturellen und globalen Führungskontexten das Führungsgeschehen erheblich ins Stocken geraten kann. Denn hier treffen oftmals unterschiedliche Erwartungen und Vorstellungen über Führung aufeinander. Da diese Erwartungen sehr tief im Individuum verankert sind und daher unbewusst (also implizit) gesteuert werden, können sie sich unbemerkt auf die Wahrnehmung und Bewertung des Verhaltens von Führungskräften auswirken. Dies hat auch Konsequenzen für die Einschätzung von Führungskompetenzen bei der Anwendung von 360-Grad-Feedbackinstrumenten.

In ◨ Abb. 7.1 ist dies grafisch veranschaulicht. Je nach kulturellem Hintergrund betrachten die Beurteiler beim 360-Grad-Feedback die Zielperson durch jeweils unterschiedlich „gefärbte" kulturelle „Brillengläser". Dasselbe Verhalten der Zielperson wird also, je nach kultureller Prägung der Beurteiler, unterschiedlich wahrgenommen und bewertet und kann dementsprechend auch zu unterschiedlich positiven bzw. negativen Einschätzungen führen. Diese Effekte kultureller Prägung von Führungsvorstellungen werden in herkömmlichen 360-Grad-Feedbackin-

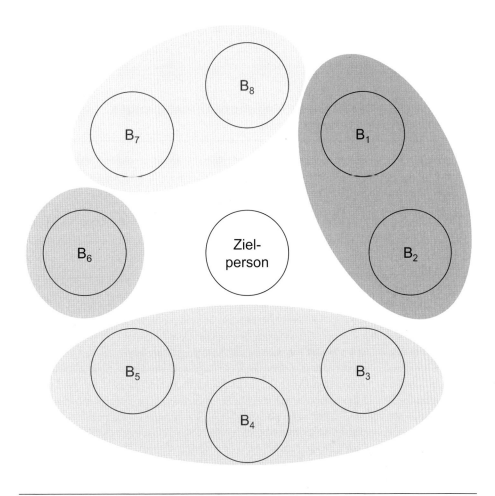

B_x: Beurteiler im 360-Grad-Feedbackverfahren   : Jeweiliger kultureller Hintergrund

◻ **Abb. 7.1** Kulturelle Einfärbung der Wahrnehmung und Bewertung von Führungskräften

strumenten in der Regel nicht berücksichtigt – dennoch beeinflussen sie die Einschätzungen der Beurteiler (s. ▶ Abschn. 7.1).

Für die Gestaltung und Begleitung von 360-Grad-Feedback bei der internationalen Führungskräfteentwicklung sollte die empirisch nachweisbare kulturelle Prägung von Führungserwartungen Berücksichtigung finden. Wie die GLOBE-Untersuchungen und andere Studien belegen, sind Führungserwartungen sehr stark durch die Gesellschaftskultur, in der man sozialisiert wurde, geprägt. Je nachdem, um welche Kultur es sich dabei handelt, werden bei der Einschätzung und Bewertung des Verhaltens einer 360-Grad-Zielperson als Führungskraft unterschiedlich kulturgeprägte Bewertungsmaßstäbe angelegt. Aus mehrfach wiederholten Experimenten und Feldstudien ist bekannt, dass der tatsächliche Führungserfolg signifikant davon abhängt, ob und in welchem Ausmaß die Geführten den Eindruck haben, dass das Verhalten einer Führungskraft in hoher Übereinstimmung mit den eigenen Führungserwartungen steht. So erscheint es sinnvoll, die Unterscheidung von Führungserwartung und Führungswahrnehmung bei der Führungskräfteentwicklung zu berücksichtigen, z. B. bei der Auswahl, beim Training und Coaching sowie vor allem auch bei der Messung von 360-Grad-Feedback in internationalen Kontexten.

7.4   360-Grad-Feedback zu Führungswahrnehmungen und Führungserwartungen

Kann man den Überschneidungsgrad von Führungswahrnehmungen und Führungserwartungen von Führenden und Geführten durch 360-Grad-Feedbackmessungen ermitteln, dann ist nicht nur eine bessere Vorhersage des Führungserfolges zu erwarten, sondern es eröffnen sich auch neue Möglichkeiten der internationalen Führungskräfteentwicklung. Solche 360-Grad-Feedbackinstrumente gab es bis vor Kurzem noch nicht. Auf Basis der GLOBE-Ergebnisse wurde vom *Center of Creative Leadership* in Zusammenarbeit mit mir ein solches 360-Grad-Feedbackinstrument entwickelt und anhand einer weltweiten empirischen Studie in über 80 Ländern validiert (N > 1800) [17]. Das Instrument wird inzwischen von zahlreichen internationalen Unternehmen eingesetzt.

Die GLOBE-Untersuchungen haben unser Verständnis über die Bedeutung der Gesellschaftskultur für Führung entscheidend erweitert. So ist es nun möglich, mithilfe der GLOBE-Dimensionen die kulturgeprägten Erwartungen an Führung zu messen und weltweit zu vergleichen (s. ► Kap. 4 und 5 sowie ◻ Tab. 5.20 zu den Führungsdimensionen).

Viele Merkmale und Verhaltensweisen der Führungskraft werden in manchen Kulturen für effektiv erachtet, in anderen hingegen nicht. So kann es sein, dass in ein und derselben multinationalen Organisation unterschiedliche Erwartungen an Führungskräfte gestellt werden. Dementsprechend fallen dann auch die Wahrnehmungen und Einschätzungen von ein und demselben Führungsverhalten unterschiedlich aus, je nachdem, ob der Beurteiler beispielsweise aus Deutschland, den USA, Japan oder China stammt. Demnach kann es vom jeweiligen kulturellen Hintergrund abhängen, ob eine bestimmte 360-Grad-Kompetenzdimension (bzw. die Merkmale, die diese Dimension repräsentieren) von einer Person als förderlich für hervorragende Führung betrachtet werden oder als hinderlich, oder aber irrelevant für sie sind.

Diesen Umständen kann ein 360-Grad-Feedbackinstrument Rechnung tragen, das nicht nur die Wahrnehmungen von Führungskompetenzen (also die Einschätzungen von Führungsleistungen und Verhaltensweisen einer Zielperson), sondern gleichzeitig auch die entsprechenden Erwartungen der Beurteiler an hervorragende Führung anhand derselben Merkmalsdimensionen ermittelt. Solch ein Instrument liegt mit dem 360-Grad-Feedbackinstrument des *Center for Creative Leadership* inzwischen vor, und es zeichnet sich durch gute psychometrische Eigenschaften aus, sowohl hinsichtlich der multinationalen Messung der Wahrnehmung des Führungsverhaltens als auch hinsichtlich der Messung der Erwartungen an hervorragende Führung. Um zu verdeutlichen, worin die Unterschiede eines solchen Instruments zu klassischen 360-Grad-Feedbackinstrumenten genau bestehen, wird das GLOBAL6™-360-Grad-Feedbackinstrument des *Center for Creative Leadership* nachfolgend in seinen Grundzügen beschrieben (s. auch [17]).

GLOBAL6™ basiert auf den sechs GLOBE-Dimension der Führung (s. ► Kap. 4 und 5), die anhand von Aussagen über Merkmale und Verhaltensweisen von Führungskräften eine Einschätzung darüber ermöglichen, ob vom Beurteiler die betreffenden Merkmale als förderlich, hinderlich oder neutral in Bezug auf hervorragend Führung erachtet werden. Gleichzei-

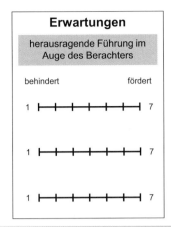

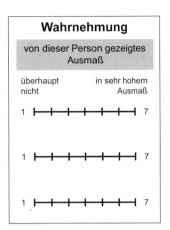

□ **Abb. 7.2** Erhebung von Führungserwartungen und Führungswahrnehmung

tig werden die gleichen Merkmale und Verhaltensweisen in Bezug auf des Verhalten und die Merkmale der im 360-Grad-Feedback eingeschätzten Zielperson (der Führungskraft) ermittelt. Damit werden nicht nur die Wahrnehmungen der Beurteiler von der Zielperson ermittelt (Führungswahrnehmungen), sondern auch die unter Umständen unterschiedlich kulturgeprägten Vorstellungen über hervorragende bzw. effektive Führung der Beurteiler durch Messung abgebildet (kulturgeprägte implizite Führungstheorien, CLT, s. ▶ Abschn. 1.3.4). Damit wird für die Zielperson einschätzbar, inwieweit andere die von ihr gezeigten Merkmale und Verhaltensweisen verwirklicht sehen (Führungswahrnehmung), gleichzeitig aber auch, inwieweit andere erwarten, dass diese Merkmale und Verhaltensweisen für hervorragende Führung förderlich, hinderlich oder neutral sind (Führungserwartungen). Neben dem klassischen Abgleich zwischen Selbst- und Fremdwahrnehmung tritt bei diesem internationalen 360-Grad-Feedbackinstrument damit noch eine weitere Perspektive hinzu, nämlich der Abgleich zwischen Führungswahrnehmungen und Führungserwartungen. Anhand einiger Beispielitems mit den entsprechenden Antwortskalen sei dieser Unterschied in □ Abb. 7.2 verdeutlicht.

GLOBAL6™ unterscheidet sich in wesentlichen Punkten von herkömmlichen 360-Grad-Feedbackinstrumenten:

- Es wurde spezifisch für die Bedürfnisse von Führungskräften und Mitarbeitern in kulturell unterschiedlichen Kontexten entwickelt, sodass es kulturgeprägte Erfahrungen und Vorstellungen über Führung berücksichtigt.
- Es stützt sich nicht wie viele herkömmliche Verfahren auf vorausgewählte Dimensionen von Führungskompetenzen, deren interkulturelle Vergleichbarkeit empirisch ungesichert ist, sondern auf Führungsmerkmale und Verhaltensweisen, die sich im Rahmen der GLOBE-Untersuchungen als weltweit relevant für effektive Führung erwiesen haben.

— Seine Merkmals- und Verhaltensdimensionen sind auf Basis weltweiter Untersuchungen, die über die Studien von GLOBE hinausgehen, psychometrisch fundiert. Die entsprechend entwickelten Messdimensionen der Führungswahrnehmung und der (mit diesen konkordanten) Führungswartungen haben sich in weiteren weltweiten Studien als reliabel und valide erwiesen [17].

— Die teilnehmenden Führungskräfte erhalten zweierlei Rückmeldung: zum einen darüber, wie die Beurteiler ihr Führungsverhalten und ihre Leistungen einschätzen – was beim herkömmlichen 360-Grad-Feedback ebenso der Fall ist –, und zum anderen darüber, welche Merkmale und Verhaltensweisen die Beurteiler bei hervorragender Führung erwarten. Diese Erwartungen können sich insbesondere zwischen Beurteilern aus unterschiedlichen Kulturen erheblich unterscheiden.

— Durch den dimensionalen und einzelnen Merkmalsabgleich wird für die teilnehmende Führungskraft erkennbar, ob und inwieweit ihr Führungsverhalten den Führungserwartungen der Beurteiler entspricht bzw. diese übertrifft oder unterschreitet.

Damit lässt sich GLOBAL6™ zur Identifikation und Interpretation von verschiedenen Mustern im Führungsverhalten einsetzen. Die Angemessenheit von Führungsverhaltensweisen aus unterschiedlichen, auch kulturgeprägten Perspektiven lässt sich damit erkennen und analysieren. Und auch der Einfluss von kulturellen Faktoren auf Führungserwartungen und Führungsverhalten lässt sich so untersuchen.

Wie alle internationalen 360-Grad-Feedbackinstrumente ist auch GLOBAL6™ für Zwecke der Führungskräfte*entwicklung* besonders geeignet und *nicht* für Zwecke der Selektion, Potenzialbestimmung oder Leistungsbewertung entwickelt worden. Wie oben bereits erwähnt, gibt es für diese Zwecke geeignetere Instrumente. Wie bei den meisten weltweit eingesetzten 360-Grad-Feedbackverfahren stehen auch bei diesem Instrument die Lernmotivation und das selbstständige Lernen der Führungskräfte im Vordergrund der Führungskräfteentwicklung.

Aufgrund der doch recht komplexen Auswertung und Interpretation der zweidimensionalen Rückmeldungsgrafiken (◘ Abb. 7.3) empfehlen die Autoren eine Coachingbegleitung durch zertifizierte Trainer. Es versteht sich von selbst, dass größtmögliche Vertraulichkeit und Anonymität bei der Erhebung und Interpretation zu gewährleisten sind. Ausnahmen (z. B. Einbezug des unmittelbaren Vorgesetzten) sind vorher zu vereinbaren. Zur Illustration wird ein kurzer Einblick in die Interpretation der zweidimensionalen Rückmeldungsgrafiken im nachstehenden Kasten gegeben.

360-Grad-Feedback Rückmeldungsgrafik nach GLOBAL6™

Führungswahrnehmung (Waagerechte)

Wie in vielen anderen 360-Grad-Verfahren zeigen hohe Werte an, dass die Beurteiler das betreffende Merkmal oder Verhalten bei der Zielperson häufig bzw. stark ausgeprägt sehen (und vice versa). Bedeutungsvoll interpretierbar sind diese Angaben vor allem im Vergleich zu den Führungserwartungen (siehe Passung/Diskrepanz zwischen Führungswahrnehmung und Führungserwartung).

Führungserwartungen (Vertikale)

Diese Skala zeigt an, ob das betreffende Merkmal oder Verhalten von den Beurteilern als förderlich (oberhalb der waagerechten Mittelachse), hinderlich (unterhalb der waagerechten Mittelachse) oder neutral (nahe der waagerechten Mittelachse) für hervorragende bzw. effektive Führung erachtet wird. Führungserwartungen werden durch individuelle Erfahrung, den gesellschaftskulturellen Hintergrund oder auch die Organisationskultur geprägt. Internationale Führungskräfte arbeiten typischerweise mit Personen aus unterschiedlichen Kulturkreisen, und sie müssen sich daher unter den „kulturgeprägten Augen" verschiedener Beurteiler mit unterschiedlichen Führungswartungen bewähren.

Passung/Diskrepanz zwischen Führungswahrnehmung und Führungserwartung
GLOBE und weiteren Untersuchungen zufolge steht effektive Führung weltweit in engem Zusammenhang mit der Passung zwischen Führungserwartungen und Führungswahrnehmungen. Dies zeigte sich auch in den Validierungsstudien zum GLOBAL6™-360-Grad-Feedbackinstrument [17]. Und es gilt insbesondere in interkulturellen Führungskontexten, da dort unterschiedliche kulturgeprägte Führungserwartungen am wahrscheinlichsten aufeinandertreffen. Deshalb ist eine hohe Passung von Führungswahrnehmungen und Führungserwartungen bei einer Zielperson als „Vorzug" zu betrachten, da diese insbesondere in interkulturellen Führungskontexten mit effektiver Führung in engem Zusammenhang steht. Das Ausmaß von Passung bzw. Diskrepanz lässt sich in ◘ Abb. 7.3 ersehen. Je näher ein bestimmter Wert an der Diagonalen (von links unten nach rechts oben) liegt, desto höher ist die Passung zwischen der Führungswahrnehmung und der Führungswartung bezüglich der betreffenden Merkmals- oder Verhaltensdimension ausgeprägt (in ◘ Abb. 7.3 ist das aus Sicht des Vorgesetzten, der Kollegen und Mitarbeiter weitgehend der Fall). Bei Diskrepanzen, erkennbar an Werten im linken oberen oder rechten unteren Quadranten, sind weitere Überprüfungen der Einzelwerte der Führungswahrnehmungen und Führungserwartungen vorzunehmen, z. B., ob von bestimmten Merkmalen und Verhaltensweisen mehr oder weniger zu zeigen wäre, um der Diagonale näher zu kommen (in ◘ Abb. 7.3 wäre aus der Eigensicht und aus Sicht weiterer Beuteiler mehr des betreffenden Verhaltens bzw. Merkmals zu zeigen). Bei der Interpretation sind auch noch weitere Dinge zu berücksichtigen, z. B., ob unterschiedliche Führungserwartungen auf individuelle oder kulturelle Unterschiede zurückführbar sind. Deshalb wird auch empfohlen, die Diskrepanzen zwischen verschiedenen Beurteilern und Beurteilergruppen (auch nach Kultur differenziert) näher zu betrachten, sowohl hinsichtlich der Führungswahrnehmung als auch hinsichtlich der Führungserwartungen (weiterführend s. [17]).

7.5 Universelle und kulturspezifische Dimensionen der Führung

Ähnlich wie die Entwicklung eines globalen Führungsleitbilds für internationale Unternehmen mithilfe von Erkenntnissen aus GLOBE optimiert werden kann (s. ▶ Kap. 6), so können auch 360-Grad-Instrumente für den internationalen Einsatz mithilfe dieser Erkenntnisse verbessert werden. Nach GLOBE lassen sich Führungsmerkmale und -verhaltensweisen in *kulturuniverselle* und *kulturspezifische* Merkmale des Führens unterscheiden (s. ▶ Kap. 5, ◘ Tab. 5.21).

Kulturuniverselle Merkmale sind für den „Export" in unterschiedlich kulturgeprägte Standorte besonders geeignet, da sie in allen untersuchten Ländern als Merkmale effektiver Führung angesehen werden. Bei der Einschätzung dieser Merkmale durch 360-Grad-Feedback ist davon auszugehen, dass sich die Führungserwartungen von Beurteilern verschiedener Kulturen kaum unterscheiden. Dies lässt sich auch empirisch zeigen [17].

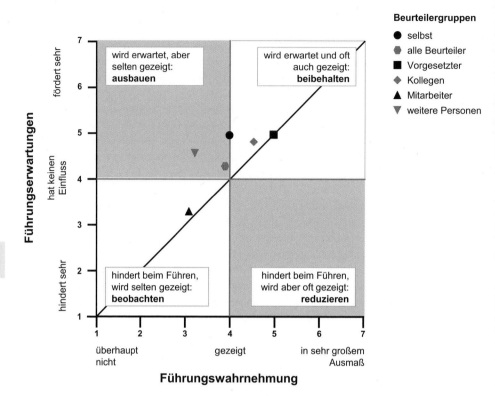

◧ Abb. 7.3 Rückmeldungsgrafik nach GLOBAL6™ [16, 18]. Beurteilungen, die nahe der Diagonalen liegen, weisen eine hohe Passung zwischen Führungserwartungen und Führungswahrnehmung auf und sind deshalb erstrebenswert

Kulturspezifische Führungsmerkmale unterliegen hingegen einer starken landeskulturellen Prägung. Bei diesen Führungsmerkmalen und Verhaltensweisen unterscheiden sich die Bewertungen effektiver Führung in den untersuchten GLOBE-Ländern deutlich, häufig sogar so, dass das jeweilige Führungsmerkmal in einem Land als dem effektiven Führen förderlich, in einem anderen Land dagegen als hinderlich betrachtet wird (s. ▶ Kap. 5, ◧ Abb. 5.14).

⟩ Bei kulturspezifischen Merkmalen des Führens unterliegen die Führungserwartungen der Beurteiler einer stärkeren kulturellen Prägung, wovon auch die jeweiligen Einschätzungen der Führungswahrnehmung betroffen sind. Diskrepanzen in den Beurteilungen von Führungskräften sind bei diesen Merkmalen daher auch wahrscheinlicher als bei kulturuniversellen Merkmalen und Verhaltensweisen.

Beim internationalen Einsatz von 360-Grad-Feedback in Unternehmen mit Standorten in verschiedenen Ländern und insbesondere beim Einsatz in interkulturellen Kontexten, in denen die Beurteiler einer Zielperson aus unterschiedlichen Kulturen stammen, ist es daher wichtig, sowohl die Führungswahrnehmung als auch die Führungserwartungen der Beurteiler zu messen. Ein solches Vorgehen ermöglicht es, anhand eventuell bestehender Diskrepanzen zwischen Führungserwartungen verschiedener Beurteiler zu erkennen, bei welchen Merkmalen die Einschätzungen der Beurteiler vermutlich aufgrund unterschiedlicher kultureller Prägung divergieren.

In ◨ Abb. 7.3 zeigen die Mitarbeiter, die alle aus einem anderen Kulturkreis stammen als die Zielperson, in ihren Erwartungen das betreffende Merkmal als hinderlich für hervorragende Führung an (worin sie sich übrigens vom Vorgesetzten und den Kollegen der Zielperson, die aus deren Kulturkreis stammen, deutlich unterscheiden). Gleichzeit aber nehmen die Mitarbeiter das betreffende Merkmal der Zielperson im Einklang mit ihren Erwartungen wahr (nahe der Diagonale). Der Zielperson gelingt offensichtlich eine Quadratur des interkulturellen Kreises, indem sie unterschiedlichen Erwartungen von Personen aus verschiedenen Kulturkreisen (und Hierarchieebenen) in deren Wahrnehmung in hohem Maße entspricht.

Sofern die gemessenen Merkmale und Verhaltensweisen dem Kanon globaler Führungsgrundsätze eines internationalen Unternehmens zuzurechnen sind und dementsprechend auch eine zentrale Stellung in 360-Grad-Feedback erhalten sollten, muss besondere Aufmerksamkeit auf eine am Abgleich von Führungswahrnehmungen und Führungserwartungen der Beurteiler orientierten Führungskräfteentwicklung gelegt werden.

Die kulturuniversellen Merkmale und Verhaltensweisen der Führung bieten sich hingegen in besonderem Maße für international vergleichende Einschätzungen in 360-Grad-Feedbackinstrumenten an. Da sich die Führungserwartungen der Beurteiler bei diesen Merkmalen und Verhaltensweisen, weltweit betrachtet, kaum unterscheiden, stellen sie eine universelle Referenzgröße bei der Beurteilung von Führungskräften dar. Als solche wurden sie in ▶ Kap. 6 beim Thema „Leitbildentwicklung" für multinationale Unternehmen bereits betrachtet. In 360-Grad-Feedbackverfahren kommt ihnen aufgrund ihrer hohen interkulturellen Vergleichbarkeit eine ähnlich zentrale Stellung zu.

Wie zuvor bereits beschrieben, ist die Passung zwischen den Führungserwartungen der Geführten (bzw. Beurteiler im 360-Grad-Feedback) und den Merkmalen und Verhaltensweisen der Führenden (bzw. Beurteilten, also Zielpersonen im 360-Grad-Feedback) von besonderer Bedeutung für die Akzeptanz und Effektivität der beurteilten Führungskräfte. Wird den Führungsvorstellungen der Geführten entsprochen, dann werden Führungskräfte von den Geführten eher akzeptiert, und sie werden als effektiver angesehen bzw. sind auch objektiv betrachtet erfolgreicher.

Bei kulturspezifischen Merkmalen (z. B. autonomieorientierte Führung, defensive Führung) ist eine möglichst genaue Passung zwischen Führungswahrnehmung und Führungserwartung (quasi nach oben und nach unten) anzustreben. Bei kulturuniversellen Merkmalen (z. B. charismatische Führung, teamorientierte Führung) genügt dagegen eine Passung, die nach unten abgegrenzt ist. Das heißt, bei kulturspezifischen Merkmalen ist es entscheidend, ein „Optimum" anzustreben (nicht zu viel und nicht zu wenig), während bei kulturuniversellen Merkmalen effektiver Führung ein „Maximum" das Ziel sein sollte.

Diese zunächst nicht leicht zu durchschauenden Zusammenhänge sind in ◨ Abb. 7.4 grafisch veranschaulicht. Es zeigt sich, dass hinsichtlich universeller Führungsdimensionen (charismatische und teamorientierte Führung) ein direkter linearer Zusammenhang zwischen der Führungswahrnehmung und der Führungseffektivität besteht, wobei die Führungserwartungen keine Rolle bei der Einschätzung der Führungseffektivität spielen. In anderen Worten, wenn eine hohe charismatische oder teamorientierte Führung wahrgenommen wird, dann attestieren die Geführten, unabhängig von ihren jeweiligen Führungserwartungen, ihrer Führungskraft auch eine hohe Führungseffektivität. Hingegen besteht bei den kulturspezifischen Führungsdimensionen (defensive und autonomieorientierte Führung) jeweils ein kurvilinearer Zusammenhang, in Form eines Sattels. Die Sattelform zeigt an, dass mit zunehmender Diskrepanz zwischen Führungswahrnehmung und Führungserwartung die Führungseffektivität abnimmt.

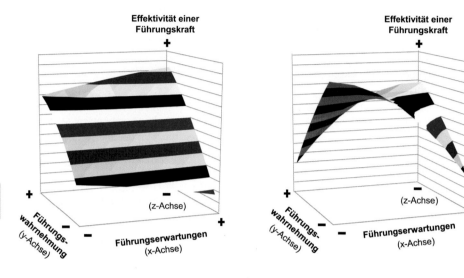

☐ **Abb. 7.4** Führungserwartungen und -wahrnehmungen: Zusammenhänge bei universellen und kulturspezifischen Führungsdimensionen. Dargestellt sind jeweils die Zusammenhänge von Führungserwartungen (*x-Achse*) und Führungswahrnehmung (*y-Achse*) mit der Einschätzung der Effektivität einer Führungskraft (*z-Achse*) im dreidimensionalen Raum (ermittelt durch polynominale Regression mit Oberflächenanalyse (s. [21]). Nach [17]

Besteht eine Passung zwischen der Führungserwartung und der Führungswahrnehmung, z. B. erwartet der Geführte eher defensive Führung und nimmt diese auch bei seiner Führungskraft in hohem Maße wahr, dann wird die Führungseffektivität besonders hoch beurteilt. Wir hingegen z. B. eine hohe Autonomieorientierung der Führungskraft wahrgenommen, und der Geführte erwartet jedoch eine niedrige Autonomieorientierung, dann wird die Führungseffektivität niedrig eingeschätzt.

Das Bemerkenswerte an diesen Zusammenhängen ist, dass sie weltweit wiederholt empirisch bestätigt werden konnten, und zwar sowohl für das mittlere Management [17] als auch für das Topmanagement und CEOs [20].

Die Qualität des Führens liegt also im kulturgeprägten „Auge des Betrachters". Dieses wiederum unterliegt vorwiegend landeskulturellen Einflüssen, die insbesondere in interkulturellen Führungskontexten, in denen sich unterschiedliche kulturgeprägte Betrachtungsweisen begegnen, zutage treten. Darauf gilt es, Führungskräfte im internationalen Einsatz vorzubereiten, und sie mithilfe von entsprechenden 360-Grad-Rückmeldungsinstrumenten in konkreten interkulturellen Kontexten zu begleiten und zu coachen.

Vor dem Hintergrund der im GLOBE-Modell dargelegten Zusammenhänge zwischen Landeskultur, Führungsmerkmalen und Effektivität der Führung (s. ▶ Kap. 5) ist es sinnvoll, bei der Entwicklung von international einsetzbaren 360-Grad-Feedbackinstrumenten auf ein Mindestmaß an kultureller Universalität der darin formulierten Führungsmerkmale und -verhaltensweisen zu achten. Die in ▶ Abschn. 5.3.1 beschriebenen Merkmale und Verhaltensweisen, die von GLOBE abgeleitet wurden, sind dafür geeignet.

Von GLOBE wurden insgesamt 22 kulturuniversell förderliche Einzelmerkmale und Verhaltensweisen effektiver Führung (s. auch ◧ Tab. 5.21) ermittelt. Diese sind entweder der Dimension charismatische Führung bzw. deren Primärdimensionen inspirierend, integer, visionär, leistungsorientiert und teilweise auch bestimmt, nicht jedoch selbstaufopfernd zuzuordnen oder der Dimension teamorientierte Führung bzw. deren Primärdimensionen teamintegrierend, administrativ kompetent, diplomatisch, böswillig (recodiert), nicht jedoch kollaborativ.

Bereits bestehende Kompetenzmodelle der Führung in Organisationen lassen sich entsprechend erweitern. Natürlich ist es empfehlenswert, durch internationale empirische Studien auch die Validität und Reliabilität entsprechender Kompetenzdimensionen in Organisationen psychometrisch zu etablieren. Dies kann auch die Möglichkeit einschließen, sowohl die Wahrnehmung dieser Kompetenzen als auch die interkulturell ggf. widersprüchlichen Erwartungen bezüglich der Leistungsförderlichkeit bzw. Hinderlichkeit einzelner Kompetenzmerkmale in 360-Grad-Feedbackinstrumenten einschätzen zu lassen. Dies ließe sich mit empirischen Studien und statistischen Methoden bewerkstelligen, die analog zu jenen sind, die in GLOBE eingesetzt wurden und auch bei der Konstruktion des GLOBAL6™-Instruments Verwendung fanden.

Zusammenfassung

In der Regel wird 360-Grad-Feedback weltweit als Instrument der Führungskräfte*entwicklung* eingesetzt, um die motivierende und informierende Funktion von vielfältiger Rückmeldung auszunutzen, die das eigenständige Erlernen und Weiterentwickeln von Kompetenzen durch die Führungskräfte selbst fördert. Allerdings sollte man wissen, dass bereits beim Geben und Nehmen von Feedback weltweiten Studien zufolge kulturelle Unterschiede bestehen. So ist es in Ländern mit hoher Machtdistanz (z. B. asiatische Länder) eher unüblich, offenes und kritisches Feedback zu geben, und schon gar nicht nach oben (Aufwärtsfeedback), wohingegen es in westlichen Kulturen (Nordamerika, Nord- und Mitteleuropa) eher üblich ist, eine transparente Feedbackkultur im Unternehmen zu fördern. Dementsprechend soll im 360-Grad-Feedback von internationalen Unternehmen mit Stammsitz in westlichen Ländern auch faire und konstruktive Kritik geübt werden. Dazu ist es besonders wichtig, dass weitestgehend Anonymität gewährleistet ist. Jedoch ist insbesondere in asiatischen Kulturkreisen damit zu rechnen, dass die Einführung eines funktionierenden globalen 360-Grad-Feedbacks mit zusätzlichem Kulturentwicklungsaufwand verbunden ist (s. dazu auch ► Kap. 6 zur Leitbildentwicklung und -umsetzung).

Darüber hinaus ist bei international eingesetztem 360-Grad-Feedback zu berücksichtigen, dass die Wahrnehmungen, Bewertungen und Interpretationen von Führungsverhalten kulturbedingt unterschiedlich ausfallen können: „Führung liegt im kulturgeprägten Auge des Betrachters". Dem kann ein 360-Grad-Feedbackinstrument Rechnung tragen, das nicht nur die Wahrnehmungen von Führungskompetenzen (also die Einschätzungen von Führungsleistungen und Verhaltensweisen einer Zielperson), sondern gleichzeitig auch die kulturgeprägten Erwartungen der Beurteiler an hervorragende Führung anhand derselben Merkmalsdimensionen ermittelt. Solch ein Instrument wurde im vorliegenden Kapitel ausführlich beschrieben, um einen gangbaren Weg aufzuzeigen, mit dem sich interkulturelle Unterschiede beim Führen und bei den Erwartungen der Geführten an die Führenden in die Führungskräfteentwicklung mithilfe von 360-Grad-Feedback einbinden lassen. Schließlich wurde auch darauf eingegangen, wie man mithilfe der GLOBE-Unterscheidung zwischen *kulturuniversellen* und *kulturspezifischen* Merkmale und Verhaltensweisen des Führens analog zur Entwicklung eines globalen Führungsleitbilds für internationale Unternehmen auch 360-Grad-Feedbackinstrumente für den internationalen Einsatz optimieren kann.

Literatur

1. Obermann, C. (2013). *Assessment Center. Entwicklung, Durchführung, Trends. Mit originalen AC-Übungen*. Wiesbaden: Springer Gabler.
2. Fleenor, J. W., & Prince, J. M. (1997). *Using 360-degree feedback in organizations: an annotated bibliography.* Greensboro: Center for Creative Leadership.
3. Mahlke, J., Schultze, M., Koch, T., Eid, M., Eckert, R., & Brodbeck, F. C. (2015). Validation of 360 Degree Feedback Instruments: A Multilevel CFA–MTMM Approach for Multisource Feedback Instruments: Presentation and Application of a New Statistical Model. *Structural Equation Modeling: A Multidisciplinary Journal, 00*, 1–20. Published online 26. Juni, 2015, ISSN: 1070-5511 print/1532-8007 online.
4. Schuler, H. (Hrsg.). (2007). *Assessment Center zur Potenzialanalyse*. Göttingen: Hogrefe.
5. Lepsinger, R., & Lucia, A. D. (2009). *The art and science of 360° feedback*. San Francisco: John Wiley & Sons.
6. Fleenor, J. W., Taylor, S., & Chappelow, C. (2008). *Leveraging the impact of 360-degree feedback*. New York: Wiley.
7. Nowack, K. M., & Mashihi, S. (2012). Evidence-based answers to 15 questions about leveraging 360-degree feedback. *Consulting Psychology Journal: Practice and Research, 64*(3), 157–182.
8. Kluger, A. N., & DeNisi, A. (1996). The effects of feedback interventions on performance: A historical review, a meta-analysis, and a preliminary feedback theory. *Psychological Bulletin, 119*(2), 254–284.
9. Atwater, L. E., & Brett, J. (2005). Antecedents and consequences of reactions to developmental 360 degree feedback. *Journal of Vocational Behavior, 66*, 532–548.
10. Ostroff, C., Atwater, L. E., & Feinberg, B. J. (2004). Understanding self-other agreement: a look at rater and ratee characteristics, context, and outcomes. *Personnel Psychology, 57*(2), 333–375.
11. Quast, L. N., Wohkittel, J. M., Chung, C., & Center, B. A. (2011). *Patterns of self-other rating disrepancies and predictions of managerial career derailment: Comparing Asia to the United States. Paper presented at the 10th International Conference of the Academy of HRD (Asia chap.)* International Research Conference, Kuala Lumpur, Malaysia.
12. Atwater, L. E., Wang, M., Smither, J., & Fleenor, J. W. (2009). Are cultural characteristics associated with the relationship between self and others'rating of leadership? *Journal of Applied Psychology, 94*(4), 876–886.
13. Eckert, R., Ekelund, B., Gentry, W., & Dawson, J. (2010). I don't see me like you see me but is that a problem? Cultural differences in rating discrepancy in 360-degree feedback instruments. *European Journal of Work and Organizational Psychology, 19*(3), 259–278.
14. Gentry, W., Hannum, K. M., Ekelund, B., & de Jong, A. (2007). A study of the discrepancy between self- and observer-ratings on managerial derailment characteristics of European managers. *European Journal of Work and Organizational Psychology, 16*(3), 295–325.
15. Shipper, F., Hoffman, R., & D. R. (2007). Does the 360 feedback process create actionable knowledge equally across cultures? *Academy of Management Learning & Education, 6*(1), 33–50.
16. Robie, S., Kaster, K., Nilsen, D., & Hazucha, J. (2000). *The right stuff: Understanding cultural differences in leadership performance*. Minneapolis: Personnel Decisions, Inc.
17. Eckert, R., Ruderman, M. N., Gentry, W. A., Brodbeck, F. C., Braddy, P. W., Hannum, K. M., & Leslie, J. B. (2012). *Global6 technical manual*. Greensboro: Center for Creative Leadership.
18. Brodbeck, F. C. (2006). Navigationshilfe für internationales Change Management. Erkenntnisse aus dem GLOBE Projekt. *Organisationsentwicklung, 25*(3), 16–31.
19. Brodbeck, F. C., Ruderman, M. N., Glover, S., Eckert, R., Hannum, K. M., Braddy, P. W., & Gentry, W. A. (2012). *Global6 Report*. Greensboro: Center for Creative Leadership.
20. House, R. J., Dorfman, P. W., Javidan, M., Hanges, P. J., & Sully de Luque, M. F. (2014). *Strategic leadership across cultures. The GLOBE study of CEO leadership behavior and effectiveness in 24 countrie*. Los Angeles, CA: Sage.
21. Shanock, L. R., Baran, B. E., Gentry, W. A., Pattison, S. C., & Heggestad, E. D. (2010). Polynomial regression with response surface analysis: A powerful approach for examining moderation and overcoming limitations of difference scores. *Journal of Business & Psychology, 25*, 543–554.

Internationale Mitarbeiterbefragung (MAB)

Felix C. Brodbeck

F.C. Brodbeck, E. Kirchler, R. Woschée (Hrsg.), *Internationale Führung,* Die Wirtschaftspsychologie, DOI 10.1007/978-3-662-43361-4_8, © Springer-Verlag Berlin Heidelberg 2016

> Während meiner langjährigen Praxis in der befragungsgestützten Organisationsentwicklung internationaler Unternehmen spielte sich in den Rückmeldungsworkshops zu den Ergebnissen von weltweit durchgeführten Mitarbeiterbefragungen des Öfteren folgende Episode ab: Wenn wir auf die themenspezifischen Vergleiche zwischen den Unternehmensstandorten unterschiedlicher Länder und Kulturregionen zu sprechen kamen, wurde von den Vertretern jener Standorte, deren Ergebnisse bei bestimmten Themenbereichen (z. B. Führung, Zusammenarbeit, Mitarbeiterengagement) unterdurchschnittlich ausgefallen waren, vorgebracht, dass solche Differenzen auf kulturbedingt unterschiedliches Antwortverhalten beim Ausfüllen von Fragebögen zurückzuführen sei und nicht notwendigerweise auf tatsächlich bearbeitungswürdige Schwachstellen in den jeweiligen Standorten. Das wisse man ja aus der kulturvergleichenden Forschung. Deshalb solle man die Befragungsergebnisse hier nicht so ernst nehmen, und es bestünde auch kein gesicherter Handlungsbedarf am besagten Standort.

In der internationalen Praxis der befragungsgestützten Organisationsentwicklung sind kulturspezifische Antworttendenzen von hoher Relevanz, vor allem wenn die strategische Entwicklungsfunktion von Mitarbeiterbefragungen (für die Personal-, Führungskräfte- und Organisationsentwicklung) ernsthaft genutzt wird. So manch ein verantwortlicher Ländervertreter recherchiert dann gerne auch schon im Vorfeld nach empirischen Studien, die ihm für sein Land oder seine Kulturregion attestieren, dass es Hinweise auf bestimmte Antworttendenzen gibt – sei es eine Tendenz zur Mitte der Bewertungsskala, sei es zu den Extremwerten, sei es ins Positive oder ins Kritisch-Negative.

Ob diese, fachmännisch als *response bias* bezeichneten Effekte auch wirklich einen messbaren Einfluss auf die Ergebnisse einer aktuellen Mitarbeiterbefragung genommen haben könnten, sollte dann allerdings auch auf empirischer Basis berechnet und zur Diskussion gestellt werden. Dies ist mit modernen statistischen Verfahren, die unter anderem durch das GLOBE-Programm entwickelt wurden, auch möglich. Mit diesen Verfahren kann man evidenzbasiert der Versuchung widerstehen, am Tag der internationalen MAB-Rückmeldung lediglich Zweifel an der Messqualität der Mitarbeiterbefragung zu erheben, um etwa unliebsame Rückmeldungsergebnisse zurückzuweisen, und sich ansonsten wieder dem Tagesgeschäft und den Finanzkennzahlen zuzuwenden.

Im vorliegenden Kapitel wird auf diese und weitere Fragen zur Verbesserung internationaler Mitarbeiterbefragungen anhand moderner Erkenntnisse der interkulturellen Befragungsforschung, unter anderem auch aus dem GLOBE-Programm, eingegangen. Dazu werden zunächst Grundkonzepte und Funktionen moderner Mitarbeiterbefragungen in internationalen Unternehmen erläutert, und danach wird auf spezifische Problemlagen, Besonderheiten des Projektmanagements, der Fragebogenentwicklung, der Auswertung und Darstellung von Ergebnissen bei internationalen Mitarbeiterbefragungen eingegangen.

8.1   Mitarbeiterbefragung

Mitarbeiterbefragungen (MAB) sind in nationalen und internationalen Großunternehmen inzwischen etablierte Befragungsinstrumente. In mittelständischen Unternehmen, insbesondere in solchen, die auch international operieren, werden sie zunehmend populärer. Laut einer Studie der Top-500-Unternehmen in Deutschland, Österreich und der Schweiz werden Mitarbeiterbefragungen in 87 % dieser Unternehmen durchgeführt. Sie finden regelmäßig statt (ca. alle ein bis zwei Jahre), und sie werden oft auch als ein wichtiges Instrument der Organisationsentwicklung (OE) betrachtet [1].

Mitarbeiterbefragungen dienen nicht einfach nur der Befragung der Belegschaft zu verschiedenen aktuellen Themen (z. B. Meinungs- und Betriebsklimaumfragen, Stimmungsbarometer), sondern auch der systematischen Verbesserung der durch die Befragung abbildbaren Zustände im Unternehmen. Auch spezifische Zusammenhänge innerhalb des Unternehmens, etwa zwischen Merkmalen des Arbeitsumfelds oder der Führung auf der einen Seite, und der Arbeitszufriedenheit, der körperlichen und psychischen Gesundheit sowie dem Engagement der Mitarbeiter auf der anderen Seite, lassen sich mit ihrer Hilfe ermitteln.

Je nach betrieblichen Umständen und Zielsetzungen sind Mitarbeiterbefragungen zur Identifikation bisher unerkannter Trends und Verbesserungspotenziale verwendbar. Werden sie wiederholt durchgeführt, lässt sich mit ihnen auch der Erreichungsgrad strategischer Entwicklungsziele im Unternehmen evaluieren und darauf aufbauend systematisch verbessern. Auch Aufwärtsfeedback, etwa die Qualität des durch die Mitarbeiter wahrgenommenen Führungsverhaltens ihrer direkten Vorgesetzten oder der Gesamtgeschäftsleitung (im Sinne von Systemvertrauen), lässt sich mithilfe von Mitarbeiterbefragungen durchführen [2].

> Besonders wertvoll ist es, wenn durch Mitarbeiterbefragungen Veränderungen zum Besseren ausgelöst werden. Dazu sollten sie so vorbereitet und durchgeführt werden, dass anschließende Folgeprozesse ableitbar sind, die nachhaltige Veränderungen bewirken. Damit sind Mitarbeiterbefragungen nicht nur als Instrumente der Personal- und Führungskräfteentwicklung zu sehen, sondern auch als ein wirkungsvolles Basisinstrument einer befragungsgestützten Organisationsentwicklung (s. [3], darin insbesondere [4]).

Üblicherweise erkundigt man sich in MABs nach den Erfahrungen, Wahrnehmungen, Einstellungen und Meinungen der Mitarbeiter und Führungskräfte, z. B. über Arbeitsbedingungen, Führung, Zusammenarbeit, Kommunikation, Zufriedenheit, Gesundheit und weitere Themen. Häufig wird auch zu unternehmensstrategisch relevanten Themen befragt (z. B. Kundenorientierung), zum Strategieverständnis und zur Akzeptanz bestimmter strategischer Ziele sowie zur konkreten Zielumsetzung. MABs bieten damit die Möglichkeit, Stärken, Schwächen, Chancen und Risiken für die Erreichung strategischer und operativer Ziele im Unternehmen zu identifizieren. Darauf aufbauend lassen sich strategisch relevante Veränderungsprozesse anstoßen. Die Umsetzung bzw. der Erfolg dieser Maßnahmen wiederum lassen sich durch spätere Befragungen erneut überprüfen. Unternehmensweite Mitarbeiterbefragungen bieten somit umfangreiche Möglichkeiten zum Dialog im Unternehmen und damit auch zur Selbstreflexion des Unternehmens im Sinne des organisationalen Lernens.

Es existieren verschiedene Typen von Mitarbeiterbefragungen, die sich danach unterscheiden lassen, wie stark sie in das Gefüge der Management- und Personalentwicklungssysteme eines Unternehmens eingebettet sind (z. B. einmalige Meinungsumfrage oder wiederholtes internes Benchmarking) und ob sie eher nur Informations- und Rückmeldungsfunktionen, etwa für das Topmanagement, erfüllen oder ob sie darüber hinaus auch Entwicklungsfunktionen auf verschiedenen Ebenen der Organisation (Personal-, Führungskräfte- und Organisationsentwicklung) unterstützen. Letzteres wird als strategische Mitarbeiterbefragung bezeichnet [5].

Aufgrund der hohen Popularität von MAB sollte man annehmen, dass ihr Einsatz mit Umsicht und großer Routine erfolgt und mit wenigen Problemen verbunden ist. Dennoch sind mehr als die Hälfte aller dazu Befragten mit den in ihren jeweiligen Unternehmen durchgeführten Mitarbeiterbefragungen unzufrieden [1]. Als Grund für diese Unzufriedenheit wird vor allem angeführt, dass MAB-Folgeprozesse, wie etwa Ergebnisrückmeldung und Interpretation sowie Planung und Umsetzung von entsprechenden Veränderungsmaßnahmen, in den meisten Fällen nicht oder nicht optimal erfolgen. Demnach scheint es insbesondere bei der effektiven Erfüllung der Entwicklungsfunktion von Mitarbeiterbefragungen zu hapern. Hierüber wäre durchaus ein eigenes Kapitel oder ein ganzes Buch zu schreiben (s. dazu z. B. [3, 6]). In einer kürzlich am Lehrstuhl für Wirtschafts- und Organisationspsychologie der LMU München durchgeführten Befragung von MAB-Anwendern, MAB-Anbietern und empirisch über MAB forschenden Wissenschaftlern wurde nach den tieferliegenden Ursachen für die weit verbreitete Vernachlässigung von Folgeprozessen und nach praxistauglichen Lösungsansätzen gefragt. Die Autoren kamen unter anderem zu dem Schluss, dass für wirkungsvolle Folgeprozesse die Unterstützung des Topmanagements unabdingbar und eine strategische MAB hierfür von Vorteil ist [7].

Im vorliegenden Kapitel wird auf ein weiteres Manko bei Mitarbeiterbefragungen näher eingegangen, nämlich das häufig fehlende Problem- und Lösungsbewusstsein in der Unternehmenspraxis für jene besonderen Vorkehrungen und Methoden, die bei *internationalen* Mitarbeiterbefragungen Anwendung finden sollten. In meiner jahrzehntelangen Praxis mit weltweiten Befragungen in nationalen, internationalen und globalen Unternehmen habe ich häufig beobachten können, dass „hauseigene" nationale Befragungsinstrumente, mehr oder weniger eins zu eins übersetzt (häufig nur ins Englische), in die Firmenstandorte in anderen Kulturen getragen werden. Es gibt überraschend wenig systematische Forschung und praxisinformierende Literatur über die effektive Handhabung internationaler Mitarbeiterbefragungen – worauf es dabei ankommt, welche besonderen Probleme zu bedenken und zu lösen sind und welche Vorgehensweisen sich bereits bewährt haben [8, 9]. Darauf wird in den nun folgenden Abschnitten eingegangen.

8.2   Probleme und Lösungsansätze bei internationaler MAB

8.2.1   Projektmanagement bei internationalen MAB

Bereits bei der Planung und Organisation von internationalen Mitarbeiterbefragungen sind kulturelle Besonderheiten zu berücksichtigen, um den Rücklauf (d. h. die Antwortquote) hinreichend hoch zu halten und die Daten- und Ergebnisqualität zu sichern, die für statistische Auswertungen und eine sinnvolle Interpretation derselben notwendig ist. So sollte etwa der Zeitraum der Befragung (in der Regel wenige Tage bis Wochen) unter Berücksichtigung internationaler und regionaler Zyklen (z. B. allgemeine Ferienzeiten, gesetzliche Feiertage, betriebliche, rechtliche, marktbedingte Arbeitsspitzen) sorgfältig gewählt werden. Auch gilt es, alle relevanten Akteure (sogenannte Stakeholder) im Befragungs-, Rückmeldungs- und ggf. Folgeprozess frühzeitig bei der Konzeptentwicklung und der Festlegung von Befragungsinhalten einzubinden, wie beispielsweise Ländervorstände oder regionale Gewerkschafts- bzw. Arbeitnehmervertreter. Gleichzeitig sollten internationale Koordinatorennetzwerke etabliert und betreut werden, die die Befragung lokal und regional vorbereiten und umsetzen sowie den teilnehmenden Mitarbeitern und Führungskräften als Ansprechpartner vor Ort zur Verfügung stehen.

Häufig kümmert man sich bei der Planung von Mitarbeiterbefragungen noch gar nicht um den Folgeprozess – man ist ja froh (vor allem beim ersten Mal), wenn das „große" (internationale) MAB-Projekt erst einmal auf die Schiene gesetzt ist. Will man jedoch die in Mitarbeiterbefragungen angelegte Entwicklungsfunktion effektiv nutzen, dann sollte schon im Vorfeld durch einige wenige Maßnahmen dafür gesorgt werden, dass effektive Folgeprozesse im Anschluss an eine Mitarbeiterbefragung auch möglich sind. Da diese Maßnahmen etwas Zeit zur Reifung benötigen, ist es sinnvoll, sie von den frühen Planungsphasen einer MAB an im Auge zu behalten. Kümmert man sich erst nach Beendigung der Befragungsphase um die Folgeprozesse, werden diese von den Betroffenen meist als schwerfällig und holprig erlebt oder gar nicht erst wahrgenommen – selbst dann, wenn einige Maßnahmen ergriffen und umgesetzt werden sollten. Wie gut die Qualität der Folgeprozesse von der Belegschaft eingeschätzt wird, lässt sich in späteren Befragungen feststellen. Vor allem bei wiederholten Befragungen ist dieses Wissen von unschätzbarem Vorteil, denn man kann erfahren, ob sich etwas getan hat (ggf. auch, was genau sich getan hat), und ob dies mit späteren MAB-Ergebnissen in Zusammenhang steht (die Voraussetzung hierfür sind regelmäßig durchgeführten MABs). In der Regel ist es so, dass spätere Befragungsergebnisse deutlich positiver ausfallen, wenn im Anschluss an frühere Mitarbeiterbefragungen auch effektive Folgeprozesse stattgefunden haben.

Praxistipp: Einbindung von Zentrale und internationalen Standorten in die MAB

Um bei einer – oft zentral geplanten – internationalen MAB die Akzeptanz des Instruments und insbesondere die spätere Umsetzung von Folgeprozessen zu fördern, empfiehlt sich eine frühzeitige und deutlich wahrnehmbare Einbindung der Standorte in den verschiedenen Ländern, die am besten von Beginn an eingeplant wird.

Zum einen sollte bei internationalen Mitarbeiterbefragungen zur optimalen Vorbereitung der Folgeprozesse ein Multiplikatorennetzwerk von einheimischen Mitarbeitern (vorzugsweise aus HR- und OE-Abteilungen) gebildet werden. Sie können vor Ort die Führungskräfte bei der Interpretation der Ergebnisse ihrer Arbeitseinheiten unterstützen und bei der Maßnahmenfindung und -umsetzung beraten. Dazu müssen die Multiplikatoren über Konzeption, Inhalte, Zwecke und Ziele der internationalen und regionalen Mitarbeiterbefragung im Bilde sein und mit der organisationsweiten MAB-Steuerungsgruppe und ggf. dem externen MAB-Anbieter engen Kontakt halten.

Zum anderen sollten von Beginn an die Unternehmensleitungen in der Zentrale und in den verschiedenen Ländervertretungen „mitgenommen" werden (noch besser ist es, wenn diese von Anfang an aktiv gestaltend dabei sind). Das bedeutet auch, dass neben der Planung und Durchführung der eigentlichen Befragung eine zügige Ergebnisrückmeldung und Interpretation der MAB- Ergebnisse an die Zentrale und gleich anschließend auch in den verschiedenen Organisationseinheiten, sichergestellt werden muss, damit ggf. daraus abzuleitende, strategische Vorgaben (aus der Zentrale) für die anschließenden Folgeprozessen in der Breite (über alle internationalen Standorte hinweg) sichergestellt werden können (Top-down-Ansatz der MAB).

Bereits bei der Planung einer internationalen Mitarbeiterbefragung sind zum Umgang mit den Befragungsergebnissen einige Fragen im gesamten Steuerungsgremium (und ggf. den regionalen Subgremien) zu klären: zum Beispiel, welche generellen strategischen Vorgaben aus der Zentrale bei der Befragung und Ergebnisinterpretation zu berücksichtigen sind, welche Folgeprozesse (in der gesamten Breite des Unternehmens) Priorität erhalten und welche Handlungsspielräume bei der Auswahl und Umsetzung von Folgeprozessen in den Ländervertretungen und verschiedenen Funktionsbereichen verbleiben können. Man kann nicht alles auf einmal in Angriff nehmen, und nicht an jedem Standort ist jede Einzelmaßnahme sinnvoll. Deshalb muss die Gesamtgeschäftsleitung bzw. der Gesamtvorstand beim Top-down-Ansatz einer MAB strategische Leitlinien für unternehmensweite Ziele und geeignete Folgeprozesse (in der Breite) auf Basis der internationalen MAB-Ergebnisse innerhalb kürzester Zeit generieren können und diese auch zügig darlegen. Darauf müssen sich diese Gremien am besten schon ab der frühen Planungsphase (und damit weit vor Beginn der Befragungsphase) ihrer internationalen Mitarbeiterbefragung vorbereiten können.

Es versteht sich von selbst, dass eine international und regional transparente Kommunikation über Ziele und den Prozess der Befragung gegenüber allen teilnehmenden Mitarbeitern und Führungskräften sehr wichtig ist. Andernfalls besteht das Risiko, allein schon aufgrund zu niedriger Beteiligungsraten eine zu geringe Datenqualität zu erhalten, mit daraus resultierender schlechter Interpretierbarkeit der Ergebnisse, sowohl auf internationaler als auch auf regionaler Ebene. Es empfiehlt sich deshalb, beim „Rollout" und bei den vorgesehenen Befragungsinstrumenten die jeweils standortspezifischen Landessprachen einzusetzen. Wenn hierbei stattdessen durchgängig mit einer einzigen Sprache (in der Regel Englisch) operiert wird, die für viele Befragte eine Fremdsprache ist, setzt dies voraus, dass die gesamte Belegschaft diese Fremdsprache auch wirklich sehr gut beherrscht – nur so ist gewährleistet, dass die gestellten Fragen einheitlich in der intendierten Weise aufgefasst werden. Das ist immer noch seltener der Fall, als man gemeinhin annehmen möchte. Andernfalls ist mit mangelhaften Daten und Ergebnissen zu rechnen, was zu einer schlechteren Interpretierbarkeit der Befragungsergebnisse führt. Dies trübt, sowohl lokal als auch überregional und global, die Sicht auf den Zustand der Organisation und ihrer internationalen Einheiten.

8.2.2   Entwicklung international tauglicher MAB-Fragebögen

Aus der interkulturellen sozialwissenschaftlichen Forschung (s. ▶ Kap. 3) weiß man inzwischen sehr viel darüber, wie internationale Befragungsinstrumente (in der Regel Fragebögen, oftmals internetbasiert) am besten zu konstruieren sind. Schon bei der Entwicklung einzelner Fragen (sogenannte Items) lässt sich einiges im Hinblick auf ihre internationale Tauglichkeit im Vorfeld optimieren. So sollten nur solche Items für internationale Vergleiche herangezogen werden, die länder- und kulturübergreifend in etwa dieselbe Bedeutung haben und sich darin von den übrigen Items (bzw. inhaltlich sortierten Itemkategorien) sinnvoll und kulturübergreifend stabil unterscheiden. Selbstverständlich kann man auch regional bedeutsame Fragen in internationale Mitarbeiterbefragungen aufnehmen – diese sollten dann aber auch nur regional ausgewertet und interpretiert werden.

> ❯ Für internationale Vergleiche eignen sich Fragen, die im Rahmen einer Mitarbeiterbefragung gestellt werden, erst dann, wenn ihre länderübergreifende Bedeutungsstabilität empirisch gesichert werden konnte.

Diese Bedeutungsstabilität über verschiedene Länder und Kulturräume hinweg ist eine wichtige Forderung, die von internationalen Mitarbeiterbefragungen zu erfüllen ist. Dabei geht es nicht nur um Plausibilität, etwa aus Sicht jener, die in der Zentrale die Entscheidung darüber treffen, welche Fragen (Items) in die Befragung aufgenommen werden, sondern es geht vor allem darum, die interkulturelle Bedeutungsstabilität der konkreten Fragensammlung (Itempool) mit ihren thematischen Unterscheidungen (Itemskalen), also das zugrunde liegende Messmodell, mithilfe statistischer Verfahren empirisch zu testen und als hinreichend bedeutungsstabil über alle Länder und Kulturregionen hinweg auszuweisen. Die dazu notwendigen Gütetests, mit in der Regel recht komplexen statistischen Verfahren (z. B. gruppierte, konfirmatorische Faktorenanalyse, *grouped CFA*) über viele Länder hinweg, finden meiner Erfahrung nach nur bei sehr wenigen der kommerziell angebotenen internationalen MAB-Instrumente Verwendung (s. Exkurs: Empirische Sicherung der Bedeutungsstabilität in internationalen Mitarbeiterbefragungen und ◘ Abb. 8.1).

8.2.3 Itemübersetzungsprozess und Pretests

In der Regel sollten die in einer MAB zu stellenden Fragen bzw. zu bewertenden Aussagen (Items) in alle im Unternehmen vertretenen Sprachen übersetzt werden, wobei eine Mindestmenge an Befragten pro Sprache (z. B. N = 40 bis 100, je nach Unternehmensgröße und gewünschter Befragungstiefe) häufig aus Kostengründen festgelegt wird. Für zentral nicht übersetzte Sprachen wird empfohlen, den betreffenden Mitarbeitern eine Übersetzung lokal über Intranet oder in Papierform anzubieten. Wie oben bereits beschrieben wurde, ist es essenziell für internationale Befragungen, dass auf Itemebene die Bedeutungsgleichheit über alle Ländervertretungen hinweg sichergestellt ist. Es bleiben dann immer noch je nach betrieblichem Kontext und kulturellem Hintergrund viele Interpretationsspielräume, die für Unschärfe bei der Beantwortung von Mitarbeiterbefragungen sorgen können (s. ▶ Abschn. 8.2.5).

Ausgangspunkt der Übersetzungen sollte jeweils nur eine Sprache sein. In der Regel ist das die Sprache des Stammhauses (Headquarter). Liegt die Zentrale z. B. in Deutschland, dann sollte die Master- oder Referenzsprache auch Deutsch sein (und nicht Englisch!). Diese Einheitlichkeit sichert jeweils gleiche Bedingungen für die Übersetzung in die Landessprachen der Standorte und für die aus Qualitätssicherungsgründen empfohlene Rückübersetzung in die Referenzsprache durch einen weiteren Übersetzer, anhand derer die Übereinstimmung mit dem ursprünglichen Text geprüft wird. Die Rückübersetzung hat sich als Standard in der interkulturellen wissenschaftlichen Forschung aus guten Gründen durchgesetzt, und kein anerkanntes internationales Journal akzeptiert Studien, in denen mehrsprachige Fragebögen, Skalen und Items verwendet wurden, ohne sie durch eine Rückübersetzung auf Äquivalenz überprüft zu haben.

Qualitätssicherung durch Rückübersetzung

Diese und weitere qualitätssichernde Maßnahmen bei der Fragebogenentwicklung lassen sich in drei Schritten zusammenfassen: Im ersten Schritt wird der Fragebogen von professionellen Übersetzern von der Referenzsprache in die jeweilige Landessprache übersetzt. Im zweiten Schritt prüfen lokale Koordinatoren in den Ländervertretungen, die meistens fachlich qualifizierte HR-Mitarbeiter sind und über Ziele, Inhalte und Funktion der Mitarbeiterbefragung im Detail in Kenntnis gesetzt wurden, die Übersetzungen (z. B. nach Verständlichkeit, Skalentreue) und passen sie auch an die firmenübliche Sprache an. Im dritten Schritt übersetzen neutrale Dolmetscher die von den Koordinatoren angepasste Übersetzung zurück in die Referenzsprache. Der Vergleich dieser letzten Übersetzung mit der Ursprungsversion sichert Übersetzungsäquivalenz. Abweichungen werden unter Moderation der MAB-Steuerungsgruppe bzw. des MAB-Anbieters zwischen Dolmetscher und Koordinatoren gelöst.

Exkurs: Empirische Sicherung der Bedeutungsstabilität in internationalen Mitarbeiterbefragungen

Zur Illustration, wie eine empirisch fundierte Sicherung der Bedeutungsstabilität von internationalen Mitarbeiterbefragungen erfolgen kann, schildere ich hier einen Weg, den ich mithilfe eines meiner Doktoranden und einem Anbieter internationaler Mitarbeiterbefragungen in Groß- und mittelständischen Unternehmen, den ich seit Jahren wissenschaftliche berate, beschritten habe.

Man kann eine MAB-Befragung grob gesprochen in zwei Befragungsteile zerlegen. Der eine Teil enthält Fragen zu weltweit gültigen Prädiktoren (z. B. Arbeitsbedingungen, Führung, Zusammenarbeit, Weiterbildung) der Mitarbeitereffektivität (erfasst z. B. in Form von Variablen wie Engagement, Arbeitszufriedenheit, körperlicher und psychischer Gesundheit), deren Wirkungen auf objektive Leistungskennwerte in Organisationen wie beispielsweise Produktivität, Innovation, Leistungsbewertungen durch Dritte, Fehlerraten, Krankenstand, Fluktuation oder Fehlzeiten empirisch wiederholt nachgewiesen und in Fachjournalen publiziert wurden. Der zweite Befragungsteil enthält Themen, die für das spezifische Unternehmen, das die Mitarbeiterbefragung durchführt, von besonderem Interesse sind – dies kann beispielsweise der Umsetzungsgrad aktueller Unternehmensstrategien und Veränderungsprojekte sein oder die lokale und überregionale Attraktivität als Arbeitgeber.

Für den ersten Befragungsteil haben wir auf Basis der bis dato weltweit publizierten empirischen Studien über Prädiktoren und Variablen der Mitarbeitereffektivität in Organisationen einen umfangreichen Kanon an Fragen für Mitarbeiterbefragungen ermittelt. Dafür wurden mehr als 150 Metaanalysen und 200 weitere aktuelle Einzelstudien von insgesamt über 7500 empirischen Originalarbeiten zu Prädiktoren, Variablen der Mitarbeitereffektivität und objektiven Produktivitätskriterien systematisiert und bewertet. Die resultierende Datenbank der Forschungsergebnisse umfasst eine Gesamtstichprobe von ca. 3 Mio. Personen aus weltweit ca. 10.000 Organisationen. Darüber hinaus wurden sogenannte „Linkage"-Studien mit zahlreichen externen und internen „harten" Kriterien des Unternehmenserfolgs und der Arbeitsleistung metaanalysiert und mit den Prädiktoren und Variablen der Mitarbeitereffektivität verknüpft.

Ein zentraler Befund unserer Studie war, dass sich für den allgemeingültigen Befragungsteil internationaler Mitarbeiterbefragungen ein Set von 5 übergeordneten Themen mit 22 Einzelfacetten –die mit mindestens 22 Fragen (Items) abbildbar sind – als inhaltsvalide und weltweit bedeutungsstabil erwies. Anhand von MAB-Daten aus mehreren globalen Unternehmen (mit einer Größe von bis zu 300.000 Mitarbeitern aus 80 Ländern) ließ sich das zuvor metaanalytisch aus der vorhandenen empirischen Literatur abgeleitete Messmodell (5 Themen mit 22 Einzelfacetten) weltweit, d. h. über alle zehn im GLOBE-Projekt identifizierten Kulturcluster hinweg (s. ▶ Abschn. 4.4), mittels gruppierter, konfirmatorischer Faktorenanalyse empirisch bestätigen und als bedeutungsstabil in allen Kulturclustern und untersuchten Ländern etablieren. Das Modell erlaubt außerdem auch zuverlässige Vorhersagen über Zusammenhänge zwischen Prädiktoren und Variablen der Mitarbeitereffektivität und objektiven Produktivitätskriterien von Organisationen (weiterführend s. [10, 11]).

Für den zweiten Befragungsteil von MABs gilt es, jene strategisch wichtigen und aktuellen Themen eines Unternehmens, die über alle Ländervertretungen hinweg bedeutsam sind, zu ermitteln und von lokalen und regionalen Themen abzugrenzen. Diese Abgrenzung erfolgt in Zusammenarbeit zwischen den relevanten Stakeholdern und der MAB-Steuerungsgruppe. Hier sind betriebsinterne Erfahrungswerte und Einschätzungen von besonderer Bedeutung, die zwischen verschiedenen Ländervertretungen und Funktionsbereichen durchaus auch stark variieren können.

Danach lässt sich dieser zweite Befragungsteil ein weiteres Mal unterteilen, und zwar in jene Themen und Einzelfacetten, die organisationsübergreifend (also auch international) von Bedeutung sind bzw. nach Auffassung der Gesamtgeschäftsleitung sein sollten, und jene, die nur in bestimmten Ländern, Standorten oder Funktionsbereichen für relevant erachtet werden. Letztere werden dann auch nur in jenen Organisationsteilen erhoben, rückgemeldet, interpretiert und ggf. in Folgeprozesse übertragen. Die organisationsweit für bedeutsam erachteten Themen und Einzelfacetten können nach der Erhebung, Rückmeldung und Interpretation der internationalen MAB-Ergebnisse einer unternehmensspezifischen empirischen Testung unterzogen werden. Hierfür eignen sich die gleichen statistischen Verfahren, die wir zur empirischen Testung der oben beschriebenen allgemeingültigen Themen und Einzelfacetten herangezogen haben. Damit lässt sich für jedes internationale Unternehmen im

Einzelnen empirisch prüfen, welche der für unternehmensweit bedeutsam erachteten Themen und Einzelfacetten in der Tat auch kulturübergreifende Bedeutungsstabilität aufweisen und welche nicht. Die bedeutungsstabilen Themen und Einzelfacetten lassen sich dann auf ihre Bedeutungsgleichheit mit (oder Differenzierung von) den oben beschrieben allgemeingültigen übergreifenden Themen und Einzelfacetten hin überprüfen, um sie in zukünftigen Mitarbeiterbefragungen in das grundlegende Messmodell ggf. als „ewige Themen", die von globaler unternehmensstrategischer Bedeutung sind, zu integrieren.

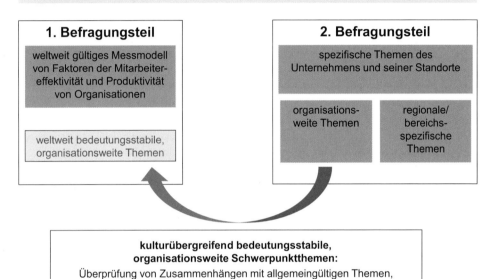

☐ **Abb. 8.1** Empirische Sicherung der Bedeutungsstabilität in internationalen Mitarbeiterbefragungen

Weitere qualitätssichernde Maßnahmen für internationale Befragungen sind möglich, z. B. wenn die Befragung dimensional konzipiert ist und thematisch voneinander abgrenzbare Itemskalen beinhaltet. Dann lässt sich z. B. das Q-Sort-Verfahren einsetzen, bei dem länderübergreifend jedes Einzelitem in die nach dem zugrunde liegenden MAB-Messmodell zugehörige Dimension einsortiert wird. Mit diesem Verfahren lässt sich auch das Ausmaß der Unschärfe von Itemzuordnungen in ihre jeweiligen Dimensionen statistisch (z. B. mit Cohens Kappa) beziffern. Darüber hinaus lässt sich mithilfe der GLOBE-Kulturcluster, der Länder und der GLOBE-Kulturdimensionen bestimmen, ob eine bestehende Unschärfe auf kulturelle Unterschiede zwischen Kulturregionen und Ländern zurückführbar ist oder nicht.

Ein weiteres Beispiel für eine qualitätssichernde Maßnahme bei der internationalen Fragebogenentwicklung sind sogenannte Pretests. Diese können sowohl vor Fertigstellung des Masterfragebogens in der Referenzsprache stattfinden als auch erst nach der Übersetzung in die jeweiligen Landessprachen erfolgen. Hier versucht man, auch unabhängig von interkulturellen Erwägungen, eine Rückmeldung von verschiedenen Befragtengruppen (z. B. aus Produktion vs. Verwaltung, Führungskräfte vs. Mitarbeiter, Männer vs. Frauen etc.) darüber zu erhalten, ob die Items in diesen verschiedenen Gruppen gleichermaßen verständlich, relevant und einfach zu beantworten sind. Die Pretestergebnisse werden dann in der nächsten bzw. letzten Überarbeitungsschleife des Fragebogens berücksichtigt.

8.2.4 MAB-Auswertung und Sicherung der kulturübergreifenden Datenqualität

In nationalen Mitarbeiterbefragungen werden in unterschiedlicher Tiefe verschiedene Methoden der Qualitätssicherung bei der Datenerhebung verwendet: von der Berechnung der Antwort- bzw. Auslassungsquoten pro Item und der Anzahl von Abbrüchen während der Bearbeitung sowie der gänzlichen Teilnahmeverweigerungen über die Bestimmung von Ausfüllzeiten (zu kurz vs. zu lang, möglich bei computergestützten Befragungen) bis hin zur Anzahl von Extremwerten und einer (zu) häufigen Verwendung der Mittelkategorie oder der Extremkategorien. Hinzu kommen statistische Berechnungen, insbesondere von Reliabilitäten bei der Verwendung von Itemskalen und der Konstruktvalidität bei der Verwendung von (in der Regel hierarchischen) Messmodellen mit übergeordneten Themen und miteinander in definierten Zusammenhangsbeziehungen stehenden Subthemen bzw. Subskalen (s. auch Exkurs: Empirische Sicherung der Bedeutungsstabilität in internationalen Mitarbeiterbefragungen).

Bei internationalen Mitarbeiterbefragungen kommt hinzu, dass man solche Statistiken der Datenqualität daraufhin überprüft, inwieweit sie über verschiedene Länder bzw. Kulturregionen hinweg gleichermaßen (quasi zufällig) ausgeprägt sind oder nicht und inwieweit sich ggf. bestehende Unterschiede in der Datenqualität durch kulturelle Unterschiedlichkeit erklären lassen und nicht etwa durch andere Merkmalsunterschiede der u. a. landeskulturell unterscheidbaren Organisationseinheiten, wie z. B. Standort, Funktionsbereich, Größe, Charakteristika der Belegschaft oder des regionalen Marktes, politische und rechtliche Kontextbedingungen.

Eine hohe Gleichverteilung der Statistiken zur Datenqualität über verschiedene Kulturregionen (z. B. die zehn GLOBE Kulturcluster) und Länder hinweg signalisiert eine interkulturelle Vergleichbarkeit der jeweiligen Messungen (Messobjektivität und Messwiederholbarkeit). Dies ist eine Grundvoraussetzung dafür, dass spätere Vergleiche zwischen Organisationseinheiten aus unterschiedlichen Ländern und Kulturregionen hinsichtlich ihrer Mittelwerte bzw. Ja-Prozentwerte pro MAB-Item und Itemskalen (Dimensionen) unabhängig von kulturellen Einflüssen sinnvoll interpretiert werden können.

8.2.5 Korrektur kulturbedingter Antworttendenzen (nach GLOBE)

Aus der kulturvergleichenden Forschung ist bekannt, dass Menschen aus unterschiedlichen Kulturen Fragebögen in jeweils charakteristischer Art und Weise beantworten. Asiaten zum Beispiel vermeiden häufig extreme Werte auf Ratingskalen, während mediterrane Kulturen eher zu den Extremwerten neigen [12]. Solche kulturbedingten Antworttendenzen können befragungsgestützte Vergleiche zwischen Unternehmensbereichen aus unterschiedlichen Kulturen oder Ländern verfälschen.

> ❯ Aus Ländervergleichen resultierende Profilunterschiede in bestimmten MAB-Dimensionen und Themenbereichen können nicht ausschließlich als Ausdruck der jeweils gemessenen Themen und Dimensionen gesehen werden, sondern es muss berücksichtigt werden, dass sie möglicherweise auch Ausdruck eines unterschiedlichen, jedoch generell kulturgeprägten Antwortverhaltens sind.

In diesem Zusammenhang sei auf die eingangs geschilderte Episode verwiesen, in der für bestimmte Länderstandorte die Bedeutsamkeit ihrer MAB-Ergebnisse im internationalen Vergleich mit Verweis auf die Möglichkeit kulturbedingter Antworttendenzen (engl. *response bias*) angezweifelt werden. Hierauf wäre zu antworten, dass kulturbedingte Antworttendenzen über alle gemessenen Themen und Dimensionen hinweg in etwa gleichermaßen stark ausgeprägt sind, denn sie gelten als unabhängig von den jeweils gemessenen Einzelthemen und Dimensionen. Wenn also ein Ländervertreter die internationalen MAB-Vergleichsergebnisse nur an bestimmten Dimensionen kritisiert, an anderen hingegen nicht (z. B. weil ihm ein Teil der spezifischen MAB-Ergebnisse seiner Ländervertretung unliebsam ist, ein anderer Teil hingegen zusagt), so kann man entgegnen, dass sich kulturbedingte Antworttendenzen, welchen Typs auch immer, für einen bestimmten Kulturraum in der Regel über *alle* Themenbereiche, Dimensionen und Items einer inhaltlich heterogenen Befragung auswirken – und nicht nur bei bestimmten (unliebsamen) Themenbereichen.

Darüber hinaus gibt es auch die Möglichkeit der statistischen Korrektur kulturbedingter Verzerrungen im Antwortverhalten bei Befragungen. Eine klassische und weithin verwendete Korrekturformel für kulturbedingte Antworttendenzen wurde von Triandis [13] beschrieben. Dazu werden in einem ersten Schritt für jeden Befragten einer internationalen Fragebogenstudie Mittelwerte und Standardabweichungen über alle beantworteten Items berechnet. Je breiter das Spektrum der in der Befragung angesprochenen Themen ist (was bei MABs häufig, jedoch nicht immer, der Fall ist, und bei den GLOBE-Studien mit Absicht so breit wie möglich angelegt wurde), desto weniger themenspezifische Bedeutung kommt den pro Befragtem errechneten Mittelwerten und Standardabweichungen zu. Je stärker diese individualisierten Kennwerte pro Land nun miteinander in Zusammenhang stehen und je stärker sie sich wiederum von den Kennwerten von Befragten in anderen Ländern unterscheiden, desto eher sind diese Werte auf ggf. bestehende, kulturgeprägte Antworttendenzen zurückzuführen. Und um diesen Anteil der Varianz (wie der Statistiker sagen würde), der die landeskulturelle Unterschiedlichkeit im individuellen Antwortverhalten zum Ausdruck bringt, lassen sich individuelle Befragungsdaten auf Ebene einzelner Items, Dimensionen und Themenbereiche auch korrigieren.

Dazu wird das durchschnittliche Antwortverhalten (Ø aller Einzelitemratings) eines Individuums von jedem Einzelitemrating abgezogen (mit Skalenindizes und themenspezifischen Dimensionen wird gleichermaßen verfahren, jedoch ist das Vorgehen mathematisch aufwendiger). Die jeweilige Differenz wird dann durch die Standardabweichung, die bei diesem Individuum errechnet wurde, geteilt. Diese, an jedem Individuum „ipsativ" (von lat. *ipse*, „selbst") korrigierten Werte werden dann auf Länderebene über alle Individuen hinweg aggregiert. Durch Korrelation dieser „korrigierten" Länderwerte mit den ursprünglichen Länderwerten (Rohwerte) kann man einschätzen, wie hoch landeskulturbedingte Antworttendenzen in einem Land sein können. Dies ist eine Maximalschätzung, denn es könnte auch noch andere als gesellschaftskulturelle Gründe geben, die zwischen Ländern und Länderstandorten für Varianz im individuellen Antwortverhalten sorgen, z. B. politische oder wirtschaftliche Unterschiede.

Das klassische Verfahren von Triandis [13] hat zwei Nachteile, die im Korrekturverfahren, das vom GLOBE-Projekt entwickelt wurde, ausgeglichen und korrigiert werden [14]. Das Triandis-Verfahren produziert Werte, die die originalen Bewertungsskalen (z. B. von 1 „trifft voll zu" bis 5 „trifft überhaupt nicht zu") nicht genau wiedergeben – es können z. B. auch negative Werte bei diesem Verfahren auftreten, die sich anhand der Bewertungsskalen nicht wirklich interpretieren lassen. Und das Triandis-Verfahren liefert nur einen globalen Indikator für das Ausmaß der Antworttendenzen in der gesamten Stichprobe. Eine besonders hohe oder eine vernachlässigbar geringe Antworttendenz in einzelnen Ländern ist damit nicht identifizierbar.

Die GLOBE-Korrektur löst diese beiden Probleme der Triandis-Korrektur. Zum einen werden korrigierte Werte bei der GLOBE-Korrektur mithilfe von Regressionsanalysen auf die

◘ Tab. 8.1 Antworttendenzkorrektur für „Outlier"-Länder

Land	Rohwert	Korrigierter Wert (nach GLOBE)	Student t Residualwert	Rangplatz ohne/mit Korrektur
Schweiz	4,37	4,42	−0,41	1/1
Schweden	4,32	4,36	−0,31	2/2
Katar	2,99	3,56	−2,15*	40/20
Südkorea	2,97	2,95	0,16	37/39
Spanien	2,55	2,51	0,25	54/54

* Signifikanter t-Wert gibt an, ob „Outlier" vorliegt.
Länderwerte (Auswahl) auf einer Befragungsdimension (mit Skalenrohwerten von 1 bis 5).

Originalskalenstufen (z. B. von 1 „trifft voll zu" bis 5 „trifft überhaupt nicht zu") reskaliert. Und zum anderen werden mithilfe von Residualanalysen (statistischen Vergleichen von Rohwerten und korrigierten Werten pro Land) Datenpunkte pro Land identifizierbar, die als sogenannte „Outlier" (stark von einer Normalverteilung abweichende Werte) auffallen und anschließend auf Signifikanz geprüft (Students t-Verteilung) werden können. So lassen sich einzelne Länder in einem vorliegenden MAB-Datensatz identifizieren, bei denen von auffälligen Antworttendenzen auszugehen ist.

Mithilfe der GLOBE-Korrektur lassen sich nun Tabellen pro Skala und auch pro Item für zu vergleichende Länder aufstellen, durch die man erkennen kann, ob sich durch die Antworttendenzkorrektur bei „Outlier"-Ländern deren relative Position (Rang) zu den andern Ländern im Vergleich zu den Rohwerten dieses Landes stark verändern würde. In ◘ Tab. 8.1 ist eine solche Tabelle dargestellt. Die Länderdaten von Katar sind hier als signifikanter „Outlier" identifizierbar, gegenüber den beispielhaft ebenfalls angegebenen Ländern Schweiz, Schweden, Südkorea und Spanien. Bei der in ◘ Tab. 8.1 gezeigten Befragungsdimension hat Katar in Relation zu allen anderen Ländern nach Korrektur den Rang 20, was einen viel höheren Skalenwert (im Vergleich zu den übrigen Ländern bzw. Ländervertretungen) anzeigt als der Rangplatz 40, der sich durch den Rohwert ergeben würde. In diesem Fall hat die Korrektur dazu geführt, dass der kulturbedingt in Katar unterschätzte Wert auf dieser Befragungsdimension nach oben, im Vergleich zu den anderen Länderstandorten, korrigiert wurde – im Vergleich zu Südkorea sind die Auswirkungen dieser Korrektur auf den Rangplatz am deutlichsten zu erkennen. So kann man durch kulturelle Antworttendenzen überzeichnete oder unterschätzte Befunde für ein spezifisches Land bzw. einen spezifischen Standort identifizieren und korrigieren.

Eine Korrektur um entsprechend neuberechnete Skalenwerte für einzelne Itemskalen und Dimensionen ist auf Basis des GLOBE-Korrekturverfahrens ebenfalls möglich. Ein Beispiel für eine solche Korrektur ist in ◘ Tab. 8.2 dargestellt, und zwar anhand der gängigen MAB-Dimension „organisationales Commitment" mit einigen Beispielitems. Aufgeführt sind deren Rohwerte sowie die korrigierten Werten für den Standort A in Land A im Vergleich zu den globalen Firmenwerten der Muttergesellschaft als Ganzes. Die globalen Durchschnittswerte werden dabei nicht korrigiert, da sie den Erwartungswert über alle Länder hinweg repräsentieren sollen (die kulturbedingten Antworttendenzen einzelner Länder gleichen sich im Mittel aus).

◧ **Tab. 8.2** Beispiel für die Korrektur von Ergebniswerten auf Einzelländerebene: Befragungsdimension „organisationales Commitment"

	Standort A, Land A		Globale Firma	Differenz zw. Standort und Firmen-Ø
	Rohwerte	Korrigierte Werte	Ø Werte	
Ich identifiziere mich mit den Werten meines Unternehmens	2,5	2,2	1,9	−0,3
Ich empfehle mein Unternehmen als guten Arbeitgeber weiter	2,8	2,7	1,9	−0,8
Ich bin stolz, für mein Unternehmen zu arbeiten	2,4	2,2	1,8	−0,4
Dimension OC (Gesamtwerte)	2,6	2,4	1,9	−0,5

Einzelitems mit Skalenwerten von 1 „trifft voll zu" bis 5 „trifft überhaupt nicht zu".

Bei der Korrektur auf Einzelländerebene geht es darum, die spezifischen Antworttendenzen pro Land statistisch so auszugleichen, dass „korrigierte" Vergleiche auf einzelnen MAB-Dimensionen und Items zwischen Ländern und ihren Standorten möglich sind. Der Einfachheit halber vergleicht man bei MABs gerne die einzelnen Länderwerte mit dem Durchschnitt oder dem Erwartungswert aller Organisationseinheiten bzw. Ländervertretungen. Nun geht es darum abzuschätzen, ob eine Ländervertretung auffällig über- oder unterdurchschnittliche Merkmalsausprägungen auf der Dimension „organisationales Commitment" und deren Einzelitems hat und ob diese nach der GLOBE-Korrektur um kulturbedingte Antworttendenzen in dem betreffenden Land bestehen bleiben oder nicht. In der Tabelle ist erkennbar, dass in der Tat auch nach Korrektur um möglicherweise bestehende kulturbedingte Antworttendenzen ein weiterhin auffälliges Unterschreiten des globalen Durchschnittswerts des gesamten Unternehmens für Standort A zu verzeichnen ist. Bei diesem Ergebnismuster kann der betreffende Ländervertreter die unvorteilhafte Befundlage für seinen Standort, insbesondere bei dem Item „Ich empfehle mein Unternehmen als guten Arbeitgeber weiter", nicht mehr mit dem Hinweis auf kulturbedingte Antworttendenzen wegdiskutieren.

Eine weitere Möglichkeit, die Streuung zwischen Länderstandorten zur Einschätzung von substanziellen Unterschieden auf bestimmten MAB-Dimensionen mithilfe der zehn GLOBE-Kulturcluster für internationale Unternehmen heranzuziehen, ist in ◧ Abb. 8.2 dargestellt. Alle Ländervertretungen wurden hier nach den zehn GLOBE-Kulturclustern mit ihren jeweiligen MAB-Werten auf der Dimension „Arbeitszufriedenheit der Mitarbeiter" in aufsteigender Reihenfolge der Arbeitszufriedenheitsindizes eingetragen. Es handelt sich hier um ein reales, jedoch anonymisiertes Datenprofil einer weltweit tätigen Firma, mit Standorten in über 40 Ländern. Man sieht pro Kulturregion die charakteristische „Harfe" der Verteilung vom niedrigsten (links unten) zum höchsten (rechts oben) Arbeitszufriedenheitswert pro Standort. Vergleicht man diese „Harfen" über die zehn Kulturcluster hinweg, so fällt auf, dass sich bis auf einzelne „Ausreißer" keine erkennbaren Niveauunterschiede zwischen den Regionen abzeichnen. Die MAB-Werte der „Ausreißer"-Standorte wären wiederum mithilfe von Tabellen, wie in ◧ Tab. 8.2 gezeigt, näher zu analysieren.

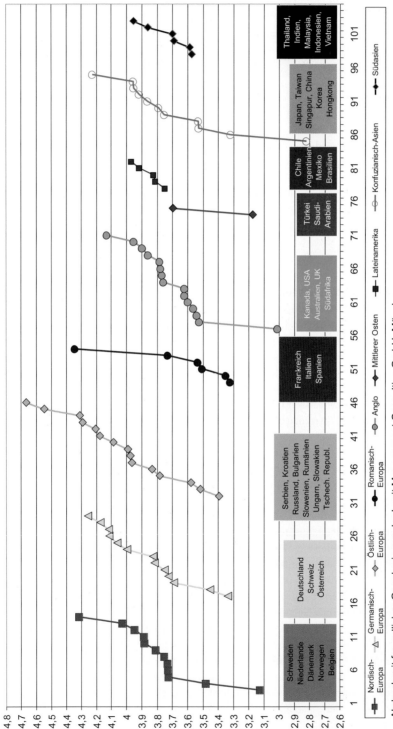

Abdruck mit freundlicher Genehmigung der Logit Management Consulting GmbH, München

☐ **Abb. 8.2** Beispiel für die Streuung zwischen Länderstandorten: Befragungsdimension „Arbeitszufriedenheit" verdichtet nach GLOBE-Kulturclustern. © Logit Management Consulting GmbH, München

Insgesamt zeigt sich in ◨ Abb. 8.2, dass die Streuung zwischen den Standorten innerhalb ein und derselben Kulturregion erheblich ist. Dies lässt sich sogar im Vergleich solcher Standorte feststellen, die innerhalb des gleichen Landes angesiedelt sind (auf diese Darstellung wurde hier aus Anonymisierungsgründen verzichtet). Das deutet darauf hin, dass die Unterschiedlichkeit in der Arbeitszufriedenheit zwischen den Standorten keine „Ländersache" ist (also nicht durch landeskulturell bedingte Antworttendenzen verursacht wurde), sondern mit hoher Wahrscheinlichkeit auf betriebliche und standortbedingte Merkmale zurückzuführen ist.

Diese anhand der grafischen Darstellung unmittelbar anschauliche Schlussfolgerung wurde von dem MAB-Anbieter, der die in ◨ Abb. 8.2 gezeigte Grafik zur Verfügung gestellt hat, mit vergleichsweise einfachen Statistiken noch auf andere Art und Weise belegt. Dazu wurden weitere Faktoren betrachtet, die neben kulturellen Unterschieden auf Arbeitszufriedenheit einwirken könnten. Mit regressionsanalytischen Verfahren lassen sich die durch diese Merkmale aufgeklärten Varianzanteile der Arbeitszufriedenheit berechnen. Es zeigte sich, dass die Varianz der zehn GLOBE-Kulturregionen nur ca. 4 % und die Varianz der ca. 40 betrachteten Länder nur ca. 10 % der Varianz von Arbeitszufriedenheit aufklären, im Vergleich zu einem aufgeklärten Varianzanteil durch die jeweiligen Standorte von ca. 15 %, durch die Qualität der MAB-Folgeprozesse (nach der letzten MAB), wie sie durch die Mitarbeiter (auch innerhalb einzelner Standorte) eingeschätzt wurde, von ca. 30 % und nicht zuletzt durch die von den Mitarbeitern (auch innerhalb einzelner Standorte) eingeschätzte Qualität des unmittelbaren Arbeitsumfelds (z. B. Arbeitsmittel, Führung, Zusammenarbeit, Karrieremöglichkeiten) von über 80 %. Letzteres ist natürlich nicht verwunderlich, da die meiste Varianz auf Individueller Ebene zu finden ist und Arbeitszufriedenheit auch auf dieser individuellen Ebene gemessen wurde.

Bedeutsam ist jedoch der vergleichsweise niedrige Anteil aufgeklärter Varianz von Arbeitszufriedenheit, der durch kulturelle Unterschiedlichkeiten als solche ausweisbar ist (ca. 4 bis 10 %). Man könnte dies statistisch noch um sogenannte Mehrebenenmethoden verfeinern, die eine noch präzisere Zerlegung der aufgeklärten Varianzanteile eines Kriteriums ermöglichen als sukzessive Regressionsmodelle. Darauf einzugehen, würde in diesem Kapitel jedoch zu weit führen.

Zusammenfassung

Im vorliegenden Kapitel wurde auf die verschiedene Typen und Funktionen moderner Mitarbeiterbefragungen eingegangen. Eine weltweite Entwicklung hin zur sogenannten strategischen MAB, bei der die befragungsgestützte Entwicklungsfunktion (Personal-, Führungskräfte-, Team- und Organisationsentwicklung) im Vordergrund steht, ist seit einiger Zeit erkennbar. Vor allem internationale bzw. globale Organisationen bedienen sich zunehmend häufig dieser Funktionen, was geeignete Lösungsansätzen für die besonderen Problemlagen erfordert, die bei internationalen Mitarbeiterbefragungen festzustellen sind: Beim internationalen Projektmanagement, bei den zu verwendenden Messmodellen und der Fragebogenkonstruktion, wo es im Wesentlichen um den Erhalt interkultureller Bedeutungstreue geht, bei den (Rück-)Übersetzungsprozessen und entsprechenden Pretests, bei der Datenauswertung und Sicherung einer kulturübergreifend vergleichbar hohen Datenqualität, bei der zügigen Interpretation der MAB-Ergebnisse auf allen Ebenen (und in der Breite) einer internationalen Organisationen, um weltweit koordiniert sowie auch regional gut angepasste Maßnahmen des Folgeprozesses zu implementieren, und nicht zuletzt auch bei der Korrektur möglicherweise bestehender, kulturbedingter Antworttendenzen bei internationalen Befragungen.

Anhand moderner wissenschaftlicher Erkenntnisse und Methoden aus der interkulturellen Forschung und auch auf Basis der Erkenntnisse des GLOBE-Programms wurden einige Verfahren an konkreten Beispielen vorgestellt, mit denen sich international geeignete Messmodelle entwickeln und überprüfen lassen, eine international vergleichbare Datenqualität gesichert werden kann, kulturelle Response-bias-Korrekturen in einer Art und Weise vorgenommen werden können, dass ein sofortiger Einbezug entsprechend korrigierter Item- und Skalenwerte bei der Ergebnisdarstellung möglich ist, bis hin zur Identifikation von sogenannter „Outlier"-Ländern (wo gehäuft kulturbedingte Antworttendenzen festzustellen sind) und „Outlier"-Unternehmensstandorten (bei deren MAB-Werten nicht davon auszugehen ist, dass diese durch kulturbedingte Antworttendenzen zustande gekommen sind).

Insgesamt zeigt sich, dass die wissenschaftliche Forschung im Bereich internationaler Mitarbeiterbefragungen noch viel Raum für empirische Untersuchungen und Methodenentwicklungen lässt und noch lange nicht alle Fragen geklärt sind. Die Literatur dazu ist vergleichsweise spärlich, und das Problembewusstsein sowie das Know-how über Lösungsmöglichkeiten aufseiten der Anwender und Anbieter von internationalen MABs sind auch noch ausbaufähig.

Literatur

1. Hossiep, R., & Frieg, P. (2008). Der Einsatz von Mitarbeiterbefragungen in Deutschland, Österreich und der Schweiz. *Planung und Analyse – Zeitschrift für Martkforschung und Marketing*, 6, 55–59.
2. Borg, I. (2003). *Führungsinstrument Mitarbeiterbefragung. Theorien, Tools und Praxiserfahrungen*. Göttingen: Hogrefe.
3. Kraut, A. I. (Hrsg.). (2006). *Getting action from organizational surveys. New concepts, technologies, and applications*. San Francisco: Jossey-Bass.
4. Borg, I., & Zimmermann, M. (2006). How to create presentations that spark actions. In A. I. Kraut (Hrsg.), *Getting action from organizational surveys. New concepts, technologies, and applications* (S. 401–423). San Francisco: Jossey-Bass.
5. Zimmermann, M., & Frank, E. (2008). Evidenzbasiertes Management und strategische Mitarbeiterbefragungen. Leitlinien, Tipps und Hinweise für eine erfolgreiche Implementierung. *Organisationsentwicklung*, 1, 23–32.
6. Doppler, K., & Lauterburg, C. (2014). *Change-Management: den Unternehmenswandel gestalten*. Frankfurt; New York: Campus.
7. Brodbeck, F. C., Düll, R., Erne, L., Gonnermann, I., Lochbrunner, C., Matthaei, B., Ricken, T., & Speth, V. (2014). *Mitarbeiterbefragungen mit Wirkung: Optimierung von MAB-Folgeprozessen*. München: Ludwig-Maximilians-Universität.
8. Scott, J. C., & Mastrangelo, P. M. (2006). Driving change around the world. Employee surveys in global organizations. In A. I. Kraut (Hrsg.), Getting action from organizational surveys. New concepts, technologies, and applications (S. 483–511). San Francisco: Jossey-Bass.
9. Harzing, A. W. (2006). Response styles in cross-national mail survey research: A 26-country study. *The International Journal of Crosscultural Management*, 6(2), 243–266.
10. Mauersberger, S. (2013). *Development of a measurement model for international employee surveys*. (Dissertation), Ludwig-Maximilians-Universität, München.
11. Brodbeck, F. C. (2015). *White Paper: Strategic Fitness Modell*. München: Logit Management Consulting.
12. Hui, C. C., & Triandis, H. C. (1989). Effects of culture and response format on extreme response style. *Journal of Cross-Cultural Psychology*, 20, 296–309.
13. Triandis, H. C. (1995). Cross-cultural industrial and organizational psychology. In H. C. Triandis, M. D. Dunnette, & L. M. Hough (Hrsg.), *Handbook of industrial and organizational psychology* (Bd. 4, S. 103–172). Palo Alto: Consulting Psychologists Press.
14. Hanges, P. J. (2004). Response bias correction procedure used in GLOBE. In R. J. House, P. J. Hanges, M. Javidan, P. W. Dorfman, & V. Gupta (Hrsg.), *Culture, Leadership and Organisations. The GLOBE Study of 62 Societies* (S. 737–751). Thousand Oaks, California: Sage Publications.

Interkulturelle Passung und Attraktivität

Felix C. Brodbeck

F. C. Brodbeck, E. Kirchler, R. Woschée (Hrsg.), *Internationale Führung*, Die Wirtschaftspsychologie,
DOI 10.1007/978-3-662-43361-4_9, © Springer-Verlag Berlin Heidelberg 2016

Eine renommierte nordeuropäische Business School (hier NORDED genannt) wollte sich in Asien verstärkt betätigen und übernahm den Auftrag einer thailändischen Bank (hier THAIBANK genannt), bei der Führungskräfteentwicklung mitzuwirken. Das Topmanagement der THAIBANK war daran interessiert, westliches Know-how über Führung und Veränderungs-management bei sich zu implementieren, um sich am asiatischen Markt besser gegen die westliche Konkurrenz (z. B. Citibank, HSBC) durchzusetzen. Dem Auftrag zufolge sollten rele-vante Aspekte der asiatischen Kultur mitberücksichtigt werden, sodass westliche Führungs- und Veränderungskonzepte Hand in Hand mit den kulturellen Besonderheiten der Region zur Anwendung kommen. HR-Vertreter der THAIBANK arbeiteten bei diesem Vorhaben mit. Trotz großer Zuversicht, hoher Priorität dieses Projektes und eines guten Starts gab es nach einigen Monaten erhebliche Unzufriedenheit auf beiden Seiten. Dabei wurden gravierende Unterschiede in der Organisationskultur, im Führungs- und im Kommunikationsverhalten offenbar. Einige dieser Unterschiedlichkeiten hätten durch sorgfältige Analyse der jeweiligen Länderwerte auf den verfügbaren Kulturdimensionen (z. B. jenen von GLOBE) vorab antizipiert werden können. Auch Gemeinsamkeiten, die bei der Überwindung von Differenzen hilfreich hätten sein könnten, wären identifizierbar gewesen, wenn beide Parteien einen entsprechend proaktiven Ansatz in Bezug auf kulturelle Unterschiede und Gemeinsamkeiten gewählt hätten. Stattdessen erlebten sie beim Durchlaufen der verschiedenen Projektphasen einige negative Überraschungen, auf die sie im Nachhinein reagieren mussten, was mit höheren Personalaufwänden und Kosten verbunden war.

Solche und ähnliche Ereignisse sind bei interkulturellen „Joint Ventures" und bei der Er-öffnung neuer Standorte im Ausland nicht selten. Treten Schwierigkeiten auf, so begnügt man sich häufig mit dem Verweis auf eine eben doch sehr hohe kulturelle Distanz und ver-sucht diese durch verstärkte Anstrengungen und durch Investitionen zu überwinden, etwa in interkulturelle Trainings für Manager, in die Entwicklung und Einstellung entsprechend auslandserfahrener Führungskräfte, in die Ausbildung lokaler Nachwuchskräfte oder gleich in die Übernahme lokaler Firmen, die über einheimisches Personal in den avisierten Ge-schäftsbereichen verfügen. Im Grundsatz gehen diese Maßnahmen von der Prämisse aus, dass mit zunehmender kultureller Distanz zwischen der Heimatkultur eines Unternehmens und der Gastkultur seiner Standorte mehr Aufwände und Kosten anfallen, da kulturelle Hürden zu überwinden sind.

Im vorliegenden Kapitel gehen wir anhand des oben geschilderten Fallbeispiels zur kul-turellen Distanz sowie eines weiteren Fallbeispiels zum Export landeskultureller Praktiken und Werte in ausländische Märkte darauf ein, wie ein proaktiver Umgang mit kultureller Distanz auf der einen Seite und die Berücksichtigung von kultureller Attraktivität, die oftmals mit Synergien verbunden ist, auf der anderen Seite mithilfe der GLOBE-Daten möglich ist. Hierfür werden die Ergebnisse und Schlussfolgerungen einer weltweiten Studie herangezogen, in der das neue Konzept der kulturellen Attraktivität entwickelt und mit dem weitverbrei-teten Konzept der kulturellen Distanz [1] verglichen wird. Der Vergleich basiert auf einer empirischen Überprüfung der Frage, wie gut das nationale Volumen von Auslandsdirekt-investitionen (engl. *foreign direct investments*, FDI) durch Messung der kulturellen Distanz und der kulturellen Attraktivität vorhergesagt werden kann und welches Maß die besseren Vorhersagen leistet.

◧ Tab. 9.1 Bewertungen des Programms zur Führungskräfteentwicklung

Erstes Modul	Drittes Modul
„Exzellent" „Inspirierend" „Hoch relevant" „Sehr praxisorientiert" „Wertvolles Wissen" „Das Gelernte möchte ich gleich umsetzen" „Unsere (THAIBANK) Herausforderungen werden voll berücksichtigt"	„Zu weit weg von unserer Realität" „Die Trainer verstehen unsere Herausforderungen nicht" „Es ist frustrierend, das Gelernte kaum umsetzen zu können" „Es mag ja in der Theorie funktionieren, aber nicht in unserer Bank und in unserer Kultur" „Wie können wir unsere Mitarbeiter mehr einbeziehen, wenn alle relevanten Entscheidung im Topmanagement getroffen werden?"

Anmerkung: Tabelle gekürzt nach [3], S. 60

9.1 Kulturelle Distanz bei der Führungskräfteentwicklung – von Nordeuropa nach Südasien

Am obigen Beispiel des Joint Ventures von NORDED und THAIBANK, bei dem es im Wesentlichen um Wissenstransfer im Rahmen von Führungskräfteentwicklung geht, lässt sich ein Weg aufzeigen, wie sich theoretische Modelle und empirisch gewonnene Erkenntnisse der GLOBE-Studie über Kultur, Organisation und Führung in strategische Entscheidungen proaktiv einbeziehen lassen (ausführlich s. [3]). Zur Illustration steigen wir erneut in das obige Fallbeispiel ein und betrachten einige Bewertungen der Beteiligten dazu, wie sie das erste Modul des Programms zur Führungskräfteentwicklung wahrgenommen haben und fünf Monate später das dritte Modul (◧ Tab. 9.1).

Nach dem ersten Modul nahmen HR-Vertreter der THAIBANK ohne Rücksprache mit NORDED Veränderungen am Training vor: Zum Beispiel führten sie tägliche Lerntests ein, um den Trainingserfolg zu messen, und die Teilnehmer mussten dem Topmanagement konkrete Verbesserungsvorschläge aus dem Training unterbreiten. Einige Teilnehmer waren einzelnen Topmanagern direkt unterstellt und zeigten sich verunsichert. Sie kannten die konkreten Erwartungen ihrer Topmanager in Bezug auf die neuen Führungs- und Veränderungsprozesse nicht und fürchteten um ihr zukünftiges Fortkommen bei der THAIBANK. Die Topmanager der THAIBANK wurden zunehmend unzufriedener mit dem Verlauf des Projektes, was sie mit einiger Verzögerung gegenüber den Direktoren von NORDED zum Ausdruck brachten. Sie verlangten deutliche Korrekturen des Programms. Die Trainer und Direktoren von NORDED kamen zu diesem Zeitpunkt zu der Auffassung, dass die autoritären und hierarchischen Wertvorstellungen des Topmanagements der THAIBANK blockierend auf den Trainingserfolg wirkten – und dies, obwohl das Topmanagement ausdrücklich Interesse an den eingangs durch NORDED präsentierten westlichen Prinzipien partizipativer Führung zeigte. THAIBANK, so schien es den NORDED Direktoren, war noch nicht reif für den Wandel.

Die kulturelle Distanz zwischen den betreffenden Regionen Nordeuropas und Südasiens ist den GLOBE-Daten zufolge erheblich. Vor allem finden sich Unterschiede im Umgang mit Machtdistanz (mittelhoch in Nordeuropa, sehr hoch in Südasien), gruppenbasiertem Kollektivismus (niedrig in Nordeuropa, sehr hoch in Südasien) sowie mit Unsicherheitsvermeidung

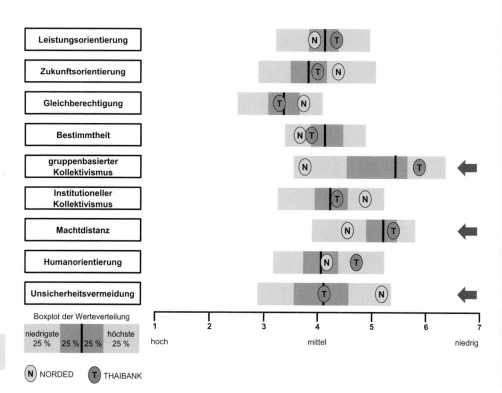

Leistungsorientierung

Zukunftsorientierung

Gleichberechtigung

Bestimmtheit

gruppenbasierter Kollektivismus

Institutioneller Kollektivismus

Machtdistanz

Humanorientierung

Unsicherheitsvermeidung

Boxplot der Werteverteilung

niedrigste 25 % | 25 % | 25 % | höchste 25 %

1   2   3   4   5   6   7
hoch   mittel   niedrig

(N) NORDED   (T) THAIBANK

◘ Abb. 9.1 Durchschnittsergebniswerte der kulturellen Praktiken (*as is* nach GLOBE) für den nordischen (NORDED) und den südasiatischen Cluster (THAIBANK) vor dem Hintergrund der weltweiten Verteilung der Landeswerte

(hoch in Nordeuropa, niedrig in Südasien) (s. ◘ Abb. 9.1 sowie ▶ Abschn. 5.2 bzw. Anhang, ◘ Tab. A2 und A3), und es werden vor allem partizipative Führung (sehr hoch in Nordeuropa, mittelhoch in Südasien), defensive Führung (sehr niedrig in Nordeuropa, mittelhoch in Südasien) und humanorientierte Führung (mittelhoch in Nordeuropa, sehr hoch in Südasien) sehr unterschiedlich bewertet (◘ Abb. 9.2). Unter solchen Umständen erfordern Kultur- und Wissenstransferprojekte nicht nur mehr Vorlauf und Vorbereitung, sondern auch ein prozessnahes Monitoring, Möglichkeiten zeitnaher Korrekturen in jeder Phase des Projektes und eine möglichst offene Kommunikation auf allen Ebenen. Das ist leichter gesagt als getan, denn die von den Parteien erwartete Offenheit der Kommunikation ist im vorliegenden Fallbeispiel kulturbedingt sehr unterschiedlich hoch ausgeprägt.

9.1.1 Hohe Machtdistanz und partizipative Führung im Konflikt

Wie schon erwähnt ist Machtdistanz (*as is*) in südasiatischen Ländern höher ausgeprägt als in Nordeuropa. Allerdings zeigt sich GLOBE zufolge in beiden Kulturregionen der gleiche Trend, nämlich in Richtung weniger Machtdistanz (*should be*), was im Nachhinein erklärt, warum dem Topmanagement der THAIBANK die Trainingsziele hinsichtlich partizipativer Führung durchaus attraktiv erschienen (◘ Abb. 9.3). Jedoch liegt Südasien auf einem wesentlich höheren Niveau von Machtdistanz (*as is*) und auch auf einem entsprechend niedrigeren Niveau von partizipativer Führung (s. ◘ Abb. 9.2 sowie ▶ Abschn. 5.3.4 bzw. Anhang, ◘ Tab. A1) als Nordeu-

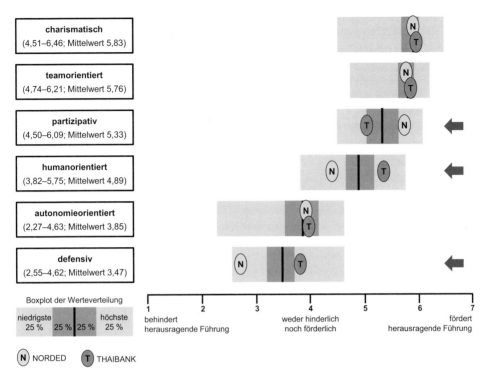

charismatisch
(4,51–6,46; Mittelwert 5,83)

teamorientiert
(4,74–6,21; Mittelwert 5,76)

partizipativ
(4,50–6,09; Mittelwert 5,33)

humanorientiert
(3,82–5,75; Mittelwert 4,89)

autonomieorientiert
(2,27–4,63; Mittelwert 3,85)

defensiv
(2,55–4,62; Mittelwert 3,47)

Boxplot der Werteverteilung

| niedrigste 25 % | 25 % | 25 % | höchste 25 % |

1   2   3   4   5   6   7

behindert herausragende Führung   weder hinderlich noch förderlich   fördert herausragende Führung

(N) NORDED   (T) THAIBANK

◻ Abb. 9.2 Durchschnittsergebniswerte auf den GLOBE-Führungsdimensionen für den nordischen (NORDED) und den südasiatischen Cluster (THAIBANK) vor dem Hintergrund der weltweiten Landeswerte

ropa. Deshalb sollte beim Implementieren partizipativer Führungsprinzipen in südasiatischen Kontexten auch explorativ vorgegangen werden, d. h. in kleinen Schritten, eng abgestimmt mit den relevanten Stakeholdern des Auftraggebers. Ein zu starker Push dagegen löst nicht nur Reaktanz aus (wie beim Topmanagement der THAIBANK auch zu beobachten war), sondern bleibt in seiner negativen Wirkung häufig zunächst auch unbemerkt. Und dann, wenn ein Konflikt schließlich zeitverzögert an die Oberfläche tritt, ist er in interkulturellen Joint Ventures in der Regel mit schwer zu steuernden Sozialdynamiken verbunden.

Ferner waren die Erwartungen aufseiten der THAIBANK offenbar so gestaltet, dass angenommen wurde, partizipative Führung lasse sich mithilfe von HR-Vertretern nach unten „durchimplementieren", ohne dass von den Topmanagern selbst partizipative Führung zu erwarten wäre. Von den Trainingsteilnehmern wurde Unmögliches erwartet: Sie sollten ohne Entscheidungsspielräume partizipatives Führen „nach unten" praktizieren (◻ Tab. 9.1: „Wie können wir unsere Mitarbeiter mehr einbeziehen, wenn alle relevanten Entscheidung im Topmanagement getroffen werden?"). Ohne Einbezug bzw. entsprechende Veränderung in höheren Managementebenen ist dies bei westlichen Prinzipien partizipativer Führung jedoch nur schwer möglich. Es musste somit unweigerlich zum Konflikt kommen – fraglich war nur, wo und wann er zutage treten würde.

Die Vertreter der HR-Abteilung und die Trainingsteilnehmer von THAIBANK haben den während des dritten Moduls von den Teilnehmern „gefühlten" Konflikt zwischen Anspruch und Umsetzung des Gelernten kulturbedingt (hohe Machtdistanz) bei ihrem Topmanagement nicht direkt angesprochen. Auch die für südasiatische Kulturen typischerweise hoch humanorientierte sowie defensiv-hierarchieorientierte Führung mag ihren Anteil daran gehabt haben,

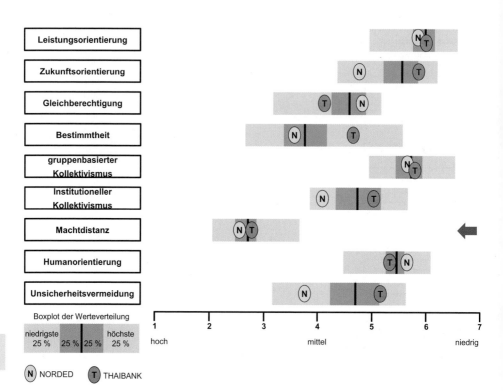

Abb. 9.3 Durchschnittsergebniswerte der kulturellen Werte (*should be* nach GLOBE) für den nordischen (NOR-DED) und den südasiatischen Cluster (THAIBANK) vor dem Hintergrund der weltweiten Verteilung der Landeswerte

dass Konflikte und Probleme nicht offen diskutiert wurden – und schon gar nicht mit außerhalb der kulturellen Bezugsgruppe stehenden Personen (hoher gruppenbasierter Kollektivismus), sodass NORDED-Vertreter auf allen Ebenen zunächst nichts davon mitbekamen.

Die Erwartungen der NORDED-Vertreter waren dagegen kulturbedingt (niedrige Machtdistanz, hohe partizipative Führung) so, dass beim Auftauchen von Schwierigkeiten diese auch auf den entsprechenden Managementebenen besprochen, diskutiert und bearbeitet würden. Da in den ersten Phasen des Programms vonseiten der THAIBANK nichts Negatives zu vernehmen war, sah man bei NORDED das Programm auf dem Erfolgskurs, zumal ja auch recht positive Rückmeldungen zum ersten Modul vorlagen. Im Vorfeld hatten es die NORDED-Direktoren versäumt, ihren anfänglich engen Kontakt zum Topmanagement der THAIBANK zu pflegen und auszubauen. Die übrigen NORDED-Vertreter erwarteten Rückmeldung und Nachfragen der THAIBANK, sofern Probleme bestünden. Da sie nichts dergleichen hörten, war für sie alles im grünen Bereich. Stattdessen hätten sie proaktiv nachfragen müssen, sowohl bei THAIBANK-Vertretern als auch bei ihren NORDED-Direktoren, die wiederum Kontakt zum Topmanagement der THAIBANK hätten halten müssen. Insgesamt waren die NORDED-Vertreter (niedrige Machtdistanz, partizipative Führung) zu sehr auf die HR-Vertreter der THAIBANK fokussiert, da sie diese im Wesentlichen für zuständig und entscheidungsbefugt hielten. Diese wiederum (hohe Machtdistanz, gruppenbasierter Kollektivismus, defensiv-hierarchische Führung) fühlten sich zu nahezu keinen eigenständigen Entscheidungen befugt, und sie sahen sich nur gegenüber ihrem Topmanagement in der Projektverantwortlichkeit, weshalb sie NORDED auch nicht von sich aus in das problematische Geschehen mit einbezogen.

9.1.2 Kulturbedingt unterschiedliche Erwartungen beim (Konflikt-)Management

Eine Ursache von mangelhaftem (Konflikt-)Management bei Joint Ventures ist unter anderem in kulturbedingt unterschiedlichen Erwartungen über Kommunikationsverhalten, Verantwortlichkeiten und Prozessabläufe zu sehen. Beispielsweise sind Unterschiede auf der Dimension Machtdistanz mit unterschiedlichen Auffassungen über Kommunikationsverhalten (z. B. Wer berichtet wem worüber?), Zuständigkeiten (z. B. Wer setzt was um?) und Entscheidungsbefugnisse (z. B. Wer entscheidet worüber?) verbunden. Dementsprechend kann man es als Versäumnis bezeichnen, dass die NORDED-Direktoren ihre eingangs guten Beziehungen zu Vertretern des Topmanagement der THAIBANK nicht intensiv genug gepflegt und im Verlauf des Projektes vertieft haben. Dem Topmanagement der THAIBANK mögen die NORDED-Vertreter noch nicht „vertrauenswürdig" genug erschienen sein, um sie über Schwierigkeiten zeitnah zu informieren. Beziehungspflege auf den richtigen Ebenen ist insbesondere in asiatischen Gesellschaften, in denen sich hoher gruppenbasierter Kollektivismus mit hoher Machtdistanz paart, sehr wichtig. Durch eine intensive Kontaktpflege mit dem Topmanagement der THAIBANK hätten NORDED-Direktoren vermutlich eher in Erfahrung bringen können, wie das Projekt von maßgeblichen Stellen bewertet wird, welche Konsequenzen damit verbunden sind, und wie gegebenenfalls notwendige Korrekturen gemeinsam vollzogen werden können. Das ist jedoch noch nicht die ganze Erklärung für die aufgetretene Problematik.

Ein weiterer Erklärungsansatz ergibt sich aus kulturellen Unterschieden im Umgang mit Unsicherheitsvermeidung. Gemäß ihrer kulturellen Ausrichtung (hohe Unsicherheitsvermeidung mit Präferenz für Beständigkeit und detaillierten Vorgaben) haben NORDED-Vertreter mehr Zeit und Aufmerksamkeit für Planung und Programmdesign verwendet und weit weniger für das Prozessmonitoring und unvorhersehbare Korrekturen (Exploration) eingeplant. Für sie war ein wesentlicher Teil des gesamten Programms bereits vor der Durchführung erledigt. Auf der anderen Seite haben sich die Vertreter der THAIBANK gemäß ihrer kulturellen Ausrichtung (mittel bis wenig Unsicherheitsvermeidung mit Präferenz für Explorieren, Experimentieren und nachträgliches Adjustieren) viel intensiver mit der Durchführung des Programms beschäftigt und mehr Zeit und Aufmerksamkeit auf Prozessmonitoring, Exploration und Kurskorrekturen verwendet. So gesehen handelten die HR-Vertreter der THAIBANK in ihrem Kulturkontext folgerichtig. Die vom Topmanagement angeordneten Veränderungen des Programms waren aus ihrer Sicht selbstverständlich, sodass sie diese gegenüber NORDED-Vertretern nicht für vorab erwähnenswert oder erklärungsbedürftig erachteten. Bei NORDED führten die vorab nicht vereinbarten Korrekturen am Programm allerdings zu dem Eindruck, THAIBANK-Vertreter handelten „abrupt" und „unangekündigt", und im nordischen Kulturkontext wird dies ebenso folgerichtig als unzulässige Veränderung eines vereinbarten und bereits laufenden Programms verstanden. So verstärkte sich auch ihr Eindruck, dass THAIBANK noch nicht reif für den Wandel gewesen sei.

Zwischenfazit

Zusammenfassend lässt sich sagen, dass ein intensiver Blick auf die kulturellen „Landkarten" von GLOBE die beteiligten Protagonisten auf für die Projektplanung und Durchführung bedeutsame kultureller Distanzen in den Praktiken und Werten hätte aufmerksam machen können: erstens im Hinblick auf unterschiedliche Akzeptanz partizipativer Führungspraktiken, zweitens im Hinblick auf ein unterschiedliches Verständnis von Hierarchie, Führungs- und Kommunikationspraktiken und drittens in Hinblick auf unterschiedliche Präferenzen hinsichtlich Unsicherheitsvermeidung, was sich auf die jeweiligen Erwartungen über einen „ordnungsgemäßen" Prozessablauf auswirkte.

Vertreter der THAIBANK fanden Merkmale partizipativer Führung zu Beginn sehr attraktiv, waren sich aber über die praktischen Implikationen nicht vollständig im Klaren. NORDED hätte hier im Vorfeld stärker nachhaken müssen und während der Durchführung des Programms mehr Flexibilität zeigen können. Vertreter der THAIBANK hätten sich umfassender darüber informieren müssen, was partizipative Führung in der praktischen Umsetzung für ihre Führungskultur, einschließlich der Topmanagementebene, bedeutet.

Ein unterschiedliches Verständnis von Machtdistanz, Hierarchie und Kommunikation hat das Erkennen von potenziellen Konflikten und deren Bewältigung während des Programms erschwert. Bei einem Joint Venture zwischen in dieser Hinsicht so unterschiedlichen Kulturen muss von beiden Seiten ein größeres Bemühen erkennbar sein, die Unterschiedlichkeit organisationaler Praktiken der jeweils anderen Partei zu erkennen (und auch anzuerkennen) und konkrete Maßnahmen für deren Handhabung im Vorfeld zu entwickeln. Unterschiedliche Auffassungen über den Umgang mit Unsicherheit haben zu jeweils für die andere Partei unerwarteten Ereignissen und Aktionen bei der Projektdurchführung geführt. Die Kenntnis der Präferenzen der jeweils anderen Partei hätte auf beiden Seiten zu einem besseren Projekt- und Konfliktmanagement führen können. NORDED hätte sich in der Planung auf Exploration (z. B. durch zeitliche, personelle Ressourcen) und in der Durchführung auf enges Monitoring (z. B. durch Kommunikation auf höchster Ebene) einstellen können, und THAIBANK hätte weiterreichende Nachbesserungsmöglichkeiten bereits in den Projektauftrag für NORDED aufnehmen lassen können.

9.2 Nutzung kulturvergleichender Studien für internationale Organisationsentwicklung

Will man Ergebnisse kulturvergleichender Studien als Wissensbasis für internationale Organisationsentwicklung nutzen, dann kann man in einem ersten Schritt auf Basis quantitativer Befunde und dimensionaler Kennwerte aus kulturvergleichenden Studien wie etwa GLOBE eine erste Grobeinschätzung darüber vornehmen, an welchen kulturellen Praktiken und Werten besonders auffällige Differenzen zwischen Ländern und Kulturkreisen bestehen. Auch kulturelle Trends (As-is- versus Should-be-Kennwerte) können dabei einbezogen werden. Auffällige kulturelle Differenzen und gegenläufige kulturelle Trends bedeuten in der Regel Mehraufwand bei der Projektvorbereitung und Durchführung.

Worauf man sich im Einzelnen vorbereiten sollte und wofür besondere Maßnahmen ergriffen werden müssen, lässt sich nur bis zu einem gewissen Grad aus kulturvergleichenden Studien ableiten. So war im Fallbeispiel gut zu erkennen, an welchen Stellen eine hohe bzw. niedrige Unsicherheitsvermeidung in unterschiedlichen Erwartungen und Schwerpunktsetzungen bei der Projektplanung und -durchführung resultierte. Es existieren allerdings immer auch lokale Unterschiede in der Interpretation und Ausführung von Führungs- und organisationalen Prinzipien und Praktiken, was am Beispiel partizipativer Führung weiter oben beschrieben wurde. Deshalb reicht die kulturvergleichende Perspektive alleine nicht aus.

In einem zweiten Schritt sollte deshalb auch eine kulturspezifische Perspektive eingenommen werden, mit deren Hilfe die regional gelebten und für effektiv erachteten Führungs- und organisationalen Praktiken identifiziert und in die Organisationsentwicklung integriert werden. Im Fallbeispiel wurden einige Maßnahmen bereits angedeutet. So erscheint es beispielsweise sinnvoll, die aus kulturvergleichenden Studien bekannten Unterschiede bei internationalen Projektverhandlungen ausdrücklich zu thematisieren. Dabei sollten nicht nur kulturelle Unterschiede, sondern auch gemeinsame Werte und kulturelle Trends einbezogen werden. Hinausgehend über die unmittelbaren Projektziele ist dabei auch schon im Vorfeld über konkrete Kriterien eines guten Prozessablaufes und deren Bedeutung im jeweiligen kulturellen Kontext sowie über Zuständigkeiten und Kommunikationspraktiken im Konfliktfall zu verhandeln. Auch sollten bereits zu einem frühen Zeitpunkt Vereinbarungen darüber getroffen werden, wie bei potenziellen Komplikationen vorzugehen ist und welche Bewältigungsstrategien für beide Seiten in Frage kommen. Auf dieser Basis kann ein gemeinsamer Wertekanon (Was ist wie zu tun? Was ist im Konfliktfall zu beachten? etc.) für ein konkretes Joint Venture schrittweise erarbeitet werden.

Bei der Zusammenarbeit zwischen sehr unterschiedlichen Kulturen und bei sehr umfangreichen oder kostspieligen Veränderungsprojekten empfiehlt es sich, Prozessmanager einzusetzen, die in den beteiligten Kulturen hinreichende Erfahrungen aufweisen können. Deren Aufgabe wäre es beispielsweise, Kommunikation, Kooperation und Konfliktbewältigung durch entsprechendes Erwartungsmanagement auf den beteiligten Seiten in jeder Projektphase zu unterstützen. Im Übrigen sei an dieser Stelle auf ▶ Kap. 6 verwiesen, das sich mit der interkulturellen Leitbild- und Führungskräfteentwicklung beschäftigt, die als Teil einer globalen Organisationsentwicklung und als zentraler Dreh- und Angelpunkt beim Export kultureller Praktiken und Werte in Auslandsvertretungen zu sehen ist.

9.3 Export landeskultureller Werte und Praktiken durch Organisationen

Weltweit bekannte kulturelle Werte globaler Unternehmen

Viele globale Unternehmen stehen weltweit durch das, was sie produzieren oder als Dienstleistung anbieten, oder aber auch durch ihre besonderen Praktiken des Organisierens für bestimmte kulturelle Werte und Praktiken (ihrer Landeskultur), die auch in anderen Kulturen als attraktiv empfunden werden.

Die Firma Philip Morris (USA, gegründet in London, UK) z. B. bewarb anno 1924 ihr filterloses Produkt „Marlboro" in Großbritannien noch als „Frauenzigarette" („Mild As May") und änderte nicht nur den Hauptstandort (Nordamerika), sondern – nach dem Zweiten Weltkrieg – auch das Produkt und dessen „Selling Point", nämlich Filterzigaretten mit einem männlich-harten Cowboyimage von „Freiheit und Abenteuer". Damit ist sie bis heute eine der weltweit erfolgreichsten Marken.

Ebenso erfolgreich ist die Coca-Cola Company (USA). Sie bewarb ihren ursprünglich als Medizin gegen Müdigkeit, Kopfschmerzen, Impotenz und Depression „städtischer Kopfarbeiter" vermarkteten und von John Pemberton im Jahre 1886 erstmals zusammengebrauten, kokain- und koffeinhaltigen Sirup bereits anno 1905 als Erfrischungsgetränk für jedermann („Delicious and Refreshing"). Viele Jahrzehnte später, Anfang der 70er-Jahre, verhalf ein mit dem von Billy Davis' komponierten Lied „I'd Like to Teach the World to Sing" unterlegter Werbespot Coca-Cola zu noch größerer Popularität als jemals zuvor. Im Laufe dieses Spots finden sich junge Menschen unterschiedlicher Herkunft zusammen, singen den Song gemeinsam und trinken „Coke" [4, 5]. Das Lebensgefühl von Frische und Gemeinschaft verbindet man bis heute mit dem Coca-Cola-Getränk.

Für weltweit bekannte Besonderheiten ihrer Unternehmenskulturen stehen Unternehmen wie z. B. Google Inc. mit Werten wie Innovation, Spaß, Streben nach Verbesserung und Weltveränderung und IKEA mit Werten wie Zusammengehörigkeit, Bescheidenheit, Willensstärke und Mut zum Anderssein.

Der weltweite Export ganz bestimmter landeskultureller Werte und Praktiken durch eine Organisation lässt sich anhand der Technischen Überwachungsvereine (TÜVs) in Deutschland recht deutlich nachzeichnen. Um 1865 herum entstanden vielerorts in Deutschland sogenannte Dampfkessel-Überwachungs- und Revisions-Vereine (DÜV). Sie wurden von Dampfkesselbetreibern gegründet, um eine unabhängige Überwachung der Sicherheit dieser damals noch recht explosionsfreudigen technischen Anlagen zu gewährleisten. Ihr Erfolg bei der Unfallverhütung von Dampfmaschinen war innerhalb weniger Jahre so anerkannt, dass seit 1871 bei einer Mitgliedschaft von Dampfkesselbetreibern in einem DÜV staatliche Inspektionen von deren Dampfkesselanlagen ausgesetzt werden konnten. Auch wurden DÜVs immer häufiger mit der Inspektion weiterer technischer Anlagen betraut, sodass aus DÜVs im Lauf der Zeit TÜVs wurden. Im Jahre 1870 gab es bereits 43 TÜVs in verschiedenen geografischen Regionen Deutschlands. Im Zuge weiterer technischer Entwicklungen, der beiden Weltkriege und verschiedener Zusammenschlüsse kristallisierten sich die heutigen fünf TÜVs in Deutschland (TÜV SÜD, TÜV NORD, TÜV Rheinland, TÜV Thüringen und TÜV Saarland) sowie der TÜV Österreich heraus. Der größte ist der TÜV SÜD bzw. die TÜV SÜD Gruppe mit ca. 19.000 Mitarbeitern und inzwischen 800 Standorten weltweit. Nur eine weitere kommerzielle Organisation, die sich im weitesten Sinne mit der Zertifizierung von technischen Anlagen und Prozessen beschäftigt, kann als Wettbewerber der TÜV SÜD Gruppe betrachtet werden, die schweizerische Société Générale de Surveillance (SGS).

Die TÜV SÜD Gruppe hat ihre Wurzeln in einem 1866 in Mannheim gegründeten Dampfkesselrevisionsverein. Der Vereinszweck bestand darin, Menschen, Umwelt und Sachgüter vor den negativen Auswirkungen der Technik zu bewahren. Schrittweise wurden die Tätigkeitsfelder parallel zur technischen Entwicklung erweitert, etwa um die Arbeitsgebiete elektrischer Strom, Kraftfahrzeuge, Seilbahnen, Personenaufzüge, Brandschutztechnik, Kraftwerkstechnik, Kernkraftwerke, Umweltschutz und Produktsicherheit bis hin zu Prozessverfahren und Managementsystemen. In den letzten Jahrzehnten wurde eine konsequente Internationalisierung betrieben, sodass die TÜV SÜD Gruppe heute mit Standorten in Europa, Nordamerika und in Asien als weltweit tätiger technischer Dienstleistungskonzern zu sehen ist [6].

Die kulturellen Werte und Praktiken, für die die TÜV SÜD Gruppe – wie auch alle anderen TÜVs im deutschsprachigen Raum – eintritt, werden durch ihre inzwischen einige Jahre bestehende Werbebotschaft „Mehr Sicherheit. Mehr Wert" (engl. „Choose certainty. Add value") recht griffig beschrieben. Dieses Motto repräsentiert, inhaltlich betrachtet, weitestgehend jene landeskulturellen Werte und Praktiken, die dem einen Pol der von Geert Hofstede vorgeschlagenen Kulturdimension „Unsicherheitsvermeidung" entsprechen. Im Rahmen der weltweiten GLOBE-Untersuchungen wurde diese Kulturdimension psychometrisch genauer gefasst und sowohl als landes- bzw. organisationskulturelle Praktik (*as is*) als auch als landes- bzw. organisationskultureller Wert (*should be*) in über 60 Ländern erhoben (s. ▶ Kap. 4 und 5). Nach GLOBE bezeichnet Unsicherheitsvermeidung das Ausmaß, in dem traditionelle Verhaltensweisen (wie z. B. Ordnung, Beständigkeit) und soziale Kontrolle (wie z. B. durch detaillierte Vorgaben) auf Kosten von Variation, Innovation und Experimentieren eingesetzt werden, um Ambiguitäten, die mit der Unvorhersehbarkeit zukünftiger Ereignisse verbunden sind, abzuschwächen (Praktiken), bzw. in dem sie zu diesem Zweck eingesetzt werden sollten (Werte) (weiterführend s. ▶ Abschn. 5.2.9).

Deutschland (Ost und West) hat gemeinsam mit andern Ländern des germanisch-europäischen Kulturraums (Österreich, deutschsprachige Schweiz, Niederlande) den GLOBE-Befunden zufolge besonders hohe Kennwerte auf der Kulturdimension Unsicherheitsvermeidung (*as is*) und zeigt einen deutlichen Trend in Richtung weniger Unsicherheitsvermeidung (*should be*)

(◘ Abb. 9.4). Der germanische GLOBE-Kulturcluster kann quasi als die „kulturelle Wiege" dessen betrachtet werden, wofür die TÜV SÜD Gruppe weltweit steht. Sie bietet weltweit „Sicherheit" (und zwar durch Vermeidung von Unsicherheit) an und verspricht dadurch „Mehr Wert".

Nun kann man sich fragen, in welchen Ländern und Kulturregionen man besonders daran interessiert sein könnte, technische Anlagen und organisationale Prozesse durch Inanspruchnahme der Dienstleistungen der TÜV SÜD Gruppe und vergleichbarer Organisationen mit mehr Sicherheit und Zuverlässigkeit zu versehen und dadurch auch mehr Wert zu schaffen. Dazu hilft ein Blick auf ◘ Abb. 9.4: Dort sind die kulturellen Praktiken (*as is*) und kulturellen Werte (*should be*) aller von GLOBE untersuchten Länder und Kulturcluster dargestellt. In der Abbildung ist erkennbar, dass es einige Länder gibt – insbesondere in den lateinamerikanischen, osteuropäischen und asiatischen Kulturclustern sowie im Mittleren Osten und Subsahara-Afrika –, in denen die Kulturpraktik der Unsicherheitsvermeidung (*as is*) geringer ausgeprägt ist, dafür aber der kulturelle Wert der Unsicherheitsvermeidung (*should be*) sehr hoch eingeschätzt wird. Es scheint in diesen Ländern also einen stark ausgeprägten Trend hin zu mehr „gewünschter" Unsicherheitsvermeidung zu geben. Aus der Kulturperspektive der Unsicherheitsvermeidung betrachtet, scheinen diese Länder gute Märkte für die Dienste der TÜV SÜD Gruppe und anderer TÜVs abzugeben.

Die Länder der GLOBE-Kulturcluster Nordisch- und Germanisch-Europa kann man ◘ Abb. 9.4 zufolge als „unsicherheitsvermeidungsmüde" (im Sinne von gesättigten Märkten für „Sicherheit") bezeichnen, hier streben die entsprechenden gesellschaftskulturellen Werte in Richtung weniger Unsicherheitsvermeidung. In ähnlicher Richtung (mit Ausnahme von Südafrika), aber weit weniger ausgeprägt erscheint der Trend im Anglo-Cluster, dessen Kulturen weder besonders „unsicherheitsvermeidungsmüde" noch besonders „unsicherheitsvermeidungsbedürftig" zu sein scheinen. Im romanischen Cluster lässt sich (mit Ausnahme der französischsprachigen Schweiz, in der deutlich weniger Unsicherheitsvermeidung erwünscht zu sein scheint) ebenfalls nur ein gering ausgeprägter Trend feststellen, wenngleich dieser tendenziell hin zu mehr Unsicherheitsvermeidung gerichtet ist. Im konfuzianisch-asiatischen Kulturraum zeichnet sich nur die westlich geprägte Wirtschaftskultur Singapurs dadurch aus, dass hier, ähnlich wie im germanischen Kulturraum, ein Trend nach weniger Unsicherheitsvermeidung erkennbar ist.

9.4   Kulturelle Attraktivität

Während beim ersten Fallbeispiel des Joint Ventures von NORDED und THAIBANK die Überwindung einer beträchtlichen kulturellen Distanz im Vordergrund steht, geht es beim Fallbeispiel der TÜV SÜD Gruppe um eine andere Betrachtungsweise kultureller Unterschiedlichkeit, nämlich die der kulturellen Attraktivität. Bei Betrachtung der kulturellen Distanz zwischen Ländern stellt man sich im Wesentlichen die Frage nach den zusätzlichen Aufwänden und Kosten, die zur Überwindung der kulturellen Unterschiedlichkeit anfallen. Hingegen stehen bei der Betrachtung der kulturellen Attraktivität zwischen Ländern potenzielle Synergieeffekte, die sich durch Transfer von Technik und Know-how zwischen kulturunterschiedlichen Ländern ergeben können, im Vordergrund.

Bisher dominieren das Konzept der kulturellen Distanz von Koghut und Singh [1] (s. Exkurs: Formel zur Berechnung der kulturellen Distanz) und verschiedene Derivate davon die kulturvergleichende Organisations- und Wirtschaftsforschung. Das Konzept der kulturellen Distanz bemisst die kulturelle Entfernung zweier Länder auf Basis eines mathematischen Aggre-

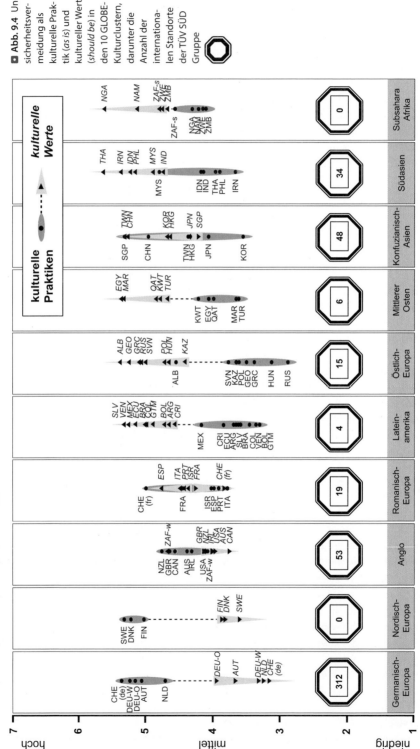

Abb. 9.4 Unsicherheitsvermeidung als kulturelle Praktik (*as is*) und kultureller Wert (*should be*) in den 10 GLOBE-Kulturclustern, darunter die Anzahl der internationalen Standorte der TÜV SÜD Gruppe

Exkurs: Formel zur Berechnung der kulturellen Distanz

Zur Berechnung der kulturellen Distanz haben Koghut und Singh [1] die folgende Formel entwickelt. Der angegebenen Literaturquelle [1] nach bezieht sich die Berechnung auf die Landeswerte (Index) zweier Länder (j und die USA) auf den vier Kulturdimensionen (i) von Hofstede. Wollte man zwei andere Länder miteinander vergleichen, so wären deren entsprechende Indexwerte an den Stellen I_{ij} und I_{iu} einzusetzen.

$$\text{Kulturelle Distanz KD}_j = \sum_{i=1}^{4} \left\{ \frac{\left(I_{ij} - I_{iu}\right)^2}{V_i} \right\} / 4$$

KD_j: Kulturelle Distanz des Landes j zur USA
I_{ij}: Index für Kulturdimension i und Land j
V_i: Varianz des Index der Kulturdimension i
I_{iu}: Index für Kulturdimension i und die USA

gats der vier ursprünglichen Kulturdimensionen von Hofstede. Diese Formel zur Distanzmessung zwischen zwei Kulturen lässt sich auf Basis beliebiger Kulturdimensionen berechnen, auch auf Basis der GLOBE-Kulturdimensionen. Die Grundüberlegung hinter dem Distanzkonzept ist die, dass kulturelle Unterschiedlichkeiten, wie es im ersten Fallbeispiel illustriert wurde, mit Hürden verbunden sind, die den Fluss von Information, Wissen und Kompetenz stören, und mit Unsicherheit, wahrgenommener Unzuverlässigkeit und Konflikten einhergehen. Mit zunehmender kultureller Distanz erhöhen sich deshalb die Aufwände und Kosten von Auslandsengagements und interkulturellen Joint Ventures [7, 8].

Die Vorhersagekraft der Formel zur kulturellen Distanzberechnung wurde in zahlreichen ökonomischen Entscheidungskontexten und mit verschiedenen ökonomischen Kennzahlen untersucht, z. B. mit Auslandsdirektinvestitionen (*foreign direct investment*, FDI), Einstiegen in Auslandsgeschäfte, Wissensimporten aus dem Ausland oder dem wirtschaftlichen Erfolg multinationaler Unternehmungen und ihrer Standorte (weiterführend s. [2]). Verschiedene Wirtschaftstheorien beschäftigen sich mit der Frage, aufgrund welcher Mechanismen die kulturelle Distanz zwischen Ländern den Erfolg von Auslandsengagements beeinflusst, z. B. die Familiaritätstheorie [9], die Transaktions-Kosten-Theorie [10] oder die Internationalisierungstheorie (Uppsala Stage Model) [11]. In all diesen Theorien wird kulturelle Unterschiedlichkeit als Hürde für den Eintritt, die Umsetzung und den Erfolg von Auslandsengagements betrachtet.

Während sich viele wertvolle Erkenntnisse über Auslandsengagements von Unternehmen unter Verwendung des Konzepts der kulturellen Distanz gewinnen ließen, wurde es auch vielfach wegen spezifischer theoretischer Mängel und fehlender empirischer Bestätigung kritisiert [12]. So ließen sich Grundannahmen, die mit diesem Konzept verbunden sind, empirisch nicht bestätigen, wie z. B. die Annahme symmetrischer kultureller Distanzen zwischen zwei Ländern (d. h. Land A ist kulturell betrachtet genauso „weit weg" von Land B wie Land B von Land A [13]). Und die Annahme, dass mehr kulturelle Distanz mit mehr Kosten und Aufwänden verbunden ist, negiert zahlreiche empirische Befunde, die zeigen, dass kulturelle Unterschiedlichkeiten mit wirtschaftlichen Vorteilen und Synergieeffekten verbunden sein können (z. B. [14, 15, 16]).

Das Konzept der kulturellen Attraktivität ist neu in der kulturvergleichenden Organisations- und Wirtschaftsforschung. Es basiert im Prinzip auf den Überlegungen, die im obigen Fallbeispiel der TÜV SÜD Gruppe angestellt wurden, und lehnt sich an interpersonale Attraktivitätstheorien an, die postulieren, dass Attraktivität einer Person A von einer Person B zugeschrieben wird, wenn Person A Merkmale besitzt, die für Person B wünschenswert bzw. attraktiv sind [17, 18].

> ❯ **Kulturelle Attraktivität wurde, in Anlehnung an interpersonale Attraktivitätstheorien, als „Erwünschtheit von bestimmten kulturellen Merkmalen" definiert [2].**

Zur Messung der kulturellen Attraktivität eines Landes aus Sicht eines anderen Landes (und vice versa, was in unterschiedlichen Attraktivitätskennwerten resultieren kann) benötigt man Daten über kulturelle Praktiken (*as is*) und Werte (*should be*), wobei die kulturellen Werte pro Land jeweils zum Ausdruck bringen, welche kulturellen Merkmale für wünschenswert erachtet werden und welche nicht. Genau solche Daten liefert die GLOBE-Studie, wohingegen andere interkulturelle Studien zwischen kulturellen Praktiken und Werten nicht unterscheiden (s. ▶ Kap. 3 und ▶ Abschn. 4.4.1). Eine mathematische Bestimmung der kulturellen Attraktivität eines Landes A für die Mitglieder eines anderen Landes B auf Basis der GLOBE-Daten ist dann möglich, wenn man folgende Operationalisierung wählt: Die kulturelle Attraktivität einer Landeskultur A für Mitglieder einer anderen Landeskultur B ist das Ausmaß der Kongruenz der Kultur*praktiken* (As-is-Dimensionen) der Landeskultur A mit den Kultur*werten* (Should-be-Dimensionen) der Landeskultur B. Auf Basis der GLOBE-Daten lässt sich die kulturelle Attraktivität eines Landes A für ein anderes Land B mit einer Formel bestimmen, die über alle neun gemessenen Kulturdimensionen hinweg die jeweiligen Differenzwerte zwischen kommensurablen As-is-Werten und Should-be-Werten aggregiert (s. Exkurs: Formel zur Berechnung der kulturellen Attraktivität, zitiert nach [2]).

> ❯ **Kulturelle Attraktivität ist als positive Kraft zu sehen, die Kulturen zusammenbringt und interkulturelles Engagement fördert, wohingegen kulturelle Distanz mit Hürden in Verbindung steht, welche interkulturelles Engagement behindern. Beide Kräfte können durchaus gleichzeitig wirken, und die eine oder die andere Kraft kann jeweils überwiegen.**

Die Mechanismen, die für die positiven Effekte der interkulturellen Attraktivität sorgen, zeigen sich z. B. bei Auslandsengagements multinationaler Unternehmen darin, dass in Ländern, deren kulturelle Werte als wünschenswert gelten (hohe kulturelle Attraktivität), Auslandsengagements eher in Erwägung gezogen werden als in Ländern mit niedriger kultureller Attraktivität. Lokale, kulturelle Praktiken werden in kulturattraktiven Ländern stärker wertgeschätzt und daher auch eher akzeptiert und umgesetzt, was mit weniger Reibungsverlusten einhergeht und die Wahrscheinlichkeit erhöht, dass entsprechende Auslandsdirektinvestitionen stattfinden und auch erfolgreich sind.

Aus der interpersonalen Attraktivitätsforschung ist bekannt, dass Personen „in die Nähe" jener anderen Personen „rücken" (physisch, mental, symbolisch), die sie attraktiv finden (d. h. deren Merkmale sie für wünschenswert erachten). Es ist daher anzunehmen, dass Manager einem „kulturell attraktiven" Auslandsengagement mehr Aufmerksamkeit widmen und eher „in die Nähe" kulturattraktiver Interaktionspartner (Mitarbeiter, Manager, Vorgesetzte, Kunden) „rücken" (und somit aufgeschlossener und positiver eingestellt sind) als bei „kulturell unattraktiven" Auslandsengagements. Aus der Gruppenforschung ist bekannt, dass mit hoher Attraktivität einer Gruppe (und ihrer Merkmale) für einen „Newcomer" auch dessen Konformität mit den jeweiligen Kulturpraktiken und Normen der Gruppe ansteigt [18]. Eine höhere Bereitschaft der ins Ausland entsandten Manager, Konformität mit den kulturellen Praktiken einer (kulturat-

> **Exkurs: Formel zur Berechnung der kulturellen Attraktivität**
>
> Zur Berechnung der kulturellen Distanz zwischen dem Herkunftsland O (O steht für engl. „origin") und dem Zielland T (T steht für engl. „target") anhand der neun Kulturdimensionen der GLOBE-Studie wurde die folgende Formel entwickelt [2]:
>
> $$\text{Kulturelle Attraktivität}_{(O,T)} = \sqrt{\sum_{d=1}^{9} \left[6 - |P_{T,d} - V_{O,d}| \right]^2}$$
>
> $P_{T,d}$: Kulturelle Praktiken in Land T hinsichtlich der Kulturdimension d
> $V_{O,d}$: Kulturelle Werte in Land O hinsichtlich der Kulturdimension d
> 6: Die Konstante „6" ist der höchste mögliche Differenzwert zwischen *P* und *V*, sodass ein Wert von „6" die größtmögliche kulturelle Attraktivität anzeigt und ein Wert von 0 die kleinstmögliche.

traktiven) ausländischen Kultur zu zeigen, sollte nicht nur die Kooperation in multinationalen Unternehmen verbessern, sondern auch die im Ausland wahrgenommene Legitimität der Muttergesellschaft erhöhen sowie Widerstände und feindliche Akte seitens der lokalen Stakeholder verringern [19]. Schließlich deuten weitere empirische Befunde darauf hin, dass kulturelle Attraktivität auch mit der Produktivität von Auslandsvertretungen in Zusammenhang steht.

Mit dem „Königskennwert" der Auslandsdirektinvestitionen (FDI) wurde das neue Konzept der kulturellen Attraktivität weltweit empirisch untersucht [2]. Dabei wurde das Volumen der jeweils paarweisen jährlichen Auslandsdirektinvestitionen (FDI) von 41 OECD-Ländern über den Zeitraum von 1985 bis 2012 mit den paarweisen kulturellen Attraktivitätskennwerten auf Basis der neun GLOBE-Dimensionen (Praktiken und Werte) korreliert sowie auch mit der paarweisen kulturellen Distanz (nach Koguth und Singh) und vielen weiteren Faktoren (z. B. geografische Distanz, GDPpC, gemeinsame Sprache, Status als Steuerparadies). Die Berechnung mehrerer regressionsanalytischer Messmodelle, die so angelegt waren, dass die Effekte aller Faktoren auf die FDI gleichzeitig berücksichtigt wurden, ergab einen signifikanten und stark positiven Zusammenhang zwischen kultureller Attraktivität und jährlichem FDI-Volumen von einem Land in ein anderes, und zwar sowohl bei Länderpaaren, bei denen beide Länder (als Geber- und als Nehmerland) zu den entwickelten Ländern zählten, als auch bei Länderpaaren, bei denen ein Entwicklungsland FDI-Geber- oder Empfänger war und das andere Land zu den entwickelten Ländern zählt (Paarungen zwischen Entwicklungsländern waren zu selten anzutreffen, um statistisch vergleichbare Schlussfolgerungen zuzulassen). Weiterhin ließ sich zeigen, dass kulturelle Attraktivität nach Berücksichtigung des Faktors der kulturellen Distanz einen signifikanten, eigenständigen Anteil der Varianz von FDI-Volumen bei allen Länderpaarungen aufklärt.

Während die kulturelle Attraktivität der Empfängerländer (für die Geberländer) durchgängig die Höhe der Auslandsdirektinvestitionen der Geberländer vorhersagt, zeigen sich bei der kulturellen Distanz zwischen Empfänger- und Geberländern gemischte Resultate (◘ Abb. 9.5). Für Paare entwickelter Länder hat die kulturelle Distanz einen theoriekonformen und signifikanten, negativen Einfluss auf das jährliche FDI-Volumen. Hingegen sind für die übrigen Länderpaare (Paare, bei denen Entwicklungsländer in entwickelte Ländern investieren und umgekehrt) signifikante, positive bzw. keine Zusammenhänge mit kultureller Distanz feststellbar, was allen Theorien, die zur Erklärung der erwarteten negativen Effekte von kultureller Distanz auf FDI herangezogen werden, widerspricht.

Was bedeuten diese Befunde nun für die Frage nach bestimmten Auslandsengagements durch Organisationen aus bestimmten Heimatländern? Zur Veranschaulichung sei hier folgen-

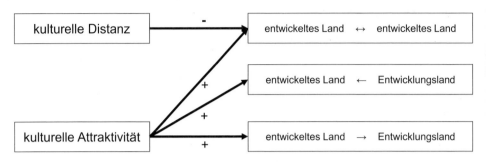

Abb. 9.5 Einflüsse von kultureller Distanz und kultureller Attraktivität auf Auslandsdirektinvestitionen verschiedener Geber- und Nehmerländerpaare

des Beispiel genannt: Es ist bekannt, dass sich deutsche expatriierte Manager in den USA in der Regel besser an die dortigen Gegebenheiten anpassen als US-amerikanische Expatriierte an die deutschen Gegebenheiten [20]. Durch kulturelle Distanz lässt sich dieser empirische Befund wegen der Symmetrieannahme, die dem Distanzkonzept zugrunde liegt, nicht erklären: Danach wäre zu erwarten, dass sich Deutsche und US-Amerikaner (aufgrund der mittelmäßigen und symmetrischen Distanz zwischen beiden Ländern) in etwa mittelmäßig bis gut, aber in jedem Falle *gleichermaßen* gut, an die jeweiligen Gegebenheiten anpassen, wogegen die zuvor genannte empirische Evidenz spricht. Mit dem Konzept und der Berechnungsformel für kulturelle Attraktivität findet sich hingegen eine schlüssige Erklärung: Aus der Berechnungsformel ergibt sich, dass für Deutsche die USA ca. 1,4 Standardabweichungen attraktiver ist, als umgekehrt Deutschland für US-Amerikaner. Die höhere Attraktivität der kulturellen Merkmale der USA für deutsche Manager führt dazu, dass diese sich wesentlich leichter dort anpassen wollen und können als umgekehrt US-amerikanische Manager in Deutschland.

In der internationalen Unternehmenspraxis stellt sich, angesichts mehrerer Optionen zur Investition in bestimmten Ländern, immer wieder die Frage, in welchen Kulturregionen und Ländern Standorte am sinnvollsten zu etablieren oder zu erweitern sind. Neben wirtschaftlichen Erwägungen spielt dabei verstärkt auch die kulturelle Distanz eine Rolle. Durch das Konzept der kulturellen Attraktivität und die Ergebnisse der damit verbundenen empirischen Untersuchungen wird ein überzeugender Beitrag zur weitergehenden Analyse der kulturellen Gegebenheiten im Vorfeld von Auslandsengagements geleistet. Die mit kultureller Attraktivität angestellten empirischen Untersuchungen über die Vorhersage von Auslandsdirektinvestitionen zeigen, dass eine Landeskultur als attraktiv wahrgenommen werden kann, obwohl sie als sehr unterschiedlich zur Heimatkultur empfunden wird (und ist).

> **Kulturelle Distanz zwischen zwei Ländern alleine ist nicht notwendigerweise negativ zu bewerten. Zusätzlich kommt es auch darauf an, ob die kulturelle Attraktivität des Nehmerlandes für die Vertreter des Geberlandes hoch ausgeprägt ist oder nicht.**

Diese Erkenntnis sollte alle mit Interkulturalität befassten Praktiker dazu ermutigen, im Vorfeld von Auslandsengagements und Auslandsprojekten (z. B. Mergers & Acquisitions, Standorteröffnungen) größere Sorgfalt bei der Analyse der Passung zwischen den Kulturen walten zu lassen.

Es empfiehlt sich, nicht nur mit distanztheoretischen Vorstellungen Aufwände und Kosten zu betrachten, die durch kulturelle Unterschiede entstehen können, sondern durch Analyse der kulturellen Attraktivität auch potenzielle Synergien sowie motivierenden und prozessoptimierenden Merkmale bestimmter in Erwägung zu ziehender Auslandsengagements zu identifizieren. Die GLOBE-Daten und die darauf aufbauende Formel zu Berechnung der kulturellen Attraktivität eines Landes A für ein Land B, und umgekehrt, stellen ein Instrumentarium dazu bereit, das es in der bisherigen kulturvergleichenden Organisations- und Wirtschaftsforschung nicht gab.

Zusammenfassung

Eingangs wurde anhand des Fallbeispiels der internationalen Zusammenarbeit von NORDED und THAIBANK aufgezeigt, dass die Betrachtung der kulturellen Distanz zwischen den in Auslandsengagements beteiligten Ländern von Vorteil ist, um spezifische kulturelle Unterschiede zu identifizieren, die die Aufwände und Kosten in die Höhe treiben könnten. Hierzu eignen sich u. a. die kulturellen „Landkarten" von GLOBE, anhand derer sich verschiedene Landeskulturen miteinander vergleichen lassen, um auf besonders starke Diskrepanzen bei bestimmten Kulturdimensionen hinzuweisen. Spezifische Diskrepanzen lassen sich beispielsweise bei Projektvorverhandlungen thematisieren, um zu einem frühen Zeitpunkt Vereinbarungen darüber zu treffen, wie bei ggf. auftretenden Komplikationen vorzugehen wäre und welche Bewältigungsstrategien im Konfliktfall für beide Seiten in Frage kämen.

Anhand eines Vergleichs der TÜV SÜD Gruppe (Werbebotschaft: „Choose Certainty. Add Value") mit der GLOBE-Dimension Unsicherheitsvermeidung (*as is* und *should be*) ließ sich zeigen, dass Organisationen bei einem Kulturexport bestimmter Praktiken (*as is*) insbesondere erfolgreich sein können, wenn in den „Exportländern" diese Praktiken hoch be-„wertet" (*should be*) werden. Aus der Kulturperspektive der Unsicherheitsvermeidung betrachtet, scheinen jene Länder gute Märkte für die Dienste der TÜV SÜD Gruppe abzugeben, in denen die Kulturdimension Unsicherheitsvermeidung als Wert (*should be*) hoch ausgeprägt ist, und insbesondere dort, wo gleichzeitig die entsprechenden kulturellen Praktiken (*as is*) für zu niedrig erachtet werden.

Beim ersten Fallbeispiel des Joint Ventures von NORDED und THAIBANK stand die Überwindung der beträchtlichen kulturellen Distanz im Vordergrund. Beim Fallbeispiel der TÜV SÜD Gruppe wurde auf eine alternative Betrachtungsweise von kultureller Unterschiedlichkeit hingewiesen, und zwar die des Exports bestimmter kultureller Praktiken in bestimmte Kulturregionen, in denen der betreffende kulturelle Wert hoch eingeschätzt wird. Hierin ist ein erstes Beispiel für das Konzept der kulturellen Attraktivität zu sehen: In Ländern und Kulturregionen (bzw. Märkten) mit als zu niedrig eingeschätzter Unsicherheitsvermeidung finden Dienstleitungen, die eine höhere Unsicherheitsvermeidung versprechen, großen Anklang. Demnach stehen bei Betrachtung der kulturellen Attraktivität zwischen Ländern potenzielle Synergieeffekte, die sich durch Transfer von Technik und Knowhow zwischen kulturunterschiedlichen Ländern ergeben können, im Vordergrund, wohingegen bei Betrachtung der kulturellen Diskrepanz zusätzlich Aufwände und Kosten fokussiert werden, die dieser Sichtweise zufolge mit zunehmender Diskrepanz zu erwarten sind.

In einer weltweiten empirischen Studie, in der die Vorhersagekraft der Faktoren kulturelle Diskrepanz und kulturelle Attraktivität für Auslandsdirektinvestitionen im direkten Vergleich getestet wurde, erwies sich die kulturelle Distanz nur in eingeschränktem Maße als aussagekräftig, und zwar nur für Auslandsinvestitionspaare entwickelter Länder. Hingegen konnte durch den Faktor kulturelle Attraktivität das FDI-Volumen aller untersuchter Länderpaare vorhergesagt werden, und zwar zusätzlich zu dem gleichzeitig bestehenden, wesentlich kleineren Vorhersageanteil des Faktors kulturelle Distanz. Damit stellt die Messung der kulturellen Attraktivität eines Landes A für ein Land B (und umgekehrt) ein Instrumentarium dar, das in der kulturvergleichenden Organisations- und Wirtschaftsforschung seinesgleichen sucht.

Literatur

1. Kogut, B., & Singh, H. (1988). The effect of national culture on the choice of entry mode. *Journal of International Business Studies, 19*(3), 411–432.
2. Li, C., Brodbeck, F. C., Shenkar, O., & Fisch, J. H. (2014). *Cultural attractiveness: A neglected variable in foreign direct investment. WOP Working Papers No. 2014/2.* http://www.psy.lmu.de/wirtschaftspsychologie/forschung/working_papers/index.html.
3. Javidan, M., Stahl, G., Brodbeck, F. C., & Wilderom, C. (2005). Transferring knowledge across cultures: Lessons learned from project GLOBE. *Academy of Management Executive, 19*(2), 59–76.
4. Coca-Cola. Wikipedia, Die freie Enzyklopädie. http://de.wikipedia.org/wiki/Coca-Cola. Zugegriffen: 25. Februar 2015.
5. Fleischhacker, W. (2006). Fluch und Segen des Cocain. *Österreichische Apotheker-Zeitung, 60*(26), 1286–1288. Die Coca-Cola Company bestätigte nie, dass sich in der Rezeptur um 1900 Kokain befunden haben könnte. Anzumerken ist hier, dass es zum damaligen Zeitpunkt durchaus üblich war, Kokain in medizinischen Produkten und Erfrischungsgetränken zu verwenden. Im Jahre 1914 wurde in den USA der Zusatz von Kokain in Getränken und rezeptfreien Arzneimitteln verboten.
6. TÜV SÜD AG. Geschichte. Unsere Geschichte: von der Prüfinstitution zur Minimierung von technischen Risiken zum Dienstleistungsunternehmen. http://www.tuev-sued.de/tuev-sued-konzern/tuev-sued-gruppe/geschichte. Zugegriffen: 26. Februar 2015.
7. Nachum, L. (2003). Liability of foreignness in global competition? Financial service affiliates in the city of London. *Strategic Management Journal, 224*(12), 1187–1208.
8. Barkema, H. G., Bell, J. H. J., & Pennings, J. M. (1996). Foreign entry, cultural barriers, and learning. *Strategic Management Journal, 17*(2), 151–166.
9. Miller, S. R., & Parkhe, A. (2002). Is there a liability of foreignness in global banking? An empirical test of banks' X-efficiency. *Strategic Management Journal, 23*(1), 55–75.
10. Hennart, J. F. (1982). *A theory of multinational enterprise.* Ann Arbor: University of Michigan Press.
11. Johanson, J., & Vahlne, J. E. (1977). The internationalization process of the firm: A model of knowledge development and increasing foreign market commitments. *Journal of International Business Studies, 8*(1), 23–32.
12. Zaheer, S., Schomaker, M. S., & Nachum, L. (2012). Distance without direction: Restoring credibility to a much-loved construct. *Journal of International Business Studies, 43*(1), 18–27.
13. Lee, S. H., Shenkar, O., & Li, J. T. (2008). Cultural distance, investment flow, and control in cross-border cooperation. *Strategic Management Journal, 29*(10), 1117–1125.
14. Brannen, M. Y. (2004). When Mickey loses face: Recontextualization, semantic fit, and the semiotics of foreignness. *Academy of Management Review, 29*(4), 593–616.
15. Leung, K., Smith, P. B., Wang, Z., & Sun, H. (1996). Job satisfaction in joint venture hotels in China: An organizational justice analysis. *Journal of International Business Studies, 27*(5), 947–962.
16. Vaara, E., Junni, P., Sarala, R. M., Ehrnrooth, M., & Koveshnikov, A. (2014). Attributional tendencies in cultural explanations of M&A performance. *Strategic Management Journal, 35*(9), 1302–1317.
17. Byrne, D., & Griffitt, W. (1973). Interpersonal attraction. *Annual Review of Psychology, 24*, 317–336.
18. Lott, A. J., & Lott, B. E. (1965). Group cohesiveness as interpersonal attraction: a review of relationships with antecedent and consequent variables. *Psychological Bulletin, 64*, 259–309.
19. Kostova, T., & Zaheer, S. (1999). Organizational legitimacy under conditions of complexity: The case of the multinational enterprise. *Academy of Management Review, 24*(1), 64–81.
20. Selmer, J., Chiu, R. K., & Shenkar, O. (2007). Cultural distance asymmetry in expatriate adjustment. *Cross Cultural Management: An International Journal, 14*(2), 150–160.

Anhang

Felix C. Brodbeck

F. C. Brodbeck, E. Kirchler, R. Woschée (Hrsg.), *Internationale Führung,* Die Wirtschaftspsychologie,
DOI 10.1007/978-3-662-43361-4_10, © Springer-Verlag Berlin Heidelberg 2016

10.1 Tabellen

Die im Folgenden aufgeführten Tabellen sind dazu gedacht, Ergebnisse aus dem GLOBE-Projekt leicht nachschlagen zu können und das Verständnis für die zugrunde liegenden Konstrukte zu vertiefen. Insbesondere bei der Betrachtung der Ergebniswerte für Kultur- und Führungsdimensionen empfiehlt es sich dabei, nicht jeden Einzelwert auf die Goldwaage zu legen, sondern sich in Relation zu den übrigen Werten (innerhalb des jeweiligen Kulturclusters, über Kulturcluster hinweg oder innerhalb einer speziell interessierenden Auswahl von Ländern) einen Gesamteindruck zu verschaffen, wie er auch von den Abbildungen zu den Ergebnissen in ▶ Abschn. 5.2 und 5.3 vermittelt wird. Anhand der vorliegenden Daten lassen sich auch über die in diesem Buch vorgestellten Darstellungsarten hinaus eigene Darstellungen für Länderprofile und Gegenüberstellungen entwerfen bzw. ausgehend von den Darstellungen in ▶ Kap. 6 bis 9 analoge Zusammenstellungen für speziell interessierende Länder oder Länderauswahlen treffen.

10.1.1 Globale Führungsdimensionen: Länderergebnisse

Die folgende Tabelle listet die Länderergebnisse für die sechs globalen Führungsdimensionen der GLOBE-Studie auf. Ergebniswerte zu den Primärdimensionen, aus denen sich diese Führungsdimensionen zusammensetzen, finden sich auf der Website des Projekts GLOBE (aktuell: ▶ http://www.uvic.ca/gustavson/globe/index.php), aggregierte Werte für die Kulturcluster und weitere nützliche Angaben, beispielsweise zu den Rangplätzen der untersuchten Länder, in der ersten Buchveröffentlichung zum GLOBE-Projekt [1] sowie Materialien zu den in GLOBE eingesetzten Messinstrumenten, beispielsweise die Originalfragebögen in deutscher, englischer, französischer, spanischer und weiteren Sprachen.

10.1.2 Kulturdimensionen: Länderergebnisse

In den folgenden beiden Tabellen sind – jeweils sortiert nach Kulturclustern – die Länderergebnisse für die neun Kulturdimensionen der GLOBE-Studie aufgeführt, in der ersten Tabelle hinsichtlich der kulturellen Praktiken, in der zweiten hinsichtlich kultureller Werte. Eine Gegenüberstellung von kulturellen Praktiken und Werten ist für jede Kulturdimension in den Abbildungen in ▶ Abschn. 5.2 grafisch aufbereitet. Die angegebenen Werte sind die in der GLOBE-Studie erhobenen Rohwerte, für gegebenenfalls um kulturbedingte Antworttendenzen, die jeweils nur für einzelne Länder relevant sind, korrigierte Werte sei auf die jeweiligen Kapitel zu den einzelnen Kulturdimensionen in der ersten Buchveröffentlichung zu GLOBE verwiesen [3].

10.1.3 Zusammensetzung der globalen Führungsdimensionen

Die in den ▶ Abschn. 5.3.2 bis 5.3.7 dieses Buches beschriebenen globalen Führungsdimensionen, die aus GLOBE hervorgegangen sind, setzen sich jeweils aus unterschiedlichen Anzahlen von Primärdimensionen zusammen, die wiederum auf aus der Theorie und früheren empirischen Arbeiten abgeleiteten Führungsattributen basieren. Die nachfolgenden Tabellen führen diese Bestandteile für jede globale Führungsdimension auf und erlauben es somit, sich ein detailliertes Bild der jeweiligen Führungsdimensionen zu machen. Attribute bzw. Primärdi-

⬛ Tab. A1 Führungsdimensionen nach Kulturclustern und Ländern [2]

	Charis-matisch	Team-orientiert	Partizipativ	Human-orientiert	Autonomie-orientiert	Defensiv
Germanisch-Europa						
Deutschland (Ost)	5,87	5,51	5,70	4,60	4,35	3,32
Deutschland (West)	5,84	5,49	5,88	4,44	4,30	2,96
Niederlande	5,98	5,75	5,75	4,82	3,53	2,87
Österreich	6,02	5,74	6,00	4,93	4,47	3,07
Schweiz (dspr.)	5,93	5,61	5,94	4,76	4,13	2,92
Nordisch-Europa						
Dänemark	6,00	5,70	5,80	4,23	3,79	2,81
Finnland	5,94	5,85	5,91	4,30	4,08	2,55
Schweden	5,84	5,75	5,54	4,73	3,97	2,81
Anglo						
Australien	6,09	5,81	5,71	5,10	3,95	3,05
England	6,01	5,71	5,57	4,90	3,92	3,04
Irland	6,08	5,81	5,64	5,06	3,95	3,00
Kanada	6,15	5,84	6,09	5,20	3,65	2,96
Neuseeland	5,87	5,44	5,50	4,78	3,77	3,19
Südafrika (weiß)	5,99	5,80	5,62	5,33	3,74	3,19
USA	6,12	5,80	5,93	5,21	3,75	3,15
Romanisch-Europa						
Frankreich	4,93	5,11	5,90	3,82	3,32	2,81
Israel	6,23	5,91	4,96	4,68	4,26	3,64
Italien	5,98	5,87	5,47	4,38	3,62	3,25
Portugal	5,75	5,92	5,48	4,62	3,19	3,10
Schweiz (frz.)	5,90	5,62	5,30	4,55	4,02	2,94
Spanien	5,90	5,93	5,11	4,66	3,54	3,38
Östlich-Europa						
Albanien	5,79	5,94	4,50	5,24	3,98	4,62
Georgien	5,65	5,85	4,88	5,61	4,57	3,89
Griechenland	6,01	6,12	5,81	5,16	3,98	3,49

◨ **Tab. A1** (*Fortsetzung*)

	Charis-matisch	Team-orientiert	Partizipativ	Human-orientiert	Autonomie-orientiert	Defensiv
Kasachstan	5,54	5,73	5,10	4,26	4,58	3,35
Polen	5,67	5,98	5,04	4,56	4,34	3,52
Russland	5,66	5,63	4,67	4,08	4,63	3,69
Slowenien	5,69	5,91	5,42	4,44	4,28	3,61
Ungarn	5,91	5,91	5,22	4,73	3,23	3,24
Mittlerer Osten						
Ägypten	5,57	5,55	4,69	5,15	4,49	4,21
Kuwait	5,90	5,89	5,03	5,21	3,39	4,02
Marokko	4,81	5,15	5,32	4,10	3,34	3,26
Katar	4,51	4,74	4,75	4,66	3,38	3,91
Türkei	5,95	6,01	5,09	4,90	3,83	3,57
Südasien						
Indien	5,85	5,72	4,99	5,26	3,85	3,77
Indonesien	6,15	5,92	4,60	5,43	4,19	4,12
Iran	5,81	5,90	4,97	5,75	3,85	4,34
Malaysia	5,89	5,80	5,12	5,24	4,03	3,49
Philippinen	6,33	6,06	5,40	5,53	3,75	3,32
Thailand	5,78	5,76	5,29	5,09	4,28	3,91
Konfuzianisch-Asien						
China	5,56	5,57	5,04	5,19	4,07	3,80
Hongkong	5,66	5,58	4,86	4,89	4,38	3,67
Japan	5,49	5,56	5,07	4,68	3,67	3,60
Republik Korea	5,53	5,52	4,92	4,87	4,21	3,67
Singapur	5,95	5,76	5,30	5,24	3,87	3,31
Taiwan	5,58	5,69	4,73	5,35	4,01	4,28
Lateinamerika						
Argentinien	5,98	5,99	5,89	4,70	4,55	3,45
Bolivien	6,01	6,10	5,29	4,56	3,92	3,83
Brasilien	6,00	6,17	6,06	4,84	2,27	3,49
Costa Rica	5,95	5,81	5,54	4,99	3,46	3,55
Ecuador	6,46	6,21	5,51	5,13	3,53	3,62

10

■ **Tab. A1** (*Fortsetzung*)

	Charis-matisch	Team-orientiert	Partizipativ	Human-orientiert	Autonomie-orientiert	Defensiv
El Salvador	6,08	5,95	5,40	4,69	3,47	3,43
Guatemala	6,00	5,94	5,45	5,00	3,38	3,77
Kolumbien	6,04	6,07	5,51	5,05	3,34	3,37
Mexiko	5,66	5,74	4,64	4,72	3,86	3,86
Venezuela	5,72	5,62	4,88	4,85	3,39	3,81
Subsahara-Afrika						
Namibia	5,99	5,81	5,48	5,10	3,77	3,36
Nigeria	5,76	5,65	5,18	5,49	3,62	3,89
Sambia	5,92	5,86	5,29	5,27	3,43	3,66
Südafrika (schwarz)	5,16	5,23	5,04	4,79	3,94	3,62
Zimbabwe	6,11	5,97	5,57	5,18	3,37	3,20

10

☐ **Tab. A2** Kulturdimensionen: Kulturelle Praktiken nach Kulturclustern und Ländern [2]

	Leistungs-orientierung	Zukunftsori-entierung	Gleichbe-rechtigung	Bestimmt-heit	Gruppen-bas. Kollek-tivismus	Institutionel-ler Kollekti-vismus	Macht-distanz	Human-orientierung	Unsicherheits-vermeidung
Germanisch-Europa									
Deutschland (Ost)	4,09	3,95	3,06	4,73	4,52	3,56	5,54	3,40	5,16
Deutschland (West)	4,25	4,27	3,10	4,55	4,02	3,79	5,25	3,18	5,22
Niederlande	4,32	4,61	3,50	4,32	3,70	4,46	4,11	3,86	4,70
Österreich	4,44	4,46	3,09	4,62	4,85	4,30	4,95	3,72	5,16
Schweiz (dspr.)	4,94	4,73	2,97	4,51	3,97	4,06	4,90	3,60	5,37
Nordisch-Europa									
Dänemark	4,22	4,44	3,93	3,80	3,53	4,80	3,89	4,44	5,22
Finnland	3,81	4,24	3,35	3,81	4,07	4,63	4,89	3,96	5,02
Schweden	3,72	4,39	3,84	3,38	3,66	5,22	4,85	4,10	5,32
Anglo									
Australien	4,36	4,09	3,40	4,28	4,17	4,29	4,74	4,28	4,39
England	4,08	4,28	3,67	4,15	408	4,27	5,15	3,72	4,65
Irland	4,36	3,98	3,21	3,92	5,14	4,63	5,15	4,96	4,30
Kanada	4,49	4,44	3,70	4,05	4,26	4,38	4,82	4,49	4,58
Neuseeland	4,72	3,47	3,22	3,42	3,67	4,81	4,89	4,32	4,75
Südafrika (weiß)	4,11	4,13	3,27	4,60	4,50	4,62	5,16	3,49	4,09
USA	4,49	4,15	3,34	4,55	4,25	4,20	4,88	4,17	4,15

Tab. A2 (*Fortsetzung*)

	Leistungs-orientierung	Zukunftsori-entierung	Gleichbe-rechtigung	Bestimmt-heit	Gruppen-bas. Kollek-tivismus	Institutionel-ler Kollekti-vismus	Macht-distanz	Human-orientierung	Unsicherheits-vermeidung
Romanisch-Europa									
Frankreich	4,11	3,48	3,64	4,13	4,37	3,93	5,28	3,40	4,43
Israel	4,08	3,85	3,19	4,23	4,70	4,46	4,73	4,10	4,01
Italien	3,58	3,25	3,24	4,07	4,94	3,68	5,43	3,63	3,79
Portugal	3,60	3,71	3,66	3,65	5,51	3,92	5,44	3,91	3,91
Schweiz (frz.)	4,25	4,27	3,42	3,47	3,85	4,22	4,86	3,93	4,98
Spanien	4,01	3,51	3,01	4,42	5,45	3,85	5,52	3,32	3,97
Östlich-Europa									
Albanien	4,81	3,86	3,71	4,89	5,74	4,54	4,62	4,64	4,57
Georgien	3,88	3,41	3,55	4,18	6,19	4,03	5,22	4,18	3,50
Griechenland	3,20	3,40	3,48	4,58	5,27	3,25	5,40	3,34	3,39
Kasachstan	3,57	3,57	3,84	4,46	5,26	4,29	5,31	3,99	3,66
Polen	3,89	3,11	4,02	4,06	5,52	4,53	5,10	3,61	3,62
Russland	3,39	2,88	4,07	3,68	5,63	4,50	5,52	3,94	2,88
Slowenien	3,66	3,59	3,96	4,00	5,43	4,13	5,33	3,79	3,78
Ungarn	3,43	3,21	4,08	4,79	5,25	3,53	5,56	3,35	3,12
Mittlerer Osten									
Ägypten	4,27	3,86	2,81	3,91	5,64	4,50	4,92	4,73	4,06
Kuwait	3,95	3,26	2,58	3,63	5,80	4,49	5,12	4,52	4,21

Tab. A2 (*Fortsetzung*)

	Leistungs-orientierung	Zukunftsori-entierung	Gleichbe-rechtigung	Bestimmt-heit	Gruppen-bas. Kollek-tivismus	Institutionel-ler Kollekti-vismus	Macht-distanz	Human-orientierung	Unsicherheits-vermeidung
Marokko	3,99	3,26	2,84	4,52	5,87	3,87	5,80	4,19	3,65
Katar	3,45	3,78	3,63	4,11	4,71	4,50	4,73	4,52	3,99
Türkei	3,83	3,74	2,89	4,53	5,88	4,03	5,57	3,94	3,63
Südasien									
Indien	4,25	4,19	2,90	3,73	5,92	4,38	5,47	4,57	4,15
Indonesien	4,41	3,86	3,26	3,86	5,68	4,54	5,18	4,69	4,17
Iran	4,58	3,70	2,99	4,04	6,03	3,88	5,43	4,23	3,67
Malaysia	4,34	4,58	3,51	3,87	5,51	4,61	5,17	4,87	4,78
Philippinen	4,47	4,15	3,64	4,01	6,36	4,65	5,44	5,12	3,89
Thailand	3,93	3,43	3,35	3,64	5,70	4,03	5,63	4,81	3,93
Konfuzianisch-Asien									
China	4,45	3,75	3,05	3,76	5,80	4,77	5,04	4,36	4,94
Hongkong	4,80	4,03	3,47	4,67	5,32	4,13	4,96	3,90	4,32
Japan	4,22	4,29	3,19	3,59	4,63	5,19	5,11	4,30	4,07
Republik Korea	4,55	3,97	2,50	4,40	5,54	5,20	5,61	3,81	3,55
Singapur	4,90	5,07	3,70	4,17	5,64	4,90	4,99	3,49	5,31
Taiwan	4,56	3,96	3,18	3,92	5,59	4,59	5,18	4,11	4,34

10

■ Tab. A2 (Fortsetzung)

	Leistungs-orientierung	Zukunftsori-entierung	Gleichbe-rechtigung	Bestimmt-heit	Gruppen-bas. Kollek-tivismus	Institutionel-ler Kollekti-vismus	Macht-distanz	Human-orientierung	Unsicherheits-vermeidung
Lateinamerika									
Argentinien	3,65	3,08	3,49	4,22	5,51	3,66	5,64	3,99	3,65
Bolivien	3,61	3,61	3,55	3,79	5,47	4,04	4,51	4,05	3,35
Brasilien	4,04	3,81	3,31	4,20	5,18	3,83	5,33	3,66	3,60
Costa Rica	4,12	3,60	3,56	3,75	5,32	3,93	4,74	4,39	3,82
Ecuador	4,20	3,74	3,07	4,09	5,81	3,90	5,60	4,65	3,68
El Salvador	3,72	3,80	3,16	4,62	5,35	3,71	5,68	3,71	3,62
Guatemala	3,81	3,24	3,02	3,89	5,63	3,70	5,60	3,89	3,30
Kolumbien	3,94	3,27	3,67	4,20	5,73	3,81	5,56	3,72	3,57
Mexiko	4,10	3,87	3,64	4,45	5,71	4,06	5,22	3,98	4,18
Venezuela	3,32	3,35	3,62	4,33	5,53	3,96	5,40	4,25	3,44
Subsahara-Afrika									
Namibia	3,67	3,49	3,88	3,91	4,52	4,13	5,29	3,96	4,20
Nigeria	3,92	4,09	3,01	4,79	5,55	4,14	5,80	4,10	4,29
Sambia	4,16	3,62	2,86	4,07	5,84	4,61	5,31	5,23	4,10
Südafrika (schwarz)	4,66	4,64	3,66	4,36	5,09	4,39	4,11	4,34	4,59
Zimbabwe	4,24	3,77	3,04	4,06	5,57	4,12	5,67	4,45	4,15

Tab. A3 Kulturdimensionen: Kulturelle Werte nach Kulturclustern und Ländern [2]

	Leistungs-orientierung	Zukunftsori-entierung	Gleichbe-rechtigung	Bestimmt-heit	Gruppen-bas. Kollek-tivismus	Institutionel-ler Kollekti-vismus	Macht-distanz	Human-orientierung	Unsicherheits-vermeidung
Germanisch-Europa									
Deutschland (Ost)	6,09	5,23	4,90	3,23	5,22	4,68	2,69	5,44	3,94
Deutschland (West)	6,01	4,85	4,89	3,09	5,18	4,82	2,54	5,46	3,32
Niederlande	5,49	5,07	4,99	3,02	5,17	4,55	2,45	5,20	3,24
Österreich	6,10	5,11	4,83	2,81	5,27	4,73	2,44	5,76	3,66
Schweiz (dspr.)	5,82	4,79	4,92	3,21	4,94	4,69	2,44	5,54	3,16
Nordisch-Europa									
Dänemark	5,61	4,33	5,08	3,39	5,50	4,19	2,76	5,45	3,82
Finnland	6,11	5,07	4,24	3,68	5,42	4,11	2,19	5,81	3,85
Schweden	5,80	4,89	5,15	3,61	6,04	3,94	2,70	5,65	3,60
Anglo									
Australien	5,89	5,15	5,02	3,81	5,75	4,40	2,78	5,58	3,98
England	5,90	5,06	5,17	3,70	5,55	4,31	2,80	5,43	4,11
Irland	5,98	5,22	5,14	3,99	5,74	4,59	2,71	5,47	4,02
Kanada	6,15	5,35	5,11	4,15	5,97	4,17	2,70	5,64	3,75
Neuseeland	5,90	5,54	4,23	3,54	6,21	4,20	3,53	4,49	4,10
Südafrika (weiß)	6,23	5,66	4,60	3,69	5,91	4,38	2,64	5,65	4,67
USA	6,14	5,31	5,06	4,32	5,77	4,17	2,85	5,53	4,00

10

□ Tab. A3 *(Fortsetzung)*

	Leistungs-orientierung	Zukunftsori-entierung	Gleichbe-rechtigung	Bestimmt-heit	Gruppen-bas. Kollek-tivismus	Institutionel-ler Kollekti-vismus	Macht-distanz	Human-orientierung	Unsicherheits-vermeidung
Romanisch-Europa									
Frankreich	5,65	4,96	4,40	3,38	5,42	4,86	2,76	5,67	4,26
Israel	5,75	5,25	4,71	3,76	5,75	4,27	2,72	5,62	4,38
Italien	6,07	5,91	4,88	3,82	5,72	5,13	2,47	5,58	4,47
Portugal	6,40	5,43	5,13	3,58	5,94	5,30	2,38	5,31	4,43
Schweiz (frz.)	5,98	4,80	4,69	3,78	5,35	4,31	2,80	5,62	3,83
Spanien	5,80	5,63	4,82	4,00	5,79	5,20	2,26	5,69	4,76
Östlich-Europa									
Albanien	5,63	5,42	4,19	4,41	5,22	4,44	3,52	5,34	5,37
Georgien	5,69	5,55	3,73	4,35	5,66	3,83	2,84	5,60	5,24
Griechenland	5,81	5,19	4,89	2,96	5,46	5,40	2,39	5,23	5,09
Kasachstan	5,41	5,05	4,75	3,84	5,44	4,04	3,15	5,62	4,42
Polen	6,12	5,20	4,52	3,90	5,74	4,22	3,12	5,30	4,71
Russland	5,54	5,48	4,18	2,83	5,79	3,89	2,62	5,59	5,07
Slowenien	6,41	5,42	4,83	4,59	5,71	4,38	2,57	5,25	4,99
Ungarn	5,96	5,70	4,63	3,35	5,54	4,50	2,49	5,48	4,66
Mittlerer Osten									
Ägypten	5,90	5,80	3,18	3,28	5,56	4,85	3,24	5,17	5,36
Kuwait	6,03	5,74	3,45	3,76	5,43	5,15	3,17	5,06	4,77

□ Tab. A3 *(Fortsetzung)*

	Leistungs-orientierung	Zukunftsori-entierung	Gleichbe-rechtigung	Bestimmt-heit	Gruppen-bas. Kollek-tivismus	Institutionel-ler Kollekti-vismus	Macht-distanz	Human-orientierung	Unsicherheits-vermeidung
Marokko	5,76	5,85	3,74	3,44	5,68	5,00	3,11	5,51	5,32
Katar	5,96	5,92	3,38	3,80	5,60	5,13	3,23	5,30	4,82
Türkei	5,39	5,83	4,50	2,66	5,77	5,26	2,41	5,52	4,67
Südasien									
Indien	6,05	5,60	4,51	4,76	5,32	4,71	2,64	5,28	4,73
Indonesien	5,73	5,70	3,89	4,72	5,67	5,18	2,69	5,16	5,23
Iran	6,08	5,84	3,75	4,99	5,86	5,54	2,80	5,61	5,36
Malaysia	6,04	5,89	3,78	4,81	5,85	4,87	2,97	5,51	4,88
Philippinen	6,31	5,93	4,58	5,14	6,18	4,78	2,72	5,36	5,14
Thailand	5,74	6,20	4,16	3,48	5,76	5,10	2,86	5,01	5,61
Konfuzianisch-Asien									
China	5,67	4,73	3,68	5,44	5,09	4,56	3,10	5,32	5,28
Hongkong	5,64	5,50	4,35	4,81	5,11	4,43	3,24	5,32	4,63
Japan	5,17	5,25	4,33	5,56	5,26	3,99	2,86	5,41	4,33
Republik Korea	5,25	5,69	4,22	3,75	5,41	3,90	2,55	5,60	4,67
Singapur	5,72	5,51	4,51	4,41	5,50	4,55	3,04	5,79	4,22
Taiwan	5,74	5,20	4,06	3,28	5,45	5,15	3,09	5,26	5,31

10

Tab. A3 *(Fortsetzung)*

	Leistungs-orientierung	Zukunftsori-entierung	Gleichbe-rechtigung	Bestimmt-heit	Gruppen-bas. Kollek-tivismus	Institutionel-ler Kollekti-vismus	Macht-distanz	Human-orientierung	Unsicherheits-vermeidung
Lateinamerika									
Argentinien	6,32	5,78	4,98	3,25	6,15	5,32	2,33	5,58	4,66
Bolivien	6,05	5,63	4,75	3,73	6,00	5,10	3,41	5,07	4,70
Brasilien	6,13	5,69	4,99	2,91	5,15	5,62	2,35	5,68	4,99
Costa Rica	5,90	5,20	4,64	4,05	6,08	5,18	2,58	4,99	4,58
Ecuador	6,32	5,94	4,59	3,65	6,17	5,41	2,30	5,26	5,16
El Salvador	6,58	5,98	4,66	3,62	6,52	5,65	2,68	5,46	5,32
Guatemala	6,14	5,91	4,53	3,64	6,14	5,23	2,35	5,26	4,88
Kolumbien	6,42	5,68	5,00	3,43	6,25	5,38	2,04	5,61	4,98
Mexiko	6,16	5,86	4,73	3,79	5,95	4,92	2,85	5,10	5,26
Venezuela	6,35	5,79	4,82	3,33	6,17	5,39	2,29	5,31	5,26
Subsahara-Afrika									
Namibia	6,40	6,12	4,25	3,91	6,07	4,38	2,86	5,40	5,13
Nigeria	6,27	6,04	4,24	3,23	5,48	5,03	2,69	6,09	5,60
Sambia	6,24	5,90	4,31	4,38	5,77	4,74	2,43	5,53	4,67
Südafrika (schwarz)	4,92	5,20	4,26	3,82	4,99	4,30	3,65	5,07	4,79
Zimbabwe	6,45	6,07	4,46	4,60	5,85	4,87	2,67	5,19	4,73

10

◧ **Tab. A4** Charismatische Führung: Primäre Führungsdimensionen und Führungsattribute [4, 5]

Primärdimension	Attribut	Beschreibung
Visionär	Vorausschauend	Versucht Ereignisse vorherzusagen, bedenkt, was in der Zukunft passieren könnte
	Voraussichtig	Antizipiert zukünftige Ereignisse
	Plant im Voraus	Antizipiert und trifft Vorkehrungen im Voraus
	Fähigkeit zu antizipieren	Fähigkeit, zukünftige Anforderungen erfolgreich vorauszusehen
	Zukunftsorientiert	Macht Pläne und ergreift Maßnahmen auf Basis zukunftsorientierter Ziele
	Anregend	Inspiriert Gefühle, Meinungen, Werthaltungen und Verhalten anderer; inspiriert andere, zu harter Arbeit motiviert zu sein
	Intellektuell stimulierend	Ermutigt andere zum Denken und zum Gebrauch ihres eigenen Verstandes; fordert Meinungen, Klischees und Einstellungen anderer heraus
	Vorbereitet	Ist bereit für bevorstehende Ereignisse
	Visionär	Hat eine Vision und eine Vorstellung von der Zukunft
Selbstaufopfernd	Risikobereit	Ist gewillt, größere Ressourcen in Bemühungen zu investieren, die keine große Erfolgswahrscheinlichkeit haben
	Selbstaufopfernd	Übergeht Eigeninteressen und bringt persönliche Opfer im Interesse eines Zieles oder einer Vision
	Überzeugend	Ungewöhnlich begabt im Überzeugen anderer von seinen/ihren Standpunkten
Inspirierend	Begeistert	Zeigt und vermittelt starke positive Gefühle für die Arbeit
	Schafft Vertrauen	Erweckt Vertrauen bei anderen durch starkes Vertrauen in andere
	Dynamisch	Stark engagiert, tatkräftig, voller Begeisterung, motiviert
	Ermutigend	Macht Mut, gibt Zuversicht und Hoffnung durch Bestätigung und Ratschläge
	Motivierend	Spornt andere dazu an, sich über ihre normale Pflicht hinaus anzustrengen und persönliche Opfer zu bringen
	Spornt an	Mobilisiert und aktiviert eine Gefolgschaft
	Positiv	Im Allgemeinen optimistisch und zuversichtlich
	Stärkt die Moral	Erhöht die Moral der Mitarbeiter durch Unterstützungsangebote, Lob und/oder durch seine/ihre Zuversichtlichkeit

◼ **Tab. A4** (*Fortsetzung*)

Primärdimension	Attribut	Beschreibung
Entscheidungs-freudig	Intuitiv	Hat Fingerspitzengefühl
	Logisch	Denkt folgerichtig
	Eigenwillig	Willensstark, entschlossen, resolut, hartnäckig
	Entscheidungsfreudig	Trifft Entscheidungen entschlossen und schnell
Integer	Aufrichtig	Meint auch, was er/sie sagt, ehrlich
	Ehrlich	Spricht und handelt aufrichtig
	Gerecht	Handelt danach, was richtig und fair ist
	Vertrauenswürdig	Hat Vertrauen verdient, man kann ihm/ihr glauben und seinem/ihrem Wort trauen
Leistungs-orientiert	An exzellenter Leistung orientiert	Bemüht sich um hervorragende Leistungen bei sich selbst und bei anderen
	Verbesserungsorientiert	Strebt nach kontinuierlicher Leistungsverbesserung
	Leistungsorientiert	Setzt hohe Leistungsstandards

◼ **Tab. A5** Teamorientierte Führung: Primäre Führungsdimensionen und Führungsattribute [4, 5]

Primärdimension	Attribut	Beschreibung
Administrativ kompetent	Systematisch	Ist organisiert und methodisch bei der Arbeit
	Administrationstalent	Kann die Arbeit einer großen Anzahl von Personen (mehr als 75) planen, organisieren, koordinieren und kontrollieren
	Guter Administrator	Hat die Fähigkeit, komplexe Büroarbeit und Verwaltungseinrichtungen zu handhaben
	Organisiert	Gut organisiert, methodisch, systematisch
Diplomatisch	Konfliktvermeidend	Weicht Auseinandersetzungen mit anderen Mitgliedern seiner oder ihrer Gruppe aus
	Weltoffen	Interessiert sich für aktuelle Ereignisse, hat einen sehr umfassenden Horizont
	Effektiver Verhandlungs-führer	Kann wirksam verhandeln, kann Geschäfte mit anderen zu günstigen Bedingungen abschließen
	Gewinn-Gewinn-Problemlöser	Kann Lösungen ausfindig machen, die Individuen mit verschiedenen und widersprechenden Interessen befriedigen
	Diplomatisch	Ist geschickt in zwischenmenschlichen Beziehungen, taktvoll

◘ Tab. A5 *(Fortsetzung)*

Primärdimension	Attribut	Beschreibung
Böswillig*	Reizbar	Launisch; leicht aufgebracht
	Nicht kooperativ	Nicht bereit, gemeinschaftlich mit anderen zu arbeiten
	Verlässlich*	Zuverlässig
	Intelligent*	Klug, lernt und versteht schnell
	Zynisch	Neigt dazu, das Schlechteste über Leute und Ereignisse anzunehmen
	Unredlich	Betrügerisch, unaufrichtig
	Selbstgefällig	Eingebildet, von den eigenen Fähigkeiten überzeugt
	Feindselig	Bewusst unfreundlich, handelt anderen zuwider
	Rachsüchtig	Nachtragend; trachtet nach Vergeltung, wenn ihm/ihr Unrecht getan wurde
Kollaborativ	Kooperationsbereit	Arbeitet bereitwillig gemeinsam mit anderen
	Ratsuchend	Berät sich mit anderen, bevor er/sie Pläne macht oder in Aktion tritt
	Brüderlich	Ist bestrebt, ein guter Freund seiner/ihrer Mitarbeiter zu sein
	Gruppenorientiert	Kümmert sich um das Wohlergehen der Gruppe
	Loyal	Hält zu Freunden und unterstützt sie, wenn sie große Probleme oder Schwierigkeiten haben
	Vermittler	Interveniert, um Probleme zwischen Individuen zu lösen
Teamintegrierend	Ist kontrolliert/beherrscht*	Hält an sich, ruhig
	Kommunikativ	Kommuniziert gern häufig mit anderen
	Koordinator	Integriert und organisiert die Arbeit der Mitarbeiter
	Informiert	Gebildet, gut unterrichtet bzw. weiß Bescheid
	Teambildner	Kann Gruppenmitglieder zur Zusammenarbeit bewegen
	Klar	Gut und leicht zu verstehen
	Integrativ	Fügt Menschen oder Dinge zu einem eng verbundenen, funktionierenden Ganzen zusammen

10

◻ **Tab. A6** Partizipative Führung: Primäre Führungsdimensionen und Führungsattribute [4, 5]

Primärdimension	Attribut	Beschreibung
Autokratisch*	Herrschsüchtig	Ist bestrebt, andere zu beherrschen
	Elitär	Glaubt, dass eine kleine Zahl von Leuten mit ähnlichem Hintergrund höherwertig ist und Privilegien genießen sollte
	Herrscher	Hat das Sagen und toleriert Widerspruch oder Nachfragen nicht, erteilt Befehle
	Diktatorisch	Zwingt seine/ihre Werte und Ansichten anderen auf
	Selbstherrlich	Trifft Entscheidungen diktatorisch
	Herrisch	Sagt Mitarbeitern auf gebieterische Weise, was zu tun ist
Non-partizipativ*	Mikromanager	Extrem detaillierte Supervision; jemand, der darauf besteht, alle Entscheidungen zu treffen
	Individuell ausgerichtet	Interessiert sich mehr für die Erfüllung seiner/ihrer eigenen Bedürfnisse als für die der Gruppe
	Nicht egalitär	Glaubt, dass nicht alle Menschen gleich sind und nur einige dieselben Rechte und Privilegien haben sollten
	Nicht delegativ	Nicht bereit oder nicht fähig, die Kontrolle über Projekte oder Aufgaben abzugeben

◻ **Tab. A7** Humanorientierte Führung: Primäre Führungsdimensionen und Führungsattribute [4, 5]

Primärdimension	Attribut	Beschreibung
Humanorientiert	Mitfühlend	Hat Einfühlungsvermögen, ist bereit zu helfen, zeigt Barmherzigkeit
	Selbstlos	Ist gewillt, anderen Zeit, Geld, Ressourcen und Hilfe zu geben
Bescheiden	Zurückhaltend	Präsentiert sich auf zurückhaltende Art und Weise
	Ruhig	Gerät nicht so leicht in Besorgnis bzw. in Verzweiflung
	Bescheiden	Prahlt nicht, präsentiert sich selbst in zurückhaltender Art und Weise
	Geduldig	Hat und zeigt Geduld

◻ **Tab. A8** Autonomieorientierte Führung: Primäre Führungsdimensionen und Führungsattribute [4, 5]

Primärdimension	Attribut	Beschreibung
Autonomie-orientiert	Autonom	Handelt selbständig, verlässt sich nicht auf andere
	Selbstständig	Verlässt sich nicht auf andere, ist autonom
	Individualistisch	Verhält sich anders als vergleichbare Personen
	Einzigartig	Eine ungewöhnliche Person, hat Verhaltensmerkmale, die sich von den meisten anderen unterscheiden

◘ **Tab. A9** Defensive Führung: Primäre Führungsdimensionen und Führungsattribute [4, 5]

Primärdimension	Attribut	Beschreibung
Konfliktorientiert	Wettbewerbsorientiert	Versucht, die Leistung anderer in seiner oder ihrer Arbeitsgruppe zu übertreffen
	Normenkonform	Verhält sich gemäß den Normen seiner oder ihrer Gruppe
	Geheimniskrämerisch	Neigt dazu, anderen Informationen zu verheimlichen
Gesichtswahrend	Ausweichend	Sieht davon ab, negative Kommentare zu machen, um gute Beziehungen zu erhalten und das Gesicht zu wahren
	Indirekt	Kommt nicht direkt zum Punkt, benutzt Metaphern und Beispiele beim Kommunizieren
	Vermeidet Negatives	Tendiert dazu, etwas nicht abzulehnen, auch wenn er/sie es nicht erfüllen kann
Bürokratisch	Vorsichtig	Geht mit großer Sorgfalt vor, geht keine Risiken ein
	Förmlich	Handelt gemäß Regeln, Konventionen und Zeremonien
	Gewohnheitsorientiert	Neigt zu gleichbleibender, fahrplanmäßiger Routine
	Regelfixiert	Folgt etablierten Regeln und Richtlinien
	Rituell	Geht nach festgelegten Ordnungen vor
Selbstbezogen	Ungesellig	Meidet Menschen und Gruppen, bevorzugt das Alleinsein
	Einzelgänger	Arbeitet und agiert getrennt von anderen
	Nicht partizipativ	Beteiligt andere nicht
	Eigennützig	Verfolgt eigene Interessen am stärksten
Statusorientiert	Klassenbewusst	Ist sich Klassenunterschieden und Statusgrenzen bewusst und handelt entsprechend
	Statusbewusst	Ist sich des gesellschaftlichen Status anderer bewusst

mensionen, die recodiert in die jeweils übergeordnete Dimension eingehen, sind mit einem *
kenntlich gemacht.

10.1.4 Zusammenhänge mit anderen weltweiten Datensätzen

Wie im ▶ Abschn. 4.4.3 geschildert, wurden die Ergebnisse von GLOBE mit Daten aus anderen Quellen verknüpft, um die Kriteriumsvalidität der GLOBE-Ergebnisse abzuschätzen und ein umfassenderes Bild der Unterschiede zwischen Kulturen und Ländern zu erhalten. In der folgenden Tabelle sind die Indikatoren aus verschiedenen statistischen Datenquellen (s. ▶ Abschn. 4.4.3) aufgelistet, die zu den jeweils für diese Abgleiche verwendeten konzeptuellen Fakto-

◘ Tab. A10 Andere weltweite Datensätze: Herangezogene Indikatoren [6]

Zusammensetzung des Faktors ökonomische Gesundheit

Elemente	Indikatoren
Wirtschaftlicher Wohlstand	Anzahl von Telefonverbindungslinien Anzahl von Mobilfunkverträgen Stromverbrauch pro Kopf (1995) Verbreitung von PCs Verbreitung von Faxgeräten Papierverbrauch
Produktivität	Wertzuwachs pro Arbeiter in der Herstellung
Unterstützung des öffentlichen Sektors für den wirtschaftlichen Wohlstand	Keine politische Einflussnahme auf öffentliche Dienstleistungen Keine Bestechung und Korruption im öffentlichen Raum Keine Einschränkungen durch unzureichende finanzielle Ressourcen Keine rechtliche Einschränkungen für Entwicklung und Anwendung von Technologien Rechtliche Regelungen dienen als Schutz vor unfairem Wettbewerb Wirtschaftliche Bildung in der Bevölkerung Produktivität von Arbeitsbeziehungen
Gesellschaftliche Unterstützung der Wettbewerbsfähigkeit	Die heimische Wirtschaft wird auf langfristige Wettbewerbsfähigkeit ausgerichtet Das politische System ist an aktuelle ökonomische Herausforderungen angepasst Ausreichend flexible Regelung des Arbeitsmarkts Angemessene Planung und Finanzierung der Pflege und Entwicklung von Infrastruktur Gesellschaftliche Werte fördern den Wettbewerb
Global Competitiveness Index	Ranking im Global Competitiveness Report

Zusammensetzung des Faktors wissenschaftlich-technologischer Erfolg

Elemente	Indikatoren
Grundlagenforschung	Ausmaß von Technologietransfer zwischen Wirtschaft und Universitäten Ausmaß von Verbesserungen in der langfristigen wirtschaftlichen und technologischen Entwicklung aufgrund von Grundlagenforschung Interesse von Jugendlichen für Wissenschaft und Technik
Angewandte Forschung	Anzahl der durch Einwohner gemeldeten Patente im In- und Ausland Zuwachs an durch Einwohnern gemeldeten Patenten im In- und Ausland Ausgaben der Wirtschaft für Forschung und Entwicklung Personalstunden für Forschung und Entwicklung auf Landesebene

Zusammensetzung des Faktors Lebensbedingungen

Elemente	Indikatoren
Gesellschaftliche Gesundheit	Justiz wird fair vollzogen Persönliche Sicherheit und Privatbesitz werden angemessen geschützt Lebensqualität wird als hoch wahrgenommen Missbrauch von Alkohol und Drogen stellt kein ernsthaftes Problem am Arbeitsplatz dar

◘ Tab. A10 (Fortsetzung)	
Menschliche Gesundheit	Anzahl von Ärzten pro Kopf Anzahl von Krankenschwestern pro Kopf Überlebensrate von Säuglingen
Lebenserwartung	Statistik des Human Development Report
Allgemeine Zufriedenheit	Anteil von Personen, die sich als glücklich einschätzen Anteil von Personen, die sich als gesund einschätzen Anteil von Personen mit hoher Lebenszufriedenheit Anteil von Personen, die in den letzten Wochen erfreut waren, etwas erreicht zu haben Anteil von Personen, die mit der Vorgehensweise der momentan Regierenden zufrieden sind Anteil von Personen, die von wenig oder keiner öffentlichen Korruption ausgehen
Psychologische Gesundheit	Anteil von Personen, die sich in den letzten Wochen ruhelos/einsam/gelangweilt/sehr unglücklich oder depressiv fühlten
Human Development Index	Indexwert aus dem Human Development Report

ren zusammengefasst wurden. Anhand dieser Auflistung wird erkennbar, an welch vielfältigen Indikatoren kulturelle Unterschiede feststellbar sind – unter Umständen auch als Anregung für entsprechende eigene Betrachtungen.

10.1.5 Aufschlüsselung der im Buch verwendeten Ländercodes

In zahlreichen Tabellen und Abbildungen dieses Buches wurden aus Platzgründen die nachfolgend aufgeführten Ländercodes anstelle von Ländernamen verwendet, die sich an der Norm ISO 3166-1 orientieren.

◩ **Tab. A11** Verwendete Ländercodes nach ISO 3166-1 [7]

Land	ISO-Code	Land	ISO-Code
Ägypten	EGY	Kuwait	KWT
Albanien	ALB	Malaysia	MYS
Argentinien	ARG	Mexiko	MEX
Australien	AUS	Marokko	MAR
Bolivien	BOL	Namibia	NAM
Brasilien	BRA	Niederlande	NLD
China	CHN	Neuseeland	NZL
Costa Rica	CRI	Nigeria	NGA
Dänemark	DNK	Österreich	AUT
Deutschland, ehem. BRD	DEU-W	Philippinen	PHL
Deutschland, ehem. DDR	DEU-O	Polen	POL
Ecuador	ECU	Portugal	PRT
El Salvador	SLV	Russische Föderation	RUS
England	GBR	Sambia	ZMB
Finnland	FIN	Schweden	SWE
Frankreich	FRA	Schweiz, deutschsprachig	CHE(de)
Georgien	GEO	Schweiz, französischsprachig	CHE(fr)
Griechenland	GRC	Simbabwe	ZWE
Guatemala	GTM	Singapur	SGP
Hongkong	HKG	Slowenien	SVN
Indien	IND	Spanien	ESP
Indonesien	IDN	Südafrika, indigene Bevölkerung	ZAF-s
Iran	IRN	Südafrika, weiße Bevölkerung	ZAF-w
Irland	IRL	Südkorea (Republik Korea)	KOR
Israel	ISR	Taiwan	TWN
Italien	ITA	Thailand	THA
Japan	JPN	Türkei	TUR
Kanada	CAN	Ungarn	HUN
Kasachstan	KAZ	Vereinigte Staaten von Amerika	USA
Katar	QAT	Venezuela	VEN
Kolumbien	COL		

Literatur

1.   Dorfman, P., Hanges, P., & Brodbeck, F. C. (2004). Leadership and cultural variation. The identification of culturally endorsed leadership profiles. In R. House, P. Hanges, M. Javidan, P. Dorfman, & V. Gupta (Hrsg.), *Culture, leadership, and organizations. The GLOBE study of 62 societies* (S. 669–719). Thousand Oaks: Sage.
2.   http://www.uvic.ca/gustavson/globe/research/instruments/index.php/
3.   House, R. J., Hanges, P. J., Javidan, M., Dorfman, P. W., & Gupta, V. (Hrsg.). (2004). *Culture, leadership, and organizations: The GLOBE study of 62 societies*. Thousand Oaks, CA: Sage Publications.
4.   Brodbeck, F.C. GLOBE (Global Leadership and Organizational Behavior Effectiveness Research Program). Interkulturelle Studie zu Führung und Verhalten in Organisationen. Fragebogen Version A: Universität München.
5.   The GLOBE Foundation (2006). Syntax for GLOBE national culture, organizational culture, and leadership scales: The GLOBE Foundation.
6.   Javidan, M., & Hauser, M. (2004). The Linkage Between GLOBE Findings and Other Cross-Cultural Information. In R. J. House, P. J. Hanges, M. Javidan, P. W. Dorfman, & V. Gupta (Hrsg.), *Culture, Leadership and Organisations. The GLOBE Study of 62 Societies* (S. 102–121). Thousand Oaks, California: Sage Publications.
7.   ISO-Alpha-3-Ländercodes http://unstats.un.org/unsd/methods/m49/m49alpha.htm

10